Cornelio August Doelter

Über die Capverden nach dem Rio Grande und Futah-Djallon

Reiseskizzen aus Nord-West-Afrika

Cornelio August Doelter

Über die Capverden nach dem Rio Grande und Futah-Djallon

Reiseskizzen aus Nord-West-Afrika

ISBN/EAN: 9783943850307

Auflage: 1

Erscheinungsjahr: 2013

Erscheinungsort: Bremen, Deutschland

@ weitsuechtig in Access Verlag GmbH, Fahrenheitstr. 1, 28359 Bremen. Alle Rechte beim Verlag und bei den jeweiligen Lizenzgebern.

weitsuechtig

ÜBER DIE CAPVERDEN

NACH DEM

RIO GRANDE

UND

FUTAH-DJALLON.

REISESKIZZEN AUS NORD-WEST-AFRIKA

VON

DR. C. DOELTER

PROFESSOR AN DER K. K. UNIVERSITÄT GRAZ.

MIT ZAHLREICHEN HOLZSCHNITTEN
GEZEICHNET VON
FRANZ SCHLEGEL UND A. GÖRING

UND EINER KARTE.

LEIPZIG.
VERLAG VON PAUL FROHBERG.
1884.

Gräberstätte der Papels.

VORWORT.

Bei dem lebhaften Interesse, welches gegenwärtig das gebildete Publikum für die Kenntniss des räthselhaften Continents zeigt, scheint mir eine in populärer Form dargestellte Veröffentlichung meiner im Jahre 1880/81 ausgeführten Reise, nicht ohne Nutzen. Es sind Erlebnisse und Beobachtungen in einer verhältnissmässig noch nicht oft besuchten Gegend, welche ich ohne Prätention auf grosse geographische Entdeckungen zusammenstellte.

Der wesentlichste Theil der beigegebenen Illustrationen wurde von Herrn F. Schlegel nach meinen etwas dürftigen Skizzen ausgeführt, die Gegenstände von ethnographischem Werthe sind direct nach der Natur gezeichnet. Die beigegebene Karte möge zur Orientirung des Lesers dienen.

Sehr verpflichtet bin ich der Verlagshandlung für die würdige Ausstattung des Werkes; auch muss ich dankend des Herrn Dr. Paulitschke gedenken, welcher mir in Bezug auf Zusammenstellung der Literatur behilflich war und einen Theil der Correcturen besorgte.

Graz, Februar 1883.

Der Verfasser.

INHALTS-VERZEICHNISS.

	Seite
Capitel I.	1

Von den Alpen bis zum Ocean. — Nach Lissabon. — Die lusitanische Metropole und ihre Bewohner. — Nach den Capverden. — Der Pic von Teneriffa. — Im Hafen von S. Vincent.

Capitel II. 12

Die Stadt S. Vincent. — Eine traurige vegetationslose Insel. — Beim Gouverneur der Capverden. — Eine unangenehme Ueberfahrt. — Ankunft und Empfang auf S. Thiago. — Quartierfatalitäten. — Besteigung des Pico. — Schwarze Priester.

Capitel III. 28

Empfang in Mayo. — Ein merkwürdiger Wirth. — Bereisung der Insel. — Wassermangel. — Die Inseln Fogo und Brava. — Seltsame Rassenverschiedenheit ihrer Bewohner. — Die Schiffbruchsinsel.

Capitel IV. 34

Geographisches über die Capverden. — Topographie derselben. — Landschaftlicher Charakter. — Fauna und Flora. — Geschichte der capverdischen Inseln.

Capitel V. 41

Geologische Bemerkungen über die Capverden. — Die Vulkanreihen längs der westafrikanischen Küste. — Die Bodenbeschaffenheit des westlichen Afrika. — Muthmassliche Existenz eines alten Continents zwischen Afrika und Amerika. — Die Sage von der Insel Atlantis und ihre naturwissenschaftlichen Stützen. — Nutzbare Mineralien.

Capitel VI. 51

Die Negerbevölkerung der Inseln. — Die Mischlinge. — Christenthum und Ehe. — Hochzeits- und Begräbnissfeierlichkeiten. — Geheimbünde. — Hütten und Geräthschaften der Insulaner. — Hausthiere. — Beschäftigungen. — Handelsprodukte.

Capitel VII. 62

Nach Senegambien. — Der „Rio Lima". — Am Cabo Roxo. — Der Volksstamm der Flups. — Angebliche Anthropophagen. — Ankunft in Bolama.

Capitel VIII. 68

Die Colonie Bolama. — Beim Gouverneur. — Ein bequemer Krieger. — Die Mandjags und ihr Land. — Nach dem Rio Grande.

Capitel IX. 80

Ankunft in der Faktorei. — Der Kronprinz der Biafaden und sein Minister. — Anthropologische Skizze der Biafaden. — Kriegszug der Futah-Fullahs.

Capitel X. 90

Wieder am Flussufer. — Ein unangenehmes Rencontre. — Die schwarzen Fullahs. — Stromaufwärts.

Capitel XI. 104

Ankunft in Buba. — Die Belagerung. — Ein zurückgeschlagener Sturm. — Rückzug der Fullahs. — Die Ursachen des Krieges.

VIII Inhalts-Verzeichniss.

Seite

Capitel XII. 117
Unmöglichkeit weitern Vordringens. — Rückfahrt nach Bolama. — Die Bijagos. — Nach Bissao.

Capitel XIII. 128
Beim Commandanten von Bissaō. — Zu den Papels. — König Meré. — Die Papels. — Die Balantas. — Nach Geba.

Capitel XIV. 142
Politische und sociale Zustände der portugiesischen Colonien in Afrika. — Verwaltung. — Verhalten gegenüber den Eingebornen. — Deportation und Colonisation. — Fortschritte der Franzosen. — Die Senegalbahn. — Deutsche Colonien in Afrika?

Capitel XV. 158
Rothe und schwarze Fullahs. — Ihr Körperbau. — Ihre Abstammung. — Geographische Verbreitung. — Sitten und Gebräuche. — Reichthum Futah-Djallons.

Capitel XVI. 169
Die Mandingas. — Der Islam in Westafrika und seine Fortschritte. — Sitten und Gebräuche der Mandingas. — Ihre Industrie. — Schmiede- und Goldarbeiten. — Lederwaaren.

Capitel XVII. 181
Die Papels. — Handel und Industrie. — Regierungsform. — Volksgebräuche. — Religion. — Sprache. — Die Balanten und Flups.

Capitel XVIII. 194
Tänze, Todtencultus und Begräbniss-Sitten. — Zauberei und Giftprobe. — Volksfeste. — Spiele.

Capitel XIX. 204
Culturelle Verschiedenheit der südsenegambischen Völkerschaften. — Verschiedene Völkerbewegungen. — Verbreitung der einzelnen Nationen. — Ethnographische Karte.

Capitel XX. 211
Physikalische Geographie Süd-Senegambiens. — Ansichten über die Höhe der Gebirge von Futah-Djallon. — Ist der Combafluss mit dem Rio Grande identisch? — Configuration der Küste. — Geologischer Bau. — Laterit. — Eisenerze. — Goldreichthum.

Capitel XXI. 225
Die Pflanzen- und Thierwelt. — Klima und Krankheiten.

Capitel XXII. 243
Krankheit und gezwungene Rückkehr nach Bolama. — Schwierigkeiten beim Einschiffen. — An Bord des „Bengo". — In S. Vincent. — Die Insel S. Antaō. — Unangenehme Fahrt. — Ein rebellischer Diener. — Im Krater.

Capitel XXIII. 258
Abfahrt von S. Antaō. — Der Schiffbruch. — Verlust meines Gepäckes. — Rückkehr nach Europa.

CAPITEL I.

Von den Alpen bis zum Ocean. — Nach Lissabon. — Die lusitanische Metropole und ihre Bewohner. — Nach den Capverden. — Der Pic von Teneriffa. — Im Hafen von S. Vincent.

Raschen Fluges hatte uns der Eilzug durch die schönen romantischen Thäler der Steiermark gegen Westen getragen.

Nur ein leichter Schneeschleier lag auf den hohen Spitzen der norischen Alpen, welche in der goldenen Morgensonne sich scharf vom blauen Firmamente abhebend, noch einmal in ihrer ganzen Pracht sich meinen entzückten Blicken darboten — ein letztes Mal erquickt mich der frische schneidende Hauch der Berge, dann entschwinden die gigantischen Felshäupter und unvermittelt empfängt uns die monotone bairische Hochebene, in ihrer öden Traurigkeit einen scharfen Contrast bildend mit jenem eben durcheilten grossartigen Landschaftsbilde. — Ohne Aufenthalt eilen wir an der schönen Isarstadt vorbei, denn weiter und weiter müssen wir, um rasch dem längstersehnten Ziele zuzustreben.

Kaleidoskopartig wechseln die Bilder, hier die bewaldeten Hügel und romantischen Thäler der schwäbischen Alp — dort die lachenden Gefilde der Rheinebene und die dichten düsteren Wälder der Vogesen. Bald verlassen wir den deutschen Boden und betreten das an mannigfaltigen Bildern reiche Hügelland Lothringens und die kahlen Kreidegebilde der Champagne.

Endlich nach zweitägiger ermüdender Fahrt lächelt uns die glänzende prunkvolle Seinestadt entgegen, so reich an verlockender Schönheit, — doch weiter und weiter führt uns die unbezähmbare Ungeduld und nur wenige Tage werden hier der Reiseausrüstung geweiht.

Paris ist, wenigstens auf dem Continente, einer der geeignetsten Orte, in welchem ein Reisender, der ferne, unwirthliche Gegenden besuchen will, sich equipiren kann, vom Zelt und Feldbett bis zur Kautschuckdecke und dem Wasserfilter; und auch die nöthigen physikalischen Instrumente finden wir hier nicht nur gut, sondern auch billig. Ebenso mit Conserven aller Art, die wenigstens für den Anfang der Reise kaum entbehrlich, kann man sich hier auf das Beste versehen. Kaum gönnen wir uns die Zeit, einige befreundete Forscher aufzusuchen, bevor wir unsere Weiterreise antreten.

Mein nächstes Reiseziel in Afrika waren die capverdischen Inseln, welche bisher niemals von Mineralogen oder Geologen besucht worden waren und deren vulkanische Natur viel des Interessanten erwarten liess. Um dorthin zu gelangen, führte mein Weg zuerst nach Lissabon, welches ich auf dem Seeweg über Hâvre zu erreichen beschloss. Wenige Stunden genügten, um mich durch die flachen grünen Gefilde der Normandie zum Ocean zu bringen.

So fand ich mich denn, nicht einmal eine Woche von der Heimat abwesend, bereits im Canal la Manche, leider auch mit der unvermeidlichen Seekrankheit behaftet.

Bald hatten wir die im grauen Nebel verschwindenden Kreidefelsen der Bretagne hinter uns gelassen und die Insel Ouessant passirend, gelangten wir in den stürmischen Golf von Biscaya, der uns durch seine starke Bewegung sehr unangenehm wurde, und wie jubelte ich daher auf, als wir endlich, bei Cap Finisterre, Spaniens Küste am Horizonte auftauchen sahen, welche ich bei der am Bord herrschenden Langweile freundlichst begrüsste. Bald dampften wir der Küste entlang rasch nach Süden — vor uns die wildzerklüfteten, dunklen, felsigen Ufer, auf deren Höhe zuweilen ein Kirchlein mit schimmerndem Dach oder ein kleiner Weiler mit weissgetünchten Häuschen sichtbar wurde, einen angenehmen Contrast bildend zu der weiten tiefblauen Fläche des unermesslichen Oceans, der jetzt wieder ruhig und unbewegt zu unseren Füssen lag. — Immer häufiger werden die kleinen, sanft dahingleitenden Fischerboote, wie denn auch grössere Segler und Dampfer, welche demselben Ziele zueilen wie wir, das Meer beleben. Angenehm berührte uns auch die allmählich steigende Temperatur, denn während im Canal ein scharfer Nordwind uns vom Deck in die Cajüte zurückgedrängt, können wir jetzt bei blauem Himmel ungestört an dem unvergleichlich schönen Anblicke uns erfreuen, welcher sich dem Wanderer, der sich Lissabon nähert, namentlich an der Mündung des Tejo darbietet.

Wenig Bilder sind so eindrucksvoll und so überraschend schön, wie dasjenige, welches der Reisende vom Deck eines Dampfers, der von der Mündung des Tejo stromaufwärts fährt, geniesst.

Anfangs erblicken wir nur die sandigen Dünenufer, und Strom

und Meer verschwimmen in eins; doch bald sehen wir die Barre,
— das Wasser des Tejo erscheint wie ein kleiner Berg, rollend und
zischend auf der spiegelglatten Fläche des Oceans an dem dünnen
Strich, der schräg über die Mündung des Stromes zieht, sich brechend
und hoch gen Himmel schäumend. Die Durchfahrt ist schmal und
ohne einen Piloten können wir nicht einlaufen. Schon hat sich uns
auch ein kleines Segelboot genähert, welches von der Torre do Bugio,
dem ersten auf einer Insel sich erhebenden Leuchtthurme am Tejo,
aus, dem nun stoppenden Dampfer sich nähert; auf seinem Bug steht
in grossen Lettern das Wort „Pilotos", — kaum hat einer von seiner
Bemannung das Tau erfasst, welches wir ihm zugeworfen, so ist es
auch schon an unserer Seite und der Lootse schwingt sich an Bord
des Dampfers, der sich gleich wieder in Bewegung setzt.

Der Abend war gekommen, die allmählich sinkende Sonne überströmte die Uferhöhen mit dem Reichthum jener prächtigen Farben,
wie sie nur der südliche Himmel zu bieten vermag. Zahlreiche Schiffe,
Dampfer sowie Segler, letztere von einem Schlepper gezogen,
kreuzen unseren Pfad: hier ist Alles Leben und Bewegung; doch nach
einer halben Stunde ändert sich das Bild; die früher nur von kleinen
lieblichen Villen bedeckten Höhen zeigen jetzt Dörfer und imposante
Gebäude. Dort am linken Ufer erscheint das Lazareth, und weiterhin erheben sich die im goldrothen Lichte der untergehenden Sonne
gebadeten starren Kalkfelsen von Armada aus der azurblauen Fluth;
am rechten Ufer erblickt man den grauen viereckigen Thurm von
Belem, gleichsam den Hafen bewachend und hinter ihm die herrliche,
uralte, leider schon theilweise dem Verfalle anheimgefallene Cathedrale,
während über dem rückwärts gelegenen, welligen Hügellande in blauer
Ferne die wundervoll geformten Spitzen des Gebirges von Cintra, des
Paradieses Portugals, sich erheben. Hinter Belem schimmert uns der
imposante königliche Palast und weiter das weisse, vielfach mit dunkelgrünen Olivenhainen untermischte Häusermeer der stolzen lusitanischen
Metropole entgegen, in früheren Jahrhunderten der Ausgangspunkt
so mancher Weltumseglung.

Doch schon ist die Nacht hereingebrochen und bald erscheinen die
zahllosen, am Berggelände sich hinziehenden Strassen in hellem Gaslicht schwimmend. Wie gerne hätten wir noch am selben Abend das
lästige Fahrzeug verlassen, doch dem tritt das Gesetz entgegen, denn,
obgleich wir bereits früher den Delegado da saude*) empfangen, waren
noch die Zollformalitäten zu absolviren, welche aber, da die Bureaux

---

*) Sanitätsbeamte.

schon mit Sonnenuntergang schliessen, erst am nächsten Morgen abgethan werden konnten, und so mussten wir uns denn bequemen an Bord zu bleiben bis Mitternacht, uns an der lauen Herbstluft labend und das matt vom Mond beleuchtete, schöne Panorama bewundernd.

Erst am nächsten Tage war ich so glücklich, das Schiff verlassen zu können, vorher musste ich leider mit meinem Gepäck noch einige Zeit lang einen unerwünschten Aufenthalt in der Douane nehmen, und erst gegen die Mittagszeit konnte ich mich, nach überstandenem Kampfe mit Bootsleuten, Matrosen, Packträgern, Douaniers, Droschkenkutschern, im prachtvollen Centralhotel, wohl dem besten derartigen Etablissement auf der iberischen Halbinsel, der wohlverdienten Ruhe hingeben.

Lissabon liegt an dem Hügelgelände, welches sich am rechten Tejoufer hinzieht; nur die wenigen Strassen, die sich in der unmittelbaren Nähe des Flusses befinden, wie die grosse Arsenalstrasse und die Quais, sind in ihrer ganzen Ausdehnung eben, während alle übrigen Strassen und Plätze mehr oder weniger ansteigen und die Maulthiere der Tramwaywagen, welche die ganze Strasse durchziehen, oft Mühe haben, die steilen Gehänge zu gewinnen; dadurch erhält Lissabon entschieden den Charakter einer Hügelstadt: die schönsten Gebäude, Kirchen, Paläste, Plätze, liegen am Bergabhang, nur das Arsenal, die Ministerien und die schöne Praça do Comercio machen hiervon eine Ausnahme. Lissabon ist schon so oft beschrieben worden, dass ich hier eine genauere Schilderung wohl unterlassen und mich mit wenigen Bemerkungen begnügen kann.

Wenn Lissabon keine schönen, mit Monumentalbauten gezierten Strassen, wie Berlin, Wien oder Paris besitzt, denn die wichtigsten Verkehrsadern, wie die Rua aurea, Rua da Prata oder des Chiado und die Arsenalstrasse, können sich fast nur mit der Praterstrasse in Wien oder der Pariser Rue St. Honoré vergleichen lassen, so weist es dafür viele schöne, mit Statuen geschmückte Plätze auf, welche viel dazu beitragen, der Stadt einen würdigen, grossstädtischen Charakter zu verleihen. Unter letzteren sind namentlich die bereits erwähnte „Praça do Comercio", der Camoënsplatz mit der Marmorstatue des grossen gefeierten Dichters, der Dom Pedro d'Alcantaraplatz hervorzuheben. Plätze und Strassen sind gut und praktisch mit schönen Basaltsteinen gepflastert.

Auch einzelne, wiewohl kleine so doch durch ihre Vegetation dem Fremden imponirende öffentliche Gärten, tragen das ihrige bei, um der Stadt einen ruhigen freundlichen Typus zu verleihen, den man sonst in wenig grösseren Städten findet, welcher namentlich durch die dort üblichen kleinen, niederen mit Balkonen versehenen, an der Aussenseite ganz mit Porzellan geschmückten Häusern hervorgebracht wird. Grössere Häuser sind in Lissabon selten und Miethkasernen, wie bei uns, kennt man dort glücklicherweise gar nicht. Indess fehlt es deshalb nicht an schönen, reich mit Marmor dekorirten Palästen.

Dieser stille, geräuschlose Charakter der Stadt, der in der Bauart seinen Ausdruck findet, giebt ihr ein eigenthümliches, fast ländliches Gepräge. Lissabon fehlt merkwürdigerweise jenes in südlichen romanischen Städten so entwickelte, unruhige, geräuschvolle Treiben und Leben; um neun Uhr Abends herrscht Todesstille in den Strassen und die wenigen kleinen Kaffeehäuser sind leer und wie ausgestorben, höchstens in den Tabaksläden des Chiado zeigen sich einige verspätete Kunden; der Portugiese ist eben sehr mässig und langes Herumtreiben in Kneipen und Kaffees ihm unbekannt, dagegen ist die Frequenz der Theater eine recht bedeutende; ausser der grossen Oper (hier Sao Carlos genannt), welches, wie ich hörte, ein Kunstinstitut ersten Ranges ist, ist noch das Theater Dom Fernando und das Theater der S. Trinidade und einige andere kleinere zu erwähnen.

Unter den Bildungsanstalten, welche mich vorzugsweise interessirten, nimmt die polytechnische Schule den ersten Rang ein, nicht nur äusserlich durch das schöne Gebäude, in welchem sie untergebracht ist, sondern auch durch ihre grossartigen Sammlungen und Laboratorien, sowie durch ihr ausgezeichnetes Lehrpersonal. Sie ist ähnlich wie die Pariser École polytechnique organisirt, und es werden auf dieser Hochschule nicht nur Civil-, sondern namentlich auch Militairingenieure herangebildet; die Zöglinge geniessen in Portugal eines vortrefflichen Rufes. Die Universität befindet sich bekanntlich nicht in Lissabon, sondern in Coimbra. Auch in der Akademie der Wissenschaften sind sehr reiche und bemerkenswerthe naturhistorische Sammlungen untergebracht, von denen namentlich die anthropologische Ausstellung einen ganz besonderen Werth erhält, durch die in den letzten Jahren von Carlos Ribeiro aufgefundenen Feuersteinwerkzeuge, welche nach der Meinung des Entdeckers und vieler bewährter, ihm beipflichtender Anthropologen die Anwesenheit des Menschengeschlechtes zur jüngsten Tertiärzeit darthun sollen.

Als ich mich anschickte, diese interessante Ausstellung zu besichtigen, war ich lange in Zweifel, ob das mir als solches bezeichnete Gebäude wirklich diesem Zwecke geweiht sei, denn die am Thor stehenden Wachtposten passten nach meinen germanischen Begriffen nicht recht zu einem wissenschaftlichen Institute, da das Auftreten der bewaffneten Macht in akademischen Räumen, wie es übrigens auch in Paris der Fall ist, mir noch ungewohnt war.

Der kunstliebende Reisende wird in Lissabon selbstverständlich nicht versäumen, die zahlreichen, namentlich im Innern reichgeschmückten Kirchen der Stadt zu besuchen, deren Architektur jedoch im Vergleich zu der wunderbaren alten Cathedrale von Belem (einer Vorstadt Lissabons), auf den Beschauer keinen grossartigen Eindruck mehr hervorbringen kann; dafür machen sich aber ihre Glockenspiele tagesüber recht bemerkbar.

Der Eindruck Lissabons auf den Wanderer ist im Ganzen genommen der der Behäbigkeit und des Wohlstandes, weit angenehmer als der der anderen grossen Städte des Südens, wie Neapel, Palermo, Constantinopel, deren oft gar schmutzige Gassen mit ihren zahllosen, schreienden Verkäufern, zudringlichen Bettlern etc. den Nordländer so unangenehm berühren, und ich kann daher nicht begreifen, dass manche Reiseschriftsteller, namentlich französische, ein so abfälliges Urtheil über die Hauptstadt Portugals abgegeben haben.

Auch die Umgebung Lissabons, vor Allem das schöne waldige Cintra mit seinen so sehenswürdigen Königspalästen und schönen Villen, lockt gar manchen fremden Besucher, aber auch nähere Punkte, wie Cacilhas und Belem, sind durch hohen landschaftlichen Reiz ausgezeichnet und nur selten wird der Wanderer eine schönere Rundsicht geniessen können, als die, welche das alte Fort von Cacilhas auf das langgestreckte wogende Häusermeer Lissabons und die stolze, von Dampfern und Seglern durchfurchte Bucht des Tejo, namentlich wenn der Glanz der untergehenden Sonne das ebenso grossartige als liebliche Panorama mit goldenen Strahlen überfluthet, dem entzückten Auge des Beschauers bietet.

Die wenigen Tage meines Aufenthaltes in der lusitanischen Capitale verflossen rasch und angenehm, theils geschäftlichen Angelegenheiten gewidmet, der Besichtigung der naturwissenschaftlichen Sammlungen, der Vervollständigung meiner Reiseausrüstung (man kann sich in Lissabon ausgezeichnete Conserven, namentlich Gemüse verschaffen), theils den Sehenswürdigkeiten von Stadt und Umgebung geweiht. Durch die grosse Liebenswürdigkeit des österreichischen Gesandten in Lissabon, Herrn Baron Dumreicher, ward es ermöglicht, dass die portugiesische Regierung bereits bei meinem Eintreffen in Lissabon mich den Behörden ihrer afrikanischen Provinzen von Cabo Verde und Guinea empfohlen hatte und ich daher in dieser Hinsicht jeder Mühe enthoben war. Ich kann daher nicht umhin, Herrn Baron Dumreicher, welcher nicht wenig dazu beitrug, mir, einem ihm persönlich ganz Fremden, den Aufenthalt in Lissabon so angenehm und lehrreich zu gestalten, auch an dieser Stelle meinen Dank auszudrücken.

An einem klaren, warmen Novembernachmittage verliess ich endlich den Boden Europa's, sehnsuchts- und erwartungsvoll den neuen Gegenden, welche sich mir nun erschliessen sollten, entgegensehend; bildet ja doch der Moment des Abschieds von europäischem Leben und europäischer Cultur, fast so wie der der Ankunft am fremden Gestade, einen der erhebendsten Augenblicke für den Reisenden, den unbezähmbarer Wissensdurst fern von der Heimat in weitentlegene unwirthliche Gegenden trieb und der sich endlich dem ersehnten Ziele näher gerückt sieht und im Hinblicke auf die spannenden Eindrücke, auf neue Beobachtungen und die zu erhoffenden Entdeckungen, welche seiner harren, vergisst, dass er nun auch den gewohnten Bequemlichkeiten und Segnungen der Civilisation für geraume Zeit zu entsagen und einem anderen harten, an Gefahren und Unzukömmlichkeiten reichen Dasein sich zu ergeben habe.

Vorläufig sollte ich allerdings an Bord des eleganten und bequemen Dampfers den englischen Comfort noch einige Zeit lang geniessen, bevor ich auf den öden und menschenleeren Inseln des grünen Vorgebirges die Forschungsreise beginnen sollte. Die Abfahrt des englischen Dampfers war für drei Uhr angesagt und eine halbe Stunde vorher befand ich mich schon an Bord des 2300 Tonnen fassenden Schiffes, auf dessen Deck rege Thätigkeit herrschte. Passagiere mit Gepäck eilen hin und her, hier sind, rührenden Abschied nehmend von den abreisenden Freunden, Verwandte und Bekannte, während der Dampfkrahn fort und fort rasselnd die Güter vom Deck in die unteren Schiffsräume bringt, — doch die Abfahrt ist noch ferne, wie dem Eingeweihten das grosse Kohlenschiff zeigt, welches neben dem Dampfer lagert und dessen ganzer Inhalt noch untergebracht werden muss. Ehe Alles in Bereitschaft, war es in der That fünf Uhr geworden. Ich hatte mich inzwischen, nachdem es mir gelungen, mein Gepäck nicht ohne einen Streit mit den an Bord stationirten Zollwächtern (der Zollbeamte am Ufer hatte nämlich vergessen, eines meiner Gepäckstücke auf meinem Passirschein zu vermerken und nur durch unbändiges Fluchen in vier Sprachen ward es mir möglich einzudringen) unterzubringen, auf ein stilles Plätzchen am Deck begeben, wo ich ungestört das schöne Landschaftsbild bewundern konnte. Endlich ist auch die brasilianische Post an Bord gebracht, der Agent des Royal Mail hat sich bereits auf den Rückweg begeben, — ein heiserer schriller Pfiff der Dampfpfeife und das Schiff setzt sich in Bewegung, zuerst aufwärts fahrend, dann, nachdem es gewendet, rasch stromabwärts ziehend.

Das Häusermeer von Lissabon mit seinen stolzen Palästen, die schönen Felsen von Cacilhas liegen bald hinter uns, und ein letztes Mal grüssen wir die alte ehrwürdige Cathedrale von Belem, vorbei ziehen wir am Leuchtthurm des Bugio, bald sind wir an der Einmündung des Tejo und unaufhaltsam eilen wir gegen Süden, nochmals die im Hintergrunde liegenden Felsen von Cintra bewundernd.

Nun hat das Schiff auch seinen Kurs gegen Südwesten genommen, so dass das Festland unseren Augen entschwindet und die ganze Monotonie des Oceans uns umfängt; wir segeln direkt den canarischen Inseln zu.

Die Gesellschaft an Bord bestand aus Engländern und Brasilianern, welche alle Rio de Janeiro als Reiseziel hatten. Nach S. Vincent fuhr ausser mir nur ein ältlicher Herr, ein französischer Kaufmann, welcher einen grossen Theil der kärglichen Produkte der Capverden an sich zu bringen und in sein Vaterland zu senden pflegt. Ich mache sofort die Bekanntschaft dieses Herrn, leider sind jedoch seine Mittheilungen nicht darnach angethan, mich zu erfreuen, denn in den düstersten Farben schildert er mir, wie schwer das Reisen auf den Capverden, wo es an Lebensmitteln und Wasser fehle (in letzterem Punkte hatte er wohl recht), wie die Bewohner ungastlich und den Fremden feindlich gesinnt, und wie überhaupt dort absolut kein Profit zu holen und kein Geschäft zu machen sei. Seine Erzählungen, nach denen es eigentlich auf den capverdischen Inseln viel schlimmer und unwirthlicher sei als in Wadaï oder in der Sahara, machten jedoch auf mich keinen grossen Eindruck und ich sagte ihm offen, dass ich an manche Strapazen gewöhnt sei und überdies bei meinen wissenschaftlichen Reisen nach keinerlei pekuniärem Vortheil strebe, was ihn aber nicht hinderte zu erklären, dass dort auch in dieser Hinsicht nichts zu suchen sei, da schon früher Ingenieure dagewesen, welche ohne etwas zu finden, abgezogen seien. Unter „etwas finden" verstand der gute Mann Gold, Silber und dergleichen nützliche und angenehme Gegenstände. Späterhin sollte ich den Grund dieser eigenthümlichen Abschreckungsmanie kennen lernen: der Arme hielt mich nämlich für einen Händler und Concurrenten, welcher gekommen sei, ihm seine schönsten Purgueira-Mandeln durch Hinauftreiben der Preise wegzufischen; ich glaube, dass er sich bald beruhigt haben dürfte.

So vergingen in grösster Langweile, nur unterbrochen von den zahlreichen Mahlzeiten, welche die englische Schiffsordnung, wahrscheinlich nach dem Principe: „Viel und Schlecht", den Passagieren zukommen lässt, eintönig die ersten Tage und erst am Morgen des dritten wurden wir durch eine kleine Abwechslung angenehm überrascht. Die Canaren kamen in Sicht, im Osten sahen wir zuerst in weiter Ferne, im blauen Dunstschleier verschwindend, die langgestreckten Eilande von Lanzerote und Fuerta-ventura, bald aber kam die Perle der Canaren, Teneriffa mit ihrem weithin sichtbaren 3711 m hohen Pic in Sicht; fürwahr ein herrlicher Anblick! Zwischen Gran Canaria und Teneriffa, nur wenige Kilometer von letzterer Insel entfernt, dampfen wir durch den Canal, deutlich sehen wir die sauberen netten Häuser von Santa Cruz, der 8—10 000 Einwohner zählenden, schönen Capitale Teneriffa's und darüber am Berggelände von schattigen Orangen- und Palmenhainen umgeben, die hübschen Villen der reichen Kaufleute, welche allabendlich auf schöner breiter Strasse von Santa Cruz in ihre Behausung fahren oder reiten.

Während die Capverden, sowohl was Klima, als auch was Cultur und Sitten anbelangt, schon ganz zu Afrika gehören, haben die Canaren, wie auch Madeira, europäischen Anstrich und mit Recht zählen die Portugiesen, respective Spanier, diese Inseln nicht zu den Colonien, sondern zu dem Mutterlande. Teneriffa bietet zwar noch nicht den Luxus Madeira's, hat aber ein Theater, hübsche Promenaden, zwei Gasthöfe, in denen sich ganz gut existiren lässt. Der Verkehr mit Europa wird durch zweimal wöchentlich einlangende Dampfer aufrecht erhalten und auch die anderen Inseln erfreuen sich der Wohlthat einer geregelten Dampfschiffverbindung. Nicht mit Unrecht nannten die Alten diese durch prächtige Vegetation ausgezeichneten Inseln die „glücklichen;" unter ihren Riesenbäumen ist namentlich der berühmte Drachenblutbaum (Dracaena Draco) zu erwähnen. Als wir an der Insel vorbeifuhren, waren wir erstaunt, auf dem (6000 Fuss) hohen Kamme der Insel mehrere isolirt stehende Bäume zu erblicken, welche ihrer riesenhaften Grösse wegen von den Passagieren für Thürme gehalten wurden. Für den Geologen ist Teneriffa ungemein interessant; wir beobachteten recht gut die zahlreichen Krater, welche sich nahe der Küste erheben. Erst später, als wir uns von den Inseln etwas entfernt hatten, konnten wir auch den Pic de Teyde, den höchsten Berg der Canaren ersehen. Sein Gipfel war noch schneefrei, doch häufig ist er schon im November oder wenigstens im December und Januar mit Schnee bedeckt. Bei klarem Wetter ist der Gipfel des Teyde viele Meilen weit sichtbar, und auch wir behielten ihn Stunden lang im Auge, bis endlich der aufsteigende Nebel sein Haupt unseren bewundernden Blicken entzog und uns bald darauf wieder die Einförmigkeit des blauen unermesslichen Oceans umgab.

Am Morgen des fünften Tages wurden die Capverden sichtbar und wir machten uns bereit, in den Hafen von S. Vincent einzulaufen, die Passagiere strömten auf das Deck um den Anblick der Eilande zu geniessen. Wir hatten volle drei Tage sehr ruhige See gehabt. Der Nordostwind, welcher in diesen Breiten stets weht, hatte uns rasch weiter getrieben, so dass wir aus dem verhältnissmässig kühlen Klima Lissabons uns plötzlich in die Hitze der Tropen versetzt sahen. Während ich sogar beim Auslaufen aus Lissabon einen Winterrock ganz erträglich fand, mussten jetzt leichte Kleider angelegt werden, da die Sonne schon gehörig warm hernieder brannte.

Auf Deck angelangt sah ich zuerst nichts, und erst allmählich tauchten aus dem blassen Morgennebel einige hohe Bergspitzen hervor, zuerst ein breiter Berg, der Monte Verde (wahrscheinlich deshalb so genannt, weil weder auf ihm noch sonst irgendwo in seiner Nähe eine Spur von Grün aufzufinden ist), nahezu 2500 Fuss hoch, und daneben eine Reihe ungemein pittoresker zerrissener felsiger Kuppen und Spitzen, wie sie sonst nur der Alpenwanderer in den Dolomit- und Kalkalpen Tirols zu sehen bekommt, dann treten links davon einige düstere, schon in dunklen Tinten schimmernde Spitzen aus der blauen Fläche hervor und weit dahinter, nur wenig aus dem fernen Dunstkreise sich erhebend, der schmale langgestreckte Felsrücken der Insel S. Nicolaö. Aber das schöne Bild wird erst vollständig, als wir rechts von den Zinnen und Kegeln S. Vincents ein hohes, breites Land erschauen, dessen höchste Kuppen von grauen, von der Morgensonne beleuchteten Wolkenschleiern umhüllt sind. Es ist die Insel S. Antaö, die zweitgrösste der Capverden.

Unterdessen sind wir unserem Ziele näher gekommen. Deutlicher treten die Bergformen hervor, wir dampfen in einem engen Canale zwischen S. Vincent und S. Antaö dahin, welch letzteres sich uns jetzt als ein hoher, breiter Rücken darstellt. Bald lassen sich die dunklen Felsmassen S. Vincents, aller Vegetation bar, als vulkanische Gebilde erkennen; Tuff- und Lavaschichten, welche von zahllosen, nach allen Richtungen verlaufenden, zum Theil senkrecht, zum Theil mehr geneigt stehenden Gängen (so nennt der Fachmann die Ausfüllungen von Spalten durch Lava) durchbrochen werden; überall zeigen sich die Gipfel mit ihren vielfach zerklüfteten und schroffen eigenthümlichen Formen. Keine Hütte, kein Baum ist rechts oder links sichtbar, gleich einem verwunschenen Lande scheint alles den Todesschlaf zu schlummern.

Indessen ist der Gang des Dampfers langsamer geworden, wir biegen um die nördliche Spitze der Insel und nähern uns einem kleinen felsigen Eilande, welches am Ausgange des Hafens gelegen ist und den Namen Ilha dos Passaros (Vogelinsel) führt, wo sich uns ein neues, wenngleich nicht lieblicheres Bild darbietet: vor uns ein niederer Dünenstrand und dahinter, wiederum die bizarrsten und verwegensten Felsformen zeigend, ein höheres Gebirge, welches den südöstlichen Theil S. Vincents bildet, — endlich liegt der ganze prachtvolle Hafen, ein unvollkommener, halbgeschlossener Kreis vor uns, auf dem Felsenvorsprung links erblicken wir ein kleines Fort, auf dessen Zinne das blauweisse Banner Portugals weht: es dient weniger zur Vertheidigung (da es keine Geschütze besitzt), denn als Signalpunkt, und nebenbei als Quarantäne-Lazareth, während gerade vor uns die Stadt mit ihren weissschimmernden kleinen Häuschen, aus denen sich palastähnlich die zwei grossen Magazine der englischen Kohlenhändler erheben, gelegen ist. Der Strand ist flach, doch unmittelbar hinter dem Städtchen fangen die Hügel (auch diese sind gänzlich vegetationslos) an und vermitteln den Uebergang zu dem allseitig sich erhebenden, vielfach erwähnten Felsengebirge.

Zur Einfahrt in den Hafen S. Vincents bedarf es keines Piloten, denn der alte Krater, aus dem er entstand, zeigt keine Untiefen noch Riffe und so hatten wir auch bald, circa fünfhundert Meter vom Lande entfernt, Anker geworfen. Die Signalpfeife ertönt, wir stehen still und erwarten die in jedem Hafen unerlässlichen Besuche der Sanitäts- und Zollbehörde. Es naht sich uns eine Anzahl von kleinen Booten, welche eine capverdische Specialität bilden, — in jedem derselben stehen zwei schwarze oder braune Burschen, welche nicht einmal das obligate Feigenblatt angelegt haben, — allerdings dürfen wir daraus nicht schliessen, dass sie etwa in dieser Toilette in der Stadt umhergehen, denn neben ihnen befindet sich Hose und Jacke, welche jeder, auch noch so schwarze Bewohner S. Vincents trägt. Sie strecken die nackten schwarzen Arme flehentlich nach uns, die wir verdutzt dreinschauen, aus, endlich löst sich das Räthsel — ein Passagier, der wohl nicht zum ersten Male hier gewesen, hat eine Silbermünze in's Meer geworfen, und sofort sind sämmtliche dunkle Teufel ihr nach in die blaue Fluth gesprungen um nach zwei Minuten keuchend und pustend wieder heraus zu tauchen. Einer derselben hält triumphirend das Silberstück zwischen den Fingern, das ihm nun als Lohn seiner That verbleibt.

CAPITEL II.

Die Stadt S. Vincent. — Eine traurige vegetationslose Insel. — Beim Gouverneur der Capverden. — Eine unangenehme Ueberfahrt. — Ankunft und Empfang auf S. Thiago. — Quartierfatalitäten. — Besteigung des Pico. — Schwarze Priester.

Indessen waren die verschiedenen Formalitäten glücklich beendigt, das Schiff war in entsprechenden sanitären Verhältnissen befunden worden und auch die Zollpapiere erwiesen sich in schönster Ordnung. Das amtliche Verzeichniss der Passagiere, welches in jedem portugiesischen Hafen verlangt wird, war abgeliefert und somit stand unserer Ausschiffung nichts im Wege. Rasch führten uns zwei kräftige schwarze Ruderer ans Land; da galt es nun vor allem Quartier zu suchen.

S. Vincent ist auf den capverdischen Inseln der einzige Ort, der Gasthäuser besitzt, welche euphemistisch den Namen Hotels führen, in Wirklichkeit aber nichts anderes als elende Matrosenspelunken sind und mit dem, was man bei uns als Hotel bezeichnet, höchstens die Preise gemein haben. Eines davon trägt den Titel „Luso-Brazileiro", während das andere sich als französisch-italienisches Hotel vorstellt. Ich hatte das Erstere gewählt, welches im Besitze eines von der Insel Madeira eingewanderten Portugiesen war, der sich bei näherer Bekanntschaft als ein ganz anständiger Mann erwies. Gleich bei meiner Ankunft frug er mich in gebrochenem Englisch, ob ich ein „naturalista" sei und als ich ihn, etwas betroffen über diese richtige Vermuthung, nach der Ursache derselben fragte, gab er mir zur Antwort, dass ein bebrillter Mensch, der zu längerem Aufenthalte herkomme, nur ein „naturalista" sein könne, denn ein anderes vernünftiges Menschenkind würde sich wohl hüten, ein so trostloses Eiland zu besuchen, auf welchem nichts zu holen sei, als Sand und Steine. Jedenfalls war der Mann besser als sein Etablissement. Dasselbe bestand in der That nur aus einer Halle, die als Speisezimmer diente und zwei elenden Löchern, die mit einem niederen schmutzigen Bette ausgestattet waren und Zimmer genannt wurden, deren Fenster aber der Glasscheiben entbehrten. Bei meiner Ankunft machte das Ganze einen äusserst deprimirenden Eindruck auf mich und nie hätte ich geglaubt, dass ich mich bei der Rückreise noch glücklich schätzen würde, in einem so comfortabeln Gasthofe logiren zu können.

S. Vincent selbst macht einen angenehmen Eindruck; die kleinen weiss schimmernden Häuser, hübsche Plätze, reinliche, mit Lava gepflasterte Strassen, erfreuen das Auge, welches nur durch den absoluten Mangel an Vegetation unangenehm berührt wird. Manche südliche Städte unseres Festlandes könnten sich in Bezug auf Reinlichkeit der Strassen ein Beispiel an dieser, doch grösstentheils von Negern bewohnten Stadt nehmen. Leider mangelt es darin gänzlich an gewissen, wenigstens bei uns als unentbehrlich betrachteten Lokalitäten, was jedoch, wie ich constatiren kann, den sanitären Verhältnissen keinen Eintrag thut, denn S. Vincent ist eine fast nie von einer Epidemie heimgesuchte Ortschaft, in der nicht einmal die gewöhnlichen tropischen Krankheiten Platz greifen.

Einige schöne Gebäude ziehen übrigens auch die Aufmerksamkeit des Fremden auf sich, so das Gemeindehaus, in dessen „Garten" eine der grössten Seltenheiten S. Vincents steht, nämlich „der Baum" (ein Eucalyptus), der einzige der Insel, der Markt, dessen Erbauung meinem Freunde Custodio Duarte zu verdanken ist und das niedliche Palais des Gouverneurs.

S. Vincent, dessen einziges Städtchen den Namen „Villa do Mindello" trägt, ist eine der bedeutendsten Kohlenstationen des südatlantischen Oceans, und die meisten Schiffe, welche nach Brasilien, dem Cap und Australien gehen, nehmen hier Kohlen auf. Die drei- bis viertausend Einwohner des Städtchens sind in ihrem Verdienste ganz auf den, infolge des Ex- und Importes der Kohlen sich entwickelnden Handel angewiesen, denn S. Vincent besitzt weder Industrie, noch Ackerbau und Viehzucht, da in dieser traurigen Wüstenei die Vegetation unbekannt ist. Ein grosser Uebelstand ist der gänzliche Mangel an trinkbarem Wasser; nur am entgegengesetzten Ende der Insel, zwei Meilen von der Stadt, findet sich eine halbwegs ergiebige Quelle, deren Entfernung jedoch eine zu grosse ist, um mit Vortheil benutzt werden zu können, und so müssen sich denn die Einwohner damit behelfen, Meerwasser zu destilliren, wenn sie es nicht vorziehen, Wasser von der gegenüberliegenden Insel S. Antaõ herüberzuholen. Daher ist auch das Wasser in S. Vincent ein verhältnissmässig theurer Artikel. Wie bei uns die spirituosen Getränke je nach ihrer Güte verschiedene Preise haben, so werden auch hier die einzelnen Wassersorten je nach der besseren oder schlechteren Qualität bezahlt, wie auch, um das Bild zu vervollständigen, unsere heimischen Weinmischer durch Wasserverschlechterer ersetzt werden. Für das Wasser von S. Antaõ, welches den besten Preis erzielt, werden mehrere Duros per Tonne bezahlt.

Noch an demselben Vormittage stattete ich dem zufällig hier weilenden Generalgouverneur der capverdischen Inseln, dem Fregattencapitän Senhor Antonio Sampaio do Nascimiento Pereira einen Besuch in seinem hübsch eingerichteten kleinen Palais ab, dessen in den portugiesischen Farben, blau und weiss, dekorirter Galasalon auch für europäische Verhältnisse ganz annehmbar erschien. Der Gouverneur empfing mich in liebenswürdigster Weise und stellte mir auch seinen, in circa acht Tagen abgehenden Dampfer zur Ueberfahrt nach der Insel S. Thiago zur Verfügung; da ich jedoch grosses Verlangen hatte, meine Reise fortzusetzen und mir daher ein längerer Aufenthalt in S. Vincent nicht wünschenswert erschien, musste ich dieses Anerbieten dankend ablehnen. Der Gouverneur gab mir daher den Rath, ein am nächsten Tage abgehendes kleines Segelschiff zu benutzen, welchen ich auch befolgte. Die Zwischenzeit benutzte ich um die kleine Insel zu erforschen. Was ich hier, sowie bei einem späteren Besuche in Gesellschaft des daselbst ansässigen Arztes Custodio Duarte, eines sehr tüchtigen Mannes, welcher mir auf den capverdischen Inseln so vielfach nützlich gewesen, gesehen, werde ich nun in kurzen Worten berichten.

Die Insel S. Vincent hat nur wenige Quadratmeilen Flächenraum. Das Eiland, welches eine kreisförmige Gestalt hat, besteht aus einem ringförmigen Gebirge, dessen Inneres zum Theil eben, zum Theil welliges Hügelland ist, während gegen Aussen hin die mehrere tausend Fuss hohen Berge schroff zum Meere sich neigen. Obgleich man die Insel auch zu Fusse besuchen kann, so thut man doch der Hitze wegen gut, sich der Reitthiere zu bedienen, die allerdings ziemlich schwer aufzutreiben sind. Wenige Tage genügen, um auf diese Art die kleine Insel sehr genau kennen zu lernen. Für die Nichtgeologen bietet das Eiland übrigens gar wenig des Interessanten; ausser der genannten Hafenstadt, der Villa do Mindello, finden sich in St. Vincent keine Ansiedlungen und nur zwei oder drei kleine Hütten, welche den vielversprechenden Namen Landhäuser führen, konnte ich auf meinen Touren treffen. Merkwürdig ist die vollkommene Abwesenheit der Vegetation; man zählt in S. Vincent nur zwei Bäume: den früher erwähnten Eucalyptus und eine einzige Dattelpalme, die jedoch niemals Früchte trägt, ausserdem einige mit grosser Mühe cultivirte Bananen und an zwei bis drei Stellen meterhohes Strauchwerk. Selbst das Gras fehlt in dieser Einöde und das ermüdete Auge erblickt allenthalben nur röthlichen Sand oder dunkle nackte, zerklüftete Basaltfelsen. So ist denn der Eindruck dieser öden Wüsteninsel ein nichts weniger als angenehmer und nur von den Spitzen der Berge bietet die weite blaue Wasserwüste dem Beschauer einen die Starrheit des Bildes etwas mildernden Contrast zu der leblosen Felswüste ringsumher. Das Auge des Geologen wird allerdings durch zahlreiche interessante Gesteine, durch schönausgebildete Krater, von denen namentlich einige an der Ostseite recht sehenswürdig sind, vielfach erfreut. Selbstverständlich ist auch die Fauna in einer so vegetationslosen Gegend keine reiche und ausser einigen Aasgeiern, Raben, Eidechsen und Tausendfüsslern, wenigen Käfern, ist nicht viel davon zu bemerken. Dagegen soll die Meeresfauna eine recht interessante sein und wie mir berichtet wurde, sollen namentlich die zahlreich an den felsigen Ufern befindlichen Seekrebse in wissenschaftlicher Hinsicht grosses Interesse bieten; ebenso sind zahlreiche Schwämme, sowie viele Muscheln an manchen Punkten der Meeresküste zu erwähnen.

Was die Ursachen dieser Armuth der Fauna und Flora anbelangt, so dürfte sie wohl einerseits in der vulkanischen Bodenbeschaffenheit, sowie in der Abwesenheit tiefeingeschnittener Thäler, in der geringen Menge des atmosphärischen Niederschlages andererseits beruhen, denn wohl wenige Gegenden der Welt dürften so regenarm sein, wie diese.

Daher ist es begreiflich, wenn die Bewohner der Insel in Bezug auf die Lebensmittel gänzlich auf den Import solcher aus den benachbarten Inseln angewiesen sind und ihren Lebensunterhalt nur im Kohlenhandel finden. In der That war die Bevölkerung bis vor ungefähr vierzig Jahren noch gleich Null und nur seitdem zahlreiche englische, französische und deutsche Dampfschiffcompagnien ihre Kohlendepots in S. Vincent errichtet haben, hat die Inselbevölkerung einen bedeutenden Aufschwung genommen und alljährlich gewinnt der, was den Ertrag anbelangt, vor allen portugiesischen Colonien produktivste Hafen von S. Vincent an Bedeutung.

Schon am nächsten Tage nach meiner Ankunft in S. Vincent konnte ich mich an Bord der „Africa", so hiess das elende Fahrzeug, welches zu meiner Weiterbeförderung dienen sollte, begeben; es war ein kleines Segelboot, ein Schooner, von circa dreissig Tonnen Gehalt, dessen Länge nicht über zehn Meter betrug. Von einer Kajüte war selbstverständlich keine Rede, sondern zwei Verschläge von Holz, welche auf dem Decke angebracht waren, dienten dazu je einen Mann aufzunehmen. Wegen des bewegten Meeres müssen diese seitlich zu öffnenden Kasten geschlossen werden, sodass der bedauernswerthe Passagier, welcher sich diesen Unglücksfahrzeugen zu überliefern gezwungen ist, wie in einem Sarge liegen muss, wenn er es nicht etwa vorzieht mit dem Salzwasser unliebsame Bekanntschaft zu machen. Es ist daher sehr begreiflich, dass kein Europäer ohne zwingende Gründe sich solchem Fahrzeuge anvertraut und selbst Geschäftsleute oder Beamte lieber Monate lang warten, bis ein Dampfer oder ein grösseres Segelschiff ihnen Gelegenheit zu einer bequemen Reise bietet.

Als ich mich in diesem Käfig auf einigen Decken zu installiren suchte, wurden mir auch die entsetzten Mienen der Europäer auf S. Vincent, denen ich meinen Entschluss die „Africa" zu benutzen, mitgetheilt hatte, begreiflich, und immer klarer wurde mir deren anfangs nicht recht verständliche Abneigung gegen dieses Fahrzeug, als wir an den steilen, wunderbar geformten Felsufern S. Vincents vorüber in das offene Meer hinausgefahren waren und ein scharfer Nordwind die Segel blähend, das Schiffchen in heftiges Schwanken versetzte und die Wogen zischend ihren weissen Gischt aufs Verdeck schleuderten. Eine unangenehme Folge dieses stürmischen Wetters war auch die, dass ich nur sehr selten aus meinem Kasten kriechen konnte, um die Landschaft zu betrachten, welche uns der südliche Theil S. Vincents darbot, mit seinen prachtvollen phantastischen Felspartien, unter denen namentlich eine, die „Cara" (das Antlitz), wegen ihrer Ähnlichkeit mit einem menschlichen Profile so genannt, bei den Seeleuten berühmt ist.

Nachdem wir die Küste S. Vincents passirt hatten, segelten wir bei immer stärkerem Winde an den kleinen vulkanischen Felseilanden S. Lucia, Raza, Ilheu Branco vorbei, welche, wie auch S. Vincent, Bruchstücke alter Vulkane, aus Tuffschichten und Lava zusammengesetzt, repräsentiren. Diese Eilande sind gänzlich unbewohnt und ebenso vegetationslos als S. Vincent. Nur mit Mühe gelang es mir, eine oberflächliche Skizze derselben zu entwerfen, denn kaum hatte ich mein Notizbuch hervorgezogen, so spritzten die Wogen schäumend aufs Deck — es blieb mir nichts übrig als den Käfig zu schliessen und mich in mein trauriges Schicksal zu ergeben. Nahezu achtundvierzig qualvolle Stunden verbrachte ich auf diesem schrecklichen Fahrzeuge, welches zwischen Himmel und Erde wie eine Nussschale von den Wogen hin und her geworfen wurde. Heute noch, beim Niederschreiben dieser Zeilen, ruft die Erinnerung an diese ebenso gefahrals namentlich qualvolle Fahrt ein unangenehmes Gefühl in mir hervor; doch musste ich damals wieder froh sein, infolge des stürmischen Wetters rasch zum Ziele zu gelangen, statt, wie dies oft geschieht, fünf bis sechs Tage auf dem schmutzigen, ekelerregenden Schiffe verweilen zu müssen.

Nach sechsunddreissigstündiger Fahrt kam endlich Land in Sicht; es war die Insel S. Thiago, die grösste der Capverden, auf welche wir nun rasch zusteuerten. Das Endziel unserer Fahrt, Praya, war allerdings erst in weiteren vierundzwanzig Stunden zu erreichen und nur ausnahmsweise wollte der Schiffsmeister am nördlichen Ende der Insel im sogenannten Tarrafal landen, eine Absicht, welche mir nicht lobenswerth genug erschien; ich war daher fest entschlossen, um keinen Preis anders als auf dem Landwege die Weiterreise anzutreten, denn ausser der Gefahr und dem an Bord herrschenden Schmutz hatte mich auch die Seekrankheit bedeutend herabgestimmt.

Die kleine Bucht von Tarrafal liegt am Fusse eines circa viertausend Fuss hohen Berges, welcher aus vulkanischem und sogenanntem phonolithischen Gestein besteht und den Namen Monte Grazioso führt. In der Nähe der Bai erheben sich einige niedere Hütten, welche das Tarrafaldorf bilden.

Tarrafal ist der Sitz des Administradors des nördlichen Theils von S. Thiago, somit ein wichtiger Ort in dieser kleinen Welt. Für mich war der Anblick dieser neuen Gegend ein sehr überraschender: kleine Steinhütten mit Stroh bedeckt, erheben sich inmitten einiger zerstreuter Cocospalmen und Bananenbäume; am Ufer promenirte ein barfüssiger schwarzer Soldat, der unvermeidliche nie fehlende Zollbeamte, und hinter ihm lagen einige halbbekleidete Männer und Frauen, in lebhaftem Gespräche begriffen. Hinter den Hütten beginnen grasbedeckte sanfte Hügel, welche sich in der Ferne an mächtige hohe Felsberge anschliessen, deren Häupter in einen weissen Wolkenschleier gehüllt, sich unserem Auge entzogen. Als ich landete, wurde ich alsbald hinaufgeführt zu einer etwas geräumigeren Hütte, wo sich mir ein schwarzbrauner europäisch gekleideter Herr, mit eigenthümlichem, fast an Hindu erinnerndem Typus als den Administrador vorstellte, und dem ich meine Empfehlungsbriefe vom Gouverneur übergab. Das Anfangs erstaunte, misstrauische und wenig freundliche Gesicht meines Gastfreundes nahm alsbald einen ungemein liebenswürdigen, ja fast unterwürfigen Ausdruck an; er begrüsste mich feierlichst und führte mich aus dem Amtsgebäude, welchem Dienste das armselige Häuschen geweiht war, in seine eigenen Appartements, welche allerdings an Primitivität nichts zu wünschen übrig liessen. Die niedere Hütte bestand, wie alle übrigen, aus grossen Lavasteinen, welche ohne irgend ein Bindemittel übereinander gelegt und deren Zwischenräume mit kleineren Steinen ausgefüllt waren. Ein Fussboden war selbstverständlich nicht vorhanden, ebenso fehlten die Fenster und nur durch die Thür konnte die Sonne einigermassen eindringen, während allerdings die luftige Bauart der frischen Brise ungehinderten Eintritt sicherte. Das Dach bestand aus Palmenstroh, welches an einem unbehauenen Baumstamm befestigt war. Dass der Kalküberwurf sowohl aussen als auch innen gänzlich fehlte, brauche ich nicht besonders zu erwähnen. Das Ameublement bildete ein Tischchen, ein grosser hölzerner Koffer und ein ebensolcher Stuhl.

Mit anerkennenswerther Zuvorkommenheit bot mir mein Wirth Speise und Trank an, was ich auch bei dem ausgehungerten Zustande in dem ich mich befand, mit grösstem Vergnügen dankend annahm. Einige Orangen, Confituren von Cocosnuss, Maniocbrod und schwarzer Kaffee wurden in Bälde herbeigeschafft, während für das Nachtmahl schon grossartige Vorbereitungen getroffen wurden. Für nichtorientirte Leser mag hier bemerkt werden, dass der Manioc (Mandioca oder Yam-Yam) die oft über einen Fuss lange, dicke Wurzel eines schlanken über meterhohen Strauches bildet, welche im tropischen Afrika vielfach angepflanzt wird und eines der beliebtesten und wichtigsten Nahrungsmittel, namentlich der schwarzen Bevölkernng bildet. Diese Wurzel wird sowohl geröstet als auch gekocht (in welchem Zustande sie im Geschmacke unserer Kastanie ähnlich ist), sowie auch in Form von Mehl genossen[*]; europäische Magen müssen sich jedoch an dieses etwas indigeste Essen erst allmählich gewöhnen, denn der Manioc ist recht schwer verdaulich.

Ich benutzte den Umstand, dass mein Gastfreund mit dem Schiffsmeister ein Geschäft abzuthun hatte, dazu, um mich der immer mehr das Häuschen überfluthenden Menge von Neugierigen, die sich an dem Fremdlinge nicht satt sehen konnten, zu entziehen und rasch ins Freie zu eilen, um eine nähere Besichtigung des Terrains vorzunehmen, von welcher ich erst Abends zurückkehrte.

Mein Gastfreund war übrigens von einer geradezu überwältigenden Liebenswürdigkeit; nicht nur dass er mir seine Wohnung und sein einziges Bett überliess, während er selbst in einem anderen Hause übernachtete, er trieb die Sorge um meine persönliche Sicherheit sogar so weit, dass die Hälfte der schwarzen Garnison, zwei ganze Polizeisoldaten, zu meinem Schutze aufgeboten wurde. Während der eine im Hofe vor meiner Thür postirt wurde, musste der andere, ein Corporal, im Innern des Häuschens, in einer durch Matten hergestellten Abtheilung, sein Nachtquartier nehmen, und so konnte ich mich denn mit voller Beruhigung einem erquickenden Schlafe hingeben.

Nächsten Tages war ich freudig überrascht durch die vom Administrador getroffenen Massregeln; er hatte mir nämlich ein halbwegs taugliches Reitpferd und zwei Packpferde, sowie einen Diener und einen Führer verschafft, welche nach einigen Stunden Verspätung

---

[*] Der Manihot oder Maniocstrauch stammt ursprünglich aus Süd-Amerika, wo er ebenfalls vielfach angepflanzt wird.

auch richtig eintrafen, und so konnte ich mich denn gegen neun Uhr von meinem freundlichen Wirthe verabschieden und landeinwärts ziehen.

Die Landschaft bot in den ersten Stunden des Tages eigentlich wenig Interessantes, die spärliche Vegetation, die noch am Tarrafal zu sehen war, verschwand allmählich je höher wir bergauf schritten und kurz darauf befanden wir uns in einer schaurig wilden Felswüste, bald dunkles nacktes Basaltgestein, bald blendend weissen weichen Bimsstein überschreitend, tiefeingeschnittene Schluchten passirend und auf engen steilen Felspfaden mühsam bergan wandernd, wobei sich unsere Gebirgspferde, arabischer Rasse, trefflich bewährten. So klommen wir den Pass entlang, der wohl an die fünftausend Fuss über dem Meeresspiegel gelegen sein mochte. Menschenleer war die Gegend und auch das Thierreich war blos durch die grossen weissen Aasgeier vertreten, welche krächzend über unseren Häuptern dahinflogen und nur das blaue, weite Meer und der prächtige, unbewölkte Himmel vermochten den öden Anblick einigermassen zu verschönern.

Der Abstieg gegen Süden bot uns etwas wechselvollere Bilder. Vor uns erstreckte sich ein weites Kesselthal, dessen Tiefgrund mit bebauten Feldern und kleinen zerstreuten Hütten einen erfreulichen Contrast bildeten zu der eben verlassenen starren Wüstenei. In einer engen, tiefen Schlucht, der ein reichliches, helles Quellwasser entsprang, entrollte sich ein gar wechselvolles, liebliches Bild; einige zwanzig Negerfrauen waren beschäftigt in grossen irdenen Krügen ihren Wasservorrath zu schöpfen, während andere das kühle Wasser zu erfrischendem Bade verwendeten und dabei manche nicht unschöne Formen der meist jugendlichen Gestalten sichtbar werden liessen.

Leider war es inzwischen Abend geworden, und ermüdet von dem langen Marsche zogen Menschen und Thiere dem ersehnten Nachtquartier entgegen. Um nicht im Freien zu übernachten und den Thieren möglichst gute Fütterung zu Theil werden zu lassen, hatte ich beschlossen bis zu einer der früher erspähten Hütten vorzudringen, wo ich nach den Angaben meines Führers gastfreundliche Leute treffen sollte.

Gar spät, viel später als ich erwartet und der Führer mir gesagt, erreichte unsere kleine Caravane ihr Ziel, und umsomehr erfreut war ich von dem mir gebotenen Empfange. Der Besitzer der äusserlich allerdings nicht sehr einladend aussehenden „Quinta", Manuel Reis, dem ich mich in gebrochenem Portugiesisch so gut als möglich vorstellte, war zwar ein Eingeborener der Capverden, doch nicht nur ein sehr vermögender, sondern auch ein für die dortigen Verhältnisse sehr gebildeter, liebenswürdiger und zuvorkommender Mann, bei dem ich im Verlaufe meines Aufenthaltes manchen Tag recht angenehm verbrachte und dem ich zu grossem Danke verpflichtet bin; denn er enthob mich nicht nur mehrere Male der Nothwendigkeit im Freien übernachten zu müssen, sondern gab mir auch manche wichtige Aufklärung über Wege und die Möglichkeit der weiteren Reise; er war Witwer und lebte, wie die meisten Weissen in den Colonien, in wilder Ehe mit einer hübschen Mulattin. Manuel Reis ist der reichste Grundherr der Capverden; seine weitausgedehnten Besitzungen nehmen circa den dritten Theil der Insel S. Thiago ein, und die Zahl seiner Untergebenen oder Pächter beläuft sich auf dreitausend. Mit lobenswerthem Eifer war er bestrebt, durch Verbesserung der Wege, durch Herbeischaffung besserer Ackergeräthe den Wohlstand innerhalb seiner grossen Güter zu fördern. Um so auffallender musste es erscheinen, dass dieser, auch unseren europäischen Begriffen nach, reiche Mann, in einem Hause oder vielmehr in einer Hütte wohnte, welche in Bezug auf Primitivität sich durch nichts von dem der ärmsten Schwarzen unterschied. Dieselben rohen Steinmauern ohne Kalkanwurf, derselbe Mangel an Fussboden und Fenstern, dasselbe Strohdach trafen wir in dieser sich nur durch ihre Grösse von den anderen unterscheidenden Behausung; auch das Ameublement war, nach unserem Massstabe für einen unserer Bauern ein armseliges. Nur rohe Tische und Stühle und statt der Schränke grosse Holzkoffer. Servietten und Tischtuch sind unbekannter Luxus, nur einige Theetassen und Kelchgläser stechen merkwürdig ab von der Dürftigkeit der übrigen Gegenstände. Einige Dutzend Diener wohnen in einem anstossenden offenen Schuppen, der zahlreichen Esel und Pferde des Herrn wartend; es waren meist Knaben, die eine eigenthümliche Livree trugen, nämlich ein langes Hemd von geblumtem blauen Kattun.

Manuel Reis hatte gerade zwei Freunde aus der Hauptstadt zu Gaste und war eben im Begriff zum Abendessen zu schreiten, was für mich, der den ganzen Tag gehungert hatte, eine ganz besonders freudige Aussicht war, und ich muss gestehen, dass ich von dem mir zu Theil gewordenen Empfange freudig überrascht, einen angenehmen Abend verbrachte, der mich die überstandenen Strapazen vergessen liess, umsomehr als ein europäisches Bett, eine Seltenheit in diesen Gegenden, nicht wenig dazu beitrug, die Erinnerung an jenen Ort zu einer ungetrübt günstigen zu gestalten.

Von S. Catharina (dies war der Name der Residenz Don Manuel's) zur Hauptstadt Praya, meinem vorläufigen Ziele, schlängelt sich der Saumweg durch mannigfaltig gegliedertes Gebirgsland; gar manche tiefe Thäler mussten wir während der zweitägigen Reise überschreiten, gar manche Höhen erklettern, doch ist das landschaftliche Bild ein weit lieblicheres als das des nördlichen Theils der Insel. Kleine Negerdörfchen, inmitten von Zuckerrohr oder Kaffeeplantagen, wechselnd mit Maisfeldern oder mit entzückend schönen Cocospalmen und Orangenhainen, erfüllen die Thäler, während die steil ansteigenden Höhen in ihrer imposanten Zerrissenheit und Nacktheit einen wunderbaren Contrast zu jener üppigen Vegetation bilden.

Ist man jedoch einige Meilen vor der Hauptstadt angelangt, so ändert sich das Landschaftsbild. Eine wenige hundert Meter hoch gelegene öde, unfruchtbare Ebene dehnt sich vom eben geschilderten, lieblichen, üppig bewachsenen Berglande gegen das Meer aus. Sengend brannten die Strahlen der Nachmittagssonne auf unsere kleine Caravane nieder, als wir uns der Hauptstadt der Capverden näherten. Nichts lässt übrigens hier deren Nähe vermuthen: unvermittelt erhebt sich die Schaar der Häuser und Hütten aus dem ebenen kahlen und dürren Boden.

Die Stadt Praya liegt auf einem Felsvorsprunge, der in der Nähe des Meeres, welches daselbst eine kleine Einbuchtung formend, einen natürlichen, nicht schlechten Hafen bildet, zwischen zwei Thalbecken, deren Boden mit Palmenwäldern bedeckt ist und sich einige hundert Fuss über dem Wasserspiegel erhebt.

Wenn man die Stadt von der Landseite aus betritt, so wird man am Eingange derselben durch ein freundliches Gebäude überrascht, dessen Umgebung hübsche rothe Blumenrabatten zieren. Es ist dies das Wasserreservoir der Stadt; von hier gelangen wir durch eine breite bepflanzte Strasse, an welcher sich mitunter stockhohe Häuser erheben, auf den Hauptplatz, Pelourino genannt, welcher mit aus Guinea stammenden Bäumen, die eine schöne eigenthümliche rothe Blüthe tragen, ringsum bepflanzt ist. In der Nähe befindet sich die nichts Besonderes bietende Kirche, das etwas unscheinbare Gouvernementshaus mit dem Gefängniss, der Kaserne und anderen öffentlichen Gebäuden. Von hier aus führt auch eine schöne breite Fahrstrasse den steilen Abhang hinunter zum Hafen und zur Douane.

Ersterer ist sehr geräumig, aber nicht sehr sicher und es würde bedeutender Arbeiten bedürfen, um ihn zu einem guten geschlossenen Hafen umzugestalten. Als ich anlangte, lag eben eine kleine französische Kriegsflotille vor Anker, welche das sonst einigermassen einsame Bild des weiten Hafens belebte. Sonst wird derselbe in der That nur von wenigen Segelschiffen benützt, denn in den seltensten Fällen verirrt sich ein Dampfer auf diese entlegene Insel.

Ausser der erwähnten Hauptstrasse besitzt die Capitale Sao Thiago's*) noch mehrere Nebengassen, welche jedoch meist nur primitive Hütten aufweisen. Die Einwohnerzahl beträgt nach den dortigen Angaben viertausend. Doch habe ich Gründe zu glauben, dass dieselben übertrieben sind und dass der Ort nicht viel mehr als dreitausend Einwohner zählen dürfte, darunter sind meiner Schätzung nach höchstens zweihundert Weisse, von denen die Hälfte Beamte oder Militärs, die übrigen Kaufleute oder gewerbetreibende Deportirte sind.

Praya weist auch ein gutes Hospital auf; ferner sind noch zu erwähnen, ein Kaffeehaus und ein Theater. Selbstverständlich fehlt dem letzteren eine Schauspielertruppe, doch geben Dilettanten aus der weissen Gesellschaft ein bis zweimal jährlich Privatvorstellungen. Ich hatte selbst Gelegenheit einer solchen beizuwohnen und muss gestehen, dass sie nicht zu den schlechtesten gehörte, die ich gesehen.

Die Stadt besitzt auch ein Museum, welches ausser einer Bibliothek noch eine ethnographische, geologische und zoologische Sammlung enthält. Die letztere ist zwar in einem recht netten Saale aufgestellt, enthält aber nur noch wenige Gegenstände, welche bunt durcheinander liegen. Noch kurz vor meinem Aufenthalte war in dieser Hinsicht viel reicheres Material vorhanden gewesen, indem ein sehr strebsamer Privatmann, Herr Alejandro, eine grosse und schöne zoologische und ethnographische Sammlung von den Capverden und der benachbarten afrikanischen Küste aufgestellt hatte. Diese äusserst werthvolle Collection wurde in Folge Bankerott's des Besitzers verschleudert, und da die meisten Etiquetten dabei verloren gingen, gänzlich unbrauchbar.

Wichtiger für uns ist in wissenschaftlicher Hinsicht die erst seit Kurzem errichtete meteorologische Beobachtungsstation, die einzige auf den Capverden; sie ist deshalb von grossem Interesse, weil sie sichere Anhaltspunkte zum Vergleiche mit den Beobachtungen der festländischen Anstalten von Sierra Leone und St. Louis darbieten kann. Die Station ist mit sehr guten Instrumenten versehen und der Beobachter, dessen Bekanntschaft ich machte, ist ein zwar junger, doch ganz intelligenter Mann, der mit grossem Fleisse seine Beobachtungen durchführt und welcher vor den Vorständen der meisten unserer meteorologischen Stationen den Vortheil geniesst, ein anständiges Gehalt zu beziehen.

---

¹) Das ist die richtige Schreibart; auf den Karten findet man irrthümlich meistens die spanische: „Santiago."

Es war in den Nachmittagsstunden, als ich in Praya, gefolgt von den zwei Negern, zum grossen Ergötzen der schwarzen und weissen Einwohner, die verwundert den Fremdling anstarrten, meinen Einzug hielt. Leider war die erste nicht geringe Schwierigkeit in der capverdischen Metropole, ein Nachtquartier zu finden, denn trotzdem Praya wie erwähnt so zahlreiche, an europäische Zustände gemahnende Institute besitzt, so hat es sich merkwürdigerweise noch immer keines Gasthofes zu erfreuen und steht somit in diesem wichtigen Punkte gegen S. Vincent, seine Rivalin, zurück, was übrigens bei dem Umstande, dass Fremdenbesuche zu den Seltenheiten gehören, nicht eben befremdend ist. Da zum Ueberfluss der Gouverneur nicht in der Hauptstadt weilte und ich an keine andere Persönlichkeit Empfehlungsbriefe besass, so war ich in grosser Verlegenheit einen Platz zu finden, wo ich mein müdes Haupt niederlegen konnte. Ich suchte vergebens ein Quartier zu miethen, doch erst nach stundenlangem Umherlaufen gelang es mir, ein halbverfallenes, leeres Zimmer mit einem Ausgange ohne Thür, nach dem Hofe, zu erobern, in welchem ich nothdürftig mein Bett aufschlagen und mein Gepäck unterbringen konnte.

Meine Ankunft war indessen allgemein bekannt geworden und mehrere Neugierige drängten sich, allerlei lästige Fragen an mich richtend, in den unverschlossenen Raum, welchem Verhör ich mit dem Ersuchen, mir vor Allem ein ordentliches Quartier zu verschaffen, ein Ende machte. Einer der Anwesenden hatte auch die Freundlichkeit mich, wenigstens so lange bis ich einen geschlossenen Raum gefunden, bei sich aufzunehmen: es war ein Kaufmann Namens Antonio Joaquim Ribeiro, bei dem ich auch in der Folge wohnte und der mich bei meiner späteren Anwesenheit in Praya unter keinen Umständen ausserhalb seines Hauses wohnen lassen wollte. So war ich denn auch dieser Sorge glücklich entledigt.

Der folgende Tag war der Ruhe, das heisst vielmehr der weiteren Beschaffung von Trägern und Pferden gewidmet; im Laufe desselben lernte ich fast sämmtliche notablen Einwohner der Hauptstadt kennen. Alle behandelten mich mit äusserster Zuvorkommenheit und bemühten sich, mir den Aufenthalt so angenehm als möglich zu machen.

Meines Bleibens war natürlicher Weise auch hier nicht, denn ich musste mich beeilen, wieder ins Innere zu gelangen um die höchsten Punkte der Insel, namentlich den Pico d'Antonio, eine alte Vulkanruine, einer näheren Besichtigung zu unterziehen und Material zur Herstellung einer topographischen und geologischen Karte zusammenzutragen, ausserdem meinem wichtigsten Reiseziele auf den Inseln, eine Sammlung ihrer Mineralien und Gesteine zur späteren Untersuchung herzustellen, nachgehen zu können, und so brach ich denn baldmöglichst unter Zurücklassung meines grösseren unnützen Gepäckes zu einer fast vierzehntägigen Tour in das Innere auf. — Wenige Stunden genügten, um mich abermals an den Fuss der Berge zu bringen, nachdem ich die Ruinenstadt S. Thiago, die cedade velha oder „alte Stadt", welche zu Anfang des siebzehnten Jahrhunderts erbaut, eine bedeutende Ansiedlung der Portugiesen und späterhin der Spanier geworden, und deren Reste heute noch, im Verhältnisse zu den heutigen Niederlassungen der Portugiesen auf den Capverdischen Inseln, grossartig genannt zu werden verdienen, besichtigt hatte; namentlich erregte ein altes Kloster in Verbindung mit einer prächtigen stylvoll angelegten Cathedrale, wohl mit Recht meine Bewunderung. Denn kaum hätte ich es für möglich gehalten, hier in dieser Wildniss Reste eines so grossartigen alten Baues zu finden. Mein Nachtquartier fand ich an jenem Tage bei einem alten schwarzen Geistlichen, der, als Knabe ursprünglich Heide, jetzt, sonst kein häufiger Fall, ein eifriger Verbreiter des Christenthums geworden war. Seine tiefe Armuth rührte nicht etwa von seinem geringen Einkommen her, wohl aber von dem Umstande, dass der glaubenseifrige Mann fast seine ganzen Einkünfte zur Errichtung einer halbwegs anständigen Kirche verwendet hatte, während er selbst in der primitivsten Art lebte. Die Kirchen S. Thiago's befinden sich allerdings im denkbar traurigsten Zustande, einige davon bestehen einfach aus vier Mauern ohne Dach, was bei dem Umstande dass die Reparatur der Kirche dem Geistlichen allein obliegt und aus dessen Mitteln bestritten werden muss, gerade nicht unbegreiflich erscheint; um so lobenswerther war daher der Eifer des guten Pfarrers von Sao Joaŏ, welcher lieber selbst Noth leiden, als das Gotteshaus dem Verfalle entgegengehen lassen wollte. Ganz anders fand ich die Verhältnisse wenige Tage nachher bei einem andern schwarzen Geistlichen, einem jungen Mann, der mich auf das Beste bewirthete; er hatte sich mehr den europäischen Verhältnissen anzupassen verstanden, sprach einige französische Phrasen und verschmähte sogar nicht, Arien aus „Madame Angot" zu singen, doch war er ein wirklich gebildeter Mann, dem mancherlei positive Kenntnisse nicht abzusprechen waren.

Es war um die Weihnachtszeit als ich mich anschickte den Pico d'Antonio, den höchsten Berg Sao Thiago's (nach meinen Messungen circa 6000 Fuss) zu besteigen. Die Nacht hatte ich am Fusse desselben, einige tausend Fuss unter dem Gipfel einer verlassenen Hirtenhütte zugebracht, nachdem es mir gelungen, in der letzten Ansiedlung einen Mann aufzutreiben, welcher seinen Behauptungen nach, schon mehrmals den Gipfel des erwähnten Berges bestiegen und sich gegen geringe Entschädigung erboten hatte, mich hinaufzubringen.

So stieg ich denn vor Sonnenaufgang — es war mir merkwürdigerweise gelungen meine Leute rechtzeitig hinaus zu treiben — gefolgt von dem Führer und meinen gewöhnlichen Begleitern, den Abhang hinauf, aber nicht lange sollte es währen, so versagten die zwei letzteren den Dienst mit der kurzen Erklärung, es sei ihnen nicht möglich weiter zu marschiren, und unter keiner Bedingung würden sie weiter gehen, ein Ereigniss, welches sich mit merkwürdiger Regelmässigkeit bei jeder Bergbesteigung, die ich in jenen Gegenden zu machen Gelegenheit hatte, wiederholte, und welchem ich nicht entgegenzutreten gedachte, da die Feiglinge mir bei längerem Verbleiben doch auch den unumgänglich nothwendigen Führer abwendig gemacht und mich wahrscheinlich alle im Stiche gelassen hätten.

Leider erklärte auch letzterer, nachdem wir einige Stunden lang die steilen Abhänge hinangeklettert, dass er keine Lust habe, sich weiter anzustrengen und auf mein eindringliches Befragen gestand er schliesslich mit grösster, jedoch leider verspäteter Offenheit zu, dass er überhaupt niemals den Berg bestiegen habe und auch nicht gewillt sei, dieses Unternehmen auszuführen, überdies habe er keine Ahnung, wie man überhaupt weiter kommen könne. Da ich bewaffnet war, und momentan auch kein Geld mit mir führte, erklärte ich ihm rundweg, dass er von mir überhaupt nur dann eine Entlohnung zu erwarten habe, wenn er mit mir auf dem Gipfel des Berges gewesen sei; denn allein den Aufstieg auszuführen, war mir schon deshalb nicht möglich, weil meine Kräfte nicht dazu ausreichten, die zur Messung der Höhe des Berges mitgebrachten Instrumente auf den Gipfel des Berges zu schleppen.

Meine Entschlossenheit, die er wohl mehr aus meinen Mienen, als aus meinen Worten las, denn es war mir nicht gelungen, die creolische Sprache der capverdischen Neger so zu erlernen dass ich eine Conversation hätte führen können, verfehlte denn ihre Wirkung auch nicht; mein Führer sah ein, dass er mich nicht ohne Weiteres berauben könne und dass auch auf gütlichem Wege nur dann, wenn er meine Wünsche erfülle, etwas zu erhoffen sei. So blieb ihm denn nichts übrig, nachdem er durch die Schilderung der unglaublichsten Gefahren, welche mit der Besteigung verbunden sein sollten, einen letzten Versuch gemacht hatte, mich von meinem Vorhaben abzubringen, als den Aufstieg fortzusetzen, wobei allerdings nicht mehr er sondern ich den

Führer abgeben musste. Unter grossen Anstrengungen langten wir schliesslich, lange nach Mittag, auf der nur wenige Fuss breiten Spitze des Pico an, wo sich meinen entzückten Blicken ein herrliches Panorama bot, welches mich reichlich belohnte für all' die Mühen und Verdriesslichkeiten der Reise. Der ganze capverdische Archipel entrollte sich zu meinen Füssen. Im Norden die fernen dunklen Rücken von S. Nicolaö, und S. Vincent. Oestlich die mehr flachen, öden und unwirthlichen Eilande von Mayo und Boa Vista und westlich der herrliche Vulkan Fogo, der mit seinem neuntausend Fuss hohen Gipfel einem Phantome gleich aus dem Meeresschaume emporzusteigen scheint. Zwischen Allem die dem Auge wie ein unbeweglicher ruhiger Spiegel erscheinende unendliche Fläche des Oceans. Nur ferne im Norden lag ein weisser Wolkenschleier, bizarre Formen bildend, auf der den Blicken entrückten Insel Sal, der nordöstlichsten des Archipels.

Aber auch die nächste Fernsicht bot unsern spähenden Augen ein wechselvolles Bild, hier steiniger, zackiger Felsmassen, dort reicher, üppiger, ewiggrüner Vegetation. All die tiefen Schluchten, die Pässe, die wir mühsam passirt, sie schienen von hier nichts anderes als kleine Vertiefungen, als elende, wie von Menschenhand geschaffene Erdhügel. Mit Mühe unterscheiden wir die Strohdächer der kleinen Dörfer und nur mit dem Fernglase gewahren wir, weit weg, an der felsigen Küste die Dächer Praya's. Ein solches Panorama hat aber für den Naturforscher noch eine andere Bedeutung als die eines blos durch seinen landschaftlichen Reiz das Auge erfreuenden Bildes. Erst von einem solch erhabenen Standpunkte aus vermag er die Gliederung des Gebirges und seine Bildung zu erkennen. Was uns früher als ein complicirtes Hügelland erschien, lässt sich als einen alten Kraterboden erkennen, der durch die tropischen Gewässer seine jetzige Unebenheit erhalten hat und so vermögen wir allmählich das Räthsel der Bildung dieser Inseln zu entziffern. Längere Zeit verweilte ich hier, denn der ebenso lehrreiche als anziehende Ausblick fesselte mich nicht wenig, wohl hatte ich schon in den Alpen grossartige Panoramen vor mir gehabt, aber nur selten hatte ich eine Gebirgsscenerie bei so klarer durchsichtiger Luft in ihrer ganzen Schönheit bewundern können.

Der Abstieg ging ohne Schwierigkeiten vor sich und nach drei Stunden mühsamen Herabkletterns hatte ich Pferde und Leute wieder erreicht und weiter ging's thalabwärts.

Leider mussten wir den Weihnachtsabend fastend beschliessen, da wir, in dem Glauben, noch bis zu einer Ansiedlung gelangen zu

Markt auf der Chada faleaô.

können, versäumt hatten, den nöthigen Proviant mitzunehmen. Die Erinnerung der heutigen erfolgreichen Besteigung drängte jedoch jeden trüben Vergleich hinweg.

So verstrich mancher Tag unter allerlei Strapazen und Entbehrungen, doch hatte ich mich im Ganzen nicht zu beklagen, denn überall dort wo wir Hütten fanden, war ich einer freundlichen Aufnahme gewiss und Reis und Manioc, hie und da auch ein Hühnlein oder Zicklein wurden, im Verein mit schwarzem Kaffee und einheimischem Branntwein aufgetischt. Ich muss hier bemerken, dass S. Thiago die civilisirteste aller capverdischen Inseln ist, und dass die Bewohner dieser reichbevölkerten, sehr fruchtbaren Insel ohne viel Arbeit sich leicht ein angenehmes Dasein verschaffen können; nicht nur in der Hauptstadt, sondern auch im Innern sind Branntwein, Kaffee, Zucker, Reis, Bananen und Orangen, alles eigene Landesprodukte, hie und da sogar Fleisch nicht unschwer zu haben und ist daher die Verproviantirung keine allzu schwierige. In S. Catharina, dem Wohnsitze meines Freundes Manuel Reis, findet sogar von Zeit zu Zeit ein Markt im Grünen statt, dessen originellen Anblick ich hier wiederzugeben nicht umhin kann. (S. nebenstehende Abbildung.)

Anfangs Januar kehrte ich nach Praya zurück, um möglichst bald nach der Insel Fogo, deren Bereisung mein sehnlichster Wunsch war, gelangen zu können. Leider war kein Fahrzeug für die nächste Zeit in Bereitschaft, und trotz meiner und meiner Freunde Anstrengungen gelang es mir nicht, die doch so nahe Insel zu erreichen. Hier war wohl das Sängerwort: „so nah und doch so fern" wenn irgendwo am Platze; wie oft sah ich den hohen Vulkan, der nur einige Meilen entfernt schien und wie oft suchte ich ein Fahrzeug zu bekommen, und wie oft auch musste ich meine Hoffnung scheitern sehen. Dagegen war mir die Nachricht nicht unwillkommen, dass demnächst ein kleines Kriegsschiff nach den portugiesischen Colonien der Westküste sich begeben sollte, auf welchem mir der Gouverneur die Fahrt ohne Weiteres gestattete.

Um jedoch meine kostbare Zeit nicht unnütz zu vergeuden, beschloss ich die nahegelegene Insel Mayo zu besuchen, da sich mir zufällig eine günstige Gelegenheit dazu bot.

Bei der Bereisung einer solchen Inselgruppe, zwischen welcher keine Dampfschiffverbindung existirt, ist das Erreichen einer Insel reine Sache des Zufalls, wenn man nicht die Mittel besitzt (und es bedarf hierzu nicht geringer Summen), um einen Schooner oder eine Brigg für die Dauer des ganzen Aufenthaltes zu miethen; diese unangenehme Erfahrung musste ich auf meiner Reise gar oft machen. Es war mir daher ungemein angenehm, als ich mich in den ersten Tagen des Januar nach der kleinen Insel Mayo einschiffen konnte, wo mir jedenfalls Gelegenheit werden sollte, meine Studien fortzusetzen.

CAPITEL III.

Empfang in Mayo. — Ein merkwürdiger Wirth. — Bereisung der Insel. — Wassermangel. — Die Inseln Fogo und Brava. — Seltsame Rassenverschiedenheit ihrer Bewohner. — Die Schiffbruchsinsel.

Nach einer zwölfstündigen Fahrt auf einem der bereits geschilderten elenden Fahrzeuge, welche mich wieder zur Genüge alle Qualen der Seekrankheit, der Unbequemlichkeit und des entsetzlichen Schmutzes an Bord fühlen liess, langte ich im Hafen an, wenn man die Art Bucht an der das Dorf liegt, überhaupt mit diesem Namen beehren kann. Der Anblick der Insel Mayo ist durchaus kein erfreulicher: eine niedere langgestreckte Küste, welche kein Baum, kein Strauch, kein Gras belebt, weiter im Hintergrunde einige Berge, deren lichtes Gestein ebenso monoton ist, am Hafen selbst, neben wenigen erhaltenen Häusern, mehr als dreimal so viel gänzlich zerfallene, verlassene Gebäude, — dies ist der traurige Eindruck, den Mayo auf den Beschauer macht. Nur die stattliche Kirche, deren hübsche Thürme schlecht mit den niederen halbzerstörten Hütten harmoniren, erinnert an andere, civilisirte Gegenden und an die besseren Zeiten Mayo's, welches vor einigen Jahrzehnten noch ein kleines sauberes Städtchen gewesen sein soll, bis die Cholera und eine auf den Capverden herrschende Hungersnoth die Einwohner, welche ihre Lebensmittel von auswärts beziehen mussten, decimirte, den Rest vertrieb und so der Blüthezeit der Insel ein frühes Ende bereitete. Von was übrigens die Autochthonen gelebt und wie sie ihr Auskommen gefunden, wurde mir nicht berichtet. Die heutige Bevölkerung, circa neunhundert Seelen, lebt ausschliesslich von dem Betriebe einer Saline, welche für die südamerikanischen Staaten, namentlich Brasilien, Salz liefert und es ist mir nicht wahrscheinlich, dass der Betrieb in früherer Zeit ein viel erträglicherer gewesen sein sollte; wie dem auch sei, sicher ist, dass das Hafenstädtchen in früherer Zeit weit grösser war, als heutzutage.

Kaum hatte ich das Boot bestiegen, um mich ans Land zu begeben, als auch schon der Administrador, ein Farbiger, Namens

Ferreira, mir entgegenfuhr. Er begrüsste mich ungemein respectvoll und führte mich sofort in sein Haus; ausser mir hatte er auch noch einen brasilianischen Schiffscapitän zu Gaste, dessen Brigg im Begriffe stand, eine grosse Quantität Salz einzunehmen. Ferreira war nur provisorisch Beamter und seines Zeichens eigentlich Kaufmann, welcher den Salzhandel mit den Schiffscapitänen vermittelte; die Saline ist nämlich allen Einwohnern zur Benutzung angewiesen und jeder hat das Recht, soviel Salz als er erzeugen kann, zu verkaufen; dadurch wird allerdings der Betrieb keineswegs gefördert, aber diese Massregel verhindert das Monopolisiren des Gewinnes zum Nachtheil der armen Bevölkerung. Ich war nicht wenig überrascht, auf dieser öden Insel ein so opulentes Diner einzunehmen, wie dasjenige, welches mir mein Gastfreund bot; Conserven, Hühner-, Ziegen- und Schweinefleisch, Fische, sogar Wein und Käse bedeckten den Tisch und da ich seit langer Zeit nicht ein so üppiges Mahl genossen, that ich den aufgetischten Speisen alle Ehre an, mich meines guten Sternes freuend, der mich in ein so angenehmes Haus geführt hatte. Leider sah ich bald ein, dass das Fest nicht mir, sondern dem Geschäftsfreunde gegolten, denn schon am nächsten Tage waren Fleisch und Weine verschwunden, und als ich gar von meiner mehrtägigen Tour ins Innere zurückgekehrt, mich mit dem hungerigsten Magen der Welt zu Tische setzte, musste ich mich mit Mil (Mais), Bohnen, Reis und Eiern begnügen und mit banger Hoffnung sah ich der Wiederkehr meines Fahrzeuges entgegen, welches, wie bestimmt war, nach Verlauf einer Woche mich wieder nach Praya führen sollte, da ich mit Recht fürchten musste, dass mein lieber Wirth, der mir schon mit besonderer Vorliebe die Vorzüge der Cachupa*) rühmte, mich auf dieses, meinem Magen weniger zusagende Gericht beschränken würde. Was mich dabei am meisten ärgerte, war weniger der Umstand, auf solche schliesslich genügend nahrhafte Speisen angewiesen sein zu müssen, als der ostensible Geiz, den der gute Mann mir gegenüber an den Tag legte. Sehr gerne hätte ich die Kosten meines Unterhaltes mit einigen Testaõ's**) ersetzt, aber solches wäre dem Gastfreunde gegenüber sehr beleidigend gewesen und hätte die unangenehmsten Consequenzen haben können; so musste ich mich denn in der Folge mit der spärlichen Kost, die er mir vorsetzte, zufrieden geben und gute Miene zu der traurigen Behandlung machen; allerdings sollte es nicht die schlechteste sein, welche ich im Laufe meiner Reise geniessen würde. Im Uebrigen war

---

*) In Wasser gekochte Maiskörner.
**) Ein Testaõ = 100 Reis, circa 45 Pfennige.

die Handlungsweise des Administradors keineswegs so unerklärlich, da es ihn einigermassen verdriessen musste, bei seinem wenig einträglichen Amte noch die Verpflichtung zu haben, wildfremde Menschen beherbergen und ernähren zu müssen; er war ein weitgereister Mann, der mit seinem Schooner früher vielfach an der Westküste Afrika's, in Brasilien und sogar in Paraguay, wo er während des letzten Krieges Proviant zugeführt, herumgekommen war, wie dies bei vielen seiner engeren Landsleute, den Bewohnern der kleinen Insel Brava, der Fall ist.

Noch am Tage meiner Ankunft besichtigte ich die Ortschaft und ihre Umgebung, welche jedoch wenig Interessantes ergab: ein altes Fort, das gewiss an die zweihundert Jahre hier gestanden hatte, fesselte meine Aufmerksamkeit: es war ein getreues Bild des Verfalls, der überall bemerkbar, alte Kanonen, im siebzehnten Jahrhundert gegossen, lagen hier und da ohne Lafetten, manche geborsten, umher hier ein zerbrochener Flaggenstock, dort ein eingefallenes Thor oder eine eingestürzte Mauer, Zeichen der Verwüstung und des Ruins.

Erst am zweiten Tage hatte Senhor Ferreira mir Tragthiere und einen Führer verschafft. Mit den von mir mitgebrachten Conserven für einige Tage versorgt, zogen wir ins Innere, auch Wasser führten wir in Kürbisflaschen mit uns; leider hatte man verabsäumt mir mitzutheilen, dass der Rest der Insel fast gänzlich unbewohnt und trinkbares Wasser nirgends aufzutreiben sei, sonst hätte ich von letzterem wohl einen grösseren Vorrath eingenommen, so aber machte sich schon am zweiten Tage der Wassermangel fühlbar und wir mussten im Genusse dieses kostbaren Getränkes die grösste Sparsamkeit walten lassen; am dritten Tage endlich war ich genöthigt, die Qual eines brennenden Durstes zu erleiden, welche wohl zu den schrecklichsten gehört, die ein Mensch empfinden kann, und ich schätzte mich glücklich, am Abende in der einsamen Behausung eines Negers, ein zwar unsauberes und warmes, aber immerhin trinkbares Wasser zu finden. Besser war es mit der Nahrung bestellt, deren Hauptbestandtheil Reis bildete, den ich mit etwas Fleischextract zu verbessern suchte; die amerikanischen Fleischconserven waren mir durch täglichen Genuss schon ekelerregend und förderten auch meinen heillosen Durst nur noch mehr.

Das Reisen auf dieser Insel war daher immerhin mit einiger Schwierigkeit verbunden, umsomehr als für die Esel hier sehr wenig Futter aufzutreiben war und dieselben bald dienstuntauglich wurden.

Auch mit meinem Führer hatte ich, wie gewöhnlich, die grösste Noth, da dieses faule Individuum nur unter Drohungen zum Weitermarsch zu bringen war und jede irgendwie denkbare Gelegenheit benutzte, um mich zur Rückkehr zu bewegen.

Die Insel Mayo ist eine der traurigsten und ödesten Inseln der Welt; kein Baum, kein Strauch erquickt das durch den Anblick des gelben Sandes und der weissen Kalkfelsen ermüdete Auge; nur hin und wieder von der Sonne verbrannte Grasfleckchen, in denen zahlreiche Heuschrecken hausen und niederes schädliches Dornengestrüpp; es erscheint fast unbegreiflich auf ersteren hie und da ein Rind weiden zu sehen, das allerdings an seiner Magerkeit und Kleinheit das geringe Futter, das ihm zu Theil wird, genugsam errathen lässt.

Ebenso spärlich ist die Thierwelt vertreten und nur einige Wildschweine, welche den armen Bewohnern eine erwünschte Beute sind, ferner Geier, Raben und hie und da ein Guineahuhn beleben die öde Gegend, deren nicht allzu hohe Gebirge auch in landschaftlicher Hinsicht dem Wanderer ein nur wenig liebliches Bild bieten. Glücklicher Weise waren meine geologischen Entdeckungen auf dieser Insel bedeutend genug, um mich, sowohl für die durchgemachten Strapazen, als auch für die Langeweile des Aufenthalts, hinreichend zu entschädigen, so dass ich, als ich nach kaum einer Woche Aufenthalt von meinem biederen Wirthe und dem Eilande für immer Abschied nahm, Ursache hatte, mit meinen Erfolgen zufrieden zu sein.

Einige kurze Bemerkungen über die Bewohner dieses Eilandes mögen den Schluss dieser Betrachtung bilden.

Die Einwohner der Insel Mayo sind sämmtlich Farbige (wie mir erzählt wurde, wohnt mit Ausnahme einiger Deportirten nicht ein einziger Weisser auf der Insel), ihre natürliche Faulheit und die geringen Hilfsmittel des Bodens, machen sie, im Vergleiche zu ihren Stammesgenossen der Insel S. Thiago, welche von der Natur so bevorzugt sind, zu armen Leuten, dazu kommt, dass ihre Trunksucht sie widerspenstig und störrisch macht, wie ich selbst eines Tages zu beobachten Gelegenheit hatte, da Senhor Ferreira mit einigen von ihnen, die er ihrer Excesse wegen zur Rede gestellt, in ein unliebsames Handgemenge gerieth, dem er nur mit knapper Noth und mit Hilfe sämmtlicher Regierungsbediensteten entgehen konnte. Selbstverständlich trug diese heitere Scene nicht gerade dazu bei, sein Ansehen besonders zu heben. So macht denn Mayo in jeglicher Hinsicht den Eindruck der Oede und des Jammers und ist es begreiflich, dass sie als Deportationsort für schwere Verbrecher gewählt wurde.

Um den Leser nicht zu ermüden, lasse ich hier nur einige kurze Bemerkungen über die übrigen capverdischen Inseln, mit Ausnahme S. Antaõ's folgen, dessen Besuch späterhin geschildert werden soll.

Die Insel, welche Sao Thiago am nächsten liegt, ist Fogo, berühmt durch seinen noch thätigen Vulkan. Fogo macht, namentlich von Sao Thiago aus gesehen, einen ungemein imposanten Eindruck; ein langer, oben von einer Ebene gekrönter Rücken trägt den steilen schlanken Aschenkegel, dessen Gipfel in die blaugrauen Wolken hineinragt. Die Insel ist nur wenig bewaldet, aber in den tiefen Thälern herrscht üppige, reiche Vegetation. Das kleine, saubere Städtchen, La luz genannt, welches hoch oben am Felsen angelehnt, besitzt leider nur einen sehr schlechten Hafen oder besser gesagt Landungsort, sodass sein Besuch zu den schwierigen gehört, namentlich da überdies der Verkehr zwischen den anderen Inseln und Fogo ein äusserst geringer ist.

Fogo gegenüber liegt eine winzige Insel „Brava" genannt, die schönste unter den Capverden. Ihre niedlichen kleinen Häuschen, allenthalben zerstreut liegend, sind von niederen Bäumen und Gebüsch umgeben und contrastiren darin in der angenehmsten Weise mit den übrigen durch ihren traurigen wüsten Anblick ermüdenden Eilanden, daher auch diese kleine Insel bei den Bewohnern des capverdischen Archipels als die Perle desselben bezeichnet wird. Während die Bewohner von Fogo zumeist Schwarze oder Mulatten sind, sind die von Brava fast durchwegs, wenn auch nicht ganz weiss, so doch von lichter Hautfarbe. Es dürfte nicht uninteressant sein, dass sowohl den Einwohnern von Fogo als auch von Brava, ein ganz eigenthümlicher Gesichts- und Körpertypus eigen ist; namentlich sind die hellfarbigen Einwohner Brava's von den übrigen Mulatten durch ihre hochaufgeschossene Gestalt, ihr hageres gelbliches, gewöhnlich bartloses Antlitz, dessen Ausdruck frappant an den Kopf einer Ziege erinnert, und ihnen daher bei der weissen Bevölkerung auch diesen Spottnamen verschafft hat, ausgezeichnet. Ihre gelben spitzen Zähne, ihre langen Affenarme und kolossalen Plattfüsse, dies Alles trägt dazu bei, um sie geradezu hässlich zu gestalten. Dafür sind sie aber tüchtige arbeitsame Leute, welche ausgezeichnete Seefahrer geben und nicht nur die ganze Cabotageschifffahrt im Archipel besorgen, sondern mit ihren kleinen Schoonern sogar nach Europa und Amerika segeln, sowie auch vielfach auf fremden Schiffen als Matrosen verwendet werden. Da die Bevölkerung dieses kleinen Felsens eine unverhältnissmässig grosse ist (6000), so sind es nur sehr wenige unter ihnen, welche im Lande bleiben. Ein hübscherer Menschenschlag sind die Einwohner Fogo's, zum Theil Schwarze, wie die Bewohner von Sao Thiago, zum Theil lichtfarbige, welche jedoch in ihrem Habitus von den Brava-Insulanern sehr verschieden sind; auch sie wandern vielfach aus und geben Colonisten ab für die portugiesischen Besitzungen an der Westküste.

Im Gegensatz zu den durch reichere Vegetation gesegneten Inseln Fogo und Brava, bieten die Inseln Boa Vista und Sal den sterilen sandigen Charakter Mayo's, namentlich klingt der Name Boa Vista (gute Aussicht) wie Hohn, wenn man diese langweilige, von Sanddünen bedeckte Insel, welche zum weitaus grössten Theil eben ist, damit in Verbindung bringt, die so an die Wüste erinnert, dass die Einwohner behaupten, es wäre der Sand der Sahara, der ihre Insel bedeckt habe — eine nicht ganz zurückzuweisende Hypothese. Boa Vista ist ein Schrecken der Seefahrer, denn ringsumher finden sich wenige Fuss unter der Meeresfläche emporsteigende Felsenriffe und Sandbänke, welche den Untergang schon so manchen Schiffes veranlasst haben, denn nicht selten passirt es, dass eines der zahlreichen Fahrzeuge, welche zwischen den Inseln und der senegambischen Küste hindurchsegeln, etwas zu weit nach Westen kommt und an der Küste Boa Vista's scheitert. Glücklicherweise sind dabei jedoch nur selten Verluste an Menschenleben zu beklagen und diese Thatsache, in Verbindung mit so häufigen Schiffbrüchen, verleitet wohl die Einwohner von Boa Vista zu der Behauptung, dass ein grosser Theil dieser Unfälle absichtlich herbeigeführt werde, um die Versicherungsgesellschaften zu betrügen. Ob dem wirklich so sei oder ob diese Beschuldigung von ihnen nur deshalb verbreitet wird, um ihre harte und habgierige Behandlung der Schiffbrüchigen, über welche die Capitäne sehr klagen, zu beschönigen, vermag ich nicht zu sagen. Während meines Aufenthalts in S. Vincent hatte ich Gelegenheit, mit zwei der letzteren, einem Norweger und einem österreichischen Landsmanne aus Lussin piccolo in Dalmatien zu verkehren; beide beschwerten sich bitter darüber, dass trotz der von ihnen theuer bezahlten Wachen, welchen die Ladung anvertraut war, ein grosser Theil derselben gestohlen wurde und dass ihnen für die nothwendigen Lebensmittel u. s. w. so horrende Preise abgedrungen wurden, dass nahezu die ganze geborgene Ladung auf diese Art verloren ging (ihr Werth betrug bei dem österreichischen Schiffe „Marie Fanny" des oben erwähnten Capitäns Rendich 30,000 Francs). Inwiefern solche Klagen berechtigt sein mögen und ob sie nicht auf Uebertreibung beruhen, vermag ich aus eigener Anschauung nicht zu ermessen, und muss ich mich daher eines endgiltigen Urtheils enthalten.

Die Einwohner Boa Vista's finden ihren Haupterwerb, ebenso wie die der Inseln Sal und Mayo, in der Gewinnung von Salz. Ueberdies wird auch hier das spärliche Gras zur Ernährung von Rindvieh benutzt.

Besser cultivirt und überhaupt fruchtbarer ist die Insel S. Nicolaŏ, deren Bewohner auch viel civilisirter sind. Dieses sehr gebirgige Eiland ähnelt, was Vegetation und Plantagen anbelangt, viel den grösseren des Archipels, der kleine Hafen ist recht freundlich und das in der Nähe desselben gelegene Städtchen ist der Sitz der Bildungsstätte der Capverden, nämlich eines Priesterseminars, welches namentlich schwarze Priester für die portugiesischen Besitzungen an der Westküste heranzuziehen bestimmt ist, und einer damit in Verbindung stehenden Schule; leider ist auch die Communication mit dieser Insel eine recht schwierige.

CAPITEL IV.

Geographisches über die Capverden. — Topographie derselben. — Landschaftlicher Charakter. — Fauna und Flora. — Geschichte der capverdischen Inseln.

Der Archipel der capverdischen Inseln, zwischen dem vierzehnten und siebzehnten Breitegrad gelegen, zerfällt in zwei Gruppen, eine nördliche und eine südliche, von den Autochthonen als Islas sotto vento und barlo vento bezeichnet. Von letzteren ist S. Antaŏ die grösste und gebirgigste (sie nimmt einen Flächenraum von 16 Quadratmeilen ein), ihre höchste Erhebung findet sie im Topo da coroa, im Südwesten der Insel gelegen, welche bis nahezu achttausend Fuss ansteigt; die ganze Insel besteht aus einem von Ost nach West ziehenden hohen Gebirgsrücken, welcher steil nach beiden Seiten abfällt. Während die Südseite der Insel fast jeder Vegetation bar ist, bietet ihre Nordhälfte, wenn nicht reiche und mannigfaltige, so doch ziemlich üppige Vegetation dar; namentlich kommt der Kaffeestrauch daselbst ausserordentlich gut fort. Die Küsten sind zum grössten Theil steil und haben keine Einbuchtungen, was das Landen selbstverständlich schwer macht.

Die Zahl der Einwohner [1] dürfte circa siebzehntausend betragen, obgleich die Angaben hierüber ziemlich unverlässlich sind.*) Unter der Bevölkerung herrscht das weibliche Geschlecht gegenüber dem männlichen bedeutend vor. Antaŏ hat nur ein einziges Städtchen, ausser diesem und zwei kleinen Weilern, Paúle und Ribeira das Patas, ist fast die ganze Insel unbewohnt. Der landschaftliche Charakter ist ein ungemein wildromantischer; wer schauerlich zerklüftete Felspartien liebt,

---

*) Diese Ziffer ist daher wohl als Maximalzahl zu betrachten.

wird dort volle Befriedigung finden. Eine ganz eigenthümliche Bildung ist die Ribeira Grande, das grosse Thal, eine circa zweihundert Meter breite, vier Kilometer lange Thalebene, welche durch über tausend Meter hohe, senkrecht abfallende Felswände begrenzt wird und einen unbeschreiblich grossartigen Anblick darbietet. Aehnliche Thäler sind die von Garza, Paúle und Ribeira das Patas; letzteres, ein imposanter merkwürdiger Circus, zwischen riesigen Thalwänden eingeklemmt, übertrifft an Grossartigkeit noch die Ribeira Grande.

In S. Antaõ wird viel Zuckerrohr und Kaffee gepflanzt und liefert namentlich letzterer ein so ausgezeichnetes Produkt wie ich selten gekostet; leider wird es nur in zu geringer Menge erzeugt, als dass es einen europäischen Ruf erhalten könnte. Auch der Manioc und der Mais gedeihen vortrefflich in den Thälern und in neuester Zeit erscheint daselbst auch ein seltener, doch werthvoller Gast, — der schlanke Fieberrindenbaum (Cinchona officinalis) aus Perú importirt, welcher in einer Höhe von drei bis viertausend Fuss ganz gut fortkommt und vielleicht mit der Zeit noch grosse Verbreitung auf der Insel gewinnen wird. Stelbstverständlich finden auch die gewöhnlichen Tropenbäume, wie die Banane, die Papaya carica, die Orangen, der Limabaum, die Citrone, die Guayave, die Cocospalme, seltener die Dattelpalme, der Mandelbaum, der Maniocstrauch, der Malagettapfefferstrauch, die Ananas etc., reiche Verbreitung, wenigstens in den wasserreichen Schluchten und Thälern, während auf beträchtlicheren Höhen Euphorbiengesträuche, hier Lasna genannt, wilde Feigenbäume, Akazien, mindestens vereinzelt auftreten. Auch an Medicinalpflanzen, von denen noch manche unbekannt sein dürften, ist die Insel sehr reich. Leider war es mir meiner übrigen Studien wegen nicht möglich, mich mit dem Sammeln von Pflanzen zu beschäftigen.

Die Thierwelt ist sehr arm; Affen (Meerkatzen) sind sehr selten, Wild fehlt gänzlich, sogar das Guineahuhn tritt nur sporadisch auf, von Vögeln sind hier nur Aasgeier und Raben zu verzeichnen. Dagegen sind grosse Geckos[*], Eidechsen und Tausendfüssler recht häufig; Schlangen fehlen gänzlich, auch die Insectenwelt ist nur in wenig zahlreichen Varietäten vertreten, blos die grossen Wanzen, Barratas genannt, fehlen nirgends.

Die Insel S. Antaõ ist durchaus vulkanischer Natur und durch einen ganz staunenswerthen Reichthum an Kratern ausgezeichnet, welche sich längs des Kammes hinziehen und auch an der Südostküste vorkommen. Hochinteressant sind die, auf derselben vorkommenden vulkanischen Felsarten. [2]

---
[*] Hemidactylus.

S. Antaõ ist höchstens seit circa dreihundert Jahren bewohnt und demnach weit später als die übrigen grösseren Inseln des Archipels occupirt worden, was begreiflich erscheint, da die Communication mit den übrigen Inseln, ihrer felsigen Küste wegen, eine sehr schwierige ist.

Auch S. Vincent ist, obgleich schon seit langer Zeit bekannt, erst seit dem Jahre 1795 bewohnt, doch betrug die Einwohnerzahl im Jahre 1820 kaum 300; bis vor circa fünfundzwanzig Jahren war auf dieser Insel nur ein elendes aus wenigen Hütten bestehendes Fischerdorf vorhanden, welches erst später durch Kohlenhandel einige Bedeutung erringen konnte, der ein rasches Aufblühen zur Folge hatte und wohl noch längere Zeit andauern dürfte. Die Einwohnerzahl beträgt heutzutage circa 3600, 150 Fremde, Engländer und Italiener, nicht eingerechnet; sie hat sich in den letzten zehn Jahren geradezu verdoppelt. Ihr eigener Export ist zwar gleich Null, aber als Hauptdepot des Exports der übrigen Inseln hat sie auch in dieser Hinsicht grosse Bedeutung.

Die Insel besteht aus einem Ringgebirge, dessen höchste Erhebung circa 700 M. betragen dürfte; an der Ostküste stecken Kalksteine mitten in der Lava. Im Innern des Ringgebirges finden sich alte granitisch-syenitische Gesteine verbreitet. An der Südspitze treten sehr regelmässige kleinere Kraterberge auf.

Der ausgezeichnete Hafen, dessen sich die Insel rühmt, wird durch eine Bresche in diesem Ringgebirge hergestellt. Dass sie gänzlich vegetationslos und im Innern unbewohnt ist, wurde schon früher berichtet.

Zwischen den östlichen Inseln Boa Vista, Sal und S. Vincent dehnt sich ausser der kleinen unbewohnten Insel Santa Lucia und zwei kleinen Eilanden, welche ihres Reichthums an Guano wegen vielleicht in späterer Zeit einige Beachtung verdienen werden und auf denen als Eigenthümlichkeit eine besondere Art von Eidechsen zu erwähnen wäre, noch die Insel Sao Nicolaõ einen weitausgedehnten, circa dreizehnhundert Meter hohen Rücken bildend, aus. Sie besitzt an der Südseite ein Städtchen, dessen Schulen bereits weiter oben Erwähnung fanden.

Die Inseln Boa Vista und Sal sind fast ganz flach und zeigen nur dürftige Vegetation, sie sind auch nur spärlich bewohnt und die ganze Bevölkerung concentrirt sich in dem Hafenstädtchen. Boa Vista ist diejenige der capverdischen Inseln, welche von dem Entdecker derselben, dem genuesischen in Portugals Diensten stehenden Cavaliere de Nola im Jahre 1460 zuerst aufgefunden wurde.

Die Bewohner beider Inseln finden ihren Lebensunterhalt hauptsächlich in dem Betrieb der Salinen, doch wird auf den kärglichen Oasen, welche ein spärliches Gras erzeugen, auch Vieh gezüchtet. Diese armselige Insel ist übrigens diejenige, welche die meisten Beamten, Zollwächter, Offiziere, Soldaten u. s. w. liefert, während auf den von der Natur weit mehr begünstigten Inseln nur selten sich ein Eingeborener diesem Beruf hingiebt. Ungleich mehr von der Natur begünstigt, sind die Inseln „sotto vento", namentlich die grösste unter ihnen, S. Thiago, zugleich die wichtigste des Archipels; sie hat einen Flächeninhalt von circa $18^{1}/_{2}$ Quadratmeilen und die Gestalt eines Trapezes; wenngleich gebirgig wie S. Antaõ hat sie weit breitere allmählich sich verflachende Thäler, welche der Cultur sehr günstig sind. Die Insel besteht aus zwei Gebirgen, welche durch ein breites Hochthal, die Chada falcao, auch S. Catharina genannt, von einander getrennt sind. Der nördliche Theil hat in dem Pico Malagetta, über 5000 F. hoch, seine höchste Erhebung und verflacht sich von hier allmählich bis zur Bai von Tarrafal, wo eine runde Kuppe, der Monte Grazioso das Ganze abschliesst; der südliche Theil steigt bis zum Pico d'Antonio an und von hier dehnt sich welliges, ungemein fruchtbares Hügelland allenthalben gegen das Meer, gegen Süden in die unwirthliche Hochebene auslaufend, an deren äusserstem Rande am Meere die Hauptstadt Praya liegt. Zahlreiche kleinere Kegelberge erheben sich ringsum am Fusse der höheren Gebirge.

Die Vegetation dieser Insel ist im Verhältniss zu den übrigen eine überaus reiche, wie sie auch die am besten bebaute ist. In den ziemlich wasserreichen Thälern stehen Zucker- und Kaffeeplantagen in voller Blüthe, hier gedeiht ausserdem der Baumwollenstrauch.

Auch die Indigocultur ist entwickelt, allerdings wird alles auf der Insel selbst consumirt; sehr reich ist letztere auch an Fruchtbäumen, wie Orangen-, Citronen-, Papayabäumen, Cocospalmen, Musen, Ananasstauden, Maniocwurzeln, Tamarindenbäumen (Tamarindus africanus); ferner werden angebaut: Bohnen, Mais, Pataten (Patata edulis), Malagettapfeffer.

In den Thälern des südlichen Theiles sind einige Baobabs (Affenbrodbäume) zu verzeichnen, ferner wären zu erwähnen, der Gummibaum (Acacia Vereck), zahlreiche Agaven, verschiedene Schlingpflanzen und viele Blumen, so die schöne Ipomea, Convolvulus etc.

Die höheren Regionen sind meistens kahl und zeigen nur Akazien, Tamarisken (Tamarix africana), namentlich aber die so nützliche Purgueira (Jatropha curcas), ein ricinusähnlicher $1^{1}/_{2}$ bis $3^{1}/_{2}$ Meter hoher Strauch, der auch sehr verbreitet ist und einen Hauptreichthum der Insel ausmacht. Seine mandelartigen Früchte, liefern ein, weil giftig, ungeniessbares, aber für technische Zwecke, sowie zum Brennen sehr geschätztes Oel, dessen Export (es werden alljährlich für nahezu eine Million Francs davon nach Marseille geliefert), die ergiebigste Quelle der Insel bildet.

Ueber dreitausend Fuss endlich gedeihen nur noch dornige Akazien, wilde Feigenbäume und Euphorbiengesträuch, doch sind auch die niederen ebenen Theile im Süden und Norden der Insel fast gänzlich steril und höchstens mit spärlichem Graswuchs bedeckt.

S. Thiago hat nicht nur die üppigste Vegetation von allen Capverden, sondern auch die reichste Fauna. Affen, namentlich eine Meerkatze*), auch einzelne Wildschweine kommen vor. Von Vögeln ist vor Allem das ungemein häufige, in grossen Schwärmen auftretende Guineahuhn zu nennen, das ein sehr angenehmes, unserem Rebhuhn ähnliches, schmackhaftes Fleisch liefert; merkwürdigerweise wird es von den Einwohnern fast gar nicht gejagt und ist es daher so zahm, dass es mir einmal sogar gelang, eines von den Thieren mit dem Revolver zu erlegen. Von anderen Vögeln nenne ich auch einen sehr grossen grauen Geier mit langem Schnabel**); ein ungemein lieblicher Eisvogel mit blauem Schwanze und rothem Schnabel***) findet sich überall in Gebüschen und Orangenhainen, allenthalben trifft man auch zwischen den Purgueirasträuchen grosse schwarzgelb gefärbte Spinnen; Schlangen aber habe ich nirgends getroffen und sie sollen nach den Angaben der Einwohner fehlen. Dagegen sind die üblichen Tausendfüsse, Eidechsen, Geckonen, sowie zahlreiche Insecten sehr häufig. Das Chamäleon habe ich weder hier, noch auf einer der übrigen Inseln dieses Archipels beobachtet. Auch Papageien fehlen hier gänzlich, dagegen weisen die Küsten einen grossen Reichthum an Krebsen, Krabben, Gastropoden und Muscheln auf. An der Ostküste finden sich auch Bänke, welche prachtvolle Stücke Edelkorallen aufweisen und die auch zu einer nicht unbedeutenden Industrie Anlass gegeben haben, da der Werth der jährlich gewonnenen Menge gegen 100,000 Francs beträgt; die Korallenfischerei wird indessen nicht von Einheimischen, sondern durchwegs von Italienern betrieben. [3] In mancher Beziehung interessant ist auch das capverdische Pferd, welches eine eigenthümliche Mischung verschiedener Rassen repräsentirt und sowohl an Ausdauer als auch Genügsamkeit Staunenswerthes leistet. Es sind meist

---

*) Cercophitoecus sabaeus.
**) Wahrscheinlich Neophron percnopterus.
***) Halcyon rufiventris.

kleine gedrungene, aber sehr kräftige Thiere, welche sowohl vom Araber als vom Andalusier besitzen, wahrscheinlich aber auch mit importirten südamerikanischen Pferden gemischt sind. Sie sind durchgehends unbeschlagen und entwickeln daher, namentlich beim Abwärtsgehen eine unglaubliche Sicherheit. Leider wird die Pferdezucht nicht rationell betrieben und werden die Thiere ganz unverhältnissmässig schlecht behandelt. Die Eingeborenen bedienen sich gewöhnlich primitiver Holzsättel, den Zaum ersetzt ein Cocosstrick, durchgängig tragen sie nur an einem Fusse einen Sporn. Der Preis der Thiere ist ein ausserordentlich billiger, indem er durchschnittlich 20 Milreis beträgt (40 fl. ö. W.). Auf dem Gebirgslande S. Antaō finden sich ausgezeichnete Maulthiere, ursprünglich wohl von Teneriffa importirt, die im Preise weit höher stehen als die Pferde.

Einen bedeutenden Gegensatz in topographischer Hinsicht, gegenüber der eben besprochenen reichgegliederten Gebirgsinsel, bildet die nur aus einem einzigen, aber weit höheren Berge bestehende Insel Fogo, ein noch gegenwärtig thätiger Vulkan, dessen Eruptionen aber immer seltener und gefahrloser werden. Sie weist zahlreiche tiefeingeschnittene Schluchten auf, welche ebenfalls durch reiche Vegetation ausgezeichnet sind. Fogo ist rein vulkanischer Natur und trägt an der Spitze einen grossen Krater, der von einem zweiten Ringgebirge eingeschlossen wird. Der Durchmesser des inneren Kraters beträgt 5 km.

Die Südseite dieses Gebirges ist auch hier fast ganz kahl, während die Nordseite, namentlich in den Thälern, mit Zuckerrohr- und Kaffeeplantagen, in höheren Partien aber mit der Purgueira bewachsen ist. Letztere ist insbesondere auf Brava ungemein verbreitet, sonst dürfte die Pflanzen- und Thierwelt von der S. Thiago's nicht sehr verschieden sein; ungemein häufig ist auf Fogo die Ananas.

Noch eines Produktes sei hier erwähnt, des Weines, welcher in früheren Zeiten, namentlich auf S. Antaō und auch auf Fogo producirt wurde. Ich hatte selbst Gelegenheit auf ersterer Insel eine Probe, welche mir als grosse Seltenheit und Delikatesse, und als Zeichen besonderer Ehre gereicht wurde, zu kosten, muss aber gestehen, dass meines Dafürhaltens der einstmals in Pommern gebaute Wein nicht viel schlechter geschmeckt haben dürfte und ich daher das Verschwinden dieses sauren Getränkes als keine grosse Calamität für die Insulaner betrachten möchte.

Die Hydrographie der Inseln ist sehr einfach: Flüsse existiren nicht, nur Wildbäche stürzen die steilen tiefeingeschnittenen Schluchten herab, dem Meere entgegen. Fast alle diese Bäche trocknen im

Sommer gänzlich aus und erst die Regenzeit erweckt sie wieder zu neuem Leben, und wer die Gewalt tropischer Wässer nicht kennt, ist erstaunt, welch breite und tiefe Thäler diese so unschuldig erscheinenden Wässerchen hervorgebracht haben; nur S. Thiago zeigt einige Bäche von bedeutenderer Ausdehnung, so die Ribeira S. Domingo und die Ribeira dos Orgaos.

Was die Höhenverhältnisse der Inseln anbelangt, so sind dieselben sehr verschieden. Die höchsten Kuppen in der nördlichen Gruppe zeigt Antaõ, deren Maximalerhebung 2252 Meter beträgt und deren Kammhöhe überhaupt gewöhnlich über 1900 Meter bleibt.

Ganz unverhältnissmässig niedriger ist die Insel S. Vincent, indem ihre höchste Spitze, der Monte Verde, 707 Meter beträgt und deren andere Gipfel zwischen der erwähnten Zahl und 500 schwanken. Diese Höhen sind auch die mittleren von S. Nicolaõ, deren höchster Punkt indessen bis zu ungefähr 1350 m ansteigt, während die flacheren Inseln, Boa Vista und Sal, nur wenige hundert Meter erreichen. In der südlichen Gruppe ist der Vulkan Fogo der bedeutendste; seine Höhe ist nach der Seekarte 2976.

Ueber die Höhe der höchsten Spitze von S. Antaõ, des Pico d'Antonio sind die Angaben sehr widersprechende. Eine von dem Afrikareisenden H. von Barth ausgeführte Messung mit dem Aneroïdbarometer ergab eine Höhe von 1357 Meter, während die französischen und englischen Seekarten 2240 Meter angeben und ich selbst vermittelst des Aneroïds 1800 constatirte.

Die höchste Erhebung auf Mayo beträgt circa 500 Meter. Auf Brava wurden bisher noch keine Messungen angestellt, doch ist die Insel sehr flach.

Bei dieser Gelegenheit sei auch constatirt, dass die englischen und französischen Seekarten mit Ausnahme der Küstenumrisse reine Phantasiegebilde sind. Ich habe getrachtet dieselben einigermassen zu rectificiren, doch ist mir dies wegen Mangel an geeigneten Instrumenten nur unvollständig gelungen.

Zum Schluss noch einige Worte über die Geschichte der Capverden. Es war im Jahre 1460 als Cavaliere de Nola, welcher auch an der Guineaküste mancherlei wichtige Entdeckungen gemacht, auf Boa Vista und später auf Mayo landete und im Namen des Königs von ihnen Besitz ergriff; dieselben waren gänzlich unbewohnt, späterhin wurden die Inseln Fogo und nach Jahren auch Antaõ und die übrigen entdeckt. Schon Ende desselben Jahrhunderts, 1480, ernannte der damalige König von Portugal einen Gouverneur, nämlich den Entdecker Nola selbst, welcher auf der Insel S. Thiago seinen Sitz nahm, da die Portugiesen wohl erkannten, dass diese Insel jedenfalls die productivste zu sein verspreche.[4]

In das folgende Jahrhundert fällt die Gründung der ersten Stadt, welche einfach den Namen „Cidade" erhielt; in ihr nahm der Gouverneur seinen Sitz und schon am Ende desselben Jahrhunderts erhoben sich daselbst ein schönes Fort, die Cathedrale, deren Ruinen noch heute stehen, das Kloster sowie mehrere Paläste. Letztere erlitten während eines Krieges zwischen Engländern und Spaniern im siebzehnten Jahrhundert (denn mittlerweile hatte Philipp II. im Jahre 1581 von Portugal und seinen Colonien Besitz ergriffen) einigen Schaden, nichtsdestoweniger blieb die Stadt bis zu Ende des vorigen Jahrhunderts Capitale und erst im Laufe dieses Säculums übersiedelten Behörden und Einwohner nach dem durch seinen guten Hafen besser geeigneten Praya, welches seitdem die Hauptstadt der Inseln geblieben ist, obgleich jetzt ein grosser Theil der Bevölkerung des Archipels eine Verlegung des Gouverneursitzes nach dem rasch emporblühenden S. Vincent, welches durch seine besseren Communicationen mit Europa besonders dazu geeignet erscheint, wünscht.

CAPITEL V.

Geologische Bemerkungen über die Capverden. — Die Vulkanreihen längs der westafrikanischen Küste. — Die Bodenbeschaffenheit des westlichen Afrika. — Muthmassliche Existenz eines alten Continents zwischen Afrika und Amerika. — Die Sage von der Insel Atlantis und ihre naturwissenschaftlichen Stützen. — Nutzbare Mineralien.

Der atlantische Ocean war in der Nähe der Westküste Afrika's in früheren Zeiten der Schauplatz einer ausgedehnten vulkanischen Thätigkeit, welche sich von der Meerenge Gibraltars bis weit in den Meerbusen von Guinea erstreckte, zahlreiche Veränderungen an der Oberfläche hervorbrachte und namentlich eine Reihe von Inselgruppen erzeugte. Dazu gehören Madeira, die Canaren, die Capverden, Fernando Po und Sao Thomé im Golfe von Biafra, endlich einen entfernteren Kreis beschreibend St. Helena, Ascension und die Azoren, welche gleichsam als Vermittler zwischen Amerika und Afrika aus dem gewaltigen Ocean hervorragen.

Auch auf dem Festlande erheben sich einige vulkanische Gebirge, wie das ausgedehnte, leider fast noch unbekannte Camerungebirge;

noch manche andere an der Westküste vorkommende vulkanische Gebirge sind heutzutage noch gänzlich unerforscht.

Alle diese Feuerberge sind erst in verhältnissmässig jungen Perioden entstanden, ihre Bildung hängt zusammen mit der der grossen Gebirge der Continente und mächtigen Gebirgszüge überhaupt. Man vermuthet, dass das mit der Küstenconfiguration parallel gehende Gebirge aus Urgestein bestehe, auf dessen Westflanken jüngere Gebilde aufliegen; im nordwestlichen Afrika, in Marokko, sind solche Gebilde aufgefunden worden, ebenso constatirte mein Freund Lenz im Ogowegebiete, fünf Grad südlich vom Aequator, dieselben Gebilde und auch südlich von Timbuktu fand er Eisensteine, welche wahrscheinlich aus der Zersetzung von Urgebirgssteinen herrühren. Aehnliche Bildungen wie Lenz bei Timbuktu und am Ogowe, fand ich am Rio Grande und so lässt sich jene Vermuthung wenigstens einigermassen begründen, freilich nur sehr mangelhaft, denn ausser uns beiden hat noch kein Geologe jene Gegenden betreten und die Angaben der übrigen Reisenden, welche nicht Naturforscher waren, verdienen zum Theil wenig Glauben, besonders wenn keine Belegsstücke vorliegen, die zu sammeln in diesen Regionen des afrikanischen Continents ja äusserst schwierig ist, da man durch Aufsammeln von Gesteinsstücken das Misstrauen der ohnehin so argwöhnischen Bevölkerung im höchsten Grade erregen würde, ja sogar das Leben riskiren könnte.

Nicht geologisch gebildete Reisende können daher für die Geologie Afrika's leider fast gar nichts beitragen und es wäre zu wünschen, wenn sie durch sorgfältige Betrachtung von Gesteinsstücken, oder durch das Studium eines europäischen Gebirges in Begleitung eines Fachmannes, wenigstens einen ungefähren Begriff von Geologie sich aneignen würden, um den grössten Irrthümern, zu denen z. B. die Vulkanmanie so mancher Reisenden gehört, welche in jedem halbwegs hohen und dunklen Steinhaufen einen ausgebrannten Krater wittern, weil sie nie einen solchen gesehen, zu entgehen.

Es ist daher sehr begreiflich, wenn wir über die Geologie ganz Afrika's, mit Ausnahme des Caplandes fast völlig im Unklaren sind.

Man hat allerdings geologische Karten von Afrika construirt, aber es ist dies nur dadurch möglich gewesen, dass man ganz vereinzelte Beobachtungen an verschiedenen, oft nicht weniger als mehrere hundert Meilen entfernten Punkten angestellt, combinirt hat, indess jeder, der weiss, wie mangelhaft diese Karten in manchen Ländern Europa's sind, wo doch nur Punkte, welche nur wenige Meilen entfernt sind, combinirt werden, kann den Werth solcher kartographischen Darstellungen ermessen. Davon bilden nur wenige Gegenden eine

Ausnahme, z. B. die englische Capcolonie, Algerien, Aegypten und die libysche Wüste, welche Zittel untersucht hat. Dagegen ist die jüngst erschienene Karte von Nord-West-Afrika*), welche der berühmte Afrikareisende Dr. O. Lenz construirt hat, nur an denjenigen Punkten richtig, welche dieser Forscher selbst besucht hat; das Uebrige, auf vage Berichte gestützt, ist zum grössten Theil hypothetisch und wäre vielleicht besser unterlassen worden, obgleich das Bestreben einer solchen Darstellung an und für sich sehr löblich und verdienstvoll ist. [5]

Doch kehren wir zu unseren Vulkaninseln zurück. Solche bildeten sich durch die Faltung der Erdrinde in den Senkungsfeldern, welche am Westabhang der continentalen Gebirge entstanden, denn durch diese wurden Canäle erzeugt, die die feurigflüssigen Massen bis auf die Erdoberfläche fördern konnten, und so sehen wir in der Tertiärzeit die zahlreichen Vulkanarchipele des Atlantischen Oceans entstehen; aber es ist sehr wahrscheinlich, dass schon in weit älteren Perioden diese unterirdischen Kräfte ihre Thätigkeit begonnen hatten, denn sowohl auf den Canarischen Inseln als auch auf den Capverden (die Vulkaninseln der Bai von Biafra, Fernando Po, Principe, Sao Thomé und Anno bom sind bisher noch nicht untersucht und ihrer Erforschung dürfte auch noch für lange Zeit das mörderische Fieberklima, welches fast jeden Fremdling dahinrafft, entgegenstehen) hat man die Spuren einer alten Vulkanformation gefunden, ferner ist es ungemein wahrscheinlich, dass an Stelle der Archipele der Capverden, Canaren, Madeira etc. entweder sehr bedeutende Inseln existirten, oder dass letztere vielleicht mit dem afrikanischen Festlande zusammenhingen.

Meine Entdeckungen auf der Insel Mayo machen es jedenfalls glaubwürdig, dass an jener Stelle in alten Zeiten ein grösseres Festland vorhanden war, welches möglicherweise mit dem Continente zusammengehangen hat.

Es zeigen sich nämlich daselbst unleugbare Reste eines älteren Continents, dessen unmittelbare Fortsetzung jedoch an den benachbarten Stellen des afrikanischen Festlandes nicht constatirt werden kann, dagegen finden sich an den meisten Inseln der Capverden Belege für die Annahme eines solchen älteren jetzt verschwundenen Continents und ein Zusammenhang derselben mit den Canaren, Madeira etc. ist zwar nicht mit Bestimmtheit nachgewiesen, aber immerhin von einiger Wahrscheinlichkeit. [6] Sehr interessant in dieser Hinsicht sind auch die Resultate einer Untersuchung über Felsen von der atlan-

---

*) Petermann's Mittheil. 1882.

tischen Insel St. Paul, welche von der Challenger-Exepedition gesammelt und von A. Renard studirt wurden. Obgleich derselbe sich nicht mit Bestimmtheit ausspricht, so scheint doch aus seinen Untersuchungen hervorzugehen, dass auf dieser Insel Ueberreste einer älteren Continentalformation vorhanden sind und mancher wird wohl unwillkürlich durch diese Thatsachen zu der Annahme eines grossen atlantischen Festlandes geführt werden.

Freilich ist dies eine wissenschaftlich nicht ganz fest begründete Hypothese, aber des Menschen nimmerrastender Geist combinirt unwillkürlich einzelnstehende Thatsachen zu einem Ganzen und bildet, basirt auf jene, eine Theorie; merkwürdigerweise trifft diese mit einer alten Sage und mit gewissen, einem ganz anderen Ideenkreise entnommenen Daten zusammen und so wird sich auch gewiss jedem bewanderten Leser beim Durchblättern dieses Werkes, die kühne Hypothese des Zusammenhangs zwischen Amerika und Afrika, die Geschichte der Atlantis, aufdrängen.

Bestätigt die Thatsache des alten Festlandes auf den Capverden nicht die sagenhafte Mähr von der Insel Atlantis, welche die Weisen des Alterthums verbreiteten: dass, wie ein egyptischer Priester dem Solon erzählte, jenseits der Säulen des Herkules eine Insel, (so berichtet Plato), grösser wie Libyen und Asien zusammen, existire, von der man leicht auf ein grosses Festland (Amerika?) kommen könne und dass diese grosse Insel, die Atlantis, durch Erdbeben und Fluthen an einem schlimmen Tage und in einer schlimmen Nacht von der Erde verschwunden und ins Meer gesunken sei?

Bedeutende Botaniker und Geologen, wie Unger und Oswald Heer haben, ausgehend von der Beschaffenheit der Floren Europa's und Amerika's, und nicht nur der lebenden, sondern auch der Tertiärformation, die kühne Hypothese aufgestellt und vertheidigt, dass zwischen beiden Continenten in früherer Zeit eine Verbindung bestanden habe und sie nehmen an, dass das Zwischenland, die Atlantis, zur Tertiärzeit von Island bis weit über die atlantischen Inseln sich ausgedehnt habe. Diese Rieseninsel würde durch geologische Vorgänge im Laufe der Zeiten verschwunden sein, was nicht ganz unmöglich erscheint, wenn man die, mit jenen häufig zusammenhängende Bildung von Vulkanen, welche überall im atlantischen Ocean, sowohl an der afrikanischen wie europäischen Küste auftreten, in Verbindung bringt.

So hat insbesondere O. Heer mit grossem Scharfsinne aus geologischen Befunden die Wahrscheinlichkeit zu errechnen gesucht, dass zur Zeit, als die marine helvetische Molasse in der Schweiz sich ablagerte, die britischen Inseln einen Theil eines Continents ausmachten, der über die Atlantis bis nach Amerika hinüberreichte. Derselbe Forscher glaubt, dass wahrscheinlich zur miocänen Zeit ein grosses Festland, von den Westküsten Europa's nach den Ostküsten Amerika's sich erstreckte, im Norden bis Island, im Süden in einzelnen Ausläufern bis in die Gegend der atlantischen Inseln sich ausdehnend. Doch soll zwischen diesen und dem afrikanischen Festlande immer ein Meeresarm bis zur Bai von Biscaya sich erstreckt haben. Während Europa jetzt eine Halbinsel Asiens sei, wäre es damals von diesem Welttheile getrennt, eine Halbinsel des atlantischen Continents und Amerika's gewesen. Auch glaubt er aus den bis jetzt nachgewiesenen Thatsachen den Schluss ziehen zu können, dass das Versinken jenes grossen Festlandes, das er als Atlantis bezeichnet hat, wohl gleichzeitig mit der Hebung der Schweizer Alpen begonnen und sich bis zur diluvialen Zeit fortgesetzt habe; dadurch sei aber der Zusammenhang zwischen Europa und Amerika aufgehoben worden.

Ob nun das erwähnte, aus geologischen Gründen so wahrscheinliche Festland mit der sagenhaften Atlantis der Alten im Zusammenhange stehe, hänge von der Frage ab, ob zur diluvialen Zeit schon der Mensch auf Erden gelebt habe. Nach O. Heer ist dies aber wenigstens für den unmittelbar auf die zweite Gletscherzeit folgenden Abschnitt wahrscheinlich der Fall gewesen. Man kann daher die Möglichkeit nicht leugnen, dass der Mensch auf der Atlantis so gut wie in England und Frankreich sich angesiedelt habe. Soweit Heer aus allgemeinen geologischen Gründen. Kommen wir nun speciell auf die jetzigen atlantischen Inseln zurück, so liefert die Entdeckung des capverdischen Festlandes uns allerdings keinen Beweis dafür, aber wenn man alle diese vereinzelt dastehenden Daten, welche die Geologie, die Botanik und die Geschichte bieten, zusammenhält, so wird es wohl begreiflich erscheinen, wenn ein denkender Geist auf sie gestützt, jene kühne Hypothese der sagenhaften Atlantis aufbaut und vertheidigt. Die Existenz dieser Insel Atlantis hat vielfach Glauben gefunden und eine Anzahl von Schriftstellern hat sich bemüht, diese Hypothese durch die verschiedenartigsten Gründe zu stützen, so namentlich Botaniker; ausser den oben Genannten hat sich noch Forbes, im Hinblick auf die grossen Eigenthümlichkeiten, welche die Floren der Canaren und Azoren bieten, dafür ausgesprochen, auch Grisebach (Die Vegetation der Erde, Leipzig 1872) ist dieser Ansicht nicht ungünstig gestimmt, obgleich er, so wie Lyell und andere Geologen mit Recht betonten, dass die Azoren und Canaren nicht Bruchstücke eines alten Continents, sondern ursprünglich isolirte Vulkaninseln gewesen seien, wogegen beispielsweise Bory de St. Vincent ersterer Ansicht beipflichtet; ebenso neigen Quatrefages und Andere der Hypothese der Atlantis zu, doch wird vielfach vergessen, dass heutzutage sämmtliche Geologen, welche die Canaren und Azoren untersucht, darüber vollkommen einig sind, dass diese Inseln als Einzelvulkane gebildet wurden, wobei jedoch nicht ausgeschlossen bleibt, dass vorher an der Stelle der heutigen Inseln ein grösseres Festland existirte, wofür die erwähnten Reste einer alten Eruptivformation sprechen würden.

Für diejenigen, welche aus anderen Gründen die Existenz der Atlantis annehmen zu müssen glauben, dürfte jedenfalls meine oben erwähnte Entdeckung sehr willkommen sein, denn nicht nur Botaniker und Geologen haben die Existenz der Atlantis vertheidigt, sondern auch Ethnographen, Geographen und Sprachforscher.

Einer hübschen Zusammenstellung von R. Hartmann in seinen „Nigritiern", Berlin 1876, entnehme ich, dass C. Ritter und Ali Bey aus geographischen Gründen die Hypothese aufgestellt, das Atlasplateau sei die Atlantis der Alten, doch scheint mir diese Ansicht wenig für sich zu haben. Auch die unläugbare ethnographische Verwandtschaft der Guanchen oder Urbewohner der Canaren mit den Berbern Nordafrika's, welche sowohl anatomische als sprachliche Analogien zeigen, wird als Beweis für die Existenz des Zusammenhangs dieser Inseln mit dem Festlande angeführt, umsomehr als nach zuverlässigen Berichten (siehe Berthelot) die Guanchen keine Idee von Schifffahrt hatten; für diese Atlantis tritt auch ein französischer Anonymus (Ref. Hartmann) in einem Werke über die canarischen Inseln ein, doch sind seine der Geologie entnommenen angeblichen Beweise mit der grössten Vorsicht aufzunehmen und zeigen auch eine vollkommene Unkenntniss der Literatur dieser Disciplin. Dagegen scheinen seine, anderen Ideenkreisen entnommenen Gründe für die Existenz der Atlantis plausibler zu sein. In dieser Hinsicht könnte man ihm und manchem Anderen in dieser Frage zu bedenken geben, dass, wer zu viel beweisen will, Nichts beweist.

Aus archäologischen Gründen haben sich ebenfalls mehrere Forscher für die Existenz der Atlantis erklärt, so z. B. hat sich auf dem letzten Congress spanisch-amerikanischer Alterthumsforscher in Madrid diese Ansicht Geltung verschafft, aber alle die aus ethnographisch-archäologischen Gründen aufgeführten Thatsachen zu Gunsten der Atlantisfrage sind zum Theil vielfach anfechtbar. So scheinen mir beispielsweise die von Berthelot angeführten Gründe, z. B. dass der Name Telde auf den Canaren und am Festlande (bei Aquadir) vorkomme, sowie das Citat, dass Suetonius Paulinus unter den Berbern einen Canarier genannten Stamm gegenüber der Insel Canaria gefunden habe, doch nur sehr problematische Beweise.

Auch über die Ausdehnung dieser Atlantis nach Norden und Süden, sowie über die Zeit der Trennung dieses Continents von der alten Welt, sind sogar die Anhänger der genannten Hypothese noch sehr uneinig.*)

Daraus geht wohl zur Genüge hervor, dass die Hypothese der Atlantisexistenz noch der festen wissenschaftlichen Begründung entbehrt, wenngleich auch eine solche von so vielen oder so verschiedenen Gesichtspunkten ausgegangenen Forschern für wahrscheinlich gehaltene Ansicht nicht ohne weiteres als Phantasiegebilde behandelt werden kann und demgemäss diese Frage keine müssige sein dürfte. Nur wäre zu wünschen, wenn dieselbe weniger in Beziehung zu der alten Sage gebracht würde, denn man dürfte keinesfalls der den Berichten Plato's entnommenen angeblichen Aussage eines ägyptischen Priesters über das räthselhafte Festland, welches jenseits der Säulen des Herkules erschienen und in einer Nacht verschwunden sein sollte, irgend eine weitergehende Bedeutung beilegen, da ein solches isolirtes Citat mit der Existenz eines alten verschwundenen Festlandes möglicherweise in keinem Zusammenhange stand. Im Gegentheil hat die Berufung auf jene Aeusserung des Plato, als einer allzuschwachen Basis vielleicht mehr Misstrauen hervorgerufen, als es die Atlantishypothese, welche jedenfalls nur durch naturhistorische und ethnographische Begründung eine Bedeutung erlangen kann, verdient hat.

Denn die Ansicht vieler Philologen scheint dahin zu gehen, dass jenem so oft citirten Ausspruche keine grosse Bedeutung beizulegen sei. Herr Dr. A. Bauer, Privatdocent für alte Geschichte an der Universität Graz, macht mir über diesen Gegenstand folgende Mittheilung: „Es läge die Versuchung nahe, für das Vorhandensein eines alten Welttheils westlich von den Säulen des Herkules auch Zeugnisse des Alterthums über sagenhafte Erinnerungen an ein solches Land in Anspruch zu nehmen."

„Platon im Timäus und Kritias und der Geschichtsschreiber Diodor von Sizilien (die Stellen bei Unger: die versunkene Insel Atlantis u. s. w. zwei Vorträge, Wien 1860, P. 29) erwähnen des Landes Atlantis, dessen Volk in mythischer Zeit mit den Athenern im Kriege gelegen sei. Diesen Nachrichten liegt jedoch keine echte sagenhafte Erinnerung zu Grunde. Die Insel Atlantis ist eine gelehrte Erfindung, vergleich-

---

*) Wie ja gerade Heer zwischen der Atlantis und Afrika einen Meeresarm annimmt während Berthelot einen Hauptbeweis zur Stütze seiner Ansicht darin findet, dass die Guanchen aus Afrika ohne Ueberschreitung des Meeres einwanderten.

bar der Meropis des Theopompos, den Hyperboräern des Hubertäus von Abdera und der Insel Panchaia des Euhemeros von Messana. Wer die Angaben der beiden obigen Klassiker mit dem von uns ermittelten Festlande im Westen Afrika's in Zusammenhang bringen will, der muss in Euhemeros' Darstellung von seiner Fahrt in den indischen Ocean, auf der er endlich nach jener seligen Insel gelangt, auch eine Reminiscenz an den durch die geographischen und naturwissenschaftlichen Forschungen erwiesenen Welttheil Lemuria erblicken — und von Euhemeros weiss man bestimmt, dass er seine Nachrichten vollständig erfunden hat, um aus der „heiligen Urkunde" zu beweisen, dass die griechischen Götter nur Menschen waren."

Aus diesen Angaben der Alten ist also nichts zu lernen, Platons Atlantis ist ein ebenso willkürlich erfundenes Land, wie die Insel Penchaia, um eine politische Utopie, wie sie ja damals so gerne von den Griechen construirt wurden, auf einem weiter nicht nachweisbaren Lande zu lokalisiren und ihr eine anschauliche Einkleidung zu geben.

Nachdem wir dergestalt dieser Hypothese gerechte Würdigung angedeihen liessen, wollen wir uns von solchen, allerdings ungemein anziehenden philosophischen Betrachtungen wiederum auf den festen Boden naturwissenschaftlicher Beobachtungen und feststehender Thatsachen zurückbegeben und die Urgeschichte einiger Inseln schildern. Sie sind aller Wahrscheinlichkeit nach nicht gleichzeitig entstanden, eine der ältesten scheint Mayo zu sein, welche direct in der Nähe des Vorgebirges sich bildete, hierauf entstand Boa Vista, aber auf beiden erhoben sich nur kleine Vulkane, die blos Berge von geringer Höhe zu erzeugen vermochten; darauf folgte nun die Eruption eines mächtigen hohen Vulkans, welcher die Insel Sao Thiago erzeugte, ein Vulkan, welcher weit mächtiger und höher war als der Vesuv und der mit dem hohen Aetna zu vergleichen ist. Jetzt allerdings stehen nur noch die Ueberreste des alten Kegels, von dem der Pico d'Antonio, den ich bestieg, nur noch ein niederer Rest ist. Später wurde das ausgedehnte, bereits gebildete Gebirge, das sich von Tarrafal bis Praya erstreckte, durch eine grossartige Eruption zerrissen und dadurch das grosse Kesselthal von S. Catharina hervorgerufen. Kleine Krater und Kegel in dem letzteren bezeichnen heute noch die Stätte jener gewaltigen paroxysmalen Eruption, welche die Insel in zwei Theile riss.

Gleichzeitig mit dieser Eruption entstand wohl auch der grosse Krater von S. Vincent und die übrigen kleinen Inseln östlich davon. Einer jüngeren Periode gehört dagegen die Bildung der Vulkane von Fogo und S. Antaõ an. Fogo besteht aus einem einzigen Kegelberge, der an die neuntausend Fuss hoch ist und in seinem Bau dem Vesuv ähnelt, denn er besteht wie dieser, aus zwei im Alter verschiedenen Theilen. (Monte Somma und eigentlicher Vesuv), einem älteren Ringgebirge und einem inneren Aschenkegel.

Mit der Bildung des Vulkans von Fogo erlosch zwar der von S. Thiago nicht gänzlich, aber seine Thätigkeit reducirte sich allmählich auf die Bildung kleiner Schlünde und Kegel, welche am Fusse des grösseren Gebirges entstanden, wie dies bei den meisten Vulkanen zu beobachten ist; so bieten auch S. Vincent und S. Nicolaö solche secundäre Krater, namentlich erstere Insel zeigt einige sehr schöne, verhältnissmässig noch sehr junge Krater wie den Monte Viana und den Cailhao im südlichen Theile des Eilandes.*)

Am interessantesten ist in geologischer Hinsicht die Insel S. Antaö, welche aus mehreren einer nahezu geraden Linie angereihten, sechs bis ziemlich achttausend Fuss hohen Kratern besteht, deren bedeutendster der Topa da Coroa im Westen der Insel ist. Am Fusse dieses mächtigen Berges erhebt sich eine Anzahl von Kuppen und kleineren, immerhin aber noch recht bedeutenden Kratern, ausserdem ist aber die Insel von einer Unmasse, circa 100—200 Meter hoher, kleinerer Vulkanschlünde wie besät und wer gegenüber von S. Vincent bei den Corvociros landet, erblickt deren in der nähern Umgebung an die fünfundzwanzig.

Auf S. Antaö findet auch der Mineraloge reiche Ausbeute der prächtigsten und seltensten Gesteinsarten. Diese Insel ist ihrer Natur nach ganz vulkanisch, während auf den Inseln Mayo, Boa Vista, S. Thiago, S. Vincent sowohl Ueberreste alter Eruptivgesteine, als auch Schollen älterer sedimentärer Gebirge vorgefunden werden; daher zeigen auch alle übrigen Inseln grossen Mangel an Kalk und da dieselben von Fachmännern nicht untersucht sind und die Bewohner nicht wissen wo solcher vorkommt, so geschieht es, dass nur auf Boa Vista Kalk gewonnen wird, die übrigen Inseln aber dieses nothwendige Produkt von Europa beziehen müssen, während es sich leicht von den so kalkreichen Inseln Boa Vista und Mayo verschaffen liesse. Da die Eingebornen jeden lichten Stein für Kalk halten, so passirt es, dass sie die unmöglichsten Steine zu brennen suchen und dann sehr verwundert sind, keinen Kalk zu erhalten; übrigens könnten auch die europäischen Colonien an der Westküste, die bei dem totalen Mangel von Kalksteinbergen (denn von Marokko bis Sièrra Leone fehlt es an solchen), aus dem Vorkommen von Kalkstein auf den besagten

---

*) Um die für die Geologie sich minder interessirenden Leser nicht zu ermüden, muss ich mich auf diese kurzen Anmerkungen beschränken.

Inseln Nutzen ziehen, da derselbe ihnen jedenfalls billiger käme, als derjenige, welchen sie unter grossen Kosten von Europa herbeischaffen müssen.

Während meiner Anwesenheit, sowohl auf den Capverden, als auch am Festlande wurde ich vielfach bestürmt, Gold zu finden, was mir und jedem anderen Reisenden übrigens fast bei allen Wanderungen in unbekannteren Gegenden passirt ist. Leider konnte ich diesem Wunsche nicht willfahren, doch gelang es mir, Eisenerze und Kalksteinlager nachweisen zu können; der Betrieb der letzteren, zum Theil eines sehr schönen Marmors, wie auf Mayo, würde weit erspriesslicher sein, als das unnütze Suchen nach Gold.

Sehr wichtig wären auch in ökonomischer Beziehung die Ausbeutung und der Export der Mineralwässer, deren es auf Brava und S. Antaõ eine ganze Menge giebt. Es sind sämmtlich Natronsäuerlinge, zum Theil mit nicht sehr grossem Eisengehalt, manche wärmere, Temp. 28° R., wie das von der Ribeira Joaõ Alfonso, erinnern an Karlsbader Wasser und enthalten dieselben Chlornatrium, Natron und Magnesiacarbonat, wie auch die Sulfate alkalischer Erden; andere, wie das Wasser von Brava und die von Paúle und Ribeira das Patas auf S. Antaõ sind kälter (14—20° R.), kohlensäurereich und erinnern mehr an die leichten, stark gashaltigen Säuerlinge, z. B. die von Ems, Bilin, und könnten dieselben auch mit Vortheil als Luxusgetränke verkauft werden, während die wärmeren, denen eine grössere Heilwirkung innewohnt, zu Trinkcuren geeignet wären.

Was die heute noch andauernde vulkanische Thätigkeit auf den Capverden anbelangt, so hat Fogo noch vor circa vierzehn Jahren eine Eruption aufzuweisen gehabt, welche jedoch nicht auf der Höhe des Kegels, sondern einige tausend Fuss tiefer, am Fusse des Aschenkegels, ihre Ausbruchsstelle nahm. Die Thätigkeit währte mehrere Monate und ein Augenzeuge des Ausbruchs erzählte mir, dass sich einige Lavaströme gebildet hätten und grosse Mengen schwefliger Säure ausgestossen worden seien. Die Eruptionen dieses Vulkans haben jedoch seit langer Zeit aufgehört bedeutende zu sein und richten heutzutage nur wenige Verheerungen an.

Auf den übrigen Inseln schweigt die vulkanische Thätigkeit schon seit längerer Zeit, und habe ich Gründe anzunehmen, dass einige der kleinen Vulkane von S. Vincent und S. Antaõ noch in verhältnissmässig jüngerer Zeit thätig waren, ja vielleicht erst vor wenigen Jahrhunderten erloschen sind, doch liegen historische Daten nicht vor, was um so begreiflicher erscheint, als diese Inseln, wie bereits im vorigen Capitel erwähnt, erst seit geringer Zeit bewohnt sind, und vor 450 Jahren überhaupt nicht bekannt waren. Bemerkenswerth ist noch der Umstand, dass Erdbeben fortwährend auf dem kleinen Eilande Brava sich, wenn auch nicht in hohem Grade, so doch immerhin deutlich genug von Zeit zu Zeit fühlbar machen, wogegen von dieser Erscheinung auf keiner der übrigen Inseln des Archipels, nicht einmal auf Fogo, dessen Vulkanenschlund noch immer nicht gänzlich erloschen, etwas zu verspüren ist. [7]

CAPITEL VI.
Die Negerbevölkerung der Inseln. — Die Mischlinge. — Christenthum und Ehe. — Hochzeits- und Begräbnissfeierlichkeiten. — Geheimbünde. — Hütten und Geräthschaften der Insulaner. — Hausthiere. — Beschäftigungen. — Handelsprodukte.

Die Sage behauptet, dass, als die Portugiesen S. Thiago entdeckten, sie nur zwei Ureinwohner vorfanden; nach historischen Daten waren die Inseln überhaupt unbewohnt, die ganze Bevölkerung dürfte also mit Ausnahme der wenigen Weissen aus importirten Sklaven bestehen, obgleich doch eine Reihe von Thatsachen zu der Annahme führen, dass schon im Anfang des Jahrhunderts die Zahl der freien Schwarzen eine beträchtliche gewesen sein muss, während die Zahl der rein Weissen, welche in vorigen Jahrhunderten wohl eine weit bedeutendere gewesen sein mag, in fortwährendem Schwinden begriffen und heutzutage, wenn man die flottirende Bevölkerung der Beamten, Offiziere, fremden Kaufleute, welche nur auf wenige Jahre ihren Wohnsitz auf den Inseln nehmen, abrechnet, eine auffallend geringe ist. Auch der Grundbesitz, der ursprünglich nur in den Händen der Weissen war, geht allmählich wieder in die der Farbigen und Schwarzen über und so kommen die früheren Sklaven mit der Zeit in den Besitz der ganzen Insel, ohne dass dies übrigens den Weissen irgend welche Besorgnisse einflösste, denn in den portugiesischen Colonien erfreuen sich Weisse und Schwarze einer vollkommenen Gleichberechtigung. Unter den letzteren giebt es übrigens Männer, welche sich ihrer Bildung und ihrem Benehmen nach, mit dem Europäer vollkommen messen können, und die so einen Beweis liefern für die Bildungsfähigkeit der afrikanischen Rassen; freilich sind es nur wenige, denen es vergönnt ist, sich zu diesem Niveau emporzuschwingen, aber man darf nicht vergessen, dass es auf den Capverden nicht allzu viele giebt (mit Ausnahme der Beamten), welche sich nicht den afrikanischen Verhältnissen anzupassen vermöchten; und so sehen wir reiche Abkömmlinge von Europäern, die ihre weisse Hautfarbe bewahrt haben, in denselben ärmlichen Hütten wohnen und sich in Allem den ursprünglichen Verhältnissen der Afrikaner fügen, während im Gegentheil einzelne bevorzugte Sklavenabkömmlinge die europäische Cultur vollauf adoptiren; und zwar gilt dies nicht nur von den Mulatten, sondern auch von den rein schwarzen Nigritiern, unter welchen ich während meiner Reise glänzend angelegte, strebsame und wissensdurstige Männer gefunden habe, die in mancher Hinsicht die weissen Ansiedler sogar überragten.

Das sind aber doch mehr Ausnahmen, und wenn die schwarze Bevölkerung sich selbst überlassen wäre, so würde ein entschiedener Rückschritt in der Cultur unausbleiblich sein; daher bedarf es eines fortwährenden Zuzuges von Colonisten aus dem Mutterlande, um dies zu verhindern. Wenden wir uns nun zu der ethnographischen und culturhistorischen Schilderung der dunklen Eingebornen des capverdischen Archipels, so fällt uns die eigenthümliche Verschiedenheit der Bewohner der einzelnen Inseln untereinander sofort auf. Es wurde schon bei Besprechung der Inseln Fogo und Brava der Unterschied zwischen der Bevölkerung der genannten Inseln berührt, der in den Verhältnissen thatsächlich begründet ist. Einzelne Inseln des Archipels waren bis vor Kurzem nur spärlich bevölkert und von dem Verkehre fast abgeschnitten, in anderen sind noch in der ersten Hälfte unseres Jahrhunderts zahlreiche Sklaven eingeführt worden (der Verfasser dieses hatte selbst Gelegenheit vielfach mit älteren Männern zu verkehren, welche in ihrer Jugend direct aus ihren heimatlichen Gründen entführt worden waren), wieder andere sind durch den constanten Verkehr mit Europäern gründlich verändert worden. Beispiele dieser drei Kategorien besitzen wir in Brava und Fogo, in S. Thiago und in S. Vincent, welche, was ihre Bevölkerung anbelangt, in auffallender Weise von einander verschieden sind.

In S. Vincent beispielsweise ist die Zahl der Europäer — Portugiesen, Italiener, Engländer — verhältnissmässig eine so grosse und die Berührung derselben mit der schwarzen Bevölkerung eine so innige und constante, dass sie nicht ohne Einfluss auf den Charakter und auf die Rasse-Eigenthümlichkeiten derselben geblieben ist. Es finden sich heute nur sehr wenig reine Negertypen daselbst, dagegen begegnet man allen möglichen Farbennuancen, von der dunkelsten Chocoladefarbe bis zum Safran und Citronengelb; doch alle diese Leute haben etwas von europäischer Cultur angenommen, bedienen sich europäischer Geräthschaften, ihre kleinen Steinhäuschen sind meist mit Kalk angeworfen und überall finden sich Anfänge europäischer Einrichtung. Die Tänze der Vincentiner sind die unseren, kurz, sie besitzen keine der charakteristischen Negergewohnheiten mehr, abgesehen vielleicht von der untilgbaren Sucht nach Branntwein, und da S. Vincent erst seit circa fünfzig Jahren durch Einwanderung von anderen Inseln bevölkert wurde, so kann man auch hier von einer besonderen Mischung oder Rasse nicht reden.

Etwas verändert sind schon die Verhältnisse auf S. Antaõ. Diese Insel ist namentlich in früheren Jahren dem Weltverkehr fast gänzlich entzogen gewesen, denn nur mit Schwierigkeiten lässt sich an ihren steilen Ufern der Verkehr mit der Aussenwelt anbahnen. Die Zahl der weissen Eingewanderten ist gerade keine ganz geringe; die flottirende Bevölkerung abgerechnet, glaube ich, dass von den 16000 bis 17000 Einwohnern vielleicht über dreihundert Weisse sind, und früher war die Zahl eine noch höhere; von dem Reste sind zwei Drittel Mulatten oder Dunkelfarbige und nur die Minorität ist von rein schwarzer Hautfarbe. Die Zahl der heute noch lebenden, direct vom Festlande überführten Schwarzen ist auf derselben eine minimale; doch hat insbesondere die Mulattenbevölkerung von S. Antaõ einen besonderen Typus, welcher sich namentlich bei den Frauen deutlicher kundgiebt; es sind nicht allzugrosse, schön gebaute, üppige Gestalten, deren Gesichtszüge besonders weit mehr an das Europäische erinnern, als man ihrer Farbe nach erwarten würde; unter ihnen fand ich einige wirklich schön zu nennende Figuren, die auf den Capverden ihrer Schönheit wegen in grossem Ansehen stehen und neben welchen die wenigen weissen Frauen einen geradezu hässlichen Eindruck machen. Aber auch unter den Männern sind die Mulatten oft von bemerkenswerther Körperschönheit, während die rein schwarzen Einwohner in ihren Formen allzusehr an ihre Brüder von der Westküste erinnern.

Am besten hat sich die rein afrikanische Rasse auf den südlicheren Inseln: S. Thiago, Fogo, Mayo erhalten, hauptsächlich auf ersterer, wo man sogar noch die einzelnen Typen der continentalen Neger: Papels, Mandingas u. s. w. erkennen kann; es erklärt sich dies einfach dadurch, dass eben der Zuzug von fremden Negern erst in neuerer Zeit aufgehört hat, und dass die Zahl der schwarzen Bevölkerung überhaupt eine sehr beträchtliche, die der Weissen eine verschwindend kleine ist.

Kurz, während S. Vincent eine total, S. Antaõ eine vielfach gemischte Bevölkerung besitzt, hat sich auf S. Thiago der Negerstamm ziemlich rein erhalten und ist daher die Zahl der Mulatten daselbst eine verhältnissmässig geringe. Man zählt in der That kaum mehr als zwanzig weisse Grundbesitzer auf S. Thiago und circa fünfzig daselbt ansässige Kaufleute, die übrigen Weissen sind sämmtlich Beamte oder Militärs, die nur wenige Jahre auf der Insel zubringen. Von den übrigen 34000 Einwohnern sind zwei Drittel von ungemischter schwarzer Farbe, es sind meist hohe, hagere Gestalten mit langen Armen und Beinen, die durch Kreuzung der verschiedenen senegambischen und Guineastämme entstanden, mit jenen Nigritiern im Körper und Gesichtsbau im Grossen und Ganzen übereinstimmen; auch die Mulatten männlichen und weiblichen Geschlechts zeigen nichts von der auf S. Antaõ beobachteten Körperfülle und Schönheit, sondern nähern sich in ihrem Typus mehr den reinen Negern.

Was die Sitten und Gebräuche anbelangt, treffen wir auf S. Thiago und Mayo vielfach die des afrikanischen Continents, denn während z. B. auf den nördlichen Inseln die Tänze fast ganz europäische sind, wird auf der Insel S. Thiago dagegen der Batuco, ein den Tänzen der Papels, Mandingas etc. ähnlicher, afrikanischer Tanz am meisten gepflegt; er besteht darin, dass die Mitwirkenden einen weiten Kreis schliessen und aus ihrer Mitte ein Paar hervortritt, welches nun mit grossem Geschrei eine Reihe von Gliederverrenkungen, von nicht weiter zu beschreibenden, höchst unanständigen Geberden begleitet, ausführt, während die übrigen mit Händen und Füssen und unter Absingen von monotonen Liedern den Takt dazu schlagen; solche Tänze dauern eben so wie auf dem Festlande oft Nächte lang. Auch bei Hochzeiten und Begräbnissen herrschen vielfach afrikanische Sitten, welche durch das Christenthum nur wenig modificirt wurden. Einige davon erhalten durch das Gemisch von Christenthum und Heidenthum ein ganz merkwürdiges charakteristisches Gepräge und dies tritt, wenn auch vielleicht minder scharf, im religiösen Cultus hervor. Sämmtliche Capverdianer sind Christen und getauft, jede Insel besitzt mindestens einen Geistlichen, S. Thiago sogar mehrere; viele derselben sind Schwarze, welche nebenbei bemerkt weit mehr Einfluss auf ihre Pfarrkinder haben als die weissen Geistlichen. Dass die Kirchen sich meist in einem äusserst desolaten Zustande befinden, spricht nicht sehr für die Opferwilligkeit der Insulaner in religiöser Hinsicht, und in der That existirt ihr Christenthum mehr dem Namen nach, wie sich denn auch hier die so häufige Beobachtung wiederholt, dass die christliche Religion auf die Neger nur einen geringen Einfluss hat. Davon machen wohl nur die hier gar nicht in Betracht kommenden, ihrer Heimat gänzlich entrückten ehemaligen amerikanischen Negersklaven eine Ausnahme.

Das Christenthum hat auf die capverdischen Insulaner indessen doch insofern einen wohlthätigen Einfluss gehabt als z. B. Diebstähle selten geworden sind, dagegen hat es die Trunksucht noch nicht im Mindesten gebessert. Auch mit der Ehe können sich die Insulaner nicht recht vertraut machen; die meisten lassen sich allerdings trauen, halten es aber mit der ehelichen Treue wenig genau, andere ziehen es jedoch vor, sich nur so lange es ihnen gefällt zu binden, und auf S. Thiago, welches sich seiner grösseren Ausdehnung wegen besser dazu eignet, kommt es recht häufig vor, dass ein Mann seine Frau, sei sie ihm nun kirchlich angetraut oder nicht, verlässt und in einem entfernteren Orte eine andere nimmt, oder auch umgekehrt.

Auf Jungfräulichkeit wird bei Schliessung einer Ehe geachtet, wenigstens gilt diese als ein besonderer, wenngleich nicht unumgänglich nothwendiger Vorzug. Die Hochzeitsfeierlichkeiten sind oft recht komisch, so zum Beispiel muss der Bräutigam mehrmals in kriechender Stellung sich dem Hause der Braut nahen, worauf er von derselben dreimal zur Thür hinausgeworfen, beim letzten Male endlich durch sie feierlich in's Haus geleitet wird. Diese und ähnliche, vor Bekannten und Verwandten stattfindenden Scenen vertreten gleichsam die Stelle des Ehegelübdes; hierauf finden dann grossartige Tänze, Gelage mit obligaten Flintenschüssen, Aufzügen u. s. w. statt, was übrigens auch bei etwaiger kirchlicher Trauung der Fall ist. Die übrigen, namentlich am Abend vor sich gehenden Ceremonien bleiben besser unerwähnt, nur eines am nächsten Tage stattfindenden komischen Gebrauches, möchte ich erwähnen, der jedoch, wie ich höre, jetzt durch den Einfluss der Geistlichen im Schwinden begriffen ist; er besteht nämlich darin, dass das Zeichen der Jungfräulichkeit vor dem Hause ausgestellt wird und die danebensitzende junge Frau die Glückwünsche der Freunde und Verwandten empfangen muss.

Selbstverständlich hat auch hier der Bräutigam für die Frau dem Schwiegervater entsprechende Geschenke zu entrichten, was eigentlich begreiflich erscheint, nachdem die Frau nicht nur kein Luxusgegenstand ist, sondern bei der Bearbeitung und Bebauung des Erdbodens den grössten Theil der Arbeit übernimmt.

Auch bei Begräbnissen habe ich speciell auf S. Thiago viel heidnische Gebräuche zu beobachten gehabt: obligates Jammergeheul, welches Tage lang fortgesetzt wird, Schiessen und die Sitte des Trommelns, welcher wir bei afrikanischen Stämmen im Laufe dieses Berichtes begegnen werden, ist vielfach im Gebrauch. So war ich eines Abends erstaunt, in der Nacht noch dumpfe Trommelschläge zu hören, welche aus einer benachbarten Hütte ertönten; ich vermuthete ursprünglich Tanz, doch belehrten mich meine Begleiter eines Besseren und mit Erlaubniss des Hausherrn traten wir ein. — In der Hütte lag auf einer Matte eine unbekleidete Leiche und nebenan standen drei Schwarze; der eine von ihnen schlug von Zeit zu Zeit mit einem massiven Schlägel auf ein unseren grossen Trommeln ähnliches Instrument, während die beiden anderen kegelförmige Trommeln mit den Fingern bearbeiteten und die Verwandten und Freunde vor der

Todtenklage.

Hütte weinten und beteten. Wie mir berichtet wurde, wiederholt sich die Ceremonie des Trommelschlagens oft noch mehrere Wochen lang nach dem Begräbnisse des Todten, mindestens aber eine Woche hindurch. Als ich dem schwarzen Geistlichen, bei dem ich am selben Abend übernachtete, den Vorgang erzählte, antwortete er, dass seine Landsleute sehr an solchen Gebräuchen hingen und dass er, da er sie für unschädlich halte, die Leute darin nicht stören wolle.

Auch die kirchlichen Ceremonien entbehren nicht des heidnischen Beigeschmacks; so sah ich auf der Insel Mayo bei Gelegenheit eines

Marientages, einen Aufzug, bei welchem halbnackte bemalte Kerle neben solchen mit bunten Lappen einhergingen und alle executirten während des Umzuges merkwürdige, sehr unheilige Tänze, welche wohl nach den Begriffen unserer Katholiken mit der Verehrung der h. Jungfrau nicht recht vereinbar wären.

Auch die Geheimbünde, wie sie in Senegambien vorkommen, finden wir auf S. Thiago wieder. Solche allerdings ganz harmlose Verbindungen haben einfach den sehr unschuldigen Zweck, von Nichtmitgliedern eine geringe Summe für Branntwein zu erpressen; an hohen Festtagen oder einer anderen feierlichen Gelegenheit ziehen die Mitglieder auf die Strassen oder vor die Häuser der Begüterten, und der Wanderer, welcher ihnen begegnet, ist gezwungen, seinen Obolus zu entrichten, und jeder, auch der Weisse, unterzieht sich willig dieser Brandschatzung, denn die Verweigerung würde übel aufgenommen werden. Ausser dieser unschädlichen Thätigkeit entfalten die Geheimbünde höchstens noch eine Art Rechtspflege, indem sie, namentlich dort, wo eine gesetzliche Bestrafung nicht leicht möglich erscheint, selbst rächend eintreten. Aber bei dem mehr harmlosen Charakter der Insulaner besteht eine solche Strafe höchstens im Durchprügeln oder Wegnehmen etwaiger Luxusgegenstände: Branntwein und dgl.

Auf den Inseln, wie S. Vincent, S. Nicolau, Fógo, S. Antão, wo die Negerbevölkerung schon eine grössere Civilisation angenommen hat, sind heidnische Gebräuche und andere Unsitten bedeutend geschwunden. Dort werden beispielsweise Heirathen fast durchwegs nur durch kirchliche Ceremonien geschlossen und ist die wilde Ehe unter den Einheimischen sehr selten, doch nimmt auch dort die Bevölkerung Hochzeiten, Begräbnisse u. s. w. gerne zum Anlass besonderer Festlichkeiten, welche nicht weniger als acht Tage dauern. Aufzüge mit obligaten Flintenschüssen, Tänze, Gesänge wechseln mit Trinkgelagen. Alle Verwandten und Bekannten, und zu letzteren gehört meist die ganze Bevölkerung, sind bei einer solchen Gelegenheit verpflichtet, Geschenke in Viktualien und Branntwein bestehend, zu liefern, was am Vorabende des Festtages zu geschehen hat. Diese Geschenke führen den Namen „bandeja" und werden auf dem zukünftigen Ehebette oder auf den dasselbe vertretenden Matten aufgeschichtet, und unter Begleitung sämmtlicher Festgenossen, unter Gesang und Tanz von der Behausung der Braut zu der des Bräutigams getragen, dazu werden noch andere Geschenke, wie Tücher, Kleidungsstücke, Schmuckgegenstände u. s. w. gegeben, welche aber nicht etwa der Braut verbleiben, sondern acht Tage nach der Hochzeit öffentlich verkauft werden und aus deren Erlös den Gebern eine weitere Festlichkeit bereitet wird.

Auf S. Vincent, welches, wie öfters erwähnt, die civilisirteste der Inseln ist, wird die Braut wie bei uns mit Orangenblüthen geschmückt, welche nach der Trauung unter die einzelnen Festtheilnehmer vertheilt werden und diese sind gehalten, während der ganzen Festlichkeit den auf sie entfallenen Theil des Schmuckes bei sich zu behalten, wenn sie sich nicht der Gefahr der Ausschliessung aussetzen wollen.

Die ganzen Ceremonien und Festlichkeiten werden gewöhnlich von zwei älteren Frauen geleitet, welche den Namen „boqueiras" führen. Auf dieser Insel besteht die Todtenfeier nur in Gesängen, welche allabendlich durch acht Tage stattfinden, während im Uebrigen die europäischen Gewohnheiten adoptirt wurden.

Die Spiele der Insulaner sind zum Theil, namentlich in S. Vincent und Praya, europäische, und daselbst hat sogar das edle Kartenspiel Eingang gefunden. Von einheimischen Spielen sei das vom Continent importirte Urispiel erwähnt. Uri wird ein auch auf den Capverden vorkommender Baum genannt, dessen grosse Samenkörner das Material zu diesem Spiele liefern; dasselbe wird nur zu Zweien gespielt, dazu dient ein Brett, der Banco de Uri, welches zwei parallele Reihen von Löchern „casas" genannt, aufweist, — jede Reihe zählt sechs solcher Löcher, ein Spieler nimmt vierundzwanzig Körner, welche zu je vier in die Löcher gegeben werden, wobei jede Partei eine der Löcherreihen erhält. Der erste Spieler nimmt die Steine aus einem der Löcher und vertheilt sie von links nach rechts nach einer bestimmten Regel in die übrigen Löcher. Wenn das letzte Steinchen in eines der Löcher des Gegners fällt, wo nur ein oder zwei Steinchen liegen, so hat derselbe das Recht sie wegzunehmen. Hierauf verfährt der zweite Spieler nach derselben Regel u. s. w., wobei derjenige gewinnt, welcher zuerst fünfundzwanzig Steine geschnappt hat.

Das Rauchen von Pfeifen bildet ein Hauptvergnügen namentlich der Weiber, während die Männer merkwürdigerweise mehr das Schnupfen lieben.

Die Kleidung der Insulaner ist auf den verschiedenen Inseln nicht ganz gleich, so ist sie auf S. Vincent fast europäisch, nur fehlen Schuhe, und bei den Weibern die Hüte. Im Innern von S. Thiago begnügen sich die Männer oft mit einer Hose oder Hose und Jacke von blauem oder karrirtem Kattun, während die Frauen gewöhnlich einen karrirten Rock, ein weit ausgeschnittenes Hemd ohne Aermel tragen, welches Costüm durch selbstgewebte Tücher, ähnlich wie sie auch in Westafrika verfertigt werden, die sie „lambe" nennen, vervollständigt wird. Auf dem Kopfe wird gewöhnlich ein gestreiftes Tuch getragen, und der Schmuck besteht aus Muschelhalsbändern, falschen Corallen etc., wie sie auch die continentalen Neger benützen.

Kinder unter zwölf Jahren tragen meistens nur ein Hemd oder auch nichts. Die Behausungen der Insulaner sind ziemlich primitiver Natur; wenn wir von Praya und S. Vincent absehen, wo europäische Häuser existiren, so sind fast alle Hütten der capverdischen Inselbewohner im selben, sehr einfachen Style und zwar mit wenigen Ausnahmen fast gänzlich aus Stein erbaut. Wer solche aus unbehauenen grossen Lavastücken mit dazwischen geschobenen kleineren Bruchstücken bestehende Mauern betrachtet, wird unwillkürlich an die Bauten der Vorzeit erinnert. Die Fenster fehlen gewöhnlich, und nur durch die Thüre, die meist in der primitivsten Weise zusammengebaut ist, sowie durch die Fugen in den unvollkommenen Wänden tritt die Luft ein; das Dach ist aus Palmenstroh gefertigt, wobei die einzelnen Theile durch Stricke von demselben Material, ohne Beihülfe von Nägeln oder Haken miteinander verbunden sind. Einzelne Zimmer giebt es in solchen Hütten selbstverständlich nicht; die Küche befindet sich entweder ganz im Freien oder in niederen, eigens dazu errichteten hohlen Steinhaufen, während die Thiere in anstossenden eingezäunten Höfen untergebracht sind, was allerdings nicht hindert, dass sie mitunter auch in dem Wohnraume sich's bequem machen. Das Innere dieser Negerhütten entspricht, wie nicht anders zu erwarten, ganz dem Aeusseren. Einige der Begüterten besitzen zwar Bettstätten, die am meisten verbreitete Lagerstätte besteht jedoch aus einer Art Tisch, der aus Steinen zusammengestellt ist und mit Stroh und einer Cocosbastmatte bedeckt wird, wenn nicht gar der Insasse sich damit begnügt, diese Matte einfach auf den Boden zu legen. In den meisten Hütten sieht man in einer Ecke einen thurmähnlichen Steinbau, dessen Inneres hohl ist und dazu dient, die Purgueiramandeln, Mais und andere Feldfrüchte aufzubewahren; rohgezimmerte Bänke und eben solche Stühle finden sich allenthalben.

Viele dieser Neger lieben europäische Geräthschaften und ein oder zwei Teller, eine Schüssel besitzen vielleicht die meisten unter ihnen. Als Trinkgefässe dienen häufig leere Blechdosen, für welche diese Insulaner fast eben so grosse Vorliebe haben, wie ihre fern von den Weissen lebenden Stammesgenossen am Festlande; doch bedienen sich auch viele in primitiverer Weise der Kürbisschalen, die sie genau so wie die Stämme der Westküste mit verschiedenen Zeichnungen schmücken. Ebenso sind die Kürbisflaschen zum Wassertragen häufig im Gebrauche, doch giebt es auch Töpfer unter ihnen, welche unglasirte irdene Krüge, Töpfe u. s. w. fabriciren, deren Form und Zeichnung sehr an die der Gefässe erinnert, welche späterhin bei Besprechung der Papels und Bijagos beschrieben werden sollen.

Dagegen kochen die capverdischen Insulaner fast alle in eisernen Töpfen europäischer Provenienz.

Unter ihren Handwerkern sind insbesondere die Weber erwähnenswerth, welche indessen allmählich seltener werden, da ihre übrigens recht geschmackvoll ausgeführten Stoffe, die meistens zu Röcken für Frauen bestimmt, oder zu Umschlagetüchern verwendet werden, trotz

Wasserschöpfer und Kerze aus Purgueirabohnen.

ihrer hübschen Dessins nicht die Concurrenz mit den europäischen Erzeugnissen, namentlich ihres höheren Preises wegen, aushalten können. Einheimische Schmiede fehlen, ebenso wie begreiflich die Schuster, welche hier wohl wenig Verdienst finden würden, da kein Neger sich dazu bequemen will, Schuhe zu tragen. Amulette aus Feuerstein, verschiedenen Zähnen, Medaillen, Münzen u. s. f. werden häufig getragen, ebenso sind alle möglichen falschen Perlen, Corallenschnüre und dergleichen beliebt. Keulenartige Stöcke, ähnlich denen des Festlandes, mit verschiedenen Zeichnungen geschmückt, sind auch hier zu finden. Als Seltenheit trifft man zuweilen jene primitiven Violinen, wie die bei den Griots in Senegambien im Gebrauch stehen. Man sieht wie sich die Gewohnheiten des Stammlandes lange Zeit hindurch erhalten haben, trotz langjähriger, fortwährender Berührung mit den Weissen.

Es tritt dabei eine ganz eigenthümliche Erscheinung auf; die Schwarzen nehmen nur weniges von den Gewohnheiten der Weissen an, unter den letzteren dagegen sind nicht wenige, welche, was Behausung und Einrichtung, Nahrung, Gebräuche und Sitten anbelangt, schon nach zwei oder drei Generationen auf das Niveau der ersteren herabsinken und selbstverständlich dann aufhören müssen, ein Culturelement zu sein. Dies ist allerdings meist nur bei den Armen der Fall, welchen die nöthigen Mittel fehlen, um die Gebräuche der Europäer weiterzuführen.

Die Nahrung der capverdischen Insulaner ist fast durchgehends eine vegetabilische und bilden der Mais, der Feijaõ (Saubohne), die Mandioca, die Papaya und andere tropische Früchte den Hauptbestandtheil, nur auf S. Thiago, der reichsten der Inseln, ist Fleischnahrung (Huhn, Ziege etc.) nicht unbekannt. Kaffee ist häufig im Gebrauch.

Zuckerrohrpresse.

Das wichtigste Landesprodukt ist die Purgueirabohne, welche in rohem Zustande auf Maulthieren oder Eseln in die Hafenstädte transportirt und dort verfrachtet wird; ein weiteres wichtiges Produkt bildet der Mais, der ganz im Lande consumirt, sowie Zucker und Kaffee, von welch letzterem ein geringer Theil exportirt wird. Baumwolle und Indigo finden ebenfalls im Lande selbst ihre Verwendung.

Aus der Purgueira wird übrigens auch Brennöl zum Selbstconsum fabricirt, sowie originelle Lichter, aus aneinandergereihten Mandeln, welche auf einen Strohhalm aufgezogen sind, bestehend. Aus Pottasche und der Purgueira wird eine Seife bereitet, die in Cocosblättern verpackt, der von den Mandingas aus Erdnüssen hergestellten ungemein ähnlich ist.

Ausserordentlich primitiv ist namentlich auf S. Thiago die Verarbeitung des Zuckerrohrs, wie denn schon die Cultur desselben fast Null ist, indem man dasselbe beinahe gänzlich sich selbst überlässt; der Trepicho, das heisst die zum Pressen des Rohres bestimmte Maschine, besteht aus hölzernen Cylindern, welche mit der Hand getrieben werden und ein darunter angebrachter, aus einem Stück Holz gebildeter Trog dient zur Aufnahme des Saftes, wobei allerdings ein grosser Verlust des letzteren unvermeidlich ist. (S. Abbildung.)

Nur auf der Insel S. Antaõ sah ich bei einigen weissen Grundbesitzern etwas verbesserte Maschinen. Der Zucker selbst wird in kleine Hüte geformt, welche mit Palmblättern umhüllt werden. Aeusserst primitiv ist selbstverständlich auch die Zubereitung des Zuckers, sowie auch durch Destillation der Zuckerrückstände nur ein schlechter Branntwein erzeugt wird, dessen Qualität durch etwas vervollkommnetere Einrichtungen leicht gehoben werden könnte.

Die Viehzucht hat auf den Capverden wenig Bedeutung, nur die Insel Boa Vista macht davon eine Ausnahme. Die dortigen Kühe sind klein und mager, wie es bei dem spärlichen Futter wohl nicht anders zu erwarten ist, dagegen giebt es überall durch ihre Ausdauer und ihren sicheren Tritt ausgezeichnete Gebirgspferde arabischer Rasse, sowie auch recht verwendbare Esel und grosse und schöne Maulthiere.

CAPITEL VII.

Nach Senegambien. — Der „Rio Lima". — Am Cabo Roxo. — Der Volksstamm der Flups. — Angebliche Anthropophagen. — Ankunft in Bolama.

Bei meiner Rückkehr von der Insel Mayo erfuhr ich zu meiner grössten Freude, dass das Kanonenboot „Rio Lima" endlich im Begriffe stehe, die längst ersehnte Fahrt nach den portugiesischen Colonien Senegambien's oder wie die Portugiesen sagen, nach der Guinea portuguesa anzutreten. Nebenbei gesagt, ist es nicht ganz richtig die portugiesischen Colonien zu Guinea zu rechnen, da denn doch, nach den landläufigen geographischen Begriffen, jene Gegenden mit dem Namen Senegambien bezeichnet werden.

Obgleich ich an der Richtigkeit jener Nachricht einigermassen zweifelte, so traf ich doch alle nothwendigen Vorbereitungen zur Abreise, verschaffte mir einige Glasgefässe zur Aufbewahrung zoologischer Objecte, kaufte Alkohol, packte eine Anzahl mitgenommener Conserven aller Art zusammen, vervollständigte nach Thunlichkeit meine Reiseapotheke, kurz machte mich bereit, jeden Moment abzudampfen. Den Tag nach meiner Ankunft in Praya war ich so glücklich meine Zweifel schwinden zu sehen, indem ich mit eigenen Augen den Dampfer in den Hafen einlaufen sah; — er war von S. Vincent gekommen, um einen Militäringenieur abzuholen, welcher die neuen Bauten Bolama's besichtigen sollte; ich begab mich sofort zum Gouverneur, um denselben zu ersuchen, mich auf dem „Rio Lima" nach Bolama übersetzen zu lassen, welche Bitte er mir auch bereitwilligst gewährte. Ich traf in seinem Hause eine grössere Gesellschaft, darunter die Offiziere des erwähnten Dampfers, den Ingenieur Major Machado, den englischen Consul von S. Vincent, Mr. Goddard, der eben von England eingetroffen war, und welcher bei der Wichtigkeit des Hafens von S. Vincent, namentlich bei den fortwährenden Kriegen, welche beständige Truppensendungen nothwendig machten, berufen war, die Interessen Old-Englands auf den capverdischen Inseln zu vertreten. Er war ein junger Mann von heiterem Temperament und sehr angenehmen Umgangsformen; vor Kurzem noch Gouverneur der Nikobareninseln, war ihm Afrika noch mehr fremd als mir; bei meiner Rückkehr fand ich viel Gelegenheit näher mit ihm zu verkehren.

Bei dieser Zusammenkunft wurde ich auch dem Commandanten des Schiffes vorgestellt, einem sehr höflichen und biederen Seemann, dessen Name mir leider entfallen ist.

Schon am Nachmittage des anderen Tages, — es war ein Sonntag, — begab ich mich beladen und von fünf Negern, die mein Gepäck: Zelt, Bett, Koffer, Lebensmittel, Waffen etc. trugen, begleitet, an den Hafen, wo ich glücklicherweise den Capitän zur Abfahrt bereit fand. Derselbe lud mich auch ein, mich auf seinem Boote einzuschiffen, was mir ungemein angenehm war, da es mir das lange Suchen nach einem Fahrzeuge ersparte, umsomehr als solche Gelegenheiten in Praya eben zu den Seltenheiten gehören. Eine Viertelstunde genügte, um uns an Bord des „Rio Lima" zu bringen, wo ich mich alsbald so gut als möglich installirte. In Folge der Kleinheit des Schiffes jedoch, welches nur zwei Kojen enthielt, von denen die eine der Capitän, die andere der Militäringenieur einnahm, hatte ich nur die Wahl in dem kleinen Speisesaal auf der Bank mein Lager, oder mein Feldbett auf dem Verdecke aufzuschlagen. Leichtsinniger Weise wählte ich das letztere, uneingedenk der Gefahren, welche das Uebernachten im Freien im tropischen Afrika mit sich bringt. Bald genug sollte ich es bereuen! Heute noch bin ich mir selber gram deshalb, da ich damit den Keim des Fiebers legte, welches die Ursache meiner so unvermuthet raschen Rückkehr vom Festlande sein sollte.

Obgleich ich lange vor der zur Abfahrt bestimmten Stunde an Bord war, so musste ich doch noch mehrere Stunden nach dieser Zeit warten, bevor die Anker gelichtet wurden, welche ich benutzte, um mich an Bord einzurichten und das Schiff in Augenschein zu nehmen. Der „Rio Lima" war ein in England gebautes Kanonenboot von circa 500 Tonnen, mit einer Maschine von 90 Pferdekräften, mit vier kleinen und einer grossen Armstrongkanone versehen, welch letztere ungefähr in der Mitte des Schiffes aufgestellt war; das „Gunboat" war ausserdem mit drei schlanken Masten versehen. Die Bemannung bestand aus 90 Matrosen und Marinesoldaten, acht Offizieren und einem Schiffsarzt, ausserdem hatten wir einen Lootsen von der Insel Brava an Bord, dessen Unfähigkeit wir später zur Genüge kennen zu lernen Gelegenheit hatten. Dass die Räumlichkeiten für die Offiziere sehr klein und ungenügend waren, wurde bereits früher bemerkt; auch die Mannschaft musste wegen Raummangels am Verdecke schlafen, in diesem Klima jedenfalls eine sehr unangenehme und gefährliche Nothwendigkeit.

Es war nahezu Sonnenuntergang, als wir endlich die Anker lichteten und rasch aus dem Hafen dampften; der Anblick, den wir bei der Abfahrt genossen, war wirklich ein unvergleichlich schöner und contrastirte seltsam mit dem, den ich wenige Stunden vorher von der Küste aus genossen, als noch die Sonne ihre sengenden Strahlen auf die wüste Umgebung Praya's herniedersandte. Jetzt erglänzten prachtvoll im schönen goldigen Abendroth die nahen Kuppen des Monte Vermelho, des Monte Vacca, weiter im Hintergrunde der alte Vulkankegel des Pico d'Antonio, während die Häuser Praya's im dämmrigen Lichte zu verschwinden begannen, und das Meer allmählich eine dunklere Färbung annahm. Als wir endlich den Hafen verlassen hatten, erschien im Hintergrunde der König der capverdischen Vulkane, der Pico do Fogo, mit seinem schlanken hohen Kegel, uns gleichsam den Abschiedsgruss der Eilande zuwinkend.

Neuer Muth und neue Hoffnungen belebten mich, denn wenn ich auch nicht hoffen durfte, in geographischer Hinsicht grosse Entdeckungen zu machen, da sowohl meine Zeit als auch meine Mittel dazu zu karg bemessen waren, so war doch die Aussicht, den räthselhaften Continent gerade an einer so wenig bekannten Stelle betreten zu können, für mich ungemein verlockend.

Nicht lange konnte ich mich solchen Betrachtungen hingeben, denn bald umgab mich dichte Finsterniss und das Schiff begann in bedenklichster Weise zu schwanken. Mein Schrecken, die Seekrankheit, welche mir schon die Inselfahrten zur Genüge verbittert hatte, sollte auch diesmal nicht ausbleiben und zwang mich alsbald, mein Lager auf Deck aufzusuchen.

Die zwei nächsten Tage vergingen in grauser Monotonie, bei ewig blauem Himmel, sternhellen Nächten und mässig bewegtem Meere. Meistens lag ich ausgestreckt mit Lecture beschäftigt, auf meinem Feldbette. Die Einförmigkeit wurde nicht einmal durch den Anblick einer Insel oder eines vorüberfahrenden Schiffes unterbrochen und nur einige militärische Uebungen und die gewohnten Zusammenkünfte brachten geringe Abwechselung in die Eintönigkeit dieser langweiligen Fahrt. Glücklicherweise lernte ich in Major Machado einen sehr tüchtigen und gebildeten Mann kennen, der mir alle Achtung vor den portugiesischen Ingenieuren einflösste. Er war früher Director der öffentlichen Arbeiten in Mozambique gewesen und hatte fast alle portugiesischen Colonien Afrika's bereist. Die Ingenieure sind überhaupt die angesehensten Leute in Portugal und ihre Gehalte sind im Verhältniss zu denen der übrigen Beamten geradezu kolossale. Später will ich auf diese Verhältnisse zurückkommen*).

In der dritten Nacht unserer Fahrt wurde ich plötzlich durch grossen Lärm auf dem Verdecke geweckt; das Schiff „stoppte", die Mannschaft stieg in die Boote und Alles war auf Deck. Als ich erwachte, glaubte ich Anfangs, dass es sich um irgend einen Unfall handele, doch war ich bald beruhigt; wir hatten nur durch die Ungeschicklichkeit des Piloten den Kurs nicht ganz richtig genommen und befanden uns gegenüber dem Cap Roxo, wegen der Seichtigkeit des Meeres mussten fortwährend Sondirungen mit dem Senkloth vorgenommen werden. Beständig die Küste in Sicht behaltend, dampften wir langsam nach Südost.

In den folgenden zwei Tagen verloren wir die flache, mit der üppigsten Vegetation bedeckte, niedrige Küste nicht mehr aus dem Gesicht. Nirgends ist hier ein Berg sichtbar, überall zwischen 20 und 100 Fuss hohes, flaches Küstenland, welches durch die Monotonie seiner Wälder das Auge Anfangs erfreut, doch mit der Zeit ermüdend wirkt.

Das Cabo Roxo bildet so ziemlich die Grenze zwischen den französischen Colonien am Casamançafluss und den portugiesischen, und fortwährend liegen sich die beiden Mächte wegen Gebietsstreitigkeiten in den Haaren, meistens wegen Landstrichen, die de facto weder von der einen noch von der anderen Seite in Besitz genommen sind, noch in nächster Zeit besetzt werden dürften.

---

*) Siehe Cap. XIV: Politische und soziale Zustände in den portugiesischen Colonien Afrika's.

Die portugiesischen Rechte sind gewiss die älteren, da die Portugiesen im 15. Jahrhundert die ersten waren, welche diese Districte betraten und auch, theoretisch wenigstens, als ihr Eigenthum erklärt hatten. Aber vom Casamança- bis zum San Domingofluss haben sie wohl niemals thatsächlich das Besitzrecht ausgeübt und heute herrschen dort nur die Ureinwohner, die Flups, welche auch vorläufig nicht gesinnt sind, irgend welche europäische Herrschaft anzuerkennen.

Der Völkerstamm der Flups, über den hier einige Worte am Platze sein dürften, hängt mit denen der Papels und Balantas eng zusammen. Es ist dies offenbar ein und dieselbe Rasse und besitzen diese Völkerschaften gemeinsame Sitten und Einrichtungen, wie sie auch in anthropologisch-ethnographischer Hinsicht eng verwandt sind, weshalb wir in Bezug auf ihre Eigenthümlichkeiten hier nicht näher einzugehen brauchen, da wir bei Besprechung der beiden anderen Völkerschaften darauf zurückkommen werden; nur so viel sei hier bemerkt, dass die Flups im Gegensatz zu jenen letzteren dem Europäer das Fortkommen sehr erschweren und es nur wenigen französischen Kaufleuten gelungen ist, in ihr Territorium einzudringen*).

Nach Aussage der Portugiesen wären die Flups Anthropophagen und ich habe diese Aeusserung in den verschiedenen Colonien sehr häufig gehört, muss dieselbe jedoch als unbegründet zurückweisen, indem ich sowohl mit Flups verkehrt, als auch mit Negern anderer Nationen, welche das Flup-Territorium bereist hatten und auch einen französischen Kaufmann gesprochen hatte, dem es gelungen war, die Flups zu besuchen. Alle äusserten sich einstimmig dahin, dass von Menschenfresserei bei den Flups keine Rede sei; eine weitere sehr oft gehörte Ansicht, dass die Flups jeden, der ihr Gebiet betrete, niedermetzelten, erwies sich als ebenso unrichtig, indem wie gesagt, schon mehrere weisse Kaufleute den Häuptling der Flups besucht hatten. Allerdings sind sie gegen Europäer sehr misstrauisch und wenig bereit, dieselben aufzunehmen, da sie eben mit Recht eine dauernde Niederlassung der Weissen befürchten; einerseits sind sie nicht unzufrieden, wenn ihnen die Europäer ihre Produkte zu verkaufen trachten, andererseits suchen sie sogar europäische Wohnsitze auf, um ihre Bodenerzeugnisse gegen europäische einzutauschen.

---

*) Es sei hier ausdrücklich bemerkt, dass die Angaben verschiedener geographischer Karten, nach welchen der Küstenstrich vom Cabo Roxo südlich als europäische Colonie zu betrachten ist, vollkommen ungerechtfertigt sind, da die Portugiesen sowohl wie die Franzosen weder offiziell noch privatim dieses Gebiet besuchen und übrigens meines Wissens von dem portugiesischen Gouverneur nicht einmal daran gedacht wird, in irgend welche Beziehungen zu den Flups zu treten.

Nur ein entschieden grausamer Zug im Charakter der Flups, der übrigens in religiösen Anschauungen wurzelt, ist nicht zu leugnen. Die Flups sind weit mehr als die stammverwandten Papels, Fetischdiener, ihr Fetisch gebietet ihnen aber, Schiffbrüchige unbarmherzig niederzumetzeln, da dieselben ohnehin dem Tode geweiht und ihr Entrinnen gegen den Willen des Gottes sei. Wehe daher dem Schiffbrüchigen, den ein ungünstiges Geschick auf diese ungastliche Küste verschlägt! Kaum ist er dem empörten Elemente entronnen, so fällt er einem weit grausameren Tode unter den Lanzenstichen der fanatischen Götzenanbeter anheim. Diese Erfahrung haben leider schon manche Schiftbrüchige machen müssen. In den letzten Jahren war die Bemannung eines österreichischen Barkschiffes das Opfer dieses furchtbaren Aberglaubens und nur durch den Verrath eines Flups konnte ein Theil der Bemannung gerettet werden. Der wackere Schwarze musste allerdings die Nähe seiner Landsleute für immer meiden, er hat sich in einer portugiesischen Colonie endgiltig niedergelassen und die von ihm allerdings nicht nach Gebühr geschätzte Auszeichnung in Gestalt einer Medaille erhalten. Hoffentlich hat sich der gute Mann die nöthigen Kleider angeschafft, um dieselbe auch vorschriftsmässig tragen zu können.

Die Flups waren in früherer Zeit auch Seeräuber und haben, ähnlich wie die benachbarten Bijagos manches kleinere Schiff geplündert. Als wir etwas südöstlich vom Cabo Roxo bei Sonnenuntergang die Anker auswarfen, da in der Nacht die weitere Fahrt bei der geringen Tiefe des Meeres fortzusetzen nicht gerathen war, sahen wir am kaum 100 Meter entfernten Ufer, zwischen den schlanken Palmen und grossen Akazien, die Lagerfeuer der Flups auflodern, was unseren Commandanten auch bewog, Wachen auszusetzen, da ihm ein Besuch jener ungebetenen Gäste doch nicht ausserhalb des Bereiches der Möglichkeit erschien. Ich schlief unterdessen ruhig auf dem Verdecke ein, ohne mich weiter um die nahen Wilden zu kümmern, welche sich vielleicht vor uns mehr fürchteten, als wir vor ihnen.

Anderen Tages gelangten wir an die Einmündung des Domingoflusses, dessen oberer Lauf übrigens noch räthselhaft ist; im unteren Theile desselben, an der Grenze des Süss- und Salzwassers, welch letzteres weit hinaufdringt, liegt die kleine befestigte Stadt Cacheu, welche eine der ältesten portugiesischen Colonien an der Westküste Afrika's ist. Dieses circa fünfhundert Einwohner zählende Städtchen, welches übrigens äusserst primitiv ist, liegt am rechten Ufer und wird dort einiger Handel mit der weit verbreiteten Erdnuss (Arrachis), über deren Cultur späterhin noch einiges mitgetheilt werden soll, getrieben. Es ist trotz des langen Zeitraumes, welcher seit der portugiesischen Occupation verflossen ist, den Portugiesen nicht gelungen, sich über das Territorium ausser der Mauer, die das Städtchen umgiebt, auszudehnen, da die Autochthonen, die Flups und Papels, hier wie allenthalben dem Vordringen der Europäer erfolgreichen Widerstand entgegensetzen.

Cacheu hat übrigens seine Blüthezeit hinter sich: der grosse Karavanenhandel, der dort im vorigen Jahrhundert in ergiebigster Weise betrieben wurde, hat seit der Aufhebung der Sklaverei viel eingebüsst.

Der letzte Tag unserer Seereise führte uns im engen Canal, einer Fortsetzung der Rio Grande-Mündung, Bolama zu.

Wir passiren den Archipel der Bijagos, dieser wilden, seefahrenden Nigritier, deren räuberische Gräuelthaten noch vor wenigen Jahren der Schrecken des europäischen Ansiedlers waren. Gerade dort an der Landzunge uns gegenüber fahren zwei ihrer langen, schmalen, aus einem einzigen Baumstamme gehöhlten Canoes von sechs Ruderern mit schaufelförmigen kurzen Rudern getrieben; aber heute ist nicht mehr Raub der Zweck ihrer Reise, sie bringen in friedlichster Weise die Früchte des Bodens nach den Colonien.

Die Vegetation der Küsten wird immer dichter und imposanter, Fächer- und Oelpalmen, Brodfruchtbäume mit ihren runden höckrigen Früchten, der Wollbaum, der Baobab und zahlreiche andere, mir unbekannte mächtige Baumriesen, durchwachsen von wuchernden Schlingpflanzen, bilden ein schwer durchdringliches Dickicht, in dessen Mitte nur selten der Bijago seine Hütte aufschlägt.

Stundenlang stehen wir, den prachtvollen Tropenwald über dem sich einem Dome gleich die azurblaue Himmelsdecke wölbt, bewundernd auf Deck, bis endlich in weiter Ferne unser Reiseziel — die Insel Bolama — sichtbar wird.

CAPITEL VIII.

Die Colonie Bolama. — Beim Gouverneur. — Ein bequemer Krieger. — Die Mandjags und ihr Land. — Nach dem Rio Grande.

Als der Dampfer Bolama erreicht hatte, kamen eine Menge Honoratioren an Bord um die Offiziere zu begrüssen; ich war leider durch einen heftigen Fieberanfall gehindert an dem Empfange Theil zu nehmen. Zum Glücke befand ich mich des andern Morgens wohl genug, um den Dampfer verlassen zu können, und bald landete ich, begleitet von zehn Matrosen, welche meine Gepäcksstücke trugen. Es handelte sich nun darum für mich ein vorläufiges Unterkommen, sowie Mittel zu finden, um mich sobald als möglich ins Innere zu begeben. Letzteres war für mich von um so grösserer Wichtigkeit, als meine Geldmittel nur äusserst geringe waren, und auch die Zeit, die mir zu Gebote stand, wie Eingangs erwähnt, sehr beschränkt war, da ich nur bis zum Monat Juni Urlaub hatte und wir bereits Anfang Jänner schrieben. Ich hatte in Praya Empfehlungsbriefe an den Administrador von Bolama und einige andere Herren empfangen; ausser-

Ansicht von Bolama.

dem war ich der Ueberbringer eines offiziellen Schreibens an den Gouverneur. Mein erster Weg war zum Administrador, welcher wichtige Posten derzeit von einem Hauptmanne der Calzadores bekleidet wurde; derselbe, ein Farbiger, von der Insel Boa Vista gebürtig, hatte wie die meisten der Offiziere der „Calzadores" oder Tirailleurs von der Pike auf gedient. Er war einer der energischsten und thatkräftigsten Männer, welche ich in den portugiesischen Colonien kennen gelernt hatte und ihm ist es zu danken, dass die erst seit drei oder vier Jahren gegründete Colonie Bolama einen halbwegs anständigen und civilisirten Anstrich bekommen hat. Ich lernte das Städtchen erst bei meiner Rückkehr kennen, doch seien mir hier einige Worte darüber gestattet. Bolama ist erst seit zwei Jahren die

Residenz des Gouverneurs und die Hauptstadt der zwischen dem elften und vierzehnten Breitegrad zerstreuten portugiesischen Colonien; früher war es der Gouverneur der capverdischen Inseln, welcher auch die am Festlande gelegenen Colonien dirigirte. Bolama selbst, obgleich einer derjenigen Punkte, welche schon in der frühesten Zeit der portugiesischen Eroberungen von Cadamosto, dem berühmten Genuesen, occupirt worden waren, später jedoch, während des Verfalles der portugiesischen Colonien, nach der Occupation Portugals durch Philipp den Zweiten wieder verlassen worden und eine Zeit lang von Engländern besetzt gewesen waren, ist erst seit circa sechs Jahren den Portugiesen wieder zuerkannt worden, nachdem beide Parteien, die Regierungen Englands und Portugals, sich dahin geeinigt hatten, die Frage durch einen Schiedsrichterspruch zu erledigen. Der hierzu designirte Schiedsrichter (der Präsident der Vereinigten Staaten) entschied, dass die Ansprüche Portugals berechtigt seien, weshalb auch die Engländer das bereits occupirte Gebiet verliessen. Bolama selbst ist eine Insel von circa 6 Quadrat-Meilen Flächeninhalt, welche jedoch von dem Festlande nur durch einen schmalen Canal getrennt ist, der übrigens zur Ebbezeit trocken gelegt wird. Die ganze Insel, deren Urbevölkerung dem kleinen Volksstamme der Mandjags angehört, zu denen sich noch einige eingewanderte Mandingas gesellen, ist der portugiesischen Herrschaft unterworfen; ausser dem Orte Bolama finden wir noch eine kleine Colonie West-Bolama genannt, in der sich zwei oder drei Europäer niedergelassen haben; überdies giebt es dort noch einige kleine Mandjags-Dörfer.

Die Stadt Bolama, wenn man ihr diesen Namen überhaupt geben kann, zählt vielleicht 1000 Einwohner, wovon kaum 50 Weisse, von denen die meisten französische Kaufleute, die übrigen fast durchwegs Beamte sind, während der Rest aus Ansiedlern, welche von der Insel Fogo herübergekommen sind, besteht. Von Portugal eingewanderte Colonisten giebt es hier nicht, wenn wir dazu nicht einige unfreiwillige Gäste, nämlich Deportirte, rechnen wollen, und so kommt es denn auch, dass in der Hauptstadt des portugiesischen Senegambiens oder wie es die Portugiesen nennen, der „Guinee portuguesa" (indem sie den zwischen Rio Casamança und Rio Nuñez gelegenen Landstrich nicht zu Senegambien, sondern schon zu Guinea gehörig betrachten) fast gar nicht portugiesisch, sondern nur französisch und creolisch gesprochen wird. Letzteres ist wohl die, in allen portugiesischen Colonien am meisten verbreitete Sprache. In einem späteren Capitel werde ich auf diese eigenthümliche Mischsprache zurückkommen. Die Stadt zählt zwei bis drei Strassen mit kleinen Steinhäusern, welche nur ein Erdgeschoss haben; nur ein einziges Haus, das der Firma Pastré von Marseille, deren Chef Olivier auch als Afrikareisender bekannt ist, besitzt ein Stockwerk; auch eines Marktplatzes rühmt sich Bolama, wie denn überhaupt das erste, was die Portugiesen bei der Gründung einer neuen Stadt ins Auge fassen, der Markt ist. In der letzten Zeit hat die Regierung grosse Bauten: Casernen, ein Spital und eine Capelle errichten lassen, welche wohl ein grosses Bedürfniss waren, da die Soldaten im Freien übernachten mussten und sich dadurch allerlei Krankheiten zuzogen. Ausser den genannten Strassen mit Steinhäusern finden wir noch eine Art Vorstadt aus Strohhütten bestehend, welche von den christlichen Mandjags und einigen Mandingas bewohnt werden. Während die in der Stadt wohnenden Mandjags wenigstens dem Namen nach Christen sind, sind die Mandingas alle dem Islam treu; manche von den Mandjags sind jedoch auch Heiden geblieben.

Die kleine Insel Bolama kann man in wenigen Tagen kennen lernen, da darin wenig Bemerkenswerthes, mit Ausnahme der ungemein üppigen und interessanten Vegetation zu finden ist. Riesige Baobabs mit ihren weitverzweigten Aesten gewähren dem Wanderer schattige Kühle, zwischen ihnen ragen schlanke Palmen in den blauen Himmel hinein, und das Ganze wird harmonisch verbunden durch eine Unmasse von Schlingpflanzen und Schlingbäumen, welche ein undurchdringliches Dickicht bilden. Zahlreiche kleine Bäche und Teiche tragen nicht wenig bei, den Reiz dieser lieblichen Landschaft zu erhöhen. Die Fauna und Flora ist dieselbe wie die des Rio Grande und soll später besprochen werden. Erwähnen möchte ich noch eines Giftstrauchs, der auf Bolama besonders verbreitet ist: ein kleiner niedriger Strauch bringt eine prachtvoll karminrothe Schote hervor, welche äusserst giftige Eigenschaften besitzen soll. Als ich, durch die schöne Farbe der Schote angelockt, eine derselben brechen wollte, schrieen mich meine Begleiter erschreckt an, und rissen mir dieselbe aus der Hand. Auf mein Befragen erfuhr ich, dass der Genuss der Schote schon nach fünf Minuten den Tod herbeiführen soll. Die Mandjags und Papels, bei denen der Strauch ebenfalls vorkommt, bereiten daraus ein ungemein giftiges Decoct. Uebrigens soll auch in der Colonie das Gift öfter zu verbrecherischen Zwecken gebraucht werden; über den Namen des Strauches, sowie über andere Details konnte ich von den portugiesischen Aerzten in Bolama keine Auskunft erhalten. Einige Schoten des Strauches nahm ich mit, leider hatte ich bei einem späteren Schiffbruch ihren Verlust zu beklagen.

Ich habe alle Ursache anzunehmen, dass hauptsächlich mit dem

dem besagten Strauche entnommenen Safte jene Giftproben, die bei den Balantes und Flups eine wichtige Rolle spielen, und über die ich noch im Verlaufe dieses Reiseberichtes einiges mittheilen werde, stattfinden [8].

In anthropologischer Hinsicht haben die Mandjags viel Aehnlichkeit mit dem in West-Afrika so verbreiteten bekannten Stamme der Mandingas. Dies tritt namentlich in der Schädelbildung und in den Gesichtszügen hervor, wenngleich sie im Allgemeinen eine etwas niedrigere Stirn und einen weniger angenehmen, oft sogar stupiden Gesichtsausdruck haben, und man sie daher in dieser Hinsicht zwischen die Mandingas und Papels stellen muss, welch letztere in jener Gegend auf der tiefsten Culturstufe stehen, und die ich eingehend zu beobachten Gelegenheit hatte. Die Farbe der Mandjags ist schwarzbraun, wie die der Mandingas, ihr Haar vollkommen wollig; auffallend ist ihr fast durchwegs hoher Wuchs: manche von ihnen sind über 1,83 Meter hoch, im Durchschnitt schwankt die Grösse zwischen 1,70 bis 1,80 und in den meisten Fällen sind diese hohen Gestalten von grosser Magerkeit. Arme und Beine sind von bedeutender Länge, die Gelenke sehr schmal, Füsse platt, die Lippen sehr wulstig. Das Haar ist ganz wollig, die Nase breit und stumpf, die Zähne sehr regelmässig, die Ohren abstehend. Der Gesichtswinkel beträgt 67° und darüber.

Die Wohnungen der Mandjags sind einfach mit Stroh gedeckte Lehmhütten, wie sie durch den ganzen Westsudan verbreitet sind, meistens leben mehrere Familien zusammen und bilden ein kleines Dorf von 30—40 Hütten. Die Mandjags, welchen wir später auch noch an den Ufern des Rio Grande begegnen sollten, sind eine der besten senegambischen Völkerrassen und eignen sich vorzüglich zur Colonisation; sie sind von all' den Stämmen jener Landstriche der friedlichste und was ebenfalls zu den Ausnahmen zählt, Freunde der Weissen. Es ist der einzige Volksstamm, welcher sich bereit findet, Ackerbau zu betreiben und sich sogar den Weissen durch Unterstützung bei den Feldarbeiten nützlich zu erweisen sucht, wodurch seine Angehörigen bei denselben auch sehr beliebt sind.

Sie leben heutzutage zerstreut an der Westküste und erkennen kein gemeinschaftliches Oberhaupt an, da fast jedes Dorf seinen eigenen Häuptling besitzt. Die Meisten von ihnen stehen jetzt unter dem Schutze Portugals, auf Bolama speziell sind sie dem Gouverneur unterworfen. Sie fügen sich auch ganz bereitwillig den Sitten und Gebräuchen der Weissen, nur mit der Kleidung giebt es Schwierigkeiten, da sich diese wilden Naturmenschen nur ungern an dieselben gewöhnen wollen; der Gouverneur verlangt jedoch, dass die Eingeborenen in der Stadt halbwegs nach europäischen Begriffen bekleidet erscheinen.

Die Bewaffnung der Mandjags besteht aus einem Säbel, dessen Klinge meist französischen Ursprungs ist, während die Scheide von den Mandingas angefertigt, und im Tauschwege erworben wird; manche tragen Lanzen, mit denen sie sich erfolgreich gegen die Leoparden vertheidigen, nur wenige sind auch mit allerdings sehr primitiven Schiessgewehren bewaffnet.

Die Mandjags lieben wie alle Neger Westafrika's sehr den Tanz und mehrmals hatte ich Gelegenheit sie hierbei zu beobachten. Ihre Tänze gleichen ganz denen der Papels, Biafaden etc. und zeichnen sich durch ziemliche Unanständigkeit aus. In einem späteren Capitel werden wir hierauf zurückkommen und ich erlasse mir daher hier, um Wiederholungen zu vermeiden die Beschreibung.

Was die Religion der Mandjags anbelangt, so wurde bereits erwähnt, dass die wenigsten von ihnen Christen und diese es auch nur dem Namen nach seien; doch sind sie dafür auch keine so fanatischen Fetischanbeter wie die Flups oder Bijagos; sie glauben aber an ein höheres Wesen, an die Unsterblichkeit der Seele und an verschiedene böse und gute Geister; besonders verbreitet ist namentlich der Aberglaube des bösen Blicks, wie überhaupt Hexen und Zauberer bei ihnen eine grosse Rolle spielen.

Nach dieser Abschweifung kehre ich zur Beschreibung meiner weiteren Fahrten zurück. Ich war beim Administrador einquartiert worden, da ein Gasthof in keiner der portugiesischen Colonien Senegambiens existirt. Die Frau desselben, eine Negerin von der Insel Boa Vista, empfing mich ungemein freundlich und that ihr Möglichstes, um mir den Aufenthalt in ihrem Hause angenehm zu machen. Ich erwähne dies besonders, weil im Allgemeinen in Bolama ein eigener, unhöflicher Ton herrscht und namentlich Fremde nicht immer zuvorkommend behandelt werden.

So hatte ich unter Anderem einen Empfehlungsbrief an einen portugiesischen Offizier, den ich ihm bei meinem zweiten Aufenthalte in Bolama überreichte. Trotzdem der Brief in sehr warmen Ausdrücken gehalten war, steckte ihn der Empfänger einfach in die Tasche, ging und — kehrte niemals wieder. Uebrigens muss man nicht glauben, dass gerade die portugiesischen Creolen unhöflich sind: auch die sonst als civile Leute geltenden Franzosen waren nichts weniger als zuvorkommend; kein einziger von ihnen bot mir, als ich ihm vorgestellt wurde, eine Erfrischung an oder lud mich gar zum Essen ein (was mir damals recht angenehm gewesen wäre, denn das Essen bei Senhor Sergio war für meine Ansprüche etwas kärglich bemessen) und ausserdem liessen sie mich diejenigen Gegenstände, die ich zur meiner Ausrüstung und späterhin zur Verpackung meiner Sammlung nöthig hatte, zu exorbitanten Preisen erstehen, auch für einige culturhistorische Objecte erpressten sie mir Riesensummen, wie sich denn die Vertreter der „grande nation" überhaupt nicht chevaleresk benahmen. In dieser Hinsicht kann ich die Portugiesen nicht genug loben, da sie, so weit nicht die mit dem Klima in Verbindung stehende Faulheit sie daran hinderte, in den meisten Fällen Alles thaten, um mir behilflich zu sein, ohne irgend welchen Dank von mir zu erwarten.

An demselben Vormittage, an dem ich gelandet, suchte ich auch den Gouverneur auf, um mein Recommandationsschreiben zu übergeben und ihn zu bitten, mir, wenn möglich, die Mittel zu verschaffen um mich nach dem äussersten Punkte der portugiesischen Colonien zu befördern. Der Gouverneur, der den in Portugal nicht ungewöhnlichen Namen Coelho führte und Infanterie-Oberstlieutenant war, empfing mich zwar sehr freundlich, erklärte aber zu seinem Bedauern nichts für mich thun zu können, da es ihm selbst an Transportmitteln fehle, doch gab er der Hoffnung Raum, dass in wenigen Tagen der Dampfer „Rio Lima" den Rio Grande hinauffahren werde, um einen Truppentransport zu bewerkstelligen, welcher sehr nothwendig erscheine, da ein Angriff der Futah-Fullahs aus Futah-Djallon befürchtet werde. Leider war ich in dieser Hinsicht besser informirt als der Herr Gouverneur und hätte ihm auch getrost mittheilen können, dass weder ich noch die Truppen auf dem Rio Lima Platz finden würden. Dass ich besser unterrichtet war, hatte seine guten Gründe; unmittelbar nach der Ankunft des Dampfschiffes war nämlich an unseren Capitän das Ersuchen ergangen, sich binnen kürzester Frist zur Abfahrt nach dem Rio Grande bereit zu machen, eine Nachricht, welche den guten Capitän nichts weniger als angenehm berührte. Er berief sofort seine Offiziere zum Kriegsrathe und (ich war zufällig zugegen) trug ihnen die Sachlage vor; alle erklärten mit rührender Einstimmigkeit, dass der Gouverneur ihnen gar nichts zu befehlen habe und dass sie absolut nicht gesonnen seien, sich am Rio Grande das Fieber oder gar eine Kugel zu holen. Der Capitän hatte ebenso wenig Lust, die für grössere Schiffe sehr beschwerliche und gefahrvolle Fahrt nach dem Rio Grande anzutreten, und so wurde denn einstimmig beschlossen, in Bolama zu bleiben und zu erklären, dass die Maschine dringend reparaturbedürftig sei und daher das Schiff erst in einigen Wochen wieder tauglich sein könnte.

Uebrigens lag im Hafen noch ein kleiner, speziell dem Gouverneur zur Benutzung zugewiesener Raddampfer, welcher insbesondere für die Flüsse bestimmt war, und dieser wurde vom Gouverneur, als er die unangenehme Nachricht erfuhr, zu jenem Transport in Aussicht genommen, doch konnte unglücklicherweise auch diese Idee nicht realisirt werden, da leider zu meinem Schaden selbst dieses Schiff dienstuntauglich war.

Auch in Bezug auf die Erforschung Bolama's und der nächsten Umgebung, konnte mir der Gouverneur nur wenig Tröstliches mittheilen, indem wirklich dort die Transportmittel fehlen, da die Pferde, sowie Maulesel und Esel alle dem Klima erliegen. Weil es aber keine Fahrwege giebt, so bleibt nichts übrig, als auf Ochsen oder Büffeln zu reiten, wenn man es nicht vorzieht, zu Fuss zu gehen, was ich späterhin auch, trotz der damit verbundenen Schwierigkeiten zu thun gezwungen war. Im Uebrigen fand ich den Gouverneur von einer ziemlichen Unwissenheit über die Verhältnisse der ihm anvertrauten Landstriche, wogegen ich wieder anerkennen muss, dass demselben, namentlich was das Militärische anbelangt, eine gewisse Energie und Rührigkeit nicht abgesprochen werden konnte, welche auch in der Colonie allseitig anerkannt wurde.

Einen sehr vortheilhaften Eindruck machte der Generalsecretär des Gouverneurs, ein Jägerhauptmann, Namens De Barros, welcher nicht nur über die Bedürfnisse der Colonie sehr gut orientirt war, sondern auch culturhistorische Studien an den verschiedenen Völkerschaften jener Gegend gemacht hatte; doch konnte auch er mich nicht unterstützen.

Ziemlich rathlos hatte ich das Haus des Gouverneurs verlassen, die Ueberzeugung mit mir nehmend, dass vielleicht kein Ort weniger geeignet ist zum Ausgangspunkte für eine Expedition in das Innere als Bolama, da es dort an allen Beförderungs- und anderen Hilfsmitteln, deren ein Forschungsreisender auf das Nothwendigste bedarf, entschieden mangelt. Darum kann nicht dringend genug jedem Reisenden gerathen werden, dort, wo es die politischen Verhältnisse erlauben, eher von einer grösseren französischen oder englischen Colonie aus seine Reise anzutreten, da man in diesen allein die nöthigen Transport- und Proviantmittel in entsprechender Weise zusammenstellen kann. In Bolama selbst ist nicht einmal eine Barke oder Pirogue aufzutreiben, ebenso schwer hält es, Begleiter zu finden. Ich muss gestehen, dass die Aussicht, eventuell wochenlang unthätig in Bolama zu sitzen, mich fast zur Verzweiflung brachte, da bei meinen geringen Geld- und Zeitmitteln dies ein schwerer Schlag für mich gewesen wäre und die Perspective, in die heissersehnten unbekannten Gegenden zu dringen, meine Phantasie auf das Mächtigste erregt hatte. Nebenbei berührte es mich unangenehm, dass die geologische Beschaffenheit des Terrains eine traurig monotone, und somit wenig Aussicht für mich vorhanden war, in meinem Fache interessante Beobachtungen zu machen und es mir wegen Mangels an geeigneten Instrumenten versagt war, genaue geographische Aufnahmen vorzunehmen, ich mich daher mit Skizzen zu begnügen hatte, wie denn auch wieder die leidige Geldfrage mir ewig hindernd in den Weg trat und meinem Forscherdrange ein unerwünscht nahes Ziel stecken musste. Wie viele tüchtige Afrikaforscher befanden sich nicht in derselben Lage; ja gerade unsere bedeutendsten Reisenden sind durch Geldmangel oft zur Rückkehr gezwungen worden, namentlich in früheren Jahren, ehe durch Gründung der deutschen afrikanischen Gesellschaft und anderer derartiger Vereine dieses Hemmniss verringert wurde. Mancher unerschrockene Reisende, u. A. der kühne junge Forscher Freiherr von Barth, haben dem Mangel an Mitteln geradezu den Tod zuzuschreiben [*]). In Europa wird allerdings bei der Beurtheilung der Reisenden nur wenig auf die denselben zu Gebote stehenden Mittel geachtet, sonst müsste man bei Besprechung der Leistungen der so reich ausgestatteten englischen Reisenden, gegenüber der mancher deutscher und französischer, einen verschiedenen Massstab anlegen.

Ich konnte mich demnach, ausser mit meinen Spezialstudien und mit der Hydro- und Orographie des Landes, nur mit ethnographischen und anthropologischen befassen, für welche sich hier übrigens ein reiches Feld darbot, da vielleicht nur in wenigen Gegenden, in einem so eng begrenzten Territorium, so zahlreiche und gänzlich verschiedene Völkerschaften zusammengedrängt wohnen, wie in dem Landstrich, den ich zu besuchen gedachte; ich war daher fest entschlossen, auf irgend eine Weise so bald als möglich weiter vorzudringen und wurde bei diesem meinem Vorhaben auch insofern vom Glücke begünstigt, als ich noch am Tage meiner Ankunft einen portugiesischen Farmer kennen lernte, dessen Faktorei am Rio Grande gelegen und der sich mir als ein vom Wissensdurst beseelter Jüngling darstellte, welcher schon, wie er erzählte, Freiherrn von Barth auf den capverdischen Inseln begleitet, und sich erbötig machte, sich mir wenigstens im engeren Gebiete des Rio Grande anzuschliessen und alle Mühseligkeiten der Reise mit mir zu theilen. Wenn derselbe sich allerdings in der kürzesten Zeit als ein völlig unbrauchbares und meine Be-

---
*) Siehe weiter unten Cap. XXII.

wegungen nur hemmendes Individuum erwies und keine seiner zahlreichen Versprechungen zu halten im Stande war und ich bereuen musste, ihn getraut zu haben, so hatte ich ihm dennoch zu verdanken, mit solcher Raschheit eine Gelegenheit gefunden zu haben, um Bolama zu verlassen und wenigstens einen Schritt weit in das Innere eindringen zu können. Mit einer den Gewohnheiten des Landes völlig fremden Schnelligkeit gelang es meinem Begleiter in der That, eine Segelbarke mit sechs Mandjags bemannt, von einem seiner Freunde zu erhalten, welche mein geringes Gepäck und ausserdem für einen schwarzen Farmer vom Rio Grande eine kleine Ladung Calicot und sonstige Handelsartikel mitnehmen sollte. Leider war hiermit für mich der Uebelstand verbunden, dass ich wegen der Kleinheit des Schiffes nur wenig Ladung, daher auch nicht die nöthige Quantität „Guineestoff" und andere nothwendige Waaren mitführen konnte; ich bemerke hier für weniger in afrikanischen Verhältnissen orientirte Leser, dass man unter einer „Guinee" ein Stück blauen Baumwollstoff (Calicot) von ca. 10 Meter Länge und einer bestimmten Breite (0,60 m) versteht, der hauptsächlich in Südfrankreich verarbeitet und von Marseille aus exportirt wird. Ein solches Stück Calicot wird in ganz Senegambien, an der westafrikanischen Küste, sowie in den oberen Nigerländern bis weit gegen Osten als gesetzliche Münze betrachtet und zum Ein- und Verkaufe verwendet. Silbermünzen, nämlich der Fünffrancsthaler, coursiren nur in den Küstenstädten, während sie im Innern höchstens als Tauschmittel angenommen werden, da sie von den Eingeborenen als Amulet oder zum Einschmelzen, zur Fabrikation von Ringen oder Armbändern Verwendung finden. Goldmünzen, wie der spanische Colonatenthaler, oder der österreichische Maria Theresienthaler, welche im Ost-Sudan und bei den Berbern als Münze gelten, sind in West-Afrika gänzlich unbekannt und was den französischen Louisd'or betrifft, so habe ich ihn in jenen Gegenden niemals zu Gesicht bekommen: er dürfte daher wohl nur in den grösseren französischen Städten an der Westküste circuliren: Von anderen Geldsorten kommt die Kaorimuschel, welche in Ost-Sudan sehr verbreitet ist, nicht nur weiter von der Küste entfernt vor und ist, wenn dieselbe im Westen nur von untergeordneter Bedeutung zu sein scheint, doch überall verbreitet. Der Werth dieses Geldzeichens ist bekanntlich ein sehr schwankender in den verschiedenen Ländern und auch der Werth der Guinee ist ein wenig bestimmter, doch sind die Differenzen keine bedeutenden, sowie auch für gewisse Gegenstände und Bodenprodukte fixe Preise in Guineen und halben Guineen festgesetzt sind. Zum besseren Verständnisse der Leser sei hier erwähnt, dass die Guinee bei den französischen Kaufleuten an der Westküste 15 Francs werth ist, während sie in Marseille kaum den Preis von 7 Francs erreicht. In den französischen Colonien Afrika's ist sie bedeutend billiger, da dort nicht die hohen Zölle, wie in den portugiesischen Niederlassungen, zu entrichten sind. Begreiflicher Weise werden im Tauschverkehre alle möglichen Artikel, wie Glasperlen, Pulver, Messer, Flinten — von letzteren jedoch nur solche mit Steinschlössern — acceptirt.

Leider hatte ich, wie bereits erwähnt, nur wenig mitgenommen und musste mir daher in einer Barke, welche demnächst nach Buba gehen sollte, das Nöthige nachbringen lassen; mein Plan war, den Rio Grande möglichst weit hinaufzufahren und dann in süd-südöstlicher Richtung gegen Timbu in Futah-Djallon, wo grosse Gold- und andere Erzlager sein sollten, deren Besuch für mich wie sich denken lässt, von grösstem Interesse gewesen wäre, und mir auch in ethnographischer Hinsicht eine reiche Ausbeute versprochen hätte, vorzudringen. Diese Reise wäre mir auch in pekuniärer Hinsicht erreichbar gewesen, nachdem ich hoffen konnte, am Rio Grande mit nur wenig Begleitern weit ins Innere zu dringen und auch auf der Landreise hätte es keines sehr grossen Trains bedurft. Schwierigkeiten verursachte jedoch der Mangel an Tragthieren, welche, wie gesagt, in der Gegend von Bolama und an anderen Punkten einer eigenthümlichen, schleichenden Krankheit unterliegen und daher nicht aufzutreiben waren, doch hatte ich Hoffnung, welche in Buba zu finden, was für mich von grösster Wichtigkeit war, denn ohne sie wäre meine Reise gänzlich unausführbar gewesen, da ich wenigstens für meine Person eines Reitpferdes dringend bedurfte; das Gepäck konnte ja eventuell von Trägern weiterbefördert werden. Indess war die Sache nicht so einfach und ich wäre am liebsten so weit als möglich im Canoe gefahren, da diese Art des Reisens am billigsten und gefahrlosesten ist.

Um fünf Uhr schon war ich mit meinem Begleiter am Strande und nach halbstündigem Suchen fanden wir auch die betreffende Barke, deren Bemannung sich allmählich einstellte. Es war keine Zeit mehr zu verlieren, da am Rio Grande, wie an allen den Flüssen dieses Districtes, die an ihrem unteren Theil aus Salzwasser bestehen, Ebbe und Fluth noch hoch hinauf Einfluss haben, gegen welche mit Rudern anzukämpfen kaum möglich ist, während mit günstiger Benutzung der Fluth die Fahrt fast ohne Anwendung der Ruder oder des Segels von selbst geht.

Endlich gelang es uns, die Ruderer an Bord zu treiben und auf den Schultern zweier nackter Schwarzer, die bis an die Hüften im Wasser standen, wurde ich ins Boot gebracht, da ein Quai in Bolama nicht existirt und des seichten Wasserstandes wegen die Schiffe etwa 20 Meter weit vom Strande ankern müssen. Trotzdem wir an Bord waren, dauerte es noch fast eine halbe Stunde, bevor unsere faulen Mandjags sich entschlossen, das Boot in Bewegung zu bringen. Wir waren auf dem schmalen Schiffe sehr eng zusammengepfercht, da die bereits erwähnte Ladung den grössten Theil desselben einnahm. So fuhren wir langsam dem Ausgange des Rio Grande zu, den wir auch nach einstündiger Fahrt erreichten. Bolama liegt nämlich einige Kilometer nördlich vom Ausflusse des Rio Grande. An mehreren Punkten sahen wir Faktoreien von üppigen Waldungen umgeben und von hübschen Anpflanzungen eingefasst.

Viele dieser Faktoreien gehören Franzosen, stehen jedoch unter portugiesischer Oberherrschaft; dasselbe gilt von den Faktoreien am Rio Grande. Eine der bemerkenswerthesten französischen Ansiedelungen leuchtete uns mit ihren zahlreichen Lichtern schon am Ausflusse des Stromes entgegen.

Es war dies eine französische Faktorei in der Nähe von Bissasma gelegen, welch letztere Colonie, wie alle übrigen Landstriche am Rio Grande zu Portugal gehört, so dass dieses Land mit vollem Rechte die Ufer des Rio Grande bis Buba beanspruchen kann. Allerdings sind de facto nur die Ufer unter portugiesischer Herrschaft, denn kaum zwei Kilometer davon entfernt residiren vollkommen unabhängige Eingeborene. Die portugiesische Regierung würde daher gut thun, den factischen Besitz am Rio Grande gegen das Innere zu etwas zu erweitern. Thatsächlich sind ihre Rechte auf dieses Gebiet schon dadurch unbestritten, dass ihr das Recht der Verleihung von Ländereien von allen Seiten zuerkannt wird.

Fast hätte unsere Expedition gleich im Beginn ein Ende mit Schrecken gefunden, indem wir auf eine seichte Stelle aufliefen, wobei wir einen solchen Stoss bekamen, dass unser leichtes Boot nur mit genauer Noth dem Umkippen entging; wir hatten auch grosse Mühe uns wieder flott zu machen. Mein Begleiter erzählte mir, um die Zeit zu vertreiben, von den Thaten der Bijagos, welche geschickte Seeleute auf ihren leichten Pirogen noch vor wenigen Jahren den portugiesischen Schiffen grosse Schwierigkeiten verursachten und durch ihre grausame Kriegführung der Schrecken der Weissen waren. Einige Worte über meinen Begleiter seien mir hier gestattet. Derselbe war von der Insel Fogo gebürtig und hatte daselbst, sowie am Rio Grande, ausgedehnte Besitzungen, die jedoch, wie ich später erfuhr, so verschuldet waren, dass sie von einem seiner Verwandten an Zahlungsstatt übernommen werden mussten. Macedo, so war sein Name, war übrigens ein ganz gebildeter junger Mann, der in Europa gewesen war, ja sogar, wenn auch nur flüchtig, Deutschland besucht hatte. Er sprach ausgezeichnet französisch und schwärmte für alles Französische; vor seinen engeren Landsleuten zeichnete er sich jedenfalls durch grosses Wissen aus; doch war er andererseits wieder sehr prahlerisch und unzuverlässig, so dass ich schon in kürzester Zeit seine Gesellschaft zu verlieren trachten musste. — Unterdessen war die Sonne am Horizonte versunken, mit ihren goldenen Strahlen den wunderbaren vom Urwald umsäumten Strom beleuchtend (der hier ungefähr so breit ist, wie der Tejo unterhalb Lissabon), kurz darauf brach auch die Tropennacht herein und in der Dunkelheit mussten wir unsere Fahrt fortsetzen. Wir befanden uns nicht allein, denn zugleich mit uns waren mehrere Barken aufgebrochen, welche Munition und Truppen nach Buba bringen sollten, da wie erwähnt die Dampfschiffe nicht in der Lage waren die Fahrt zu unternehmen. — Wunderbar leuchtete über unseren Häuptern der Sternenhimmel der Tropen, während wir lautlos an den dichtbewaldeten Ufern des Rio Grande vorüberglitten.

Hoch oben zog sich die Milchstrasse hin, so glänzend weiss und schön, unfern von ihr der strahlendhelle Sirius und der prächtige Orion! Leuchtende Käferchen schwirrten in der stillen Sternennacht umher und nur die abscheulichen Plagegeister von Mosquitos verleideten uns diese herrliche nächtliche Fahrt.

CAPITEL IX.

Ankunft in der Faktorei. — Der Kronprinz der Biafaden und sein Minister. — Anthropologische Skizze der Biafaden. — Kriegszug der Futah-Fullahs.

Wir waren um Mitternacht in der Faktorei, oder, wie sie dort genannt wird, in der Punta meines neuen Freundes angelangt, wo wir Nachtquartier nahmen, um frühzeitig wieder aufzubrechen. Die Faktorei bestand aus einem grossen, mit Stroh gedeckten Lehmhause, in welchem sich die Räume zur Aufbewahrung der verschiedenen Feldfrüchte, sowie zur Unterbringung des Personals befanden. Nebstdem ist noch ein kleines Häuschen vorhanden, welches als Wohngebäude dient, sowie ein Coral (eingezäunter Hof) für das hier allerdings nur in geringer Anzahl vorhandene Vieh. Rings um diese

Ansiedlung liegen diverse kleine Gehöfte, aus den niederen rundlichen Lehmhütten der Mandjags bestehend, welche wie früher erwähnt, Ackerbau treiben und den weissen Ansiedlern bei der Bebauung des Bodens hilfreiche Hand leisten. Sie bewohnen jedoch nur die Ufer des Rio Grande, während schon wenige Kilometer von demselben entfernt das Gebiet der Biafaden beginnt. Dieser District ist bisher von Europäern nicht betreten worden und das ganze Gebiet bis zum Rio Nuñez unbekannt, weshalb es mir von hohem Interesse erschien, eine Excursion dahin zu unternehmen. Leider musste dieselbe zu Fuss gemacht werden, da Pferde nicht zu finden waren, denn auch hier können solche, wie man mir sagte, des Klima's wegen nicht bestehen.

Eine Faktorei am Rio Grande.

Es war keine leichte Aufgabe in dieser furchtbaren Sonnenhitze einen längeren Marsch zurückzulegen; glücklicherweise war es früh Morgens als wir aufbrachen und führte der Weg durch wunderbare Wälder, deren Anblick mir ebenso überraschend als willkommen war, und nur wenn der schmale Saumpfad über kahle, nur mit Arachis (Erdnuss) bebaute Felder ging, konnte die Sonne mit ihren sengenden Strahlen in ihrer ganzen Gewalt ungehemmt auf uns herniederbrennen.

Wir passirten mehrere kleine Dörfchen, deren halbnackte Bewohner uns dumm und erstaunt angafften, sich jedoch dabei weder feindlich noch freundlich, sondern total gleichgiltig verhielten; endlich kamen wir in einem grösseren Dorfe an, wo uns die sehr angenehme Mittheilung überraschte, dass der Fürst der Biafaden selbst hier weile. Diese Nachricht war zwar nicht ganz richtig, doch befand sich einer der höchsten Würdenträger des Fürsten hier, mit welchem mein Begleiter mittelst Dolmetsch, welch letzterer creolisch sprach, ein Gespräch anknüpfte. Wir äusserten den Wunsch, weiter in das Land der Biafaden vorzudringen und dem Könige vorgestellt zu werden. Derselbe weilte etwa zwei Tagereisen vom Ufer des Rio Grande entfernt, in einem grossen Dorfe, dem man auch nach unseren Begriffen beinahe schon den Namen Stadt geben könnte, denn seine Einwohnerzahl ist eine beträchtliche. Der Minister lud uns übrigens sehr freundlich ein, den König zu besuchen und theilte uns mit, dass er nicht allein hier sei, sondern in Begleitung des biafadischen Thronerben, den wir auch bald darauf in der Hütte eines jener hier so verbreiteten mohamedanischen Priester oder Missionare aufsuchten. Der Kronprinz war ein intelligent aber unfreundlich aussehender junger Mann; er trug wie der Minister die Sudantoba aus blauem Calicot mit vielen Stickereien verziert. Die Toba ist das im ganzen nördlich vom Aequator gelegenen Afrika bei vielen civilisirteren Nationen gebräuchliche Kleidungsstück, ein faltiger, bis an die Knöchel reichender Ueberwurf, mit weiten Hängeärmeln. Dieses Kleidungsstück führt übrigens in den diversen Negersprachen sehr verschiedene Namen, die auch in die europäischen Sprachen übergegangen sind. Dort wo, wie in Senegambien, die Eingebornen selbst in sehr grosser Entfernung von der Küste Handelsbeziehungen mit den Weissen pflegen, ist die Toba fast durchwegs aus blauem oder weissem Guineestoff angefertigt und bei den Vornehmeren mit einheimischen Stickereien versehen, welche oft recht hübsche Muster zeigen; seltener werden von den Mandingas gewebte Toben getragen. Die Toba ist ein ungemein praktisches Kleidungsstück, welches seiner Luftigkeit wegen bei der Hitze sehr angenehm zu tragen ist; in kälterer Jahreszeit, die allerdings in diesem Gebiete fast nur tagelang dauert und unseren Begriffen nach überhaupt nicht existirt, werden zwei Toben übereinander getragen. Doch kehren wir zum Königssohne zurück! Er trug ausser der Toba schöne Ledersandalen und war mit einem werthvollen, reich mit Lederarbeit geschmückten Säbel bewaffnet. Diese Lederarbeit, welche die europäische in vielen Beziehungen übertrifft, wird hauptsächlich von den Mandingas verfertigt und werden wir in einem späteren Capitel bei Besprechung der Mandingas auf diesen hochentwickelten Industriezweig zurückkommen.

Auch das Gefolge des Kronprinzen war ähnlich bekleidet und bewaffnet. Einige führten ausserdem Assagais und Steinschlossflinten, während die biafadischen Einwohner des Dorfes nur mit Calicotschürzen und höchstens noch mit einem über die Achseln geworfenen Streifen Guineestoff bekleidet waren.

Nachdem uns der Minister, der den Namen Tamburu führte, vorgestellt, begrüsste ich den Prinzen und wollte ihm nach europäischer Sitte die Hand reichen, er erwiederte jedoch meinen Gruss mit einem nicht eben freundlichen Kopfnicken und sprach nur zwei oder drei Begrüssungsworte, ein Empfang, der nicht nur bei uns, sondern auch hier als kein aufmunternder gelten konnte.

Ich hatte das Verlangen, den König in seinem Städtchen zu besuchen, nun auch dem Kronprinzen gegenüber geäussert, und von demselben eine zwar nicht freundliche, doch immerhin zusagende Antwort erhalten und so beschloss ich denn meinen Besuch durchzusetzen, doch wurde mein Vorsatz vom Königssohn dahin modificirt, dass der König erst von ihm davon benachrichtigt werden sollte, weshalb er und sein Gefolge mir vorausgehen würden. Einstweilen blieben wir noch einige Stunden lang beisammen, da wir durch die Biafaden Nachrichten von dem Anrücken der Fullahs erhielten.

Solche Kunde von einem Kriegszuge scheint sich wie ein Lauffeuer zu verbreiten. Allerdings werden diese Kriegszüge schon lange Zeit vorbereitet und selbstverständlich alle Bewegungen ängstlich verfolgt und von Station zu Station natürlich mit den landesüblichen Uebertreibungen in diesem oder jenem Sinne, je nachdem ob der Betreffende Freund oder Feind, colportirt. So hatte sich denn auch die Nachricht, dass die Fullahs im Anzuge seien, rasch im Biafadenlande verbreitet und beunruhigte natürlich die Gemüther, da man, wie begreiflich, nicht wissen konnte, wie weit sich dieser Kriegszug erstrecken würde. Tamburu hielt mich und meinen Begleiter für Abgesandte der Portugiesen und wie zu erwarten, drehte sich das Gespräch hauptsächlich um den Kriegszug und um die Mittel zur Abwehr desselben.

Die Haltung der Biafaden war in dieser Hinsicht keine zweideutige, was auch sehr begreiflich ist, indem die Fullahs mit ihrer Eroberungslust ihre geschworenen Feinde sind, weshalb die Biafaden in einem solchen Falle nur auf Seite der Weissen stehen müssen. Obgleich die Nation sehr klein ist und ein beschränktes, jedoch ungemein bevölkertes Gebiet bewohnt, so zeichnet sie sich gegenüber den anderen Nationen dieses Landstriches, den Papels, Mandjags etc. durch grosse Tapferkeit aus und hat schon wiederholt dem Feinde erfolgreichen Widerstand geleistet. Ich schätzte die Zahl der Biafaden auf ca. 10,000, wobei ich jedoch noch diejenigen mitrechnen möchte, welche auf dem rechten Ufer des Rio Grande wohnen, deren Seelenzahl aber eine geringere sein dürfte, daher ich den früheren Angaben, wonach die Biafaden ausschliesslich auf dem rechten Ufer des Rio Grande wohnen sollen, während am linken Ufer keine existiren, entgegentreten muss: Nach meinen Erfahrungen wohnt die Majorität der Biafaden eher am linken Ufer, während das Gebiet zwischen Rio Geba und Rio Grande nur in seinem untersten Theile, theilweise von den Mandjags, welche sich nächst den Ufern angesiedelt haben, und nur im Innern von Biafaden bewohnt wird, wie ich dies auch auf meiner ethnographischen Karte des Rio Grande-Gebietes angegeben habe.

Der Sprecher der Biafaden sprach noch seine Ansicht aus über die Bedingungen, unter welchen es den Biafaden möglich wäre, an den Kämpfen der Portugiesen gegen die Fullahs theilzunehmen, indem er uns bat, bei unserem Zusammentreffen mit den portugiesischen Behörden, dieselben zum Vortrag zu bringen. Er erbot sich sofort zweihundert Mann kriegsbereit zu stellen, welche eventuell in die portugiesischen Colonien nach Buba einrücken sollten, während der König ausserdem mit seinen übrigen Kriegern gegen dieselben zu Felde ziehen werde. Leider knüpfte er an diese Unterstützung eine Bedingung, von welcher wir im Voraus sagen konnten, dass dieselbe unerfüllbar sei, nämlich das Recht für die Biafaden, die gefangenen Feinde als Sklaven mit sich zu führen.

Obgleich mein Begleiter bemüht war, dem biafadischen Würdenträger auseinander zu setzen, dass dies nicht wohl angehe, bestand er dennoch darauf, dass nur in diesem Falle die Biafaden die Fullahs angreifen würden und könnten, da sie sonst absolut kein Interesse an dem Kriege besässen und daher auch nicht offensiv gegen die Fullahs vorgehen würden.

Und dabei blieb es denn auch. Ob überhaupt die versprochene Hilfe von Ausschlag gebender Bedeutung gewesen wäre, wie der stolze Biafade behauptete, muss wohl dahingestellt bleiben.

Wenden wir uns nun der Betrachtung des Volksstammes der Biafaden in anthropologisch-ethnographischer Hinsicht zu.

Die Regierungsform der Biafaden ist keine streng autokratische, wie dies beispielsweise bei den Staaten der Guineaküste der Fall ist, sondern eher eine oligarchische, indem der Häuptling mehr die Rolle eines Aeltesten spielt. Der Häuptling, den zu besuchen ich mich anschickte, ist der mächtigste der am linken Ufer wohnenden Biafaden, denn ein Theil der weiter entfernt gelegenen erkennt einen anderen an, welcher jedoch, nach dem was mir erzählt wurde, eine untergeordnetere Bedeutung hat. Die am rechten Ufer wohnenden Biafaden verkehren nur wenig oder vielmehr gar nicht mit ihren

Stammesgenossen am jenseitigen Ufer. Die Biafaden leben meist in kleinen Dörfern, eine grössere Stadt existirt nicht; ihre Tracht und Bewaffnung wurde schon früher geschildert, ihre Behausungen sind runde Hütten mit Stroh gedeckt, in denen nur runde Schemel und Strohmatten als Einrichtungsgegenstände fungiren. Nur wenige Vornehme haben viereckige Häuser mit einem strohgedeckten Dachstuhle aus rohgezimmerten Baumstämmen, welche durch Palmen- oder Aloëstricke mit einander verbunden sind.

Dem Wuchse nach sind die Biafaden von kleinerer Statur als die Mandjags; mehr gedrungen, aber von kräftigem Bau. Die Arme sind lang, die Gelenke sehr schmal, die Füsse unschön und platt.

Ihre Gesichtszüge sind hier und da nicht gar hässlich; so hätte der erwähnte Häuptlingssohn fast hübsch genannt werden können; die Nase ist ziemlich breit, doch nur wenig stumpf, der Mund ist breit, dagegen die Zähne blendend weiss und sehr regelmässig wie bei den meisten Nigritiern, das Kinn ist nicht allzu vorstehend, die Stirne mitunter schön geformt, der Gesichtswinkel über 69. Das Kopfhaar ist wollig; Barthaar scheint fast völlig zu fehlen. Die Hautfarbe ist ein schönes Schwarzbraun, die unteren Extremitäten sind meistens mager und nach innen verdreht. Die Weiber sind verhältnissmässig gross, aber nur wenig hübsch, da sie gewöhnlich ziemlich mager sind.

Die Biafaden lieben den Tanz ungemein und bei jeder Gelegenheit geben sie sich diesem Vergnügen hin, auch lieben sie die Musik, und Spieldosen etc. sind bei ihnen ungemein beliebt.

Ausser durch Vergnügungssucht, sind sie auch durch eine gewisse Stutzerhaftigkeit ausgezeichnet und stehen daher bunte Tücher, Mützen, Schmucksachen höher im Werthe als bei den übrigen Eingebornen dieser Gegend. Sie suchen sich durch Tätowiren, sowie durch Spitzigfeilen der Zähne, ferner auch noch dadurch zu verschönern, dass sie ihr Haar in viele kleine Zöpfchen flechten, welche sie schneckenförmig aufwärts drehen.

Was die Religion der Biafaden anbelangt, so sind diese grösstentheils Heiden und glauben nicht einmal an ein höheres Wesen oder an die Unsterblichkeit der Seele. Als ich den erwähnten Würdenträger um seine Religion frug, erwiderte er mir, dass er keine besitze und kein höheres Wesen anerkenne. Als ich ihm begreiflich zu machen suchte, dass wir Christen an die Existenz eines höheren Wesens, welches alle unsere Schritte sieht und überall strafend und belohnend auftritt, glauben, antwortete er mir, dass ein solches Wesen, welches überall sei und Alles beobachten könne, unmöglich sei, weil, wie er sich, drastisch genug ausdrückte, ein Mann, welcher Alles sehe und überall sei, ungeheuer gross sein müsse. Die Idee, dass ein solches unsichtbares Wesen ohne menschliche Gestalt existiren könne, war ihm denn auch nicht beizubringen. Auch die Möglichkeit eines Lebens nach dem Tode konnte diesem Philosophen nicht einleuchten. Diese seine Ansicht scheint die der Majorität der Biafaden zu sein, denn nirgends konnte ich in der That Spuren jenes Todtencultus finden, welcher bei denjenigen rohen Völkerschaften, die an ein Leben nach dem Tode glauben, in kindlich naiver Weise sich äussert. Dagegen glauben die Biafaden an verschiedene Zauberer und Hexen, wie denn bei ihnen der Aberglaube die Stelle der Religion einnimmt. Unser Gespräch hatte übrigens in der Hütte eines Marabu's stattgefunden, welcher, aus Sierra Leone stammend, sich seit einigen Jahren bei den Biafaden angesiedelt hatte, wo er dem Islam Proselyten zu machen suchte, was ihm auch einigermassen gelang. Er schien mir dem Stamme der Mandingas anzugehören und war ein ganz angenehmer und einigermassen gebildeter Mann. Er hatte den sehnlichsten Wunsch Papier zu besitzen, da er diese Waare selbstverständlich nur mit Schwierigkeiten beschaffen konnte, doch mit dem Gebrauche derselben vertraut war, so dass er sie nur schwer vermisste, weil er ihrer für seine Gebete (die er übrigens den so abergläubischen Biafaden zum Schutze gegen allerlei Krankheiten etc. zu hohen Preisen verkaufte), dringend bedurfte. Leider konnte ich seinem Verlangen nur in beschränktem Masse willfahren.

Auch die anderen Anwesenden waren sehr gespannt auf die Geschenke. Leider war ich, wie ich bereits Eingangs dieses Capitels erwähnt, durch die unnütze Voreiligkeit meines Begleiters, der mir in Bolama das Fehlende aus seinen eigenen Vorräthen zu ergänzen versprochen und nicht sein Wort gehalten hatte, in die unangenehme Lage versetzt, nicht jeden beschenken zu können, wie ich es gewünscht, da ich erst später beim Eintreffen meines Gepäcks in Buba Aussicht hatte, das Nöthige zu finden, bis dorthin aber, nothgedrungen eine gewisse Sparsamkeit einhalten musste. So konnte ich, ausser einer Branntweinflasche, welche gleich Anfangs mit unverhohlener Freude begrüsst wurde und die reichlichen Zuspruch fand, dem Prinzen nur ein schönes Messer, eine rothe Mütze und ein Fünffrankenstück bieten. Letzteres ist sehr beliebt, namentlich wenn, wie dies hier meist der Fall, durch das lange Ausbleiben der Karavanen kein Silber vorhanden ist, aus dem man die so sehr geschätzten Schmuckstücke, wie Armbänder, Ringe etc., anfertigen könnte.

Am Morgen des folgenden Tages brachen wir früh auf, um noch

vor Eintritt der grössten Hitze einige Meilen landeinwärts zurücklegen zu können, da wir die Antwort des Biafadenfürsten in einem nächsten Dorfe, unweit seiner Hauptstadt erwarten sollten. Der landschaftliche Charakter der Gegend bleibt im Allgemeinen derselbe, nur fanden wir auf dieser zweiten Strecke mehr den Palmenwald vertreten, als andere Hölzer: es war hauptsächlich die Oelpalme mit schönem geradem Wuchse, und eine als Bauholz verwendete, dort Zibipalme genannte. Diese Bäume stehen sehr dicht neben einander, was einen wunderbaren Anblick gewährt. Sonst war hier nichts Bemerkenswerthes, denn all die kleinen Dörfer, die ich zu sehen Gelegenheit hatte, gleichen wie ein Ei dem andern.

Da wir südostwärts wanderten, so waren wir den Bergen etwas näher gerückt und mit meinem Feldstecher konnte ich in weiter blauer Ferne, umgeben von einem Dunstschleier, die hügeligen Ausläufer des Futah-Djallongebirges erblicken. Als wir an unserem Reiseziele anlangten, empfing uns ein Verwandter des Königs mit der unangenehmen Nachricht, dass der König dermalen nicht in seiner Hauptstadt weile, sondern weiter östlich gezogen sei, um seine Getreuen von dem Herannahen der Fullahs zu benachrichtigen und sie zum Widerstande gegen dieselben aufzufordern, vielleicht auch wenn möglich sich mit dem praesumptiven Feinde zu verständigen. Zugleich wurde mir mitgetheilt, dass es für mich nicht rathsam sei, weiter gegen Osten vorzudringen, da ich leicht in unerwünscht nahe Berührung mit den Fullahs kommen könnte. Letzteres klang durchaus unwahrscheinlich, denn abgesehen davon, dass der Raubzug der Fullahs in erster Linie den Portugiesen galt und daher die Richtung, welche die Fullahs einzuschlagen hatten, eine andere sein musste, da sie doch nur Buba im Auge haben konnten und dasselbe viel weiter östlich liegt, war auch die Distanz, welche uns von den Fullahs trennte, noch eine sehr beträchtliche und selbst in raschen Märschen hätten sie uns in weniger als fünf Tagen nicht erreichen können, es wäre also ein leichtes gewesen, den, nur eine Tagereise entfernten König zu treffen und von den Fullahs unbehelligt, dem Rio Grande wieder zuzustreben! Das Ganze war offenbar nur ein Vorwand, und es wurde mir auch sofort klar, dass der mir so unfreundlich gesinnte Königssohn es war, welcher meine fernere Anwesenheit im Reiche seines Vaters nicht wünschte.

Bei der geringen Wichtigkeit, welche für mich ein weiteres Vordringen hatte, da ich doch schliesslich über das Land und die Leute schon genügend orientirt war und die Fortsetzung der Reise ohnehin in dieser Richtung nicht projectirt hatte, stand ich um so eher von meinem Vorhaben ab, als mein Begleiter, welcher weniger Interesse an den Entdeckungsreisen hatte, als ich, erklärte, dass er unter keiner Bedingung weitergehen würde, weil er sofort auf seine Faktorei eilen müsse, die möglicherweise von den Fullahs bedroht sein könnte. Da ich keinen Dolmetsch besass, wäre mir sein Wegbleiben immerhin unangenehm gewesen, und ich beschloss aus diesem Grunde, wieder nach dem Rio Grande zurückzukehren.

Eine leise Ahnung beschlich mich, als wenn meiner Reise, welche ohnehin unter vielen Schwierigkeiten zu leiden hatte, noch grosse unerwartete Hindernisse entgegentreten würden. Vielleicht hätte ich am besten gethan, sofort nach Bolama zurückzukehren und von da Geba, oder den Rio Nuñez zu erreichen um von diesen Punkten aus ins Innere vorzudringen. Jetzt, nach meiner Rückkehr nach Europa, kann ich auch mit vollem Rechte behaupten, dass, wenn ich jenem ahnenden Gefühle nachgegeben hätte, ich wohl in jeder Hinsicht mehr geleistet haben könnte und selbst in kurzer Zeit viel weiter hätte vordringen können. Damals jedoch hatte ich keine Lust, unverrichteter Dinge nach Bolama zurückzukehren und eventuell abermals meine disponible kostbare Zeit, welche ja nicht nach Jahren sondern nach wenigen Monaten zählte, bis ich eine Gelegenheit gefunden, um jene Punkte zu erreichen, zu opfern; auch der Gedanke in kürzester Zeit einem Kampfe gegen die Fullahs beizuwohnen, wie ihn wohl wenig Europäer mitzumachen Gelegenheit haben, riss mich leider hin und liess mich den anderen Plan verwerfen, was ich, wie gesagt, auch heute noch schmerzlich bereuen muss.

Dass übrigens, wie die Biafaden meldeten, der König seine Getreuen einberief, war allerdings nicht ganz aus der Luft gegriffen, denn auch in meiner nächsten Umgebung wurden verschiedene kriegerische Vorbereitungen getroffen. Überall ertönte der dumpfe monotone Klang der Kriegstrommel, die Männer suchten die Waffen hervor, dort wurden verrostete Gewehre in Stand gesetzt, hier sammelten sich die Krieger zum Tanz und einförmige Gesänge begleiteten das rasselnde Gedröhn der Trommel. Was letztere anbelangt, so ist sie dieselbe, oder wenigstens von derselben Form, wie die zu Tanz und Begräbnissen gebrauchte, doch ist die Art des Trommelns eine andere; gewöhnlich werden beim Kriegstrommeln dem Instrumente vier bis sechs dumpfe Töne entlockt, worauf ein kurzer Wirbel geschlagen wird, welchem wiederum einige kurze Töne folgen, darauf wieder Wirbel und so fort. Das Ganze dauert stundenlang und wird nur durch kurze Pausen unterbrochen. Bei der Kriegstrommel ist auch das Instrument viel tiefer gestimmt als bei den anderen Gelegenheiten und wird zum Schlagen desselben ein stärkerer Schlägel benutzt.

Solche Vorbereitungen zum Kampfe, verbunden mit den obligaten Tänzen, mit Schiessen, Trommeln, Gesängen und Gejohle und, wenn Stoff vorhanden, mit wildem Gelage, sind den Nigritiern eine ungemein willkommene Unterbrechung ihres einförmigen, sonst durch kein Ereigniss variirten Daseins, und ausser anderen später zu erörtenden Gründen, ist unter Umständen auch der Mangel an Unterhaltungsmitteln mit unter die Entstehungsursachen eines Krieges zu rechnen.

Namentlich aber, wenn die Gefahr keine imminente und man weit vom Schusse, sind solche Kriegsbotschaften oft recht willkommen. Wie wir später sehen werden, war auch meine Ansicht, dass es mit den Feindseligkeiten der Biafaden gegen die Fullahs nicht so schlimm sei, keine so unbegründete.

Was den jungen Prinzen eigentlich bewog, mich so wenig gastfreundlich zu behandeln, ist mir heute noch ein Räthsel. Wahrscheinlich war es nur allgemeines Misstrauen, möglicherweise aber auch mein Begleiter die Ursache, da derselbe, wie er mir auf der Rückreise erzählte, vor Jahren in wenig freundschaftlichen Beziehungen zu den Biafaden gestanden hatte.

Damals waren nur wenig Ansiedler am Rio Grande, und diese genossen in äusserst beschränktem Masse des Schutzes einer Regierung, da, wie früher erwähnt, Bolama selbst seit drei Jahren erst von Truppen besetzt worden war, alle übrigen Punkte aber gänzlich sich selbst überlassen werden mussten. Daher waren auch die Besitzer und Einwohner der Faktoreien, wie in früheren Zeiten die amerikanischen Ansiedler im Westen, ganz auf Selbsthilfe angewiesen. Ihre Sache war es, ihr Leben und Eigenthum gegen die Eingebornen zu schützen, und nur mit der Büchse in der Hand konnten sie dem Boden die Früchte ihres Fleisses entringen. Wenn auch ihre Person vielleicht weniger den Angriffen ausgesetzt war, als die der Pionniere der Cultur im Westen Amerika's, so wurde doch sehr häufig ihr Eigenthum beschädigt und namentlich das Vieh und die Feldfrüchte diebisch entwendet. Um diesem Unwesen zu steuern, blieb denn auch den Colonisten nichts anderes übrig, als ihre treuen Diener zu sammeln und mit Hilfe der Nachbarn ein kleines Expeditionscorps zusammenzustellen, welches von der Defensive zur Offensive überging und die schuldigen Dörfer attakirte, die Hütten verbrannte und, wenn nur irgend möglich, die Gefangenen fortschleppte, bis ihnen von Seite der Häuptlinge Genugthuung ward und das Versprechen sich in Zukunft friedlich zu verhalten.

Solche Kämpfe finden fast an allen Punkten, wo unabhängige europäische Faktoreien sind, statt, und der liebenswürdige belgische Major van den Bogaert, mit welchem ich später auf der Rückreise einige Tage verlebte, erzählte mir, dass er noch unlängst am Congo derartige Angriffe der Colonisten gegen diebische Eingeborne mit angesehen hatte.

Ein solches Abenteuer gegen die Biafaden hatte auch mein Begleiter mitgemacht, indem er, erbittert über den Raub einiger Kühe mit circa vierzig Mandjags, welche ihm ergeben waren, und die er genügend bewaffnet hatte, über das nächste Biafadendörfchen herfiel und daselbst über ein Dutzend Gefangene, männlichen und weiblichen Geschlechtes, mitgeschleppt hatte. Seitdem hatte er sich allerdings wieder mit den Biafaden versöhnt, aber es ist immerhin denkbar, dass die Häuptlinge ihn in Folge dieser Affaire mit Misstrauen behandelten.

CAPITEL X.
Wieder am Flussufer. — Ein unangenehmes Rencontre. — Die schwarzen Fullahs. — Stromaufwärts.

Durch herrliche Palmenhaine, durch duftendes Buschwerk, hin und wieder von Urwaldriesen unterbrochen, führte der schmale Pfad dem Rio Grande zu, den wir so schnell als es uns die sengenden Sonnenstrahlen erlaubten, verfolgten. Einige Biafaden begleiteten uns, sich durch Lachen und Schwatzen die Zeit vertreibend und unbedeckten Hauptes, unbekümmert um die glühende Hitze lustig daherschreitend. Manchmal begegneten wir einem einsamen Gehöfte, aus mehreren Hütten bestehend, die von Palissaden beschützt, den Mitgliedern einer Familie als Wohnsitz dienen und von Erdnusspflanzungen umgeben sind; dann wurde Rast gemacht, um namentlich den brennenden Durst wenigstens einigermassen an dem allerdings warmen und schmutzigen, aber doch noch erfrischenden Wasser zu löschen. Wir langten gegen Abend in einem, vom Rio Grande nur wenige Kilometer entfernten Dörfchen an, woselbst wir nach kurzer Rast beschlossen, noch in der Nacht weiter zu reisen, da mein Begleiter plötzlich ernstliche Besorgnisse hatte, es möchten sich die sogenannten schwarzen Fullahs, nämlich kürzlich aus Futah-Djallon[*]) eingewan-

---

[*]) Die Schreibart Futah-Djallon ist die französische, welche, weil sie ziemlich häufig gebraucht wird, auch hier acceptirt wurde, obgleich im Deutschen Futah-Dschallon verständlicher und der Aussprache angemessener wäre.

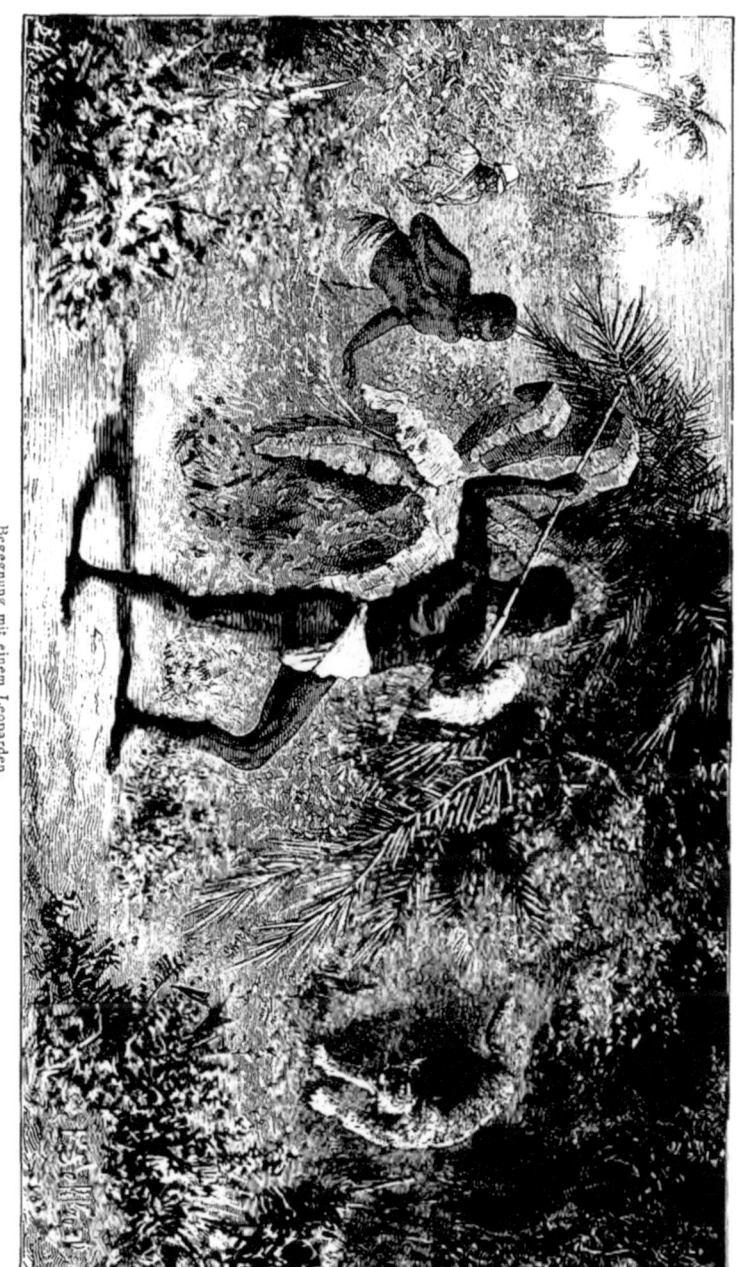
Begegnung mit einem Leoparden.

derte Schwarze, welche nun am Rio Grande zerstreut leben, trotz ihrer angeblichen Feindschaft gegen die Futah-Fullahs, bewogen fühlen, bei der drohenden Kriegsgefahr die Unordnung zu benutzen, um eventuell auch einige Faktoreien zu plündern. Da nun gerade in der Nähe seiner Faktorei zahlreiche Fullahs wohnten, so schienen seine Gründe immerhin einigermassen plausibel und ich konnte daher nicht umhin, mich seinem Drängen zu fügen, obgleich ich, schon der Müdigkeit halber, am liebsten hier geblieben wäre. Einige Stunden der Ruhe waren jedoch absolut nothwendig, um uns wieder marschfähig zu machen und zugleich ein bescheidenes Mahl zu geniessen, dessen Hauptbestandtheil gekochter Reis war.

Nachdem wir von den Biafaden Abschied genommen, brachen wir gegen Abend auf und bald hatte uns eine herrliche schöne Mondnacht umfangen, durchsichtig und klar lag der Wald vor uns, vom kühnen Winde bewegt bogen sich die Wipfel der Palmen, rauschte das Rohrdickicht, summende Insecten umschwirrten uns, von ferne ertönte der monotone Schlag der Turteltauben, der Ruf der Eulen und anderer Nachtvögel.

Wir schritten langsam, uns an dem prächtigen Bilde und der Kühle erfreuend, dahin und gelangten gegen ein Uhr in die Nähe der Faktorei Macedo's. Da sollte uns, fast im sichern Hafen angelangt, noch ein Abenteuer zustossen, auf welches ich zwar jetzt mit grosser Ruhe zurückblicke, welches aber damals doch von unangenehmen Folgen hätte sein können. — Ich war gerade mit meinem Begleiter in lebhaftester Conversation meine Reise besprechend begriffen, als derselbe mich plötzlich krampfhaft am Arme packte, und mich auf ein Geräusch aufmerksam machte, welches circa fünfzig Schritte von uns hörbar wurde. Anfänglich verstand ich nicht, was er wollte, doch das Wort „tigre", welches er leise zwischen den Zähnen hervorstiess, belehrte mich eines Besseren; es war ein Leopard, welcher sich unweit von uns gerade an den Resten eines Schafes gütlich that. Unser Herannahen lenkte seine Aufmerksamkeit auf uns und zähnefletschend stellte er sich lauernd und sprungbereit auf. Unglücklicherweise war ausser uns nur ein einziger bewaffneter Mandjag anwesend, die übrigen folgten in weiter Ferne; mein Begleiter war gänzlich wehrlos, ich hatte allerdings einen weittragenden Revolver, doch kein Gewehr, da wir uns möglichst wenig bewaffnet zu den Biafaden hatten begeben wollen, um ihnen zu zeigen, dass wir ihrer Gastfreundschaft vollkommen trauten. Unser Mandjag war mit einer guten Assagai bewaffnet, und stellte sich auch sofort in Positur, indem er einen baumwollenen Ueberwurf, den er über der linken Schulter trug, um den linken Arm wickelte und seine Lanze mit der rechten Hand wurfbereit hielt. So greifen alle Eingebornen, wenn ihrer mehrere sind, die Leoparden an; indem sie den mit Tuch umwickelten linken Arm vorschieben, beisst sich gewöhnlich der Tiger an demselben fest und auf diese Weise können sie mit dem rechten freien Arm den Lanzen-Angriff ausführen. Allerdings kann das Thier mit seinen Vordertatzen noch immerhin dem Kopfe des Betreffenden genügenden Schaden zufügen, es bleibt dies dennoch eine der besten Vertheidigungsarten. Ich hatte unterdessen meinen Revolver schussbereit gemacht und gab meinem Begleiter meinen Hirschfänger; mit diesen allerdings nur schwachen Waffen erwarteten wir den Angriff des Feindes. Dieser hatte indess keine grosse Lust uns anzugreifen und verlegte sich blos darauf uns zu beobachten. Durch sein Zaudern ermuthigt, zogen wir denn auch, allerdings sehr langsam, und das Thier nicht aus den Augen verlierend, von dannen, uns glücklich schätzend, mit heiler Haut diesem gefährlichen Gegner zu entrinnen, welcher übrigens selbst vielleicht ebenso erschreckt über unsere Gegenwart war, wie wir über die seine. Eine Viertelstunde darauf erreichten wir die erste Hütte, wo wir auch bereits die Einwohner, denen der Leopard ein Schaf geraubt hatte, in höchster Aufregung fanden. Auf unser Ansuchen stürzten sie in der Richtung, in welcher wir das Thier verlassen, fort. Auch wir zogen mit den verschiedensten Waffen versehen nach, doch war unser Unternehmen von keinem Erfolge gekrönt, denn der Leopard war verschwunden und konnte trotz der mondhellen Nacht nicht wieder gefunden werden.

Ehe wir unser Lager aufsuchten, mussten wir noch die unweit der Faktorei gelegene Fullahansiedlung besichtigen, da, wie erwähnt, mein Begleiter den Bewohnern derselben grosses Misstrauen entgegenbrachte und sich die Ueberzeugung verschaffen wollte, ob etwa daselbst Kriegsvorbereitungen getroffen würden. Solcher Colonien von Fullahs sind in den letzten Jahren viele entstanden. Es sind Einwohner der den Futah-Fullahs botmässigen Districte, welche durch schlechte Behandlung aus ihren Wohnsitzen vertrieben, sich in den Gebieten der Biafaden, Mandjags, namentlich aber in der Nähe der Faktoreien am Rio Grande angesiedelt haben. Sie sind ethnographisch von den eigentlichen Fullahs, welche in diesen Gegenden den Namen Futah-Fullahs führen, verschieden, indem ihre Hautfarbe schwärzer, während die der eigentlichen Fullahs bekanntlich eine lichtere ist, doch haben manche unter ihnen einige Aehnlichkeit mit denselben, namentlich in der Statur und dem schmalen Bau; ebenso verschieden aber sind sie von den übrigen bisher genannten Nigritiern. Diese Verhältnisse sollen in einem der nächsten Capitel eingehender besprochen werden.

Obgleich diese sogenannten schwarzen Fullahs mit den Futah-Fullahs in Feindschaft leben, so ist doch bei den portugiesischen Ansiedlern, sowie auch bei den Mandjags die Ansicht verbreitet, dass dieselben den Futah-Fullahs Spionendienste leisten und eventuell bei ihren Raubzügen beistehen sollen, eine Behauptung, welche mir nicht wahrscheinlich bedünkt, denn es ist kaum anzunehmen, dass

Hütten der Nomaden-Fullahs.

die von den Futah-Fullahs bedrückten und ihrer Habe beraubten Emigranten bereit wären, sich ihren früheren Peinigern wieder in die Arme zu werfen.

Allerdings war es nicht ausgeschlossen, dass bei einem eventuellen siegreichen Vordringen der Fullahs auch jene sich ihnen, auf ihre Namensverwandtschaft bauend, angeschlossen hätten; jede andere afrikanische Völkerschaft hätte in solchem Falle ja auch dasselbe gethan, und so suchte ich dies denn auch meinem Freunde auseinander zu setzen und ihm, welcher schon daran dachte eine gewaltsame Entwaffnung der Fullahs vorzunehmen, davon abzuhalten.

Eine solche Fullahansiedlung besteht gewöhnlich aus einer Anzahl höchst primitiver Hütten, welche aus Matten und Stroh mit Zuhilfenahme von einigen Baumstämmen in primitivster Weise verfertigt sind.

Beiläufig zwanzig bis dreissig solcher Hüttchen bilden ein Dorf (s. Abbildung). Die Einwohner gingen mit Ausnahme einer kurzen Schürze aus Guineestoff fast ganz nackt und auch die Weiber trugen im Gegensatze zu den Sitten dortiger Gegend nur eine sehr kurze Schürze. Diese relative Nacktheit ist jedoch nur ihrer Armuth zuzuschreiben, denn in ihren ursprünglichen Wohnsitzen sind die meisten mit dem Bubu bekleidet, oder wenigstens tragen sie ausser dem Schurze ein malerisch über die Schulter geworfenes Tuch. Trotz ihrer Dürftigkeit bemerkte ich bei den Frauen viel Schmuck, namentlich die bekannten breiten Armringe aus Messing, silberne und kupferne Ringe, Halsbänder aus Bernstein, echten und falschen Korallen, bei den Männern dagegen Ledertäschchen, Amulete u. s. f. Bewaffnet waren diese mit alten Steinschlossflinten, seltener mit Assagais. Wir liessen uns mit ihnen in ein Gespräch ein, welches allerdings nicht sehr fliessend ging, da auch mein Begleiter nur wenig von ihrer Sprache verstand. Auch sie waren bereits von dem Herannahen der Futah-Fullahs benachrichtigt und bildete dasselbe wiederum den Gesprächsstoff. Wir suchten ihnen begreiflich zu machen, dass die Fullahs unfehlbar geschlagen werden müssten, was einigen von ihnen nicht ganz glaubwürdig erschien, denn sie riefen bedenklich „O Fullah!" aus und ihre Mienen sagten deutlich, dass sie vor der Macht der Futah-Fullahs einen gewaltigen Respect hatten und dass ihnen der Ausgang des Kampfes einigermassen zweifelhaft erschien; auf welcher Seite ihre Sympathien waren, hüteten sie sich indess einzugestehen, obgleich sie sich bemühten, uns klar zu machen, dass im Falle eines Sieges der Fullahs auch sie kein beneidenswerthes Loos erwarte. Gewaltige Achtung flössten ihnen jedoch die Weissen ein, als wir ihnen eine Schilderung der Kanonen gaben, was zwar bei unserer mangelhaften Sprachkenntniss seine Schwierigkeiten hatte. Dass es Geschütze geben konnte, welche mit einem Schuss eine grosse Anzahl von Menschen tödten oder verwunden könne, kam ihnen, die nur die primitivsten Gewehre gesehen, sehr merkwürdig vor; solche Waffen hatten allerdings die Futah-Fullahs nicht, und auch die ärgsten Zweifler mussten zugeben, dass die Weissen nur schwer zu besiegen seien und ihr Stolz musste die Superiorität letzterer Rasse zugeben.

Ein ausgiebiges Gesprächsthema bot, wie man sich denken kann, auch meine Anwesenheit. Dass ich einer anderen Nation angehören solle, als mein Freund, war ihnen nicht sofort verständlich, da sie überhaupt nicht zugeben wollten, dass die Weissen verschiedenen Stämmen angehören könnten. Im Allgemeinen benahmen sich Alle äusserst zuvorkommend und respectvoll, wie dies bei ihrem untergeordneten Verhältnisse, da sie doch nur geduldet wurden, nicht anders zu erwarten war. Auch die Weiber hatten sich an unserer Conversation betheiligt, die meisten waren recht hässlich und abschreckend mager, nur wenige davon, welche offenbar einem anderen Stamme, nämlich den eigentlichen Fullahs angehörten und sich durch ihre röthliche Farbe von den Uebrigen unterschieden, zeigten mehr rundliche, angenehme Formen und edlere feinere Gesichtszüge, sie waren liebenswürdig und schwatzten wie Kinder unter beständigem Gelächter, welches hauptsächlich durch meine Brille hervorgerufen wurde, deren Zweck ihnen absolut unbegreiflich war und die sie entschieden für eine Waffe hielten.

Am nächsten Tage verliess ich spät mein Lager, da der lange ermüdende Marsch von gestern meine Kräfte erschöpft hatte. Der Anblick der kleinen Fullah-Colonie und das grosse Interesse, welches die Fullahs in mir weckten, hatten mich bestimmt, weiter am Rio Grande vorzudringen und so beschloss ich denn so rasch als möglich aufzubrechen. Leider hatte sich mein Begleiter wieder einmal nicht bewährt, denn das mir schon in Bolama versprochene Boot war, wie er behauptete, nicht da und ein anderes nicht aufzutreiben, und so sass ich denn, ein Opfer meiner Vertrauensseligkeit, ohne Hilfsmittel da. Nur einem Zufall verdankte ich es, ohne Aufenthalt meine Reise fortsetzen zu können. Als wir nämlich bei Tische sassen, unser aus Conserven bestehendes kärgliches Mahl verzehrend, meldete uns ein Mandjag, dass ein Segelboot den Fluss herauffahre. Nach einer halben Stunde hatte es auch vor der Ansiedlung angelegt, nachdem wir durch Signale den Führer gebeten hatten zu „stoppen". Wenige Minuten darauf trat der Besitzer des Bootes, ein Mandinga, mit der Toba bekleidet, den krummen Säbel mit schön gearbeiteter Lederscheide am Arme herein. Er war ein Bekannter Macedo's und letzterer lud ihn nach portugiesischer Sitte sofort ein, an dem Mahle theilzunehmen. Mohamed, ein stattlicher Mann von hoher Statur, unschönen aber edelgeformten Gesichtszügen und sehr würdevollem Benehmen, nahm das Anerbieten sofort an; nur vom Weine wollte er, als echter Muselmann, absolut nicht trinken, was mir, offen gestanden, nicht gerade unangenehm war, da wir nur eine Flasche desselben zur Verfügung hatten; überhaupt muss ich gestehen, dass die in den portugiesischen Colonien herrschende schöne Sitte, alle zufällig Anwesenden zu Gaste zu bitten, mir manchmal ungelegen war und ich die Gäste meilenweit wegwünschte, denn bei der geringen Menge der Lebensmittel, wäre ein guter Esser, wie ich, oft allein im Stande gewesen, das ganze Mahl zu vertilgen. Mit den Nahrungsmitteln auf den Faktoreien des Rio Grande ist es überhaupt oft recht schlecht bestellt, wenngleich man daselbst, im Verhältniss zu dem ausserhalb derselben zu erreichenden, köstlich verpflegt ist. Frisches Fleisch ist nicht zu haben und auch Hühner gehören zu den Seltenheiten, so dass man fast gänzlich auf Conserven und Vegetabilien angewiesen ist. Unter ersteren spielt der getrocknete Stockfisch die Hauptrolle, während von letzteren die, mir wenig sympathische Papayafrucht, der Reis, Mil,*) und die süsse Batate, welche trefflich schmeckte, aber leider nur selten zu haben war, zu nennen sind.

Nachdem unser Gast sein Mahl beendet, entwickelte sich das Gespräch über sein Boot, die Geschäfte, den Kriegszug der Fullahs. Erst nach diesen Vorfragen war es erlaubt, den eigentlichen Zweck unseres Gesprächs vorzubringen. Früher davon zu beginnen, wäre unhöflich und ein arger Verstoss gegen die Landessitten gewesen. In Afrika muss man, wenn man an Jemand eine Bitte oder irgend ein Verlangen zu stellen hat, von den gleichgiltigsten Dingen sprechen, ehe man den eigentlichen Zweck der Unterhaltung berührt; so musste sich denn auch mein Begleiter dazu bequemen, der afrikanischen Etiquette Rechnung zu tragen, bevor er unseren Wunsch auszusprechen wagte, nämlich dem Mandinga die Bitte vorzulegen, er möge uns bis an die letzte Faktorei am Rio Grande bringen. Dort hatte Macedo einen Freund, welcher, obschon Mandjag, dennoch ganz civilisirt war und eine weit ausgedehnte Faktorei besass. Obgleich ich schon wusste, was ich von den Versprechungen Macedo's zu hoffen hatte, blieb mir doch nichts übrig, als diesen Plan mit Freuden zu sanctioniren, da ich nur auf diese Art hoffen durfte, rasch weiter zu kommen. Der Mandinga-Schiffer willigte gern ein, uns gegen geringe Entschädigung mitzunehmen und bald war unser kleines Gepäck auf dem Boote untergebracht, und von einer angenehmen erfrischenden Brise begünstigt, welche uns die glühenden Strahlen der afrikanischen Mittagssonne einigermassen erträglich machte, glitten wir, getragen von der Fluth, rasch stromaufwärts. Wunderbar war das Vegetationsbild, welches sich an den beiden Ufern des Flusses vor unseren entzückten Augen entrollte. Zauberhaft schön lag vor uns der dichte grüne Urwald, nur selten von Menschenfuss betreten, von Menschenhand gelichtet. Die üppige

---

*) Afrikanischer Mais.

Fülle dieser Waldesstrecke sucht selbst in Afrika ihres Gleichen. Auf der einen Seite erheben sich dichte Palmenhaine, phantastisch treten die Contouren der das Ufer besäumenden Bäume hervor, zu unterst der Mangrovebaum mit seiner weisslichen Rinde und seinem dichten Gewirr durchflochtener Luftwurzeln und über ihm ein unauflösbares Chaos von Gräsern und Rohr, von Euphorbien, Aloën, Gardenien, das Ganze durchwoben von den verschiedensten Schlingpflanzen, während auf der Uferhöhe die Monotonie der eleganten schlanken Palmen durchbrochen wird von den imposanten Formen einzelner Riesenbäume, des mächtigen Baobab und des stolzen Wollbaumes. Aber nicht ein unbelebtes todtes Bild ist es, welches sich unserem verklärten Blicke darbietet, — denn als der Abend gekommen und hinter dem Laube der Baumriesen die Sonne entschwindend, die herrliche Landschaft in Purpurtinten tauchte, wird es um uns immer lauter und lauter, der Wald belebt sich, kreischende Vögel ziehen über unseren Häuptern dahin, Affen und Vögel treiben ihre munteren Spiele in den dichtbelaubten Aesten, Kukuk, Turteltauben und Nashornvögel führen einen fast betäubenden Lärm aus, widerlich ertönt das Geschrei der Aasgeier und späterhin fehlt auch nicht in langen Zwischenräumen das dumpfe Brüllen der auf Beute ausgehenden wilden Thiere.

Sonnenuntergang war vorüber, als wir die am linken Ufer des Rio Grande gelegene Farm oder Punta (wie es im landesüblichen Dialect heisst) des Nho Antonio betraten, welcher uns Unterkunft und die weiteren Beförderungsmittel zur Weiterreise geben sollte. Die Punta lag circa 50 Meter vom Ufer des Flusses entfernt und langsam erklommen wir den steilen dahin führenden Fusspfad, nachdem wir von unserem Mandingafreunde Mohamed Abschied genommen, welcher selbst eine am rechten Ufer gelegene Farm aufsuchen wollte. Nho Antonio, ein Nigritier vom tiefsten Schwarz mit wulstigen Lippen, doch intelligenten Augen und nicht unhübschen Gesichtszügen, empfing uns auf das Freundlichste. Obgleich von unzweifelhafter Negerabstammung, war er immerhin ein Mischling und seine Gesichtszüge stimmten mit keiner der bisher von mir besuchten Nationen; wahrscheinlich war er ein Abkömmling von Mandjag und Mandinga. Ich kann nicht umhin zu bemerken, dass höher begabte Nigritier, sei es, dass sie durch längeren Contact mit Weissen sich Bildung erworben, sei es, dass sie Sprösslinge einer fürstlichen Familie waren, auch schon in ihren Gesichtszügen die Spuren der Civilisation oder Veredlung trugen und gar sonderbar von ihren Stammesgenossen abstachen, wie denn auch bei uns die Abkömmlinge hoher Häuser gar häufig einen unverkennbaren feineren Typus zeigen. Das Haus unseres Wirthes war ein ziemlich primitives, ein langes aus Lehm und wenigen Steinen bestehendes Gebäude mit Strohdach, an welches sich ein grosser eingezäunter Quintal schloss. Das Ganze war von einer rohen Palissade umgeben, denn hier auf dem letzten Vorposten der Civilisation musste Alles auch zu einem Angriffe vorbereitet sein. In der Nähe der Faktorei waren wie gewöhnlich einzelne Dörfer der Eingeborenen; einerseits ein Mandjagdorf, andererseits eine Ansiedlung schwarzer Fullahs. Die Beschäftigung unseres Wirthes bestand hauptsächlich im Einhandeln von Erdnüssen, zunächst von den Mandjags, welche die nächstgelegenen Ländereien cultivirten, wie auch von Biafaden und Fullahs, mit denen er einen ziemlich ausgedehnten Tauschhandel betrieb. Im Vorfrühling ist die Erntezeit der Erdnuss und da herrscht reges Leben in den Faktoreien; dort erscheinen Abgeordnete der Fullahs oder Biafaden, welche gegen Calicot, Pulver, Flinten, Säbel, Branntwein und Tabak, Erdnüsse anbieten, hier zieht ein Haufe der arbeitsamen und freundlichen Mandjags einher, um die erhandelte Frucht an Ort und Stelle zu bringen, denn die anderen Stämme verpflichteten sich nur zum Verkaufe der Waaren, nicht aber dazu, selbe bis zum Fluss zu schaffen und die unentbehrlichen Mandjags müssen die ersehnte Ladung an ihren Bestimmungsort bringen, an den ein kleiner Schooner oder eine Schaluppe die Fracht aufnimmt und nach Bolama bringt, von wo sie auf grösseren, namentlich italienischen und auch österreichischen Schiffen nach Marseille geführt wird, welches der wichtigste Punkt für den Consum der an der ganzen Westküste Afrika's gewonnenen Erdnuss ist. Wenn auch wenige unserer Leser die Erdnuss gesehen haben, ja viele sie sogar dem Namen nach nicht kennen, so werden doch die meisten dieselbe gekostet haben, denn all diese Schiffsladungen von Erdnuss dienen dazu, ein Produkt zu erzeugen, welches wir namentlich in Deutschland als Olivenöl zu verzehren haben und, so mancher Gast, welcher in einem fashionablen Hotel Salat verspeist, ahnt kaum, dass derselbe, nicht wie der Wirth ihm erzählt, mit Aixeröl, sondern mit dem Oel der afrikanischen Erdnuss angemacht sei und dass Tausende von Menschen in Afrika und Europa in der Cultur und Verarbeitung der Erdnuss ihr Brot finden; dagegen weiss die portugiesische Zollverwaltung davon nur löbliches zu berichten, denn viele Tausend Milreis betragen die Zölle, welche alljährlich für den Export dieser kostbaren Frucht abgeliefert werden.

 Doch kehren wir zu unserem Gastfreunde zurück! Wir hatten indess von einer wundervollen silberhellen Mondnacht begünstigt, die Punta und ihre nächste Umgebung besichtigt und sassen mit Nho

Antonio beim frugalen Abendmahle. Auch er war, und nicht ohne Grund, in ungewöhnlicher Aufregung über das Herannahen der Fullahs, denn wenn wir schon bei unserer Fahrt auf dem Rio Grande so mancher Pirogue mit schwarzen und weissen Ansiedlern begegnet waren, welche, mit ihren geringen Habseligkeiten beladen, stromabwärts flüchteten, so mussten wir gestehen, dass die Lage unseres Gastfreundes eine weit schlimmere war, denn einer der entlegensten Ansiedler am Rio Grande, sah er sich zuerst den Angriffen der Feinde ausgesetzt. Allerdings lag sein Wohnsitz am linken Ufer im Biafadenlande, also weniger exponirt als die am rechten Ufer situirten, von den Futah-Fullahs nur durch einen von den schwarzen Fullahs bewohnten Landstrich getrennten Ansiedlungen, doch war die Gefahr nicht abzuleugnen. Uebrigens glaubte Nho Antonio letztere auch von Seite der schwarzen Fullahs, welche sich in der Nähe seiner Punta angesiedelt hatten, fürchten zu müssen, wohl mit Unrecht, wie ich ihm klar zu machen suchte — und so kam es denn auch, dass wir eine Nacht auf dem Qui-vive zubrachten, stets bereit, dem Eindringen etwaiger Fullahs Widerstand zu leisten und unser Leben zu vertheidigen.

Die Besorgniss war indess umsonst gewesen und ruhig verging die Nacht. Gegen Sonnenaufgang wachte ich auf, trat vor die Palissade und entzückt stand ich da vor dem wunderschönen Landschaftsbilde der eben durch die kaum aufgegangene Sonne beleuchteten Rio Grande-Ufer mit ihren prächtigen dichten Wäldern, von deren Grün sich hellglänzend die blaue Fluth abhob, als ich von einigen Mandjags aus meinem Sinnen aufgescheucht wurde. Sie verlangten dringend eine ärztliche Consultation, die ich ihnen auch nolens volens zu geben gezwungen war, was mir bei meinen verhältnissmässig sehr geringen medicinischen Kenntnissen einige Schwierigkeiten verursachte, umsomehr, als man in solchen Fällen grosse Vorsicht beobachten muss, da ein eventueller Misserfolg unangenehme Folgen haben könnte. Doch war es nicht das erste Mal, dass ich solchergestalt in Anspruch genommen war, und so schritt ich denn ohne Zagen an die Erfüllung auch dieser Pflicht. Der eine Patient litt an Fieber und ich musste mich leider entschliessen, ihm eine Dosis Chinin zu verabreichen, was mir bei meinem nicht gerade grossen Vorrathe ziemlich unangenehm war; der andere litt an einem Geschwüre, gegen welches ich etwas zu thun nicht in der Lage war. Ich gab ihm daher einige unschädliche Mittel und ersuchte ihn um möglichste Reinhaltung der Wunde, welch letzteres er wohl kaum gethan haben dürfte.

Nun galt es weiter zu kommen. Die Schwierigkeiten waren keine geringen, denn zu Fuss war dies auf die Dauer unmöglich und Pferde fehlten auch hier noch gänzlich; erst in Buba waren solche zu erhalten, so dass nur die Weiterfahrt auf dem Kahn verblieb, und einen solchen zu erlangen war mein sehnlichstes Bestreben. Ich war daher hoch erfreut, als mein Begleiter Macedo mir ankündigte, dass zwar nicht eine europäische Barke, wohl aber eine einheimische Pirogue uns zur Verfügung stehe. Wer je eines dieser ungeheuerlichen Fahrzeuge gesehen, oder wer sie gar benutzen musste, der wird das unangenehme Gefühl begreifen, welches sich beim Anhören dieser Nachricht meiner bemächtigte. Es ist in der That kein Vergnügen auf einem solch' elenden schmalen, häufig Wasser einlassenden, im höchsten Grade unbequemen Fahrzeuge, das aus einem Baumstamme hergestellt wird, einige Tage zubringen zu müssen.

Die mir zur Verfügung stehende Pirogue war eine, sowohl zum Rudern als auch für Segel eingerichtete, welche, wie es der Augenschein momentan wenigstens zeigte, wasserfrei war, sonst aber alle nur möglichen Mängel hatte; es war daher absolut nothwendig, dieselbe einigermassen zu repariren, was übrigens, da unser Gastfreund selbst, wie viele dieser Colonisten, Zimmermann war, nicht allzu schwierig erschien, umsomehr als Nho Antonio sich auf das freundlichste bereit erklärte, die Reparatur sofort vorzunehmen. Aber noch mehr dankbar war ich ihm dafür, dass er mir vier, nach europäischem Muster von ihm selbst verfertigte Ruder zur Verfügung stellte, welche er der Pirogue adaptirte, denn mit den einheimischen Rudern wäre ich wohl nicht weit gekommen.

So war denn ein Theil der Schwierigkeiten besiegt und ein zwar wenig angenehmes aber immerhin zum Weiterkommen taugliches Fahrzeug erobert. Nun kam aber die weit heiklere Frage der Bemannung, welche mir instinctiv nicht wenig Sorge bereitete und mit Recht, denn Macedo, der zu den Mandjags gegangen war, kehrte nach einer halben Stunde mit der unerfreulichen Botschaft zurück, dass kein einziger Mandjag, namentlich im Hinblick auf die Fullah-Gefahr sich bereit gefunden habe, sich mir anzuschliessen. Ich ging nun selbst, von einem creolisch sprechenden Dolmetsch begleitet, zum Mandjagdorfe, aber alle meine Versprechungen scheiterten an der hartnäckigen nigritischen Faulheit und Feigheit. Dagegen boten sich mir zwei der schwarzen Fullahs an und ich war gesonnen ihre Dienste bereitwilligst anzunehmen, doch Nho Antonio sprach sich energisch dagegen aus. In den düstersten Farben schilderte er mir die Gefahren, welche meiner harrten, denn nach seiner Ansicht warteten die Fullahs nur darauf, mich, sobald ich aus dem Gesichtskreise der Ansiedlungen entschwunden wäre, zu berauben, über Bord zu werfen und sich triumphirend mit der Pirogue zu ihren Stammesgenossen zu flüchten. Dass letztere sie wahrscheinlich nichts weniger als gut aufgenommen hätten, suchte ich meinem Gastfreund vergeblich begreiflich zu machen; als ich ihm schliesslich erklärte, dass auch diese Aussicht mich nicht von meinem Vorhaben abhalten würde, warf er noch ein, dass seine Pirogue ebenfalls gefährdet wäre, ein Einwand, dem zu begegnen ich leicht im Stande war, indem ich ihm zu seiner Beruhigung versicherte, dass ich mich bereit finden würde, ihm den eventuell entstehenden Schaden zu vergüten. Trotzdem beharrte er bei der Ansicht, dass er mich nur mit Mandjags und keineswegs mit Fullahs ziehen lassen könne. Nach halbstündiger Debatte, wie es nun bei Negern, selbst wenn sie eine gewisse Civilisation angenommen, nicht anders möglich ist, theilte ich ihm mit, dass ich eben nur dann seinem Willen nachkommen könne, wenn er mir die nöthige Anzahl von Mandjags stellen würde, dass ich aber sonst auf jeden Fall entschlossen sei, mich der Fullahs zu bedienen, denn umzukehren oder hier müssig zu liegen, war nicht meine Sache. Dies wirkte denn auch, denn er entschloss sich, die diesbezüglichen Unterhandlungen selbst zu führen und mit seinem ganzen Einfluss zu unterstützen.

Da schon die Fluth ihren Höhepunkt erreicht hatte und ohnehin einige Stunden zu den Reisevorbereitungen absolut nothwendig waren, entschloss ich mich, erst mit der nächsten Fluth abzureisen und benutzte die Gelegenheit, um eine längere Tour gegen Süden zu machen. Während ich in den unterhalb gelegenen Gegenden in geringer Entfernung vom Ufer zahlreiche Biafadendörfer gefunden hatte, war hier allerdings, an den äussersten Grenzen des Biafadenlandes die ganze Gegend menschenleer und drei Stunden musste ich im Palmenwalde wandern, ehe ich das erste Biafadendorf traf. Um nicht unnütz aufgehalten zu werden, zog ich es vor, in einiger Entfernung vor dem Dorfe abzubiegen und den Heimweg anzutreten. Geologisch Interessantes fand ich leider auf dieser Excursion nichts, dagegen stiess ich auf mehrere Schlangen, konnte auch u. A. eine Büffelheerde beobachten, deren Anblick mir bisher noch neu gewesen. Bei meiner Rückkehr fehlten nur wenige Stunden auf die vor Sonnenuntergang eintretende Fluth, welche wenn möglich zum Aufbruch benützt werden sollte. Mein Gastfreund war glücklicher gewesen als ich, er hatte in der That vier Mandjags gefunden, welche als Bemannung der Pirogue genügend erschienen und eine grössere Anzahl von Begleitern wäre in dem elenden Fahrzeuge auch kaum unterzubringen gewesen. Grosses Gepäck nahm ich nicht mit, da ich ohnehin nicht hoffen konnte, weit von Buba*) abzuzweigen und mehr die Erforschung der Nebenflüsse des Rio Grande im Auge behalten musste, doch begrüsste ich dankbar die Zuvorkommenheit meines Gastfreundes, welcher mir eine kleine Quantität Calicot und diverse andere Handelsartikel abtrat, die zusammen mit meinen bisherigen Vorräthen, genügend waren, um vielleicht längere Zeit damit ausharren zu können, — einige Conserven, Reis, Mais, Thee, sowie einige grosse Garafao mit Branntwein vervollständigten die Ladung. Letzterer sollte nicht nur dazu dienen, die geschwächten Kräfte meiner Ruderer neu zu beleben, sondern auch etwaige Widersacher auf gütlichem Wege zu gewinnen. Nach Sonnenuntergang endlich waren alle Vorbereitungen beendet und dankend schied ich von Nho Antonio. Bald war die von der untergehenden Sonne vergoldete Ansiedlung unseren Augen entschwunden und rüstig ging's gegen Osten, und da wehte auch eine leichte Brise, welche die Segel blähte, so dass endlich meine Ruderer die Arme sinken lassen und ihr Lieblingslied anstimmen konnten, dessen monotone Melodie ich hier wiederzugeben versucht habe.

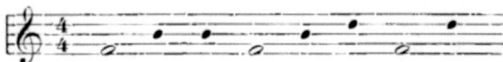

Poetischer und schöner als diese waren die rythmisch begleiteten Worte, deren Uebersetzung hier folgt:

> „Komm schöner Wind, komm guter Wind,
> Bleib lieber Wind,
> Bleib lieber Wind."

Von Zeit zu Zeit standen sie dabei auf, um sich tanzend zu drehen. Um die Fullahs schienen sie nicht im Geringsten besorgt zu sein und kein pessimistischer Gedanke störte ihr heiteres, fast ununterbrochenes Lachen.

Auf den warmen sonnigen Tag folgte eine schöne, sternhelle, doch feuchte und kalte Nacht, welche ich leider in der Pirogue verbringen musste, denn die Ufer waren überall sumpfig und an ein Landen nicht zu denken. Trotz einer dicken wollenen Decke drang die kalte, feuchte Luft ein. Nichts ist nämlich ungesunder als das Uebernachten in feuchten Gegenden, dadurch wird der Keim des tückischen Fiebers gelegt, welches dem Europäer so oft ein jähes Ende bereitet. So schwand ein Tag, ohne dass eine Landung möglich gewesen — das Salzwasser des Rio Grande vor uns, welches wir verfolgten, war allmählich zum Brackwasser geworden. Hatte sich auch

---

*) Dies die richtige Orthographie. — Gänzlich unrichtig ist die in französischen Abhandlungen gebrauchte Schreibart Boubah.

Auf dem Rio Grande.

die Vegetation nicht geändert, so war doch die Fauna eine andere. Darüber, sowie über die hier gemachten anderweitigen Beobachtungen sei später berichtet.

Wir waren bereits längst in das von Futah-Fullahs bewohnte Land eingedrungen und es war ein Glück, dass wir ihren Ansiedlungen fern geblieben, denn dass wir es nicht wagen konnten, uns blicken zu lassen, das sollten wir am nächsten Tage erfahren. Wir näherten uns eben einem Fullahdorfe; durch die Abendstille, welche vor Sonnenuntergang herrscht, vernahmen wir ein wirres Getöse; als wir näher kommen, ertönt deutlich der dumpfe Klang der Kriegstrommel uns entgegen, — derselbe monotone Wirbel, den wir vor wenigen Tagen gehört, aber nicht mehr Freunde sind es, wie damals, sondern wilde Feinde, deren Anschläge auch uns treffen sollen. Schon sehen wir auch am Ufer das Volk sich sammeln, sie haben uns gesehen und neugierig wenden sich ihre spähenden Blicke zu uns herüber. Auch meine Mandjags haben sie erkannt: es sind Futah-Fullahs, welche den Kriegszug im Westen zu verstärken sich anschicken. Hier ist Gefahr im Verzuge, denn wenn wir noch kurze Zeit in unserer Richtung fortfahren, sind wir in ihrer Gewalt. Ich gebe daher das Zeichen zu stoppen, aber dies genügt den geängstigten Mandjags nicht, mit allen ihren Kräften rudern sie der entgegengesetzten Richtung zu; begünstigt von der Strömung sind wir bald ausser Schussweite und in der That ist es hohe Zeit, denn nach wenigen Augenblicken belehrt uns das verworren zu uns herüberhallende Geschrei, dass sie Fremde, die sie für Feinde halten, erkannt, und die auf uns gerichteten Büchsen zeigen deutlich, welchen Empfang wir zu gewärtigen gehabt hätten. Doch schon sind sie uns ungefährlich, denn ihre schlechten, mit Steinschlössern versehenen Büchsen können uns keine Kugel mehr senden und das Ufer zu betreten hindert sie der Sumpf. Mit jedem Augenblicke wächst unsere Sicherheit und nur äusserste Vorsicht ist nothwendig, um nicht etwa weiter abwärts einen anderen Fullahzug aufzuscheuchen; deshalb halten wir uns vorsichtig am jenseitigen, mehrere hundert Fuss entfernten Ufer, und so gleiten wir langsam in der Sternennacht auf der silberhellen Fluth zurück, um endlich ungestört, doch unter Anwendung der grössten Vorsichtsmassregeln und nach längerer Zeit Buba zu erreichen.

Aber gar manchen peinlichen Moment, gar manche angstvolle Situation mussten wir erleben, oft sahen wir Flammen und Rauch aufsteigen, welches die Nähe der Fullahs bekundete, die, um sich einen Weg zu bahnen, den Wald niederbrannten. Dass meine Ruderer dabei tüchtig angestrengt wurden, ist selbstverständlich. Anfangs war es uns ein Leichtes gewesen, der Gefahr zu entgehen, indem die Fullahs nur am rechten Ufer des Nebenflusses des Rio Grande aufgetreten waren, im weiteren Verlaufe zeigten sie sich auch am anderen Ufer und wir waren gezwungen, fortwährend auf der Lauer zu sein und bald rechts, bald links auszuweichen.

CAPITEL XI.
Ankunft in Buba. — Die Belagerung. — Ein zurückgeschlagener Sturm. — Rückzug der Fullahs. — Die Ursachen des Krieges.

Als wir uns Buba näherten, erfuhren wir, dass die kleine Ansiedlung bereits belagert sei und dass soeben ein Sturm stattgefunden habe, der aber mit grossem Erfolge zurückgeschlagen worden war. Der Ort war von drei Seiten cernirt, doch blieb die Communication mit Bolama auf dem Wasserwege offen. Unbegreiflicher Weise hatten die Futah-Fullahs keinen Versuch gemacht, denselben abzusperren und doch wäre ihnen dies ein Leichtes gewesen, denn der Fluss hat unterhalb Buba die Breite des Rheins bei Basel und es war immerhin, trotzdem sich am Ufer in einiger Entfernung mit Schilf bewachsener Sumpf ausdehnt, einem einigermassen geübten Schützen nicht schwer, jedes Fahrzeug zu beschiessen, namentlich wenn, wie dies im weiteren Verlaufe des Kampfes geschah, beide Ufer von den Fullahs besetzt waren.

Buba ist die letzte portugiesische Colonie am Rio Grande, sie dürfte, ausser der Garnison circa hundertundfünfzig bis zweihundert Köpfe zählen, unter denen drei Weisse, zwei Franzosen — der eine ein Commis des Hauses Maurel & Prou in Bordeaux, der andere, Comte de M., ein früherer Sergeant-Major der Armee, hatte ein eigenes Geschäft —, und der dritte ein Creole von der Insel Fogo. Simoes, so war des letzteren Name, hatte in einem grossen aus Bastmatten bestehenden Hause ebenfalls ein Waarenlager; ausserdem waren noch einige portugiesische Mulatten in Buba ansässig. Der Handel war hier auf den Kauf von Erdnüssen beschränkt, gegen welche die Kaufleute die sattsam bekannten Tauschgegenstände abgaben.

Die Franzosen wohnen in kleinen Steinhäusern; ausser diesen zweien war noch ein solches vorhanden, welches meinem Freunde Macedo gehörte. Dasselbe war damals das Hauptquartier und die Kaserne, es bestand aus einem grossen Saal, selbstverständlich ohne

Fussboden und Decke, und zwei kleineren Räumen, welche vom Commandanten und vom Garnisonspfarrer bewohnt waren. Im grossen Saale, durch dessen Dach ich Nachts häufig die Sterne beobachten konnte, waren gerade Bomben, Gewehre, Kartätschen in Kisten und leider auch mehrere Pulverfässchen am Boden verbreitet, hinter dem Hause war ein geschlossener Quintal mit gedecktem Gange, der als Kaserne diente; sonst waren noch circa fünfzig, aus Bastdecken bestehende, mit eigenthümlichen Dächern versehene Hütten. Diese Dächer be-

Hinter den Palissaden.

stehen nämlich aus dünnen Bambusstäben, welche aneinander gelegt sind und durch Stricke befestigt werden. Nur der untere Theil des Daches ist mit Stroh bedeckt, so dass die oberen Theile hervorragen, doch ist das Häuschen durch eine horizontal angebrachte Matte vor Regen einigermassen geschützt. Da Buba im Süden und Westen von zwei Armen des Flusses umschlossen ist, von denen der eine allerdings nur eine Einbuchtung ist und leicht umgangen werden kann, so finden sich nur auf drei Seiten Befestigungen. Sie bestehen zu gewöhnlichen Zeiten nur aus einer hölzernen Palissade, welche denen der Einheimischen nahezu gleich kommt. es sind nebeneinandergestellte, nicht allzu dicke, unbehauene Baumstämme, welche fest in die Erde eingerannt werden und deren Höhe circa 8—9 Fuss beträgt; zwischen den einzelnen Stämmen ist genügender Raum zum Durchstecken der Gewehrläufe gelassen und an mehreren Punkten der Palissade waren Oeffnungen zum Aus- und Eingehen angebracht, welche merkwürdigerweise nicht durch Thore verschlossen waren. An einigen Stellen der Palissaden waren kleine Schanzen improvisirt worden, die allerdings dem, was ein Militär unter diesem Ausdrucke versteht, nur wenig entsprachen; sie bestanden aus nichts anderem als aus einem zwei Meter hohen, fünf Meter langen und vier Meter breiten Erdhügel, welcher von einem zwei Meter breiten, wenig tiefen Graben umschlossen war. In der Mitte der grössten Front stand noch eine grössere Schanze, man hatte jedoch leider versäumt, den Geschützen Deckung zu geben und somit die erste Bedingung einer regelrechten Verschanzung ausser Acht gelassen. Nur die Ungeschicklichkeit des Feindes verhinderte, dass dieser Leichtsinn sich schwer rächte. Im Ganzen standen sechs kleine Gebirgskanonen bereit, von denen drei in der Hauptfront, zwei an den gegen das Wasser zu liegenden Seiten aufgestellt waren.

Es dürfte hier wohl am Platze sein, einiges über die Garnison und Einwohnerschaft Buba's zu berichten. Erstere bestand zur Zeit meiner Anwesenheit aus circa hundert Mann, einschliesslich der Offiziere, welche durch einen Hauptmann, einen Lieutenant und zwei Unterlieutenants repräsentirt waren. Der Hauptmann und Commandant Senhor Simoes war leider fast während des ganzen Angriffes durch heftiges Fieber, welches sich bis zum Delirium steigerte, ausser Stande das Commando zu führen, so dass er es dem ersten Lieutenant abtreten musste. Die Mannschaft war, mit Ausnahme eines einzigen portugiesischen Unteroffiziers, von schwarzer Farbe, die meisten von ihnen waren Eingeborne der Angolaprovinz und nur der geringere Theil stammte von den capverdischen Inseln. Sie gehörten sämmtlich dem in Bolama stationirten Tirailleurs- oder Calzadores-Regimente an. Leider hatte man vergessen, Artilleristen, welche in dieser Provinz nur in Bissaō stationirt sind, herbeizurufen, und so mussten die mit den Geschützen wenig vertrauten Chasseurs dieselben bedienen. Ueber die Tüchtigkeit dieser Truppe konnte man sich wohl nicht gerade anerkennend aussprechen und auch die eigenen Offiziere gestanden ein, wie schwer es ihnen falle, mit einer solchen Mannschaft etwas auszurichten*), Muth besitzt sie zwar, doch fehlt jede Disciplin und

---

*) Der Afrikareisende Major Serpa Pinto hat in seinem Reisewerke Gelegenheit genommen, sich über diese eingeborenen Truppen sehr abfällig zu äussern, und giebt der

ihre Kampfesweise besteht gerade so wie die ihrer Feinde in einem planlosen fortwährenden Losschiessen der Gewehre. Es ist nicht möglich sie eine Zeit lang auch während des Kampfes zum Schweigen zu bringen; namentlich die Angolaneger sind in dieser Hinsicht unverbesserlich.

Was die übrigen Einwohner von Buba anbelangt, so waren dieselben Mandjags und Mandingas, denn unweit des Städtchens beginnt in nördlicher Richtung die Mandingabevölkerung, während in östlicher und südlicher Richtung bereits die schwarzen Fullahs wohnen. Von letzteren hatten sich aus den zunächst gelegenen Dörfern eine Anzahl nach Buba geflüchtet, was bei den übrigen Bewohnern grosses Misstrauen erregte, so dass der Commandant sich gezwungen sah, dieselben zu entwaffnen. In der That war das Misstrauen auch nicht ungerechtfertigt, denn die Bewohner verschiedener Fullahdörfer hatten sich den Futah-Fullahs angeschlossen. Bewaffnet waren die schwarzen Einwohner sämmtlich mit Steinschlossflinten, die meisten davon, welche überdies mit der Buba bekleidet waren, trugen noch den in West-Afrika üblichen krummen Säbel mit der feingearbeiteten Lederscheide. Die Zahl der waffenfähigen Männer schätzte ich auf ungefähr fünfzig.

Als ich in Buba landete, wurde ich sofort von vielen Neugierigen umringt, die mich mit allerlei mir meist unverständlichen Fragen bestürmten, da es Allen unbegreiflich erschien, was ein Weisser auf diesem exponirten Posten zu suchen habe. Ich ging sofort zum Commandanten, dem ich empfohlen war und der mich obzwar er bettlägerig war, auf das Freundlichste begrüsste; leider konnte er mir, durch seine Krankheit gehindert, nichts nützen und wies mich an die übrigen Offiziere, sowie an den Geistlichen, von denen ich sehr liebevoll aufgenommen wurde, indem sie mir Unterkommen und Verpflegung anboten. Da jedoch die Offiziere selbst nur in improvisirten Strohhütten wohnten, so zog ich es vor, im Hause Macedo's beim Geistlichen mein Quartier aufzuschlagen, weil das der einzige Raum war, welcher vor Feuchtigkeit geschützt, ein geeignetes Nachtlager bot. Nachdem ich eine Stärkung angenommen, begab ich mich daran, die Befestigungen und die Ortschaft zu besichtigen; dabei fiel es mir auf, dass vor dem Hause des Commandanten nicht einmal ein Wachtposten aufgestellt war, umsomehr als sich darin die ganze Munition befand. Auch die Südseite, welche durch den Fluss

---

Regierung den Rath, selbe aufzuheben. Sein Urtheil dürfte vielleicht etwas zu hart sein, denn bei mehreren Gelegenheiten haben sich die einheimischen Bataillone ganz gut bewährt.

einigermassen geschützt war, fand ich gänzlich unbewacht und eine daselbst befindliche Kanone war sich selbst überlassen, obgleich Tags vorher erst die Fullahs herübergeschossen hatten.

Eine Ueberschreitung des circa 50 Meter breiten Flussarmes war letzteren allerdings wegen Mangels an Fahrzeugen vollkommen unmöglich. In der Ortschaft selbst war Alles unter Waffen, überall lehnten vor den Häusern Gewehre, doch schienen sich die Insassen nicht viel aus der Gefahr zu machen. Ein einheimischer Mandingaweber arbeitete an seinem Webstuhle ruhig fort, trotz Flinten- und Kanonenschüssen; in einem anderen Hause sassen mehrere Männer ruhig und ganz vergnügt beim einfachen Mahle, dort stampften mehrere Weiber singend den Mil und andere standen lachend und schwatzend, nur hie und da sah man mehrere mit dem Buba bekleidete Mandingas den Säbel an der Seite, das lange Gewehr im Arme, langsam daherziehen. Die ganze Bevölkerung war nämlich zum Militair- und Wachdienst im Innern des Platzes commandirt und die vier Weissen waren die Commandanten dieser kleinen Bürgergarde. An der Kirche des Ortes, oder vielmehr an der Stelle, die diesen Namen trug, vorüberschreitend (es war nämlich nichts anderes als ein unbedeckter, auf zwei Seiten durch Matten begrenzter Raum, an dessen einem Ende ein primitiver Tisch mit zwei Leuchtern und einem Crucifix sich befand), kamen wir zur grossen Schanze, auf welcher eine Haubitze aufgestellt war. Die Bedienung derselben war dem französischen Grafen M. überwiesen worden, und derselbe hatte nicht geringe Verheerungen unter den Fullahs angerichtet; an den Palissaden schritten momentan nur einige Wachtposten auf und ab, denn die Fullahs hatten sich nach einem vierundzwanzigstündigem, fast ununterbrochenen Sturme, während dessen sie bis dreihundert Schritt von der Palissade weit vorgerückt waren, von wo sie durch den Kartätschenhagel aus der erwähnten, vom Grafen so geschickt gerichteten Haubitze und die Hohlgeschosse aus den zwei übrigen auf dieser Front stehenden kleinen vierpfündigen Armstrongkanonen niedergeschmettert, in wilder Flucht zurückgeschlagen wurden, mehrere Kilometer von Buba entfernt, nach rückwärts concentrirt und beschäftigten sich dermalen mit der Beerdigung ihrer Todten, welche sie mit heldenmüthiger Aufopferung mitgeschleppt hatten. Diese Pause war auch für die Vertheidiger von grosser Wichtigkeit, denn nicht nur dass dieselben von den Anstrengungen des vorhergehenden Tages sich erholen konnten, sondern der Waffenstillstand gestattete auch, ein wichtiges und unumgängliches nothwendiges Erhaltungsmittel, nämlich den Wasservorrath zu erneuern: obgleich der Ort bei Einhaltung gewisser Rationen noch für mehrere Tage Wasser gehabt hätte, so war es doch bei der herrschenden Wasserverschwendung und bei der Unmöglichkeit die Belagerten davon abzuhalten (ich habe dort nicht nur an Trink- sondern auch an Waschwasser grossen Ueberfluss gehabt), unvermeidlich, Wasser aus der Nachbarschaft herbeizuschaffen. Gleichsam um ihren Feinden eine Gefälligkeit zu erweisen, hatten sich die Fullahs unter Preisgebung der circa 500 Meter von der Palissade entfernten Quelle zurückgezogen; dahin pilgerten nun, während der durch die Einstellung der Feindseligkeiten gebotenen Pause mit den traditionellen grossen Thonkrügen oder mit Kürbisflaschen ausgerüstet, die Soldaten, und Mandingas männlichen und weiblichen Geschlechtes. Vor der Palissade erhob sich nämlich ein aus Palmen und Mimosen bestehender Wald, welcher jedoch auf circa 3—400 Meter der Vertheidigung halber abgeholzt worden war. Circa 500 Meter von der Palissade entfernt zog sich ein kleines Thal dahin, welches ein Bächlein durchfloss; das war die Quelle, aus der die Bewohner Buba's ihr Wasser bezogen. Das kleine Thal war von den Fullahs übrigens ganz geschickt benutzt worden, um aus dem Hinterhalte auf die Belagerten zu feuern. Die Kartätschen der Portugiesen hatten daselbst erfolgreich gewirkt und ich beobachtete, als ich ebenfalls die Quelle besuchte, grosse Blutlachen, wenngleich Todte oder Verwundete, da sie wie erwähnt, bereits von ihren Landsleuten weggenommen worden, nicht mehr auffindbar waren. — Hier einige Worte über unsere Angreifer, deren Zahl von mir auf circa dreitausend geschätzt wurde, während man in Buba von fünf bis sechstausend faselte. Die feindliche Armee, wenn man sich so ausdrücken darf, bestand aus sehr verschiedenen Elementen, aus dem Anführer Yay-Yay, welcher ein Sohn des in Labé herrschenden Almamis Ibrahim Alpha sein soll, und seinen Edelleuten, welche alle durch reichverzierte Kleidung auffielen, gute, schöne Pferde ritten und mit allen möglichen Hinterladern (Chassepot, Lefaucheux, Ramington-System) bewaffnet waren, ferner aus circa 300 ebenfalls gut bewaffneten und gut gekleideten Reitern, welche Futah-Fullahs waren, sodann circa tausend und mehr Fussgängern von demselben Stamme, während der Rest aus wahrscheinlich unterwegs zusammengelaufenen schwarzen Fullahs bestand, zum Theil nur wenig bekleidet und alle nur mit Steinschlossflinten bewaffnet. Namentlich die ersteren, durchwegs Mohamedaner, schlugen sich mit staunenswerther Kühnheit, doch waren sie sämmtlich sehr schlechte Schützen und so kam es denn auch, dass, während vielleicht von Seiten der Angreifer zwölftausend Schüsse fielen, nicht ein einziger von den Angegriffenen, irgend ernstlich verletzt wurde. Dies war namentlich dem Umstande zuzuschreiben, dass die Angreifer niemals zielten, sondern fortwährend ins Blaue hineinschossen.

Lange durften wir bei der Quelle nicht verweilen, denn die Fullahs konnten, durch den Wald gedeckt, jeden Augenblick hervorbrechen und uns überraschen, und in diesem Falle wäre unser Schicksal unzweifelhaft gewesen. So kehrten wir denn nach kurzem Aufenthalte wieder in die Ortschaft zurück. Dicht in der Nähe der Palissade hatten sich die Offiziere kleine Strohhütten errichtet, in welchen sie

Berittener Futah-Fullah.

halbwegs vor der Feuchtigkeit und den Sonnenstrahlen geschützt waren, was bei der unerträglich heissen Witterung sehr nothwendig erschien.

In mein Quartier zurückgekehrt, hatte ich das Vergnügen, bei dem Geistlichen ein in jeder Beziehung, wenigstens für afrikanische Verhältnisse, sehr gutes Mahl einzunehmen, denn in Buba gab es — o Wunder! — Rindfleisch; im Platze selbst, oder in dem geschützten, westlich liegenden Hofe lagerten nämlich beiläufig zwölfhundert Rinder, welche alle das Eigenthum der geflüchteten schwarzen Fullahs waren; ein einziger davon besass nicht weniger als achthundert und hätte derselbe auch bei uns als reicher Mann gegolten. Die dortigen Kühe sind höchstens mittlerer Statur, von lichter Farbe und werden nicht sehr fett. Hätte ich noch eine Flasche Wein gehabt, so wäre mir die Mahlzeit wunderbar erschienen, so aber begnügte ich mich auch mit Branntwein. Zum Ueberflusse wurde ich nach beendeter Mahlzeit noch von den drei anderen Europäern, sowie von den Offizieren abermals zum Essen eingeladen und hatte Mühe ihnen begreiflich zu machen, dass es doch nicht wohl anginge, noch ein Mal zu essen: ich dachte damals nicht, dass ich einige Wochen später so ausgehungert sein würde, um mit dem grössten Vergnügen zweimal zu speisen. Einigermassen befremdend war mir am Abend, als ich mein Feldbett im genannten Saale des Commandantenhauses aufschlug, das Gefühl, mit zahlreichen Granaten, Patronen, Gewehren, namentlich aber mit einigen Pulverfässchen unter einem Dache schlafen zu sollen; doch die Müdigkeit liess mir nicht Zeit, lange darüber nachzudenken, denn bald erfreute ich mich eines festen, bis zum Morgen andauernden Schlafes.

Am nächsten Tage hatte ich Gelegenheit, einiges über die Kampfesweise der Futah-Fullahs zu erfahren, denn diese versuchten noch ein letztes Mal, sich der Palissade zu nähern. Ihr Angriff erfolgte, wie mir berichtet wurde, immer unter denselben Umständen; der Anführer theilte seine Armee in zwei Theile, wovon der grössere aus dem Walde stürmend hervorbrechen sollte, während der kleinere nicht ohne Schlauheit einen Scheinangriff dadurch bewerkstelligte, dass er über den Fluss her von der Südseite den Platz mit Kugeln überschüttete, welche allerdings nur den Dächern Schaden thaten, und hierauf, nachdem er dergestalt unsere Aufmerksamkeit auf jenen Punkt gelenkt hatte, stürmte plötzlich aus circa 700—800 Meter Entfernung die grössere Masse, ihnen voraus eine lange, eine Art Vorhut bildende, circa 10 Mann hohe Kette, mit mehreren Reitern, welche offenbar die Chefs waren, an der Spitze; sie suchten ohne jegliche Deckung unter fortwährendem Halten, Schiessen und Weiterrennen so nahe als möglich an die Palissade heranzukommen, doch blieben ihre Bemühungen ohne Erfolg, denn wenn auch unsere Schwarzen, welche unablässig zwischen den Palissaden durchfeuerten, ihnen, da sie ebenso schlechte Schützen waren als jene, keinen grossen Schaden verursachen konnten, so wurden sie andererseits von der von dem französischen Grafen dirigirten Haubitze mit einem Kartätschenhagel überschüttet, während die zwei gezogenen Gebirgskanonen mit ihren Hohlgeschossen nicht geringe Verheerung unter ihnen anrichteten. Dies wirkte denn auch wunderbar, namentlich nachdem einige der reitenden Anführer verwundet niedergesunken waren, machten auch die Kühnsten schleunigst Kehrtum, und stoben in wilder Flucht auseinander; unglücklicherweise geriethen sie dabei auf das Gros, welches zurückgeblieben war, und brachten dasselbe ebenfalls in Unordnung. Wäre in der Ortschaft eine kriegstüchtigere Truppe gewesen, so hätte ein solcher Moment zu einem Ausfall glücklich benützt, dem Feinde so ungeheuren Schaden anthun können, dass derselbe sicher sofort zur Aufhebung der Belagerung gezwungen worden wäre; leider unterblieb es. Merkwürdigerweise wiederholte sich diese Taktik der Fullahs immer wieder bei jedem neuen Angriffe; jedesmal brachen sie unter stürmischem Geschrei mit Wucht auf uns los, um immer nach einigen Kanonenschüssen in die Flucht geschlagen zu werden; ein leichtes wäre es ihnen dagegen gewesen, wenigstens denjenigen, welche weittragende Hinterlader hatten, unter dem Schutze des Waldes, die, wie erwähnt, nicht gedeckte Bedienung der Geschütze zu vernichten, was alsdann dem Kampfe wohl eine andere Wendung gegeben hätte, doch wurde niemals ein regelrechter Angriff versucht und, obgleich sie besser bewaffnet waren, als die Unserigen, und über eine zehnfache Uebermacht geboten, vermochten sie trotz wüthenden und zehnmal wiederholten Sturmes, nichts auszurichten. Ihr Verlust war übrigens ebenfalls kein grosser, denn obgleich er in Buba auf mehrere Hundert geschätzt wurde, so habe ich doch gegründete Ursache zu glauben, dass kaum hundert Fullahs als Opfer ihrer Habgier und ihres Fanatismus fielen.

Ein Glück war es übrigens, dass von der Garnison und den Bewohnern, einige Streifschüsse und Hautabschürfungen abgerechnet, keiner arg verletzt wurde, jeder schwer Verwundete wäre unfehlbar erlegen, da das gesammte ärztliche Personal aus einem Apotheker bestand, welcher wohl im Brauen von Mixturen, weniger aber in der Behandlung von Schusswunden bewandert war. Im Hauptorte Bolama jedoch sassen drei oder vier Regierungsärzte, deren Thätigkeit wohl nicht so in Anspruch genommen war, dass ihnen eine Reise hierher unmöglich gewesen sein würde.

Noch am selben Abende sandte Yay-Yay einen Parlamentär; derselbe berichtete zuerst, dass Yay-Yay drei Schwarze vom Senegal, welche als Reisende eines französischen Hauses zum Einkaufe von Erdnuss ausgesandt worden waren, und gerade von Norden her kamen, gefangen genommen habe,*) sie aber gut behandelt würden, er erbot

---

*) Es ist dies um so auffallender, als Ibrahim Alpha kurz nachher den Agenten Aimé Olivier in Guidali empfing und demselben seinen Schutz und seine Freundschaft aussprach.

sich auch, dieselben gegen mehrere Fullahs, welche der Commandant in Verwahrung hielt, auszutauschen, welcher Wunsch ihm jedoch aus guten Gründen nicht bewilligt werden konnte. Ferner überbrachte er dem Commandanten die Freundschaftsbezeigungen Yay-Yay's und dessen Erklärung, dass er ein Freund der Weissen sei und dass nur in einem Missverständniss, indem aus der Palissade auf seine Leute geschossen worden sei, die Feindseligkeiten ihren Ursprung gehabt hätten, um deren Aufhebung er nunmehr bitte. Dies war nun selbstverständlich alles vollständig erlogen; denn was den Vorwand der Feindseligkeiten betrifft, so war er ein sehr geringfügiger, irgend ein plausibler Grund lag nicht vor. Es handelte sich auch hier nur um die gewöhnlichen Motive, welche die Völker Afrika's zu den fortwährenden aufreibenden Kriegen veranlassen — Habsucht, Beutegier und das Bedürfniss nach Sklaven, alles vielleicht nur die Ausflüsse des Hauptfehlers der Negervölker, der stolzen Faulheit, welche ihnen jede Arbeit, mit Ausnahme des Krieges, als unwürdig und unmöglich erscheinen lässt und welche jeden Aufschwung, jegliche Anregung zur Civilisation, zur Besserung der Verhältnisse im Keime erstickt, denn, da die Besitzer des Bodens jede Arbeit verweigern und auch die Frauen, welche meist diesen Arbeiten obliegen, nicht ausreichen, so bleibt eben nichts übrig, als dem Bedürfniss nach Arbeitskräften durch Import fremder Neger Genüge zu thun, welch letztere in Afrika nur Sklaven sein können. Dieselbe Arbeitsscheu führt dann selbstverständlich auch zum Raub, wenn sich eine günstige Gelegenheit darbietet, auf leichte Weise auf Kosten des Nachbars reich zu werden. Dies ist wohl die beste Erklärung jener zahlreichen, immerwährenden Streitigkeiten zwischen kleinen und grossen Stämmen, auch wenn sie der Rasse nach noch so sehr verwandt sind.

Diejenigen Kriegsgefangenen, welche in die Sklaverei geschleppt werden, trifft kein günstiges Schicksal. Leider werden die Unglücklichen, welche nicht zu Hause verwendet oder anderweitig verkauft werden können, häufig getödtet, da man das Infreiheitsetzen der Gefangenen als etwas ganz Unerhörtes betrachten würde. Das schrecklichste Schicksal trifft übrigens diejenigen, welche nicht an Ort und Stelle als Sklaven bleiben, sondern verkauft werden, und oft von Hand zu Hand in sehr entfernte Gegenden wandern müssen, wobei sie selbstverständlich unterwegs von den Händlern auf das Schändlichste misshandelt werden, was besonders für die heidnischen Neger gilt, welche in muselmanische Gegenden verschleppt werden. Die Misshandlungen, welche solche Individuen auszustehen haben, sind schon von vielen Reisenden zur Genüge geschildert worden und ich kann mich also damit begnügen das Vorkommen solcher Gräuel auch in der mir bekannten Gegend zu constatiren. Dass das Schicksal dieser Unglücklichen wirklich ein sehr trauriges ist, beweist das sonst bei den Nigritiern ungemein seltene Vorkommen von Selbstmordfällen, denn nur schlechteste Behandlung und die Hoffnungslosigkeit, die Heimath, an welcher die Neger mehr hängen als irgend ein europäisches Volk, wiederzusehen, vermag sie, die sonst so Lebenslustigen dazu zu treiben, sich freiwillig dem Tode in die Arme zu werfen.

Man sieht also, dass nicht, wie man in Europa so oft behauptet, die Weissen allein es sind, welche den armen Negern in der Sklaverei ein unerträgliches Dasein verschaffen, denn gegenüber den Qualen, welche ein afrikanischer Negerhändler beispielsweise seiner Waare angedeihen lässt, ist auch die in so manchen dramatisch gehaltenen Schilderungen der abolitionistischen Schriftsteller besprochene Behandlung der Schwarzen eine wahrhaft milde zu nennen. Sklaverei und Sklavenhandel sind eben so alt als die Welt steht. In älterer Zeit ist gerade das Gebiet des Rio Grande und das bis zum Rio Casamança gelegene nördlichere ein ziemlich ergiebiges für die Sklavenhalter gewesen und viele Hunderte von Schiffen sind hier, mit schwarzer Waare beladen, von dannen gesegelt. Noch vor dreissig Jahren kreuzten die englischen Kanonenboote vor der Mündung des Rio Grande, um den Schiffen der Sklavenhändler nachzujagen, während heutzutage dieses einträgliche Geschäft gänzlich aufgehört hat. Das Material zu diesem Handel lieferten nicht nur die dicht an der Küste gelegenen Völker wie Papels, Balantas, Nalus, Bijagos, sondern auch die weiter im Innern gelegenen Mandingas, Bambaras und nicht zum geringsten Theile auch die kriegerischen Futah-Fullahs.

Um auf den heutigen Stand der Sklaverei zurückzukommen, sei noch bemerkt, dass die weissen Ansiedler, wenn sich Gelegenheit bietet, am Rio Grande und anderen benachbarten Orten von den Nigritiern, namentlich von den Fullahs, die Gefangenen, besonders solche, welche sonst dem Tode preisgegeben wären, kaufen und auf diese Weise manchem Unglücklichen nicht nur das Leben retten, sondern ihn auch einer besseren Zukunft zuführen; solche Sklaven müssen sich dann verpflichten, mehrere Jahre dem betreffenden Ansiedler unentgeltlich zu dienen*) und dieser Vertrag wird von den Behörden

---

*) Um Missverständnisse zu vermeiden, betone ich, dass solche Diener, so weit es portugiesische Behörden giebt, vollkommen frei sind und gleiche Rechte wie alle übrigen Bürger geniessen.

sanctionirt, ein Vorgang, welcher jedenfalls volle Billigung verdient und wie mir mitgetheilt wurde, auch von den französischen Colonisten geübt wird.

Sklavenhandel findet jedoch noch von Futah-Djallon aus nach den Negerländern und Nord-Osten statt, und werden von den Fullahs Kriegsgefangene in die mohamedanischen Sudanländer als Sklaven verkauft. [9]

Doch kehren wir nach dieser kleinen Abschweifung zu den Futah-Fullahs und zu den Ursachen des von ihnen unternommenen Krieges zurück.

Zu den eben genannten Motiven der afrikanischen Kriege ge-

Die Chefs der Futah-Fullahs beim Commandanten in Buba.

sellte sich bei den muselmanischen Futah-Fullahs vielleicht auch noch etwas religiöser Fanatismus gegen die Christen, doch war Beutelust jedenfalls das den Ausschlag gebende Moment, denn wie die in der Nähe wohnenden schwarzen Fullahs berichteten, hatten sich die Chefs schon vorher über die Theilung der Beute verständigt. Von einigen Portugiesen hörte ich übrigens auch die Vermuthung aussprechen, dass die Franzosen, welche nur ungern die Entwicklung der portugiesischen Colonien sahen, die Futah-Fullahs gegen Buba gehetzt hätten. Wenngleich diese Ansicht eine sehr übertriebene war, so ist es immerhin nicht unmöglich, dass Kaufleute aus einer von den Fullahs bedrohten französischen Colonie denselben, nebst dem nöthigen Lösegeld, den freundschaftlichen Rath gaben, lieber Buba mit ihrem Besuche zu beehren, womit sie aber jedenfalls nur ihre Landsleute schädigten, denn diese waren es hauptsächlich, welche durch die kriegerischen Ereignisse am meisten einbüssten. Sei dem wie es wolle, die Futah-Fullahs unter dem Oberbefehle Yay-Yay's und des Chefs von Guidali langten eines Tages vor Buba an und begehrten, nebst dem ihnen schon bei früheren Gelegenheiten gewährten Tribute von tausend Gourdes (5000 Francs) noch das Recht, bewaffnet in der Anzahl von sechshundert Mann den Gouverneur in Buba begrüssen zu dürfen, was letzterer ihnen allerdings rund abschlagen musste. Es kam zu langen Debatten und wahrscheinlich hätten sich die Futah-Fullahs auch mit dem Gelde allein, welches ihnen übrigens bei früheren Gelegenheiten von Kaufleuten gezahlt worden war, begnügt, doch dieses schlug der Commandant ebenfalls aus.

Auch bei der späteren, vor meinen Augen sich abspinnenden Verhandlung, erboten sich die Kaufleute von Neuem zur Intervention, doch konnte der Commandant dieselbe nicht mehr annehmen.

Schon am nächsten Tage zogen sich indessen die Fullahs vollständig von Buba zurück, indem die einen mehrere Meilen östlich davon sich sammelten, während andere auf dem linken Ufer den Rio Grande abwärtszogen, um namentlich die am linken Ufer gelegenen Farmen zu brandschatzen; besonders gefielen sie sich darin, grosse Vorräthe von Erdnüssen zu verbrennen; — endlich nach acht bis zehn Tagen sollen sie, wie ich später erfuhr, auch von hier abgezogen sein.

Dass übrigens der Kriegszug der Futah-Fullahs kein unbedeutender war, geht auch aus dem Reiseberichte der vom englischen Gouverneur von Gambia (Bathurst) entsandten Gesandtschaft hervor, welche, den Lauf des Gambiaflusses verfolgend, im Februar in Timbo beim Herrscher von Futah-Djallon eintraf.[*] Sie fanden das Land verlassen, denn die sämmtliche waffenfähige Bevölkerung war gegen Westen gezogen. Dies stimmt mit der Zeit vollkommen überein, offenbar war es der Kriegszug, dem ich zu begegnen das Unglück hatte. Ob es nur Raubsucht oder politische Motive waren, ist in dem englischen Bericht unerörtert gelassen. Der französische Reisende Gaboriaud, welcher vom Rio Nuñez gegen Norden zog, traf den Almami Ibrahim Alpha kurz nach seiner Rückkehr in Dakhar Guidali im Mai desselben Jahres.[*] Der, während meiner Anwesenheit erfolgte Angriff der Fullahs hatte im Februar stattgefunden.

---

[*] Ich entnehme diese Bemerkungen dem in Petermann's Mittheilungen publicirten vorläufigen Berichte. 1881 Juliheft.

CAPITEL XII.

Unmöglichkeit weitern Vordringens. — Rückfahrt nach Bolama. — Die Bijagos. — Nach Bissaō.

Meine Lage in Buba war keine beneidenswerthe, es war mir unmöglich, vorzudringen, denn das einzige Mittel um dies zu erreichen, wäre eine directe Verständigung mit den Häuptlingen der Futah-Fullahs, insbesondere mit Yay-Yay gewesen, welchem Plane sich aber eine Reihe von Hindernissen entgegenstellte. Zu diesen war vor Allem das Verbot des Commandanten mit dem Feinde zu verkehren, welches er den Kaufleuten, die sich erboten, Yay-Yay zum Frieden zu bewegen, wiederholt hatte, zu rechnen, das sich naturgemäss auch auf mich erstreckte, denn selbst in Afrika ist es immerhin riskirt, in einem belagerten Platze dem Willen des Commandanten entgegen zu treten. Wäre ich nur sicher gewesen, bei Yay-Yay Gehör zu finden, so würde ich mich schliesslich auch daran nicht gekehrt haben, aber da die Geschenke, welche ich demselben bieten konnte, für einen so mächtigen Heerführer viel zu geringe waren, so lief ich Gefahr, entweder von ihm für einen Spion angesehen und als Gefangener zurückgehalten oder wenigstens abgewiesen zu werden, wodurch meine Lage dem Commandanten gegenüber unhaltbar geworden wäre. Anders hätte sich die Sache verhalten, wenn ich Franzose gewesen wäre, denn die Futah-Fullahs unterscheiden sehr gut Portugiesen, Engländer und Franzosen; während sie den ersteren geradezu feindlich gesinnt sind, haben sie in der letzten Zeit Freundschaftsbündnisse mit den letzteren geschlossen, wie dies die Reise des Gouverneurs von Sierra Leone nach Timbo bewiesen hat. Namentlich aber übt seit circa drei Jahren Frankreich grossen Einfluss auf die Könige von Timbo aus, seitdem Olivier u. A. Bündnisse mit ihnen geschlossen haben, und gerade jetzt befindet sich laut Zeitungsnachrichten eine Deputation aus Futah-Djallon in Paris. Bei ihrem Scharfsinne und ihrer Bekanntschaft mit den Europäern, wäre es mir nur schwer gelungen, mich für einen Franzosen auszugeben, aber selbst wenn ich dies mit meiner Kenntniss der französischen Sprache erreicht hätte, so wäre die Entdeckung der thatsächlichen Verhältnisse nicht ausgeblieben und dann wahrscheinlich verhängnissvoll für mich geworden, denn überall am Rio Grande, in Buba u. s. f. wusste man, dass ich kein Franzose sei; dagegen war wohl mit Sicherheit anzunehmen, dass eben so wenig wie es mir bei den mit Weissen in Contact stehenden Negern möglich gewesen war, beizubringen, dass ich ein Deutscher und was ein Deutscher sei, dies mir etwa gegenüber den Fullahs gelingen könne, denn so weit reichen denn doch ihre geographischen Kenntnisse nicht, um sie zu überzeugen, dass ausser jenen drei Nationen noch andere mächtige Völker existiren. Da aber die Nachrichten über Reisende von einem Punkte zum andern rasch sich verbreiten, wäre es bald auch von den Futah-Fullahs entdeckt worden, dass ich kein Franzose sei, und wäre ich dann sicher als Portugiese oder Engländer entpuppt worden, was zu den unangenehmsten Consequenzen hätte führen können, wie denn überhaupt in diesen Gegenden West-Afrika's nur Franzosen, denen nicht nur das grosse Prestige ihrer Macht und ihres Reichthums, sondern auch ihres Wohlwollens und der vortheilhaften Handelsverbindungen mit den Schwarzen vorangeht, möglich ist, zu reisen, und in der That ist es nur den Forschern dieser Nation in den letzten Jahrzehnten gelungen, ohne sich ihres Charakters als Christen und Europäer zu entäussern, mit Leichtigkeit weit in's Innere vorzudringen und beispielsweise der Reisende Olivier konnte, allerdings unterstützt durch die erheblichen Geschenke, welcher dieser reiche Mann allenthalben austheilte, nach Timbo gelangen, ohne mit irgend welchen Schwierigkeiten kämpfen zu müssen. Deshalb wird es auch in nächster Zeit gerathen sein, die Erforschung dieser Gegenden den Franzosen zu überlassen.

Für mich hatte demnach der kleine Kriegszug die unangenehme Folge gehabt, mir jedes Weitervordringen am Rio Grande zu erschweren, denn selbst nach dem Abzuge der Krieger wäre es unmöglich gewesen, sich von Buba in ihr Land zu begeben, da sie unzweifelhaft jeden in ihre Hände fallenden Weissen als Feind behandelt hätten. Es wäre mir allerdings noch die Möglichkeit offen geblieben, von Geba aus einzudringen; auf dem Landwege hätte ich dies, wie man mir berichtete, zu Pferde in 24 Stunden oder zwei Tagen erreichen können, auch hatte ich gleich bei meiner Ankunft mich um Pferde und Träger umgesehen und waren mir beide zugesagt. Als ich am dritten Tage meines Aufenthaltes die Sache ernstlich ins Auge zu fassen begann, wurde mir jedoch in entschiedenster Weise abgerathen, namentlich im Hinblick auf das Schicksal der drei früher erwähnten französischen schwarzen Unterthanen, welche in die Hände Yay-Yay's gefallen waren. Doch hatte dieser Marsch so viel Anziehendes für mich, dass ich davon nicht abstand und vor Allem einige Recognoscirungsritte unternahm, um mich zu vergewissern, ob ein weiteres Vordringen möglich sei, und die kleinen Fullahdörfer Sambaffim und Dakhar Foreah besichtigte, welche, nachdem sich die Fullahs gegen Süden gezogen hatten, von Truppen entblösst waren. Letzteres liegt ungefähr neun Kilometer in östlicher Richtung von Buba und wird von rothen Fullahs bewohnt; es steht unter der Botmässigkeit des Chefs von Guidali, welcher, wie ich später erfuhr, einer der Hauptanstifter des Krieges gewesen. Daher zog ich es auch vor, nicht in das Dorf einzudringen und mich unbemerkt zu entfernen, während ich dagegen in dem von schwarzen Fullahs bewohnten Sambaffim mich ungestört aufhalten konnte, da dieselben sich nicht offen an den Feindseligkeiten betheiligten. Das Gebiet der schwarzen Fullahs ist in dieser Gegend kein streng begrenztes, indem sie zwischen den rothen Fullahs, sogar oft auch zwischen den Mandingas vertheilt erscheinen; östlich und südlich sind sie sehr verbreitet, während jenseits des Rio Grande, gegen Geba zu, die Mandingas wohnen. Um letzteres zu erreichen, muss man schon bei Buba den Rio Grande mittelst Kahn überschreiten und durch ungeheure Waldungen vordringen, welche fast gänzlich unbewohnt sind. Man kann auch einige Meilen oberhalb Buba den Rio Grande und das Gebiet der Fullahs, dann der Mandingas passiren, ein Weg, der für mich selbstverständlich nicht praktikabel war; aber auch der erstere schien nicht leicht zugänglich, da es verlautete, dass die Fullahs einen Streifzug auch gegen Norden beabsichtigten und ein solcher Marsch jedenfalls riskirt gewesen wäre; es war also nur noch die Möglichkeit offen, genau in nördlicher Richtung vorzudringen, aber hier war undurchdringlicher Urwald, menschenleere Wildniss, denn sowohl zwischen Rio Grande und Rio Geba als auch östlich und südlich von Buba, zieht sich eines der schönsten Waldgebiete hin, an den Flussufern jene dichte, üppige, durch Schilf und dichte Schlingpflanzen charakterisirte Vegetation, weiter im Innern wunderschöner Hochwald, zum Theil Akazien, wie östlich von Buba, zum Theil Woll- und andere Riesenbäume, deren Gebiet sich mehr nördlich von Buba ausdehnt, dazu streckenweise durch Gräser charakterisirtes Steppenland, sowie vereinzelte Palmen.

Nachdem ich den Plan, Geba auf den Landwege zu erreichen, aufgegeben und auch die Versuche einer friedlichen Auseinandersetzung mit den Fullahs gescheitert waren, beschloss ich die Rückkehr und benutzte die Abfahrt einer mit Erdnüssen beladenen Barke, um wiederum den Weg gegen Westen anzutreten. Ueberall fand ich die Ufer des Rio Grande in Aufruhr versetzt, durch die Annäherung der Fullahs, und ich konnte von Glück sagen, dass diese nicht beide Ufer des Flusses besetzt hatten, wodurch sie die Flüchtlinge auf demselben in die grösste Gefahr hätten bringen können. Sie begnügten sich jedoch damit, am linken Ufer Vieh und Erdnüsse zu rauben und isolirte, von ihren Einwohnern verlassene Faktoreien zu plündern, sowie die Wälder niederzubrennen, um sich einen Weg zu bahnen. Nachdem ich einen guten Theil der Nacht zur Fahrt oder vielmehr zur Flucht benutzt hatte, langte ich auf der Farm eines Portugiesen Namens Gaetano Medina, am linken Ufer des Flusses, an, wo wir vorläufig der dringendsten Gefahr entronnen waren; allerdings fanden wir die Bewohner derselben auch auf dem Qui vive, doch waren wir hier bereits in dem Reiche der Biafaden angelangt und vor einem Ueberfall wenigstens einigermassen gesichert.

Ich musste nothgedrungen auf der Farm so lange weilen, bis es mir gelungen, ein Fahrzeug zur Weiterreise zu erhalten und hatte während meines dortigen Aufenthaltes Gelegenheit, einer Palaver zwischen dem Besitzer und einigen hundert Mandjags und Biafaden, welche sich erboten hatten, ihm Erdnüsse zuzuführen, beizuwohnen. Die Verhandlung hierüber dauerte mehrere Stunden, die Mandjags hatten sich vor der primitiven Hütte, welche als Wohnsitz dient, dicht neben einander auf dem Erdboden zusammengehockt und hörten aufmerksam der Discussion zwischen ihrem Sprecher, welcher als Zeichen seiner Würde einen Palmzweig schwang und auf einem Tabouret Platz genommen hatte, und dem Dolmetscher zu. Die Unterhandlungen mussten der Landessitte gemäss lange Zeit in Anspruch nehmen, da jedes Wort, welches der Weisse an den Dolmetscher richtete, zuerst von diesem dem Sprecher und von dem Sprecher nochmals der ganzen Versammlung mitgetheilt wurde, so dass erst nach langer Zeit ein befriedigender Abschluss möglich war, worauf die fast ganz nackten Mandjags zu ihren Hütten eilten, nachdem sie zuvor noch einen Garafao Branntwein als Ermunterungsmittel erhalten und geleert hatten.

Mein Aufenthalt auf der Faktorei war nicht von langer Dauer und schon am nächsten Tage schwamm ich lustig weiter. Da jedoch das Fahrzeug beladen und die Ruderer wenig zahlreich und überdies recht faul waren, so dauerte die Fahrt ziemlich lange und ich musste zwei Nächte im Freien bei Sternenschein zubringen, ehe ich Bolama wieder erreichte, von wo ich glücklicherweise nach nicht allzulangem Aufenthalte, welcher mir dazu diente, die Mandjags, und auch die recht interessante Nation der Bijagos kennen zu lernen, ein nicht unwichtiges Völkchen, über welches einige Worte wohl am Platze sein dürften, meine Reise wieder fortsetzen konnte.

Oestlich vom Festlande, zwischen dem Rio Grande und dem Gebaflusse, liegt eine Anzahl von niederen starkbewaldeten und überhaupt durch üppige Vegetation ausgezeichneten kleinen Inseln, welche sich sogar bis zum Rio Nuñez erstrecken. Die nördlichste davon ist die

Insel Jatte, östlich von Bissaŏ, die südlichste, die Tristaŏ-Insel, liegt in der Nähe des Rio Nuñez, doch kann ich nicht mit Bestimmtheit sagen, ob auch diese von den Bijagos bewohnt wird; die grösste davon ist die Insel Orango, ihrer Ausdehnung nach ungefähr so gross wie die capverdische Insel Fogo, ihr zunächst nördlich liegt die Insel Formosa, zwischen diesen und dem Festlande sind zu nennen die Insel Kanyabak, die Insel Buban und die Insel das Galinhas, welch letztere portugiesische Ansiedlungen zählt, während auf den anderen nur Bijagos wohnen.

Obgleich die Portugiesen diese Inseln als ihr Gebiet betrachten, so sind sie dennoch mit Ausnahme der letztgenannten unabhängig und stehen nicht unter ihrer directen Botmässigkeit, demnach sind die portugiesischen Ansprüche nur auf die Freundschaftsbündnisse gegründet, welche die Portugiesen mit den Bijagos geschlossen, wodurch ihnen allerdings jedenfalls ein Vorrecht auf eventuelle Besetzung dieser Inseln zufallen würde. In der That stehen die Bijagos jetzt mit den Portugiesen auf dem besten Fusse und der Handel zwischen diesen fruchtbaren Inseln und den portugiesischen Ansiedlungen auf Bolama ist ein sehr reger. Tagtäglich landen die grossen, über fünfundzwanzig Fuss langen und fünf Fuss breiten Piroguen der Bijagos, oft mit künstlich zugeschnitztem Schnabel verziert und mit rother Farbe, welche sie aus einer eisenhaltigen Erde bereiten, bemalt, nicht selten über ein Dutzend Insassen führend und mit Orangen, Mil, Bataten, auch Erdnüssen und Wachs beladen, in Bolama, wo sie ihre Produkte gegen Schiesspulver, Baumwollenstoff, Tabak und Glasschmuck vertauschen. Sie sind begreiflicher Weise von den Kaufleuten, denen sie zahlreiche Waaren zuführen, um die sie unbedeutende und werthlose Gegenstände erhalten, gerne gesehen.

In früheren Zeiten dagegen standen sie mit den Weissen vielfach in Fehde, wobei sie, vermittelst ihrer grossen Tüchtigkeit als Seefahrer und bei ihrer eminenten Kenntniss der Landungsplätze, Untiefen und Schlupfwinkel gewöhnlich den Vortheil errangen und durch ihre heimtückischen Ueberfälle der Schrecken der Gegend waren. So überfielen sie eines Tages den Sohn des Commandanten von Bolama, welchen sie sammt seiner Familie grausam misshandelten, in die Gefangenschaft schleppten und nur gegen ein hohes Lösegeld in Freiheit setzten. Ich habe mich übrigens, nebenbei gesagt, gewundert, wie diese Sitte, Gefangene zu machen und sie nur gegen Lösegeld freizulassen, an der westafrikanischen Küste verbreitet ist und dass sie bedeutend an griechische oder sicilianische Zustände erinnert, denn nicht nur die Bijagos, sondern auch die Biafaden, Papels und

Fullahs haben diese Methode angewandt, um sich auf leichte Weise Geld d. h. Waaren zu verdienen. Unter Allen scheinen aber die Bijagos die berüchtigtesten Räuber gewesen zu sein und die Zahl ihrer Ueberfälle, von denen noch heute berichtet wird, ist Legion. Mancher Weisse, der sich den grausamen Barbaren nicht ohne Weiteres ergeben wollte, starb im heissen Kampfe mit diesen Piraten des Rio Grande. Die Gräuelthaten der Bijagos erinnern fast an die der Rothhäute und wie jenen gefiel es auch ihnen vielfach, auf weisse Frauen Jagd zu machen, welche sie nach Hause schleppten und meist nachdem sie dieselben missbraucht, tödteten. Noch vor einigen Jahren wurde, wie man mir berichtet, ein weisser Kaufmann, welcher mit Frau und Tochter von Bolama gegen Rio Nuñez fuhr, von ihnen überfallen. Das Schicksal, welches ihn und seine Familie erwartete, wohl kennend, fasste er den heroischen Entschluss, sich und den Seinen den Tod zu geben und gleichzeitig seine Feinde zu vernichten. Er hatte mehrere kleine Pulverfässchen, wie sie für den Tauschhandel in den Colonien im Gebrauch stehen, bei sich, er öffnete dieselben, und scheinbar in sein Schicksal ergeben, liess er die vollgepfropften Kähne der Bijagos an seine Seite heranrücken — dann flog die bereitgehaltene Lunte inmitten der Pulvermasse und alle, — Räuber und Opfer, verschwanden in den blaugrünen Fluthen.

Ich hatte selbst in Bolama Gelegenheit, mehrere portugiesische Mulatten zu sprechen, welche von den Bijagos überfallen und geplündert worden waren, die sie aber nachher ungestört weiter ziehen liessen.

Die Bijagos leben im Gegensatze zu fast allen Nachbarvölkern, bei denen mehr die Oligarchie der Aeltesten herrscht, unter einer monarchischen, ziemlich absoluten Regierung; jede Insel hat ihren König, welcher sehr geachtet wird. Ob die einzelnen Chefs der Inseln untereinander in irgend einem Abhängigkeitsverhältnisse stehen, habe ich nicht eruiren können, jedenfalls sind sie Verbündete und die Bewohner der einzelnen Inseln verkehren untereinander.

Wenn die Bijagos den Portugiesen jetzt sehr freundlich gesinnt sind, so ist dies gegenüber den anderen europäischen Nationen nicht der Fall. Besonders waren es die Engländer, welche so lange sie in Bolama eine Garnison hatten, sich fortwährend im Kriege mit ihnen befanden, was bei dem bekannten rauhen, energischen Auftreten der Söhne Albions gegenüber der schwarzen Rasse sehr erklärlich ist. Kleinere Streitigkeiten kommen zwar jetzt noch, namentlich in Bolama und Bissaõ, wo die Bijagos lebhaften Tauschhandel unterhalten, vor, indem sie, wenn sie sich übervortheilt glauben, zu den Waffen greifen, welches primitive und kurze Verfahren den Gouverneur von Bolama in der letzten Zeit veranlasste, den Bijagos bei ihrer Landung die Waffen abzunehmen und erst bei ihrer Rückkehr auf die Boote zurückstellen zu lassen.

Einige Worte über die Bijagos in anthropologisch-ethnologischer Hinsicht dürften hier um so mehr am Platze sein, als dieselben, was ihren Körperbau und ihre Gesichtsbildung anbelangt, von den übrigen Negern dieser Region verschieden sind. Sie fallen auch dem anthropologisch Ungebildeten durch ihren schönen muskulösen Wuchs auf, und sind, wenigstens was den Körperbau anbelangt, die Adonisse West-Afrika's im Vergleiche zu den Papels, Balanten oder Mandingas; ihr Brustkorb ist gegenüber dem jener ausserordentlich entwickelt,

Idole der Bijagos.

ihre Arme und Beine kürzer und muskulös und weniger schmal und lang als bei den übrigen Nigritiern, die Arme und Waden sind voller, dagegen sind sie fast klein zu nennen, ihre Körperlänge übersteigt kaum 1,65 m, bleibt aber häufig unter 1,55 m. Die Arme sind dagegen ebenfalls wie bei den übrigen Guineanegern sehr lang, und beträgt die Spannweite circa 1,75 m. Das Gesicht hat einen kühnen, energischen, durchaus nicht verkommenen oder stupiden Ausdruck. Die Backenknochen obgleich breit, treten nicht allzusehr hervor, die Nase ist gerade oder auch etwas gebogen, niemals stumpf, jedoch breitflügelig. Am hässlichsten ist der Mund mit breiten und wulstigen Lippen, dagegen sind wieder die Zähne sehr regelmässig. Der Schädel zeigt eine weniger längliche Form als die der typischen Guineaneger.

Das Haar ist vollkommen wollig, Barthaar kaum vorhanden.

Ihr Gesichtstypus ist nicht allzu prognath, der Gesichtswinkel ungefähr 69, nicht so platt wie bei den Biafaden und Mandingas. Was die Hautfarbe anbelangt, so ist sie eine der dunkelsten unter den Nigritiern, schwarzbraun, ungefähr Nr. 471 in Broca's Farbentafel.

Die Bijagos sind Fetischanbeter und nicht nur jedes Dorf besitzt seinen Hauptfetisch, sondern jede Hütte hat ihr besonderes Idol, welches gewöhnlich aus einer rohgeschnitzten Thier- oder Menschenfigur besteht, die übrigens durch ihre naturgetreue Darstellung auffällt.

Namentlich sind es die Ziegen, welche unter ihren Götzen eine Rolle spielen. Es ist mir übrigens nicht unwahrscheinlich dass viele der sogenannten Fetischanbeter weniger den Götzen selbst anbeten, als vielmehr denselben als ein Symbol oder ein Abbild des Gottes betrachten und demnach scheint ein solcher Fetisch bei diesen Heiden eher eine ähnliche Rolle spielen, wie bei uns Bilder und Statuen von Heiligen und werde ich in dieser Auffassung besonders dadurch bestärkt, dass, wie ich selbst zu erfahren Gelegenheit hatte, manche dieser Fetischanbeter allerdings nur ungerne und gegen verlockende Waare, Fetische verkaufen. Würden diese Fetische thatsächlich Gottheiten repräsentiren, so möchte ein solches Vorgehen kaum begreiflich erscheinen, wogegen es weit plausibler ist, wenn in diesen Fetischen nur Abbildungen einer idealeren Gottheit zu betrachten sind, die wieder ersetzt werden können; denn bei ihrem grossen Aberglauben ist es doch kaum denkbar, dass der Verkauf ihrer Gottheit ihnen, ihrer Meinung nach, nicht die schwersten Strafen zuziehen sollte. Die Bijagos glauben übrigens ausserdem an unzählige Gottheiten, an die verschiedensten guten und bösen Geister, welche sie in der Form von Thieren anbeten und dies stimmt auch mit dem Vorkommen von Thieridolen überein, namentlich sind es die Ziegen und Kühe, die sich einer besonderen Beliebtheit erfreuen; sie glauben an ein Leben nach dem Tode und wie mir erzählt wurde, auch an die Seelenwanderung, d. h. sie nehmen an, dass die menschliche Seele nach dem Tode den Leib einer Ziege, einer Kuh oder eines anderen Thieres bewohnen soll. Von diesem letzteren Glauben habe ich mich übrigens nicht überzeugen können und dürfte er vielleicht ebenso in das Reich der Fabel zu verweisen sein, wie die ganz alberne Erzählung, welche mir einige Europäer in Bolama mitgetheilt, dass die Bijagos den Ziegen Kinder opferten. Solche Aufschneidereien werden ja bekanntlich öfter den Reisenden zum Besten gegeben.

Dagegen steht es fest, dass sie ungemein abergläubisch sind, die Medicinmänner und Zauberer eine grosse Rolle spielen und sich eines bedeutenden Einflusses zu erfreuen haben, welcher jedoch nicht so weit geht, um solche Verirrungen wie Menschenopfer, die an der Guineaküste so sehr im Schwunge, möglich zu machen.

Die Vielweiberei ist selbstverständlich auch hier im Gange; die Mädchen werden ohne befragt zu werden, gegen Entschädigung an den Vater, gekauft. Hat ein Mann seine Frau satt, so kann er sie ohne Weiteres einem anderen verkaufen. Ueberhaupt stehen die Bijagos, sowohl was ihr Familienleben, als auch was ihre körperlichen Bedürfnisse anbelangt, auf einem vollkommen thierischen Standpunkte, doch sind sie ungemein habsüchtig und dieser Charakterzug ist es, welcher ihnen so grosse Anregung und ein nicht abzuläugnendes Talent für den Handel verleiht, der nicht nur zur Hebung der ganzen Nation dient, sondern auch den Europäern wenigstens indirect von grossem Nutzen ist. Leider sind sie auch sehr stolz, jähzornig und die geringfügigste Ursache genügt ihnen, um sie sofort zum Streite zu veranlassen. In Bolama und Bissaō machen die Händler mit ihnen oft die unangenehmsten Erfahrungen, wie bereits früher angedeutet.

Sonst haben die Bijagos wenig Industrie, ihre Kleidung besteht aus einer sehr kurzen Schürze aus gedrehten in Franzen geordneten Cocosfäden; sie schmieren sich mit Palmöl ein und bemalen sich mit Ocker, ihre Bewaffnung sind Assagais und Lanzen, deren Spitzen sie übrigens nicht selbst verfertigen, sowie Gewehre von europäischer Construction.

Das einzige Produkt, welches sie erzeugen, sind grosse irdene Vasen zum Aufbewahren der Feldfrüchte, sowie Trinkgefässe. Dagegen construiren sie aus den riesigen Stämmen des Benthenbaumes die bereits erwähnten Piroguen. Sie sind tüchtige Ackerbauer, Fischer und Handelsleute; die Obstbäume, der Reis, die Erdnuss und die Oelpalme werden von ihnen gepflegt und die Produkte in Bolama und Bissaō verhandelt.

Die Sprache der Bijagos ist eine ausschliesslich ihnen eigenthümliche, welche keine Aehnlichkeit mit der der Papels und Biafaden hat. Ob sie indess mit der Sprache jener nicht verwandt ist, kann nur ein Sprachforscher unterscheiden. Uebrigens giebt es auf den verschiedenen Inseln zahlreiche Dialecte, ja mein Dolmetsch, ein Mandjag, behauptete, dass in jedem Dorfe anders gesprochen würde. Die wenigen Worte, die ich von ihnen erfahren konnte, gebe ich hier wieder; leider wurden meine Aufzeichnungen unterbrochen, so dass ich die Namen der Zahlwörter nicht notiren konnte.

grosse Hütte, Haus, } nongo; schwarz und schwarzer Mensch, } mudjiko;

Hütte, nango;
Ich, agne;
Mensch, oando;
Vater, bubu;
Frau, agando;
Gott, gnindu.

Essen, monana;
Schnaps, dara;
Krug, cantando;
Messer, temetsch;
Säbel, mindjar.

Kopf, bu;
Hand, kogo;
Haar, igne;
Auge, nije;
Mund, atuno;
Nase, omo.

weiss, omora;
roth, narra;

tapfer, opare;
neu, uruda;
schlafen, matanduru;
Sonne, yai;
Mond, atago;
Stern, latte;
Meer, do;
Wasser, ig-no;
Feuer, ona.

Hund, muebo;
Ziege, eve;
Kuh, teche;
Huhn, ardenna.

Reis, nigo;
Orange, angingea.

Räuber, unang.

Wie geht es dir? mada
Ich will nicht (nein), njogo;
Gib mir Wasser, ma-ta-no;
ja, eji.

Die Bijagos wohnen in kleinen aus ein paar Dutzend Hütten bestehenden Dörfern, welche, wie in jenem Theile West-Afrika's üblich, in der bekannten Zuckerhutform aus Lehm und Palmenstroh zusammengesetzt, mit Palissaden und natürlichen Hecken umgeben sind; auf jeder Insel befindet sich eine Anzahl solcher Dörfer. Sie construiren auch hübsche Speicher aus Holz und Stroh zur Aufbewahrung der Feldfrüchte.

Was die Zahl der Bijagos betrifft, so ist es selbstverständlich schwer, darüber eine auch nur annäherungsweise richtige Ziffer anzugeben. Sie dürfte keinesfalls zehntausend übersteigen, denn mehr als tausend Seelen wohnen gewiss auf keinem der einzelnen Eilande. Mit den übrigen Nationen scheinen sie nur wenig zu verkehren, durch ihre Insellage geschützt, sind sie nicht allzuoft in Kriege verwickelt, wenn sie nicht selbst, wie dies hie und da geschieht, auf den Einfall kommen, ihren nächsten Nachbarn den Flups, Papels, Biafaden oder Nalus einen Besuch abzustatten, wobei sie gewöhnlich vom Kriegsglück begünstigt werden, da sie sehr energische Krieger sind und ihnen als Seefahrern die Flucht immer leicht wird.

In culturhistorischer Beziehung sind die Bijagos deshalb bemerkbar, weil diese sonst auf einer so tiefen Culturstufe stehende Nation eine der wenigen ist, welche den Muth hat, sich auf den Ocean zu wagen, während von den übrigen Völkerschaften der Westküste, wenigstens soweit mir bekannt, nur noch die an der nördlichen Liberiaküste wohnenden Krus das Meer befahren; letztere sind allerdings nicht nur Küstenfahrer, sondern wie bekannt ausgezeichnete Seeleute.

Die Vegetation der Bijagos-Inseln ist eine üppige, wenngleich sie nicht jene schönen Bilder aufzuweisen hat, welche auf den den Rio Grande entlang fahrenden Reisenden entzückend wirken. Rizophoren in ihrer vollkommenen Entwickelung geben den Hauptbestand der Ufervegetation ab, Palmen, (Fächerpalmen, Oelpalmen, Phönix) kommen nicht selten vor, Buschwald mit einzelnen Baobabs, Wollbäumen und anderen Titanen der Pflanzenwelt prägen auch hier der Landschaft ihren eigenthümlichen Stempel auf, während zahlreiche Culturen, Orangenbäume, Bananen, auch Cocospalmen und Maisfelder es zu einem ungemein anziehenden und freundlichen Bilde gestalten.

Mein zweiter Aufenthalt in Bolama war von nur kurzer Dauer und ich benutzte ihn reichlich, um die Mandjags und Bijagos kennen zu lernen; bald trat ich über Bissaō die Reise nach Geba an. Nach Bissaō ist es leicht ein Boot zu finden, während nur äusserst selten ein solches nach Geba, welches ich zu erreichen strebte, zu haben ist. Ein Boot zu miethen, ist aber in Bolama unmöglich, da die Kaufleute, die ein solches besitzen, es nicht entbehren können. Ich musste also nothwendiger Weise über Bissaō fahren, welche Perspective mir übrigens recht angenehm war, da ich auf diese Weise bei kurzem Aufenthalt die interessanten Stämme der Flups, Papels und Balantas kennen lernen konnte und es von Bissaō weit weniger schwierig ist, nach Geba zu gelangen.

Es führen mehrere Routen von Bolama nach Bissaō, kleinere Schiffe fahren am schnellsten immer dem Ufer entlang bis zur Einmündung des Rio Geba, welche man alsdann nur zu durchsetzen hat, um in Bissaō anzulangen. Dieser Weg ist jedoch sehr schwierig und blos mit kundigen Leuten zu machen, da an mehreren Stellen die Gewässer nur während der Fluth passirbar sind, während der Ebbe aber trocken liegen. Man fährt in der That zwischen einer Insel und dem Festlande durch einen kaum zehn Meter breiten Canal, dessen Ufer, von der üppigsten Vegetation bedeckt, mit Mangelholz besetzte Stellen bieten, an denen ein Boot sich leicht fangen und zu Grunde gehen kann; alle diese Untiefen können nur zur Zeit der Fluth passirt werden. Das Boot, in welchem ich die Ueberfahrt machen sollte, gehörte einem Manne aus Fogo, Namens Ricardo Vicente, welcher auch ein Haus in Bissaō besass und bei dem ich wohnen sollte; es hatte sechs Mandjagsruderer und war mit einem Segel versehen. Wie gewöhnlich versäumte der Besitzer des Bootes die Abfahrtsstunde, die Fluth war bereits im Abnehmen begriffen, als wir einstiegen und das Resultat davon, dass wir nach zweistündiger Fahrt, als wir an der ersten seichten Stelle angelangt waren, dieselbe nicht passirbar fanden und daher wieder umkehren mussten, um nach sechsstündigem, unnützem Aufenthalte in Bolama, die Reise, diesmal mit Erfolg, wieder aufzunehmen, und endlich nach vierzehn Stunden in Bissaō anzulangen.

Die Vegetationsbilder, welche die von uns berührte Gegend bot, hatten manche Aehnlichkeit mit denen des Rio Grande, doch sind die Ufer ganz flach, was den Reiz der Gegend etwas beeinträchtigt; überall sind dieselben mit Mangelholz besetzt und darüber erhebt sich Rohrdickicht, aus welchem die riesigen Benthenbäume, Mimosen oder vereinzelte, schlanke Palmen emporragen. Das Ganze mit zahlreichen Schlinggewächsen zu einem wirren, undurchdringlichen Urwalde verflochten, von den goldenen Strahlen der Abendsonne beleuchtet, war ein Landschaftsbild von eigenthümlichem Reiz, der noch erhöht wurde, als bald darauf aus der Ferne zahlreiche Lagerfeuer zum besternten klaren Himmel emporloderten und so verging trotz der unbequemen Lage (wir waren acht Mann am Bord eines kleinen Bootes) die warme Nacht verhältnissmässig angenehm. Der nächste Morgen fand uns schon an der Einmündung des Gebaflusses, den wir noch zu überschreiten hatten, um in Bissaō landen zu können.

CAPITEL XIII.

Beim Commandanten von Bissaō. — Zu den Papels. — König Meré. — Die Papels. — Die Balantas. — Nach Geba.

Die Sonne war aufgegangen, ein erfrischender Ostwind hatte die Segel geschwellt und pfeilschnell durchschnitt unser Boot die schmutzigen graublauen Fluthen der Gebamündung, bald waren wir im Hafen angelangt, der fürwahr keinen angenehmen Eindruck bot. Vor uns einige grössere Steinhäuser, Comptoirs von französischen und portugiesischen Handelshäusern, dazwischen elende Hütten; am schmutzigen, sogar in den Morgenstunden drückend heissen Strand wimmelt es von herumlungernden, halbnackten Negern, die faul und gedankenlos den neuen Ankömmling betrachten, oder einige Früchte des Landes an den Mann zu bringen suchen. Im Flusse selbst liegen einige Schooner und Kutter mit Erdnüssen oder Wachs beladen, auch ein grösseres Schiff, in welches soeben die von Geba in Piroguen eingebrachten Produkte verladen werden; einige verkümmerte Poilaōs spenden kärglichen Schatten, — im Hintergrunde niedere dichte Wälder, eine flache Küste mit vorliegender sumpfiger Bank, das ist der Anblick, der sich darbot, als ich von zwei robusten Negern aus dem Boote gehoben, mich der Landungsbrücke näherte.

Am Lande untergebracht, suchte ich vor Allem Transportmittel zu erhalten und begab mich zum Commandanten, welcher mich sehr herzlich empfing und mir sofort seine Wohnung zur Verfügung stellte, die ich jedoch, da ich bereits versorgt war, dankend ablehnte, was ich übrigens späterhin noch zu bereuen hatte. Ich ersuchte ihn nur, mir einen Dolmetsch, sowie einige Begleiter und Transportmittel zu besorgen. Was die letzteren anbelangt, war die Auswahl nicht gross, es waren nur Ochsen zu haben, die jedoch zum Fahren nicht benutzt werden können, da selbstverständlich Strassen nicht existiren und das waldige Terrain dazu auch nicht geeignet ist. Das Reiten auf den Ochsen jedoch war momentan schwer durchführbar, da kein geeigneter Sattel aufzutreiben war und so entschloss ich mich, da ja die Excursion in das Papelland nur von kurzer Dauer sein sollte, zu Fuss zu gehen. Der Commandant erbot sich, mir am nächsten Tage einen zuverlässigen Dolmetsch und Träger beizustellen, ich nahm nur weniges Gepäck mit, einige Conserven, Geschenke für den König und mein Bett, auf alle übrigen Gegenstände des Comforts verzichtend. Am nächsten Morgen sollte die Abreise früh am Tage stattfinden, doch war, wie zu erwarten, niemand am Platze und ich musste daher abermals den Commandanten aufsuchen, und nachdem er sich erhoben hatte, ihn bitten, die bestellten Leute zusammenzurufen. Es dauerte lange, bis wir endlich aufbrechen konnten; mein Dolmetsch und zugleich Träger war ein riesig langer, sogenannter christlicher Papel, welcher vor den Thoren der Stadt in einem grossen viereckigen Lehmhause mit Strohdach residirte und auch der zweite Träger war ein sogenannter Grumete, d. h. christlicher Neger, beide mit dem Bubu bekleidet. Wir durchschritten zuerst die Ansiedlungen der Christen, welche meist in grösseren viereckigen Häusern bestehen und bei denen sich sogar schon Anfänge von Einrichtungsgegenständen, nämlich primitive Bänke, sowie Messer und Löffel finden und begaben uns hierauf zu der Residenz des Königs Meré, des mächtigsten der Papelfürsten.

Das Papelgebiet, welches sich erstens über die grosse, nur von einem schmalen Meeresarme vom Festlande getrennte Insel und über den zunächst liegenden Theil des Continents erstreckt (nur im Osten wird ein Theil von den Balantas eingenommen), wird von mehreren Häuptlingen regiert, wovon der bedeutendste Meré ist, den zu besuchen ich mich eben anschickte. Circa dreiviertel Stunde mussten wir in der glühenden Sonnenhitze wandern, an kleinen Hütten vorüber, welche im Schatten riesiger Baobabs und Poilaõs gelegen, die ganze Ebene von den Mauern Bissaõ's bis zur Residenz des Königs bedecken. Es gehört nämlich von dem ganzen Papel- und Balantaterritorium nur die Festung und das unter den Mauern gelegene Grumetendorf den Portugiesen, denn es ist denselben trotz Jahrhunderte langer Kämpfe nicht gelungen, sich auszubreiten und erst seit wenigen Jahren haben die Papels aufgehört, sie selbst in der Festung anzugreifen, doch ohne Einvernehmen mit dem Könige kann sich kein Weisser trauen, in das Territorium der Papels einzudringen. Geradezu erstaunlich ist es, mit welcher Gewalt die an sich nicht grosse Nation der Papels dem Vorschreiten der Europäer Widerstand geleistet und sie fortwährend im Schach gehalten hat. Nicht einmal Plantagen besitzen letztere und ihr ganzes Treiben ist nothwendigerweise auf den Handel mit Bauholz, Erdnüssen, Wachs und Kautschuk beschränkt.

König Meré empfing mich in seinem innersten Hof, in welchem Palmen und Baobabs eine angenehme Kühle verbreiteten; sein Gehöfte hat eine merkwürdige Bauart, welche im Allgemeinen sich der der übrigen Papels nähert. Es besitzt drei concentrische Höfe und ist ziemlich kreisförmig angelegt, alle drei Höfe sind mit Palissaden aus rohen, circa 5—6 Fuss hohen kleinen Baumstämmen verfertigt, in welchen Oeffnungen das Ein- und Ausgehen ermöglichen. In diesen Höfen befinden sich die Hütten der Weiber und Sklaven. Im innersten derselben steht ein grosses stockhohes Haus, welches offenbar mit Beihilfe eines Europäers errichtet wurde und, wenn ich nicht irre, war die Beistellung eines solchen Baukundigen eine Bedingung des letzten Friedensvertrages zwischen dem portugiesischen Gouverneur und dem König. Es finden sich in diesem Hofe ferner einige kleine Hütten, in welchen die jeweiligen Lieblingsfrauen residiren; der König besitzt nämlich eine sehr grosse Anzahl von Frauen, sowie eine Unzahl von Kindern. Die erwachsenen Söhne wohnen ausserhalb des Gehöftes, jeder derselben bewohnt ein ähnliches Haus und über ein Dutzend derselben rings war um den Königspalast zu bemerken. Nur die noch nicht erwachsenen Kinder wohnen in unmittelbarster Nähe seiner Majestät.

Meine Ankunft wurde dem Herrscher der Papels sofort gemeldet, und doch liess der König einige Zeit lang auf sich warten. Er hatte noch nicht Toilette gemacht und ich musste daher antichambriren, wenn dieser Ausdruck für das Warten vor der Palissade in der Sonnenhitze anwendbar ist. Schon wurde ich ungeduldig und fing zu fluchen an, als sich endlich die Palissade öffnete und König Meré mir bis zum zweiten Hofe entgegen schritt. Er war mit einer Schürze und einem Tuch über die Schultern bekleidet, auf dem Kopfe trug er eine alte rothe Mütze, in der Hand eine Lanze. Seine sämmtlichen

Königswohnung.

Getreuen — Brüder und Söhne — umgaben ihn, die meisten fast nackt, mit Büchsen und Lanzen bewaffnet. Fast alle tragen als Schmuck Armringe aus Silber oder Kupfer.

Ich begrüsste ihn nach europäischer Sitte und reichte ihm die Hand, während mein Dolmetsch ihm erklärte, wie erfreut ich sei, ihn zu sehen und wie glücklich ich mich schätzen würde, auch sein Land, von dem ich so viele Wunder gehört, besichtigen zu können; grosses Vergnügen würde es mir auch bereiten, wenn er meine bescheidenen Geschenke anzunehmen geruhe. Das ziemlich einfältige, aber von einem vornehmen und arroganten Zuge belebte Gesicht gestaltete sich bei Berührung des letzteren Punktes sehr freundlich; er lud mich ein, im Schatten seines Hauses auszuruhen und führte mich und meinen Dolmetsch in das durch eine Art Hühnersteige erreichbare Gemach, welches leider durch die nebenan befindliche Küche sehr mit Rauch erfüllt war. Das Ameublement war überaus einfach, ein Schemel, wie sie bei den Papels sehr häufig sind, eine rohe Bank, offenbar ausländischen Ursprungs, machten die alleinigen Bestandtheile des königlichen Appartements aus. An der Wand hing eine Matte, welche nicht, wie ich glaubte, als Lager diente, sondern wie ich vernahm, eine mir nicht näher klar gewordene symbolische Bedeutung der Würde und Hoheit haben soll. In der Ecke lehnte ein grosser Tambourmajor-Stab, welcher ebenfalls ein Geschenk des portugiesischen Gouverneurs von Bissaõ war und daneben lag ein alter schwarzer, schon ziemlich mitgenommener Cylinderhut, während in der anderen Ecke ein Gewehr, ein Bogen und ein Köcher mit Pfeilen stand. Das Ganze machte einen so komischen Eindruck, dass ich Mühe hatte, mein Lachen zu bemeistern, welches momentan sehr wenig am Platze gewesen wäre, denn wenn König Meré nach unseren Begriffen den Eindruck eines Hanswursts machte und absolut nichts Königliches an ihm zu sehen war, so zeigten doch häufig seine Thaten, dass er die Prärogative eines Königs besitze und nicht gesonnen sei, sich dieselbe nehmen zu lassen; so ward noch vor Kurzem ein Portugiese, welchen die Jagdlust in die Gründe der Papels gebracht, von denselben ergriffen und vor den König geschleppt, welch letzterer jedoch unserem jungen Manne so wenig Respect einflösste, dass er ihm einfach laut lachend den Rücken kehrte. Doch nur allzubald sollte er dies bereuen, denn er wurde längere Zeit unter Entbehrungen und Misshandlungen gefangen gehalten, bis ihn endlich der Gouverneur, welcher davon Kunde erhielt, vermittelst eines starken Lösegeldes aus seiner unangenehmen Lage befreite; er konnte sich glücklich schätzen, so leichten Kaufes davon gekommen zu sein.

Indessen hatte ich meine Geschenke überreicht: eine alte, seit Jahren schon nicht mehr gehende silberne Taschenuhr, zwei grosse Flaschen eines aus Hamburg importirten entsetzlichen Branntweins, sowie einen Fünf-Frankenthaler, welche diesen eingebildeten Miniaturkönig sehr angenehm berührten. Namentlich die Taschenuhr, von der mein Dolmetsch ihm erklärt hatte, dass man mittelst derselben die Zeit, nämlich Sonnenaufgang und Sonnenuntergang ersehen könne (denn von Stunden hat ein Papel keine Ahnung) erregte sein Interesse in hohem Grade, und konnte er nicht müde werden, dieselbe nach

Die Papels.

allen Richtungen zu besehen; dass die Uhr nicht ging, setzte seiner Bewunderung keine Schranken. Nach längerem Hin- und Herreden, nach zahlreichen Fragen, über mich, mein Vaterland, den Zweck meiner Reise (der ihm übrigens vollkommen unfassbar blieb), konnte ich endlich meine Bitte anbringen, mir Schutz in seinem Reiche und einen Führer durch dasselbe zu gewähren. Er versprach es auch auf das freundlichste und rief einen seiner zahlreichen Söhne (er soll deren über 50 haben), welchem er den Auftrag ertheilte, mich zu begleiten; einen zweiten Mann gab er mir als Träger bei. Selbstverständlich mussten für die beiden verschiedene Waaren als Bezahlung zugesagt werden. Als Gegengeschenke gab mir der König einige

Säbel eines Papels.

Pfeile und andere kleine Gegenstände, unter denen eine primitive Tabaksdose, um die ich gebeten hatte, sowie auch eine Anzahl von Früchten, Mil, deren ich übrigens vorläufig nicht bedurfte und die ich daher meiner Begleitung überlassen konnte. Endlich setzte sich unsere Caravane in Bewegung, an ihrer Spitze schritt Ambo der Königssohn, ein kleiner untersetzter, gutmüthig aussehender, noch junger Mann, dessen Gesicht durch eine grosse Narbe, welche ihm die Nase entzwei theilte, wahrscheinlich die Reste eines Säbelhiebes, sehr entstellt war; er war mit dem Bubu bekleidet und trug einen eigenthümlichen bei den Papels und Balantas gebräuchlichen krummen Säbel, mit einer Scheide aus der Haut eines mir unbekannten grossen Seefisches, den die Papels mit Ledergeflecht sehr hübsch verzieren und von dem eine Abbildung hier folgt. Ambo trug ausserdem eine

Anzahl silberner Arm- und Fingerringe, denn als Königssohn konnte er doch keine messingenen tragen, wie gewöhnliche Menschenkinder, — sein Vater trug gar goldenes Geschmeide.

Hinter ihm schritt meine Wenigkeit, dann folgte der Dolmetsch und die zwei Träger, welche mit Assagais bewaffnet waren. Die Sonne brannte ungewöhnlich heiss auf unsere Häupter nieder und im Schatten hatten wir nach Mittag 40° Celsius, glücklicher Weise gab es zeitweilig wenigstens Schatten, denn die in der Sonne zurückgelegten Strecken waren wirklich qualvoll. Die Vegetation ist ähnlich der am Rio Grande, doch herrschen hier die riesigen Baobabs (Affenbrodbäume) vor und andere kolossale Bäume, wie der Patasho, der Poilaŏ und zahlreiche Mimosen. Wahre Dickichte von Cocos-, Fächer- und Oelpalmen hemmen unsere Schritte und sie, sowie die wunderbaren Wolfsmilchbäume und bläulichgrünen grossen Aloen vervollständigen das schöne Bild; dazwischen vielerlei Palmen, Schlingpflanzen und wohlriechendes Gesträuch. Oft gingen wir stundenlang inmitten der herrlichsten Wohlgerüche, deren Duft viel angenehmer erschien, als der des feinsten Parfüms. Namentlich machte ein prononcirter, fast betäubender Weihrauchgeruch sich allenthalben bemerkbar. Hie und da stossen wir wieder auf ein kleines Papeldorf, aus drei bis vier Gehöften bestehend, in seiner Nähe zahlreiche Papayabäume und einige Erdnusspflanzungen. Orangen sind hier leider nicht vorhanden und werden durch andere apfelartige Früchte ersetzt, häufiger erscheint auch der Tamarindenbaum, dessen Frucht einen angenehmen limonadeartigen Saft bietet, sowie der Rolanussbaum. Vor den Hütten kauerten die faulen Papels im Schatten ihrer Bäume, recht gelangweilt dreinsehend, in fast adamitischem Costüme, denn zu Hause tragen sie nicht einmal den sonst ihr ganzes Costüm bildenden, aus Schnüren bestehenden Schurz, sondern begnügen sich mit einem zwei Finger breiten Streifen von Baumwollstoff, manchmal laufen sie aber auch vollkommen nackt umher. Nur die Frauen sind etwas züchtiger angezogen, indem sie den nicht ganz bis zum Knie reichenden Schurz tragen; Kinder, Knaben und Mädchen, bis zu zwölf oder dreizehn Jahren gehen ganz nackt und bescheiden sich mit einigen Schnüren Glasperlen oder Muscheln, welche sie um die Lenden tragen.

Meine Anwesenheit erregte natürlich grosses Interesse und war eine willkommene Unterbrechung der quälenden Langweile, in der sie fortexistiren. Die Papels führen selten Krieg, da sie mit ihren Stammesgenossen, den Balantas, momentan wenigstens, in gutem Einvernehmen leben, und auch mit den Portugiesen, die sie am meisten befehdet, jetzt Frieden geschlossen haben, so dass die Kriegstrommel der Papels schon lange ruht. Da die Arbeit, wie überall in West-Afrika, den Frauen obliegt, wenn nicht gerade Sklaven sie verrichten, so hat ein Papel sehr wenig Abwechslung in seiner Existenz und höchstens die Begräbnisse und Hochzeiten bieten ihm noch einige Zerstreuung. Während meines dortigen Aufenthaltes wurde meine Aufmerksamkeit öfters durch furchtbares Geschrei, Flintenschüsse u. s. f. in hervorragender Weise erregt und auf Befragen erfuhr ich, dass es sich um Todesfälle handle. Was ich über den eigenartigen, für die Beurtheilung des Wesens und Treibens solcher uncultivirter Völker, wie es die Papels, Balantas, Mandjags, Biafaden, Mandingas etc. sind, sehr wichtigen und interessanten Todtencultus erfahren und beobachten konnte, habe ich in einem besonderen Capitel zusammengestellt. Gegen Abend langten wir in einem kleinen Dörfchen an, wo ein Verwandter des Königs wohnte, bei welchem wir Nachtquartier nehmen sollten. Sein Gehöfte war selbstverständlich viel kleiner als das des Königs und hatte nur zwei Palissaden. Er empfing uns auf das Beste, nachdem ihm Ambo erklärt hatte, dass ich ein Freund seines Vaters sei und gab mir auch eine Hütte für die Nacht, in welcher es leider, wie gewöhnlich, von Ungeziefer wimmelte. Alle seine Leute, männlichen und weiblichen Geschlechts, waren übrigens ungemein freundlich und thaten Alles um mir den Aufenthalt möglichst angenehm zu machen. Mein Wirth lieferte mir die nöthige Quantität Reis für mich und meine drei Begleiter, sowie auch eine Kürbisschale voll frischer Milch. Ich muss gestehen, dass ich mich unter diesen Leuten ganz behaglich fühlte und durch ihre wirklich uneigennützige Gastfreundschaft sehr erfreut war. Ich benutzte meine freie Zeit dazu, um mir namentlich einige Notizen über ihre Sprache zu machen, was mir jedoch nur unvollkommen gelang, da mein Dolmetsch nur creolisch sprach und ich selbst ihn daher nicht genügend verstehen konnte. Es ist mir deshalb nur möglich gewesen, eine Anzahl von Hauptwörtern ausfindig zu machen, welche vielleicht nicht ohne Werth sein dürften, da die Sprache der Papels, wie ich zu vermuthen Ursache habe, noch wenig bekannt sein dürfte, weshalb ich sie in einem Anhang zu diesem Capitel aufgezählt habe. Am Abende erfreuten uns die Papels durch ihre Tänze, welche sie mit monotonen Gesängen rhythmisch begleiteten. Wenn der Tag sehr heiter verlaufen war, so rächte sich das Schicksal in der darauffolgenden Nacht. An Ungeziefer war ich allerdings, wie dies in Afrika auch nicht anders möglich ist, schon so ziemlich gewöhnt und dasselbe vermochte meinen Schlummer zwar zu beeinträchtigen, nicht aber ganz zu verhindern. Als ich mich auf mein Lager in der Hütte niederlegte, nachdem ich mich von Tambon, meinem Wirthe, welcher eben mit seiner jüngsten Frau in seine Hütte sich begeben, verabschiedet hatte, war ich vollkommen gefasst, einigermassen vom Ungeziefer gequält zu werden, hoffte aber dennoch schlafen zu können. Auf die Mosquitos hatte ich allerdings nicht gerechnet, und wenn ich schon in Bissaō davon gelitten hatte, so war dies gegen die heutige Qual nur ein Vorgeschmack gewesen. Myriaden dieser schrecklichen Insecten flogen mit ihrem entsetzlichen Gesumme an meinem Gesichte vorüber und brachten schon durch ihre Anwesenheit eine Nervosität hervor, welche den Schlummer vollkommen verscheuchte. Ich gab es daher auch sofort auf, einzuschlafen und setzte mich zum Feuer, welches eine Frau meines Wirthes, nach der Sitte der Eingebornen, fortwährend im Hof unterhielt, da eine Art Aberglaube verlangt, dass man das Feuer im Gehöfte nicht ausgehen lasse; — hier war ich wenigstens durch den Rauch, der mich zu ersticken drohte, vor den Mosquitos geschützt. Dort sass ich träumend lange Zeit, oft suchte ich mein Lager wieder auf, wurde aber durch die erbarmungslosen Bestien wieder verscheucht und so blieb ich denn weit nach Mitternacht in Gesellschaft der besagten Dame, welche ein besonderes Auge auf mich geworfen zu haben schien; schliesslich empfahl, da die Conversation etwas mangelhaft war und ich ihr nicht die gewünschte Beachtung schenkte, auch sie sich, und ich blieb allein. Erst gegen Morgen gelang es mir hie und da eine Viertelstunde schlummern zu können, den grössten Theil der Nacht brachte ich aber auf den Beinen zu. Solch schreckliche Nächte (leider war diese nicht die einzige) bleiben noch lange in der Erinnerung, oft gedachte ich darin der Heimat und meiner Verwandten und Freunde, welche viele hunderte von Meilen entfernt, im weichen Bette behaglich schliefen oder auch (es war Faschingszeit) im hellerleuchteten Tanzsaale in buntem Wirbel sich nach Strauss'schen Weisen lustig drehten. Wenig Qualen sind für den Reisenden schrecklicher, als die durch Mosquitos verursachten schlaflosen Nächte, nur die Leiden des heftigen Fiebers oder die des peinlichsten Hungers sind noch grässlicher, denn in den Momenten der Gefahr ist selbstverständlich jedes Grübeln und Nachdenken ausgeschlossen, aber nichts ist geeigneter die Sehnsucht nach der Heimat und civilisirtem Leben so anzufachen, wie jene schlaflosen Nächte, deren Tortur nur derjenige beurtheilen kann, welcher sie durchgemacht hat.

Vor Sonnenuntergang weckte ich meine Leute zum Aufbruche; bald war auch alles im Gehöfte munter, die Frauen brachten frisches

Wasser zum Waschen und etwas Milch, welche bei den Papels, die einen zahlreichen Viehstand besitzen, in grossen Mengen zu haben ist. Ich beobachtete dabei, dass die Papels alle das Haupt und namentlich den Mund sorgfältig wuschen und hierdurch eine grössere Reinlichkeit dokumentirten, als mancher Ost-Europäer. Gegen Sonnenaufgang war die Temperatur einigermassen erträglich und so benutzten wir diesen Umstand, um so rasch als möglich einige Meilen zurückzulegen. Auf dem ganzen Marsche hatte ich jedoch wenig Bemerkenswerthes zu notiren und nur die prachtvolle Flora erregte meine Aufmerksamkeit. Um die Mittagszeit gelang es uns, von den Papels eine eigenthümliche, der Papaya ähnliche, jedoch im Innern ganz weisse, melonenartige, längliche Frucht zu acquiriren, welche sehr erquickend wirkte. Auch Palmwein erhielten wir; derselbe wird in Kürbisflaschen aufbewahrt, und schmeckt, wenn er frisch ist, ungemein angenehm; man könnte denselben fast mit Champagner vergleichen, ist jedoch die Gährung weiter vorgeschritten, so wandelt er sich in ein starkes und berauschendes Bier um, welches einen, mir wenigstens, widerlichen Geruch entwickelt, der bei längerem Stehen das Getränk, für den Europäer mindestens, ungeniessbar macht. Bei den Eingebornen scheint dies weniger der Fall zu sein, denn sie lieben den Palmwein über Alles und er ersetzt ihnen den nur in geringen Mengen vorhandenen Branntwein; der Erfolg ist übrigens bei genügender Quantität derselbe. Die Anwesenheit Ambo's bewirkte, dass wir überall gastfreundlich aufgenommen und dass mir nicht einmal Geschenke abverlangt wurden, und ich benutzte die Gelegenheit, um zahlreiche Schmuckgegenstände, Waffen etc. zu erwerben, gegen welche ich falsche Corallenschnüre, Messer, Geldmünzen etc. und auch leere Conservebüchsen anbot. Letztere, namentlich wenn sie bemalt sind, üben einen eigenen Reiz auf die Schwarzen aus und ziehen sie oft wirklich werthvollen Objecten vor. Leider wurde mein Schlaf in der zweiten Nacht, zwar nicht so qualvoll wie in der ersten, wieder oft von den Mosquitos unterbrochen und so beschloss ich am dritten Morgen, namentlich da auch in geologischer und anthropologischer Beziehung nichts Neues mehr zu erwarten stand, nach Bissaõ zurückzukehren um baldmöglichst den Rio Geba zu erreichen, der jetzt mein wichtigstes Reiseziel bildete. Auf dem Rückwege passirte mir noch eine komische Episode: ich hatte ein Paar Schlüssel meiner in Bolama deponirten Koffer, welche ich in der Tasche bei mir getragen, unterwegs verloren, was mir sehr misslich war, da daselbst begreiflicher Weise keine Schlosser aufzutreiben sind, daher hatte ich durch meinen Dolmetsch überall verbreiten lassen, dass ich den Finder um Rückstattung gegen gute Belohnung bäte, und richtig begegneten wir am letzten Tage einem Manne, der den Schlüsselbund als Amulet um den Hals trug. Ich suchte ihn nun zur Rückgabe desselben, zuerst durch Anerbieten eines Geschenkes zu bewegen, doch wollte er davon nichts hören; auch den Weg der Moral betrat ich, doch vergebens, indem ich ihm das Unrechtmässige seines Betragens klar zu machen suchte, was jedoch nur seine Heiterkeit erregte. Endlich gelang es Ambo, ihn zum Austausche des Schlüsselbundes gegen ein Messer und eine leere Blechbüchse zu veranlassen.

Auf dem Rückwege, der uns durch den südwestlichen Theil der Halbinsel führte, machte ich, circa zwei Wegstunden von der Residenz Meré's entfernt, noch einen in anthropologischer Hinsicht recht interessanten Fund. Ich stiess nämlich auf eine Gräberstätte von beiläufig zwanzig Tumuli's mit Urnen und Lanzen geschmückt, worüber in einem späteren Capitel einige nähere Bemerkungen folgen sollen.

Ehe ich Bissaō erreicht hatte, musste ich mich noch dazu bequemen, dem König Meré einen Besuch zu machen, um ihm meinen Dank auszusprechen und ihm zu berichten, wie mir sein Land und seine Leute gefielen. Es ist natürlich, dass er diese Gelegenheit nicht vorübergehen liess, ohne mir noch einige Geschenke abschwatzen zu wollen, was ich indess ablehnte. In Bissaō langte ich nach mehrtägiger Abwesenheit in der glühendsten Hitze an. Mein Gastfreund, Herr Ricardo Vicente, über den ich schon früher nichts Rühmliches zu berichten gehabt, benahm sich noch unhöflicher als vorher und begnügte sich damit, mir eine Kammer anzuweisen, in welcher ich mein Bett aufschlagen konnte, und mich mit seinem Commis speisen zu lassen. Glücklicherweise verschaffte mir der freundliche Commandant schon am folgenden Tage ein Ruderboot, welches einem portugiesischen Mulatten gehörte, der sich nach Geba begab, um dort Handelsbeziehungen anzuknüpfen und die Freundlichkeit hatte, mich mitzunehmen; so ruderte ich denn, ohne mir die Mühe zu geben von meinem unfreundlichen Wirthe Abschied zu nehmen, um die Mittagszeit gegen Osten, nachdem ich noch eine kleine Ansiedlung der Balantas besucht hatte, wobei ich die Ueberzeugung gewann, dass sie in anthropologischer Hinsicht mit den Papels ziemlich übereinstimmen, weshalb ein weiteres Eindringen in ihr Gebiet mir überflüssig erschien.

Noch habe ich nichts über die Colonie Bissaō selbst berichtet. Sie ist eine der ältesten Niederlassungen der Portugiesen in dieser Gegend und liegt an der Südostseite der Insel, am Ausgange des Gebaflusses; sie besteht aus der Citadelle, dem Städtchen und den Ansiedelungen der unterworfenen Papels.

Erstere, im Jahre 1692 durch den Commandanten José Pineiro construirt, hat die Form eines Quadrates, besteht aus hohen von Gräben umgebenen Mauern und ist von vier Thürmchen flankirt, früher war sie von vierzig Kanonen vertheidigt, von denen jedoch kaum noch sechs sich in gutem Zustande befinden. Die Garnison besteht aus einer Compagnie schwarzer Tirailleurs und einigen weissen Artilleristen. Da aber seit Jahren Friede mit den umliegenden Völkerschaften herrscht, so dürften dieselben wohl bald an andere mehr exponirte Punkte verlegt werden.

Die Stadt zeigt zwei Strassen: den Quai und eine Hauptstrasse, dann verschiedene Nebengässchen. Erstere weisen manche stattliche Gebäude auf. In der Citadelle befindet sich die Kaserne und eine ziemlich delabrirte Kirche. Das Städtchen ist mit der Citadelle verbunden und zwei Mauern schützen sie auf der Landseite gegen aussen hin. Jenseits dieser Mauern finden sich die Ansiedlungen der sogenannten Grumetes, aus primitiven Lehmhütten bestehend.

Bissaõ, früher einer der wichtigsten portugiesischen Plätze, ist jetzt weit unbedeutender als Bolama.

Ich will nun nach dieser Abschweifung zurückkehren zur Betrachtung der im weiteren Verlaufe der Reise besuchten Gegenden.

Bald nachdem man Bissaõ verlassen hat und gegen Osten steuert, betritt man an den Ufern des Flusses von Geba das Gebiet der Mandingas. Der Fluss ist hier an seiner Mündung fast eine Meile breit, und das Salzwasser erstreckt sich bis weit in das Land hinein. Späterhin bildet sich Brackwasser, auf welchem sich die Wirkungen der Ebbe und Fluth fast bis Geba selbst fühlbar machen. Gerade wie auf dem Rio Grande benutzt man auch auf dem Rio Geba die Fluth zum Reisen, denn während der Ebbezeit ist es kaum möglich, flussaufwärts zu dringen, während man zur Zeit der Fluth fast ohne Anwendung von Segel und Ruder hinauffahren kann. Die anfangs flachen Ufer werden allmählich steiler und in der Nähe von Geba ist das Terrain, wenn nicht gebirgig, doch schon etwas hügelig; prachtvolle Vegetationsbilder schmücken den Rio Geba, ebenso wie den Rio Grande, Palmenwälder dazwischen mit Wollbäumen und Baobabs zieren die höheren Ufer, während am Fusse des Wassers die Mangrove ein dichtgeschlossenes schwer durchdringliches Dickicht bildet.

In der Nähe der Mündung des Flusses ist der Boden äusserst sumpfig und es ist ungemein schwierig daselbst zu landen; auch die dichte Vegetation ist diesem Vorhaben sehr hinderlich, daher befinden sich in unmittelbarer Nähe der Ufer fast keine Dörfer, sondern sie sind immer in einiger Entfernung von denselben gelegen.

Obgleich der Rio Geba fruchtbaren Boden hat, so ist er doch weit weniger cultivirt als der Rio Grande; es fehlen hier die zahlreichen Faktoreien, deren nette mit Palissaden umgebenen Häuschen nicht wenig dazu beitragen, dem Landschaftsbild einen lieblichen Charakter zu verleihen. Dafür ist aber seine Fauna eine weit reichere; in seinem oberen Theile haust noch das Flusspferd, und das Krokodil oft sogar in Schaaren, obgleich dasselbe durch den steigenden Verkehr der Boote in der letzten Zeit sehr verdrängt wurde, allerlei Wasservögel, Pelikane, Flamingos, verschiedene Reiherarten, treiben in den Dschungeln ihr Wesen. Auch das Wasserschwein (Manatus) dürfte diesen Gewässern nicht fremd sein, wenigstens stimmt die Beschreibung eines mir geschilderten Thieres damit überein. Das Land zwischen dem Rio Geba und Rio Grande, ein nur durch die Hütten der Mandingas und Biafaden unterbrochener düsterer Urwald, beherbergt auch jetzt noch zahlreiche Elephanten, wenngleich auch hier in den letzten Decennien damit ordentlich aufgeräumt wurde. Noch in den vierziger Jahren war ihre Anzahl so gross, dass die Biafaden dieselben dadurch, dass sie von allen Seiten das Gras in Brand steckten, auf einen Haufen trieben und so eine grosse Anzahl davon tödten konnten; heutzutage sind die Elephanten schon ziemlich schwer zu erlegen. Auch Raubthiere, namentlich Leoparden, Hyänen und eine Art Schakal, von den Portugiesen und Creolen Lobo (Wolf) genannt, sind hier, wie am Rio Grande, ungemein häufig und belästigen des Nachts sogar die Bewohner. Oberhalb Geba sollen sich auch Löwen herumtreiben, wenn ich den Berichten einiger Mandingas Glauben schenken könnte. Wenn es leicht ist, bis Geba vorzudringen, dürfte es recht schwierig sein, von dort zu Lande weiter zu gelangen; es könnte höchstens die Wasserstrasse benutzt werden, doch dürfte man auch auf dieser wegen der oberen Cataracte nicht gar weit kommen; bis jetzt ist kein einziger Reisender über Geba hinausgedrungen, was um so bedauernswerther ist, als man dadurch über den Lauf dieses Flusses, sowie des Rio Grande noch keine sicheren Belege sich verschaffen konnte und namentlich über die später hier ventilirte Frage der Identität des Comba mit letzterem. Leider war es auch mir nicht vergönnt, die ersehnte Reise über Geba in's Innere machen zu können, denn während der Fahrt erkrankte ich so heftig am Fieber und dauerte dieser von bösartigen Erscheinungen begleitete Anfall so lange an, dass ich schliesslich froh war, schleunigst nach Bolama zurückkehren zu können, wo ich wenigstens einer ordentlichen Pflege sicher war, während in Geba, wo weder geeignete Unterkunft, noch ärztliche Hülfe, noch irgend welcher Comfort vorhanden ist und das überdies vielleicht der ungesundeste Punkt des nördlichen Westafrika's ist, meines Bleibens nicht sein konnte.

Die kleine Colonie Geba selbst ist nur um weniges grösser als Buba, bildet aber, da es der vorgeschobenste portugiesische Posten ist, einen wichtigen Handelsplatz, in welchem ein reger Tauschhandel, namentlich für Elfenbein, Wachs, Erdnüsse, Gold von Burré getrieben wird; von hier aus wurde namentlich früher ein guter Theil Futah-Djallōn's verproviantirt. Der Handel geht allerdings meist durch die Hände der Mandingas oder der des Handels beflissenen Nation der Serracollets.

Bei dieser Gelegenheit möchte ich eine Beobachtung wiederholen, welche mir von vielen Händlern mitgetheilt wurde, dass nämlich der Handel nach Futah-Djallon und weiter hinein im letzten Jahrzehnt sich bedeutend vermindert habe und dass die Caravanen, welche in früheren Zeiten Gold und Elfenbein nach Geba und Buba brachten, sehr selten geworden sind, was an den häufigen Kriegen liegen soll; ich habe jedoch Ursache zu glauben, dass auch die zahlreichen Handelsplätze der Franzosen den Verkehr, welcher sich früher fast ausschliesslich den portugiesischen Colonien zuwandte, abgelenkt haben.

So geht jetzt ein grosser Theil der Waaren, die früher Geba passirten über den Rio Nuñez — viel tragen dazu bei die hohen Zölle in den portugiesischen Häfen, wodurch der früher so blühende Handel Cacheu's, Bissaö's und Geba's bedeutend gesunken ist, andererseits ist der Export aus dem Innern, namentlich Gold und Elephantenzähne in beständiger Abnahme begriffen und gerade Geba war es, das in dieser Hinsicht eine grosse Rolle spielte. Heutzutage bilden die Erdnuss, Wachs, Gummi und Bauhölzer weitaus den wichtigeren Theil der Handelsartikel, welche am Rio Grande, wie es scheint, leichter zu beschaffen sind, als am Rio Geba. Letzterer ist auch viel ungesunder als der Rio Grande, und daher kommt es, dass die Ufer des Rio Grande von zahlreichen Faktoreien belebt sind, während man sie am Rio Geba weit seltener findet. Diese Ursachen sind es, welche Geba immer unbedeutender werden lassen.

Wir wollen uns nun mit den socialen und politischen Verhältnissen der portugiesischen Colonien, sowie mit den Fortschritten der Europäer in diesem Theile Afrika's beschäftigen und die Projecte der Erschliessung und Civilisirung desselben etwas näher betrachten.

CAPITEL XIV.

Politische und sociale Zustände der portugiesischen Colonien in Afrika. — Verwaltung. — Verhalten gegenüber den Eingebornen. — Deportation und Colonisation. — Fortschritte der Franzosen. — Die Senegalbahn. — Deutsche Colonien in Afrika?

Trotz aller Bemühungen ist es den Europäern nur an wenigen Punkten gelungen, der afrikanischen Unkultur Herr zu werden und gar in unserem Gebiete hat moderne Civilisation bisher nur wenige Vorposten aufgestellt; dies zeigt uns schon ein flüchtiger Blick auf die Karte.

Unter den Nationen, welche sich am hervorragendsten an dieser Culturmission betheiligt haben, steht in erster Linie die portugiesische. Vier Jahrhunderte sind nun verflossen, seitdem die portugiesischen Argonauten, von dem Infanten Dom Enrique ausgesandt, Guinea entdeckten und die ersten Colonisten Afrika betraten und trotzdem ist gerade dieser Theil noch immer der Barbarei anheimgegeben und kaum weiter als die Küste reicht europäischer Einfluss.

Damals war es allerdings den portugiesischen Ansiedlern gelungen, in kurzer Zeit blühende und mächtige Colonien in Senegambien zu gründen, — ein ausgedehnter Handel, welcher sich weit in's Innere erstreckte, und der auch bis heute noch kaum von irgend einer Nation erreicht werden konnte, ward die Quelle grossen Reichthums und bedeutender Macht, aber der Fortschritt war kein andauernder; schon zur Zeit der Occupation Portugals durch Philipp II. von Spanien, änderten sich die so günstigen Verhältnisse, manche Punkte wurden den Portugiesen von anderen Nationen entrissen, andere von ihnen selbst verlassen, eine Erweiterung und Ausdehnung der Colonien wurde unmöglich und so fielen sie im achtzehnten Jahrhunderte dem Verfalle anheim; der so grossartige Handel ging rasch darnieder. Erst in diesem Jahrhunderte, seit wenigen Decennien gehen die portugiesischen Colonien Afrika's einer relativen Blüthezeit wieder entgegen und sind sichtlich im Aufschwunge begriffen.

In neuerer Zeit haben ebensowohl Regierung, als auch Volk erkannt, dass es an der Zeit sei, dem traurigen Zustande in dem sich lange Zeit die afrikanischen Provinzen befanden, ein Ende zu machen und anzustreben, dieselben auf gleiche Höhe mit denen der übrigen europäischen Nationen zu heben; so sind es namentlich die thätigen Minister Sa de Bandeira, d'Andrade-Corvo und einer der letzten

Colonialminister, Visconde von San Januario, sowie der gegenwärtige, welche vieles zum Aufblühen derselben beigetragen haben, namentlich aber in den letzten fünf Jahren sind ungeheure Fortschritte gemacht worden, so dass, obgleich die portugiesischen Colonien noch nicht den Reichthum und den hohen Aufschwung der englischen oder französischen zeigen, doch die Arbeiten der letzten Jahre einen bedeutenden Fortgang erkennen lassen und ich meinerseits habe wenigstens den Zustand derselben weit besser gefunden, als nach den Schilderungen der Portugiesen selbst zu erwarten war. Es ist eine bekannte Thatsache, dass der Colonialbesitz Portugals in Afrika einer der ausgedehntesten ist, an der Westküste allein ist die Provinz Angola, die sich von Ambriz, südlich vom Congo bis über Mosamedes und von der Küste über fünfzig geographische Meilen weit ins Land hinein erstreckt, fast so gross wie Frankreich, und die Besitzungen an der Ostküste, die jetzt in drei Provinzen, Mozambique, Zambesia und Lourenço Marquez eingetheilt sind, sind noch bedeutend grösser; allerdings ist zu berücksichtigen, dass ein guter Theil dieser Provinzen von Negern bewohnt wird, welche thatsächlich vollkommen unabhängig von der portugiesischen Regierung leben, jedoch in Handelsbeziehungen mit ihnen stehen und Freundschafts- und Protectoratsverträge mit ihnen abgeschlossen haben.

Zu diesen ausgedehnten Provinzen treten noch die fruchtbaren Inseln S. Thomé, Ilha do Principe, und andere Punkte am Festlande hinzu. Es ist nicht zu verwundern, dass das portugiesische Volk, insbesondere die Colonisten, unzufrieden sind, wenn ihnen ein so ungeheuerer Besitz nur sehr wenig Früchte trägt, unrichtig aber und den Thatsachen nicht entsprechend ist es, immer wieder die Schuld auf die Regierung zu schieben, nicht bedenkend, dass so ausgedehnte Länder, in denen man nicht nur mit dem Klima, sondern auch noch mit der natürlichen Faulheit und dem Widerstande der afrikanischen Bevölkerung zu kämpfen hat, erst im Zeitraume von vielen Jahren durch zahlreiche und fleissige Colonisten, unter grossem Aufwand an Capitalien, der europäischen Cultur gewonnen werden können. Damit ist zugleich auch ausgesprochen, was jenen Gegenden am meisten Noth thut. Arbeitskräfte und Capitalien, welche beide, namentlich zur Herstellung von Verkehrswegen, die dem Handel neue Bahnen erschliessen sollen, nöthig sind, denn der Austausch der Landesprodukte gegen europäische Waaren wird immer die Hauptquelle des Reichthums für die afrikanischen Colonien sein.

Dieselben Gesichtspunkte sind es, welche die Franzosen zum Bau der Senegal- und Saharabahn drängen. —

Auch die portugiesische Regierung hat, in richtiger Würdigung dieser Verhältnisse, in den letzten Jahren angefangen, in den reichsten ihrer Besitzungen, in den östlichen, Eisenbahnen zu bauen, welche durch den früher erwähnten, sehr tüchtigen Ingenieur Machado ausgeführt wurden.

Aber auch Strassen-, Canal- und Hafenbauten sind dringend nothwendig. Der Umstand, dass in allen portugiesischen Colonien der Director der öffentlichen Arbeiten die wichtigste und besthonorirte Persönlichkeit ist, deutet darauf hin, dass man im Mutterlande diese Nothwendigkeit vollkommen einsieht. Ob es allerdings gerade unerlässlich ist, den Chefingenieuren so hohe Besoldung zu gewähren, bleibt dahingestellt. Diese im Verhältniss zu den in anderen europäischen Staaten üblichen, exorbitant erscheinenden Bezahlungen (so z. B. hat der Chef-Ingenieur der Provinz Mozambique fünfundvierzigtausend Francs, der von Loanda dreissigtausend, der von Cabo Verde fast fünfundzwanzigtausend, der von Macaõ soll gar fünfzigtausend haben und auch die Unter-Ingenieure haben sechs bis zwölftausend Francs) absorbiren einen guten Theil der für Strassen- und andere Bauten bestimmten Summen, und stehen auch nicht im Verhältnisse zu den Leistungen; wahrscheinlich datiren sie noch aus einer Zeit, in der Ingenieure überhaupt nur in geringer Anzahl zu haben waren, während man jetzt eher einen Ueberfluss daran hat. Als Beispiel für meine Ansicht erwähne ich nur den Director der öffentlichen Arbeiten von S. Thiago, auf den capverdischen Inseln, welcher in drei Jahren eine Route von circa zwanzig Kilometern gebaut und dafür jährlich jenes hohe Gehalt bezogen hatte.

Ferner ist der Umstand schädlich, dass die Arbeiten gewöhnlich nur dann unternommen werden, wenn die Hauptstadt der betreffenden Provinz einen directen Vortheil davon hat; um entferntere Gegenden kümmert man sich blutwenig, so z. B. war die Insel Antaõ gänzlich vernachlässigt worden, obgleich sie an Fruchtbarkeit der Hauptinsel S. Thiago gleichkommt, und ähnliches war in anderen Provinzen der Fall.

Auch in den übrigen Branchen der Verwaltung kann diese allzugrosse Bevorzugung der Hauptorte nicht nützlich sein, so besitzt z. B. jede Provinz einen Agronomen, gewiss eine vortreffliche Einrichtung (der Agronom der Provinz Cabo Verde, dessen Bekanntschaft ich machte, war ein gebildeter Belgier, der sich um die Urbarmachung der Inseln sehr bemühte), welche jedoch dadurch wieder an Werth verliert, dass der Betreffende die entferneren Gegenden meist gar nicht besucht und sich nur mit der nächsten Umgebung der Hauptstadt beschäftigt; ähnliches gilt für den sonst gut organisirten Sanitätsdienst: in allen Provinz-Hauptstädten sind Spitäler errichtet worden und die meisten davon sind mit vortrefflichen Einrichtungen versehen, jedem derselben sind mehrere Aerzte attachirt, leider haben diese jedoch keinerlei Verpflichtung, die Provinz zu bereisen und wenn ein Plantagenbesitzer einen Arzt rufen will, so hat er demselben die Taxe von circa einem Peso (5 $^1/_2$ Francs) pr. Meile, ausser der festgegesetzten Entlohnung für den Besuch zu entrichten; die Folge davon ist, dass ausser der Hauptstadt niemand einen Arzt zu Rathe zu ziehen wagt. Es würde geringer Verfügungen von Seite der Regierung bedürfen, um solchen aus alter Zeit herrührenden Zuständen abzuhelfen. Eine grosse Klage der Portugiesen, namentlich der grösseren Grundbesitzer, bildet auch der Mangel an Arbeitskräften, an Colonisten; seit der Abschaffung der Sklaverei mangelt es in der That an letzteren, da die freigewordenen Sklaven nur so lange arbeiten, als zur Deckung ihrer Lebensbedürfnisse unbedingt nothwendig ist. Vielleicht würde hier durch die Einführung von Kulis, wenn dieselben das Klima überhaupt vertragen, Abhilfe zu schaffen sein. Vielfach hörte ich auch bei den höheren Ständen angehörigen Portugiesen, dass die Qualität der weissen Ansiedler eine allzu untergeordnete sei, was sie namentlich den Deportationsverhältnissen zuschrieben. Sämmtliche Colonien Portugals sind nämlich zugleich Strafcolonien, in welchen sich die Deportirten ihrer vollen persönlichen Freiheit erfreuen, nur mit der Beschränkung, dass sie sich von dem ihnen zugewiesenen Aufenthaltsorte nicht entfernen dürfen. Sie bekommen täglich die Summe von vierzig Reïs (circa 20 Centimes) ausgezahlt, wofür sie jedoch bei den öffentlichen Bauten einen oder mehrere Arbeitstage im Monate zu leisten haben. Es existiren, je nach der Schwere der Verbrechen, mehrere Classen von Deportationsorten. Zu den ärgsten gehören Mozambique und Bolama, da daselbst die klimatischen Verhältnisse die schlechtesten sind, dann folgen Loanda und die Capverden, auf welchen wiederum Mayo und Boa Vista, als die für renitente Verbrecher bestimmten gelten, während Antaŏ und S. Thiago für die fügsamen, arbeitsamen reservirt sind.

Niemand wird läugnen, dass dadurch Verbrechern, welchen sonst in Europa die Möglichkeit entzogen wäre, sich zu rehabilitiren, die Gelegenheit geboten wird, mit der Zeit tüchtige und fleissige Colonisten zu werden und die Erfahrung bestätigt dies vollkommen, denn auf S. Thiago z. B. sind die meisten Besitzer, Kaufleute u. s. w. frühere Deportirte oder Abkömmlinge von solchen. Da übrigens die freien Bürger, namentlich solche aus dem niederen Volke, mit diesen

Sträflingen merkwürdiger Weise genau so verkehren, wie untereinander, so scheint ein Nachtheil für diese nicht zu existiren und dürfte dies wohl kein Hinderniss sein, um Colonisten anzulocken, umsomehr als den Behörden ja immer Beschränkungsmittel zu Gebote stehen.

Allerdings muss man bedenken, dass Inseln sich für Deportationsorte viel mehr eignen als das Festland, da die Ueberwachung eine leichtere ist und mancher, der gezwungen ist, zu arbeiten und sich zu bessern, schliesslich doch ein ordentlicher Mensch wird, während weiter im Innern die Controle keine so grosse sein kann und den Verbrechern allerlei unlautere Mittel, um ihre Existenz zu fristen, zu Gebote stehen können. Was also auf den capverdischen Inseln zu den besten Resultaten geführt, kann vielleicht in Angola von minder günstigem Erfolge sein und beziehen sich die erwähnten Klagen wohl auf solche Fälle. Auch der Afrikareisende Serpa Pinto hat sehr heftige Ausfälle auf diese Art von Colonisten gemacht und solchen Leuten manchen Misserfolg seiner Reise zugeschrieben. Trotzdem dürfte das System selbst nicht total zu verwerfen sein, da eben in so ungesunden Landstrichen, in Gegenden, wo nur mit grösster Lebensgefahr unter tausenderlei Strapazen und Mühseligkeiten irgend ein Gewinn erreicht werden kann, wie dies im Innern Afrika's der Fall ist, wohl nur sehr wenig freiwillige Ansiedler sich finden werden und daher vielleicht die Hilfe solcher Depossedirten der menschlichen Gesellschaft vorläufig wenigstens nicht ganz zurückgewiesen werden kann.

Betrachten wir nun das Verhältniss der portugiesischen Colonialregierung zu den Eingebornen etwas näher, so müssen wir gestehen, dass es wohl kein milderes und patriarchalisches Regime geben kann, als dieses; die nicht unterworfenen Eingebornen sucht man durch Güte und Nachsicht zu Verbündeten oder wenigstens zu freundlichen Nachbarn zu machen. Daher kommt es auch, dass die Portugiesen verhältnissmässig so wenige Kriege mit den Eingebornen zu führen haben, während die Engländer, ja sogar die Franzosen, die durch günstige Handelsbeziehungen und reiche Geschenke in versöhnlichem Sinne zu wirken versuchen, doch fast beständig an einem oder dem anderen Punkte Kämpfe mit den Eingebornen zu bestehen haben.

Durch dieses Princip der Milde und Freiheit der ihnen Unterworfenen, ist es den Portugiesen gelungen, ohne bedeutende Kriege weite Strecken zu occupiren, obgleich sie in früheren Zeiten, als noch der Sklavenhandel florirte, wenigstens als Sklavenhändler weit mehr den Unwillen der schwarzen Bevölkerung erregen mussten als die Engländer, welche wiederum, obgleich die geschworenen Feinde des

Sklavenhandels, durch ihre grausame, rücksichtslose Verdrängung und Ausbeutung niemals die Freundschaft der Neger erwerben konnten. Wenn die Portugiesen in Senegambien so wenig Fortschritte gemacht haben, so erklärt sich dies vielleicht schon dadurch, dass ihnen die gesünderen, reichen Gegenden der südlichen Hemisphäre, deren Bewohner weit zugänglicher und weniger kriegerisch sind, als z. B. die Fullahs, Mandingas oder Papels, leichteren Gewinn boten, denn erst in der letzteren Zeit haben sie ihren Besitzungen Senegambien und Guinea wieder grössere Aufmerksamkeit geschenkt.

Aeusserst liberal verhalten sich die Portugiesen gegenüber den Schwarzen, welche ihre Cultur angenommen haben und sich innerhalb ihrer Besitzungen ansiedeln. Sie werden nicht als untergeordnete Menschen behandelt, sondern stehen was die politischen und socialen Rechte anbelangt, den Weissen vollkommen ebenbürtig da; sie können eben so gut Deputirte, Beamte, Offiziere werden, wie die Portugiesen, und in der That sind viele Offiziere, Priester, Zollbeamte, Ortsvorstände Schwarze oder Farbige. Dass sie es seltener zu höheren Chargen bringen, erklärt sich durch den Umstand, dass keiner von ihnen eine bessere Bildung erworben und selbstverständlich dazu auch nur selten Gelegenheit hat, doch habe ich einige Neger, Priester, Beamte, gekannt, welche eine höhere Ausbildung in Portugal genossen.

Aber nicht nur in politischer Hinsicht sind Neger und Weisse gleichberechtigt, auch die sociale Stellung beider ist dieselbe, schwarze oder weisse Grundbesitzer, Beamte u. s. f. verkehren unter einander auf vollkommen gleichem Fusse und dieses Verhältniss ist bei einer Nation, welche früher als die erste unter den sklavenhaltenden berüchtigt war, um so bemerkenswerther, als bekanntlich die philanthropen Nordamerikaner ihre freien schwarzen Bürger als untergeordnete Individuen anschauen und behandeln.

Ich habe überdies die Bemerkung gemacht, dass alle Nicht-Portugiesen von dieser Gleichberechtigung, die sich sonst weder bei Franzosen, Engländern noch anderen Colonisten in diesem Masse findet, nicht nur sehr überrascht waren, sondern auch Mühe hatten, sich derselben anzupassen; ich selbst war davon nicht ausgenommen.

Diese humanen und liberalen Anschauungen werden gewiss nicht wenig dazu beitragen, die Colonien Portugals vor Kriegen und Aufständen Seitens der Eingebornen zu schützen.

Als ein Beispiel des guten Rufes, dessen sich die Portugiesen in dieser Hinsicht erfreuen, mag auch erwähnt werden, dass im Jahre 1881 viele der von den Engländern bedrückten Boers sich nach Mosamedes und Lourenço Marquez in die portugiesischen Colonien flüchteten, wo sie von den Behörden auf das beste untergebracht wurden. Es wäre wünschenswerth, wenn die portugiesische Regierung sich damit nicht begnügen und die Einwanderung der Fremden mehr begünstigen würde, denn das Mutterland ist zu klein, um für so ausgedehnte Territorien Colonisten liefern zu können. Dass auch die Klagen der Bevölkerung über die hohen Zolltarife und Douaneplackereien überhaupt, welche ganz allgemein sind, mehr zu berücksichtigen wären, will ich hier nur andeuten.

Noch einige Worte über die Verwaltung der Colonien seien hier gestattet. Jede Provinz wird von einem Generalgouverneur geleitet, welcher gewöhnlich Land- oder Marine-Offizier ist; ihm zur Seite steht der Generalsecretär. In den einzelnen Districten der Provinz herrschen entweder militärische Commandanten, wie in Bissaõ, Cacheu, oder Civilleiter, die den Namen Administrador tragen, und ein Mittelding zwischen einem Bürgermeister und einem französischen Unterpräfecten sind; dieser hat wieder die eingebornen Regidoren unter sich, welche unseren Ortsvorständen gleichstehen. Letztere sind fast immer aus der schwarzen Bevölkerung entnommen und vermitteln deren Verkehr mit den Behörden. Es befindet sich nur sehr wenig europäisches Militär in den Colonien und ist die eventuelle Vertheidigung derselben fast durchgehends schwarzen inländischen, freiwillig angeworbenen Truppen, den Calzadores anvertraut. Auch sind die Offiziere dieser Territorial-Armee denen des Mutterlandes nicht gleichgestellt, avanciren jedoch desto rascher; die meisten von ihnen dienen von der Pike auf. Eine wichtige Rolle spielen die Douanebeamten, deren Chef eine sehr hohe Stellung einnimmt, die aber von den Einwohnern mehr gefürchtet als geliebt werden.

Die Rechtspflege kann natürlich in so ausgedehnten Districten nur mit grösster Schwierigkeit ausgeübt werden. Auf den capverdischen Inseln existiren zwei richterliche Beamte, welche in Portugal Studien gemacht und denen zwei Staatsanwälte (Delegados da coroa) beigegeben sind. Diese Gerichte haben ihren Sitz in S. Antaõ und S. Thiago und ein solcher Richter hat alle Strafprocesse durchzuführen.

Da dieser richterliche Beamte selbstverständlich durch den schwierigen Verkehr mit den entfernteren Ortschaften seines Districts, dieselben nur selten bereisen kann, so ernennt er in anderen wichtigeren Orten, wie z. B. S. Vincent, S. Nicolaõ, einen Substituten aus den Bürgern, und nur in sehr schweren Fällen wird er selbst, in zweiter Instanz, das Urtheil fällen; ähnlich verhält es sich auf dem Festlande.

Ausser diesen Gerichtspersonen werden noch aus der Mitte der Eingebornen Friedensrichter gewählt. Advocaten im europäischen Sinne können selbstverständlich nicht existiren, doch kann jeder Gebildete nach Ablegung einer kurzen Prüfung vor dem Richter zu Advocatur- und Notariatsgeschäften zugelassen werden. Solcher „escrivaōs" giebt es nicht wenige. Der Sanitätsdienst ist in mancher Hinsicht sehr gut geregelt, und es ist beispielsweise eine treffliche Bestimmung, dass in dem Wohnsitze des Arztes nur das Fleisch von Thieren verkauft werden darf, deren Milz vorher von demselben untersucht worden ist; auch die Einrichtung der Spitäler ist eine der Wissenschaft entsprechende.

Die Gemeinden sind gegenüber dem genannten Administrador durch Deputirte vertreten, welche letzterem zur Seite stehen.

Alle höheren Beamten sind auf drei Jahre angestellt, was namentlich für den Gouverneur und seinen Secretär, für die höheren Offiziere, Richter, Ingenieure, Douanedirektoren gilt. Die Einkünfte dieser Beamten sind im Verhältniss zu den europäischen ziemlich hohe, denn der geringste Gehalt eines aus Portugal gesandten Beamten beträgt ein Conto (tausend Milreis oder viertausend siebenhundert Mark), steigt aber bis zu 10 Conto d. h. 47000 Mark und darüber. Weniger glücklich sind dagegen die Subaltern-Beamten gestellt, deren Bezüge oft so niedrig, dass sie gezwungen sind, neben ihrem Amte irgend einen kleinen Handel zu betreiben, um ihren Lebensunterhalt zu fristen, was ihnen um so leichter wird, als ihre Amtsthätigkeit sie nicht allzusehr in Anspruch nimmt und ihr Ansehen dadurch keine Einbusse erleidet.

Einige Bemerkungen noch über das Schulwesen mögen den Schluss dieser Betrachtungen bilden. Dasselbe ist in den Colonien nicht so schlecht bestellt, als ein Fremder vielleicht glauben könnte. In allen Hauptstädten existiren Schulen, welche unseren Volksschulen gleichkommen; aber auch auf dem Lande bestehen, Dank den vielfach freiwillig sich zur Verfügung stellenden Lehrern, die sich aus Kaufleuten und weissen Pflanzern recrutiren, Schulen, in denen die schwarzen Kinder, wenn auch nur nothdürftig, Lesen und Schreiben lernen können. Die grösseren Provinzen besitzen noch ein Untergymnasium, wie z. B. das, welches auf der capverdischen Insel S. Nicolaō besteht. Dass ein so gut katholisches Land wie Portugal auch der Seelsorge nicht vergisst, bedarf keiner Erwähnung.

Auch mehrere Zeitungen erscheinen in den Hauptstädten der Westküste. Sie vertreten zumeist locale Interessen, manche, wie z. B. das auf S. Thiago erscheinende Wochenblatt „Imprensa", zeichnen sich durch allzuscharfe Opposition gegen die Regierung aus.

Im Ganzen genommen befinden sich heutzutage die portugiesischen Colonien durchaus nicht in so uncivilisirtem oder delabrirtem Zustande, als bei uns gewöhnlich angenommen wird, und herrschen wenigstens, soweit die Autorität der Regierung überhaupt reicht, zum Theil bessere Zustände, als in manchen europäischen Staaten.

Den portugiesischen Ansiedlungen sind erst nach langer Zeit französische gefolgt; aber seit einigen Decennien wird die Eroberung und Colonisation Senegambiens mit solcher Energie und Ausdauer durchgeführt, dass man heute wohl nicht mit Unrecht in den Franzosen die künftigen Beherrscher Nordwest-Afrika's sehen kann. Tagtäglich wächst ihr Territorium und hebt sich ihre Macht, nicht nur vom Senegal, sondern auch von Gambia, Casamança, Rio Nuñez und Rio Pongo rücken sie ungehindert gegen das Herz Afrika's vor, und das noch vor wenigen Jahren nur als Phantom vorschwebende französische Nigerreich hat heute einen realen Hintergrund erhalten.

Obgleich der Schauplatz der französischen Eroberungen hauptsächlich ausserhalb des hier betrachteten Gebiets, nämlich am Senegal selbst sich befindet, so wird in neuerer Zeit auch Futah-Djallon in den Bereich ihrer Projecte gezogen und es scheinen mir daher einige Bemerkungen über die Thätigkeit der Franzosen in diesem Theile Afrika's wohl am Platze.

Durch rastlose, mit vielen Opfern an Menschenleben und Geld erkaufte Bemühungen, ist es der Colonialregierung gelungen, in den verschiedensten Punkten Senegambiens, namentlich dem Laufe der Flüsse folgend, eine Reihe fester Stationen zu errichten, welche die Mittelpunkte des weiteren Vordringens bilden.

Aber nicht nur durch Anlage von Forts und Handelsplätzen suchen sie weiter vorwärts zu kommen, noch weit mehr dehnen sie ihre Herrschaft durch Freundschaftsbündnisse mit den einheimischen Fürsten aus.

Dass ihr Einfluss schon weit über die letzten Forts am Senegal hinaus bis zum Segu am Niger reicht, ist hinlänglich bekannt. Weniger auffällig, aber ebenso unzweifelhaft, sind ihre Bestrebungen auf Futah-Djallon, Tangue und Burré, insbesondere auf das Land zwischen dem Gambia, den Nigerquellen und Freetown. Die zahlreichen Expeditionen, welche sie in dem letzten Jahrzehnt von der Westküste nach Osten entsandt und welche auch heute noch, mit grösserer Energie als je, fortgesetzt werden, haben alle, seien sie nun von der Regierung, von Gesellschaften oder von Privaten unter der angeblichen Firma commerzieller oder wissenschaftlicher Bestrebungen ausgegangen, einen politischen Charakter, sollen hauptsächlich dazu

dienen, vorläufig durch Orientirung über die anzuknüpfenden Handels-
und Freundschaftsbeziehungen, dem französischen Protektorate die
Wege zu bahnen und haben in dieser Hinsicht auch vielfachen Erfolg
gehabt, einen weit grösseren als in wissenschaftlicher Beziehung.
   Auch dort wo bereits europäische Colonien anderer Nationen existiren, suchen die Franzosen wenigstens den Handel an sich zu bringen,
was insbesondere bei den portugiesischen Besitzungen zum Theil schon
gelungen ist; ebenso scheint die Concurrenz auch die Engländer jetzt
schon aus dem Felde geschlagen zu haben, wofür die in diesem Jahre
von dem Gouverneur von Gambia entsandte Expedition nach Timbo
einen neuen Beweis geliefert hat, denn der Fürst dieses Landes erklärte unverhohlen, dass er bereits mit den Franzosen ein Schutz- und
Trutzbündniss geschlossen habe und es dürften daher die neuerdings
von den Engländern angestellten Versuche, mit den Häuptlingen
Bündnisse abzuschliessen, erfolglos bleiben. Dass die alten portugiesischen Besitzungen, welche sehr günstig an den Mündungen
grösserer Flüsse situirt sind, wie z. B. Zeguichore, Cacheu, Geba,
Bolama ihnen nicht wenig in ihren Absichten hinderlich sind, ist
selbstverständlich und hat daher die Ansicht, welche ich vielfach aussprechen hörte: dass der Einfluss der Franzosen den häufigen Angriffen der Futah-Fullahs auf die portugiesischen Posten nicht ganz
ferne stehe, einige Berechtigung. Jedenfalls suchen sie die Bestrebungen der Portugiesen, sich auszudehnen, möglichst zu hindern und
lässt es sich nicht läugnen, dass die französische Regierung mit
grossem Geschick vorläufig den ganzen Handel Senegambiens an sich
zu ziehen sucht, um späterhin diese reichen Gegenden mit ihrem Besitze zu vereinigen.
   Wollen die übrigen Nationen nicht ihren ganzen Einfluss verlieren, so müssen daher auch sie energisch einschreiten; dies thun
denn auch in letzter Zeit die Engländer, welche keineswegs gesonnen
sind, auf die Hinterländer am Gambia und in Sierra Leone zu ver-
zichten. Ebenso haben in den letzten Monaten die Portugiesen einen
Versuch gemacht, ihre Macht in Futah-Djallon zu befestigen, indem sie der fortwährenden Vexationen des dem Almami von Labé
unterworfenen Chefs von Guidali müde, ein kleines Expeditionscorps
aus portugiesischen Tirailleurs, Biafaden, Mandingas und schwarzen
Fullahs zusammenstellten und selbst die Offensive ergriffen. Wie die
neuesten portugiesischen Zeitungen melden, waren auch ihre Bemühungen
vom Glücke begünstigt, indem es ihnen gelungen ist, den Sitz der
Räuber, nämlich Guidali, im Sturm zu nehmen. Hoffentlich begnügen
sie sich nicht damit, sondern setzen sich definitiv an diesem Punkte

fest, welcher als die erste Etappe gegen Timbo betrachtet werden kann. Mit einigen Opfern an Geld und Mannschaft dürfte es ihnen in kurzer Zeit gelingen, wenigstens das Gebiet des Rio Grande zu unterwerfen, und diese grösste Verkehrsader von Futah-Djallon an sich zu ziehen.

Für die Cultur und Wissenschaft bleibt es übrigens ziemlich gleichgiltig, welche Nation zuerst vordringt, indem ja jede Eroberung in Afrika durch Europäer wieder ein unbekanntes Stück Land aufschliesst und zugänglich macht; so sehen wir, dass in den letzten Jahren, durch die französische Expeditionspolitik Gegenden, welche bisher nur von einigen wenigen Reisenden flüchtig durchstreift worden waren, einer genaueren Untersuchung unterworfen werden.

Schon in der nächsten Zeit dürfte der ganze westliche Sudan zu den bestbekannten Gegenden des schwarzen Erdtheils zu zählen sein. Daher erweisen die Franzosen durch die Besitzergreifung Senegambiens und der Nigerländer der europäischen Cultur einen grossen Dienst, für welchen ihnen auch die übrigen europäischen Nationen dankbar sein müssen; denn wenn ihre Absichten nicht fehlschlagen, so dürfte noch in diesem Jahrhundert das grosse nordwestafrikanische Reich in Frankreichs Händen sich befinden und die bisher dem Europäer vollkommen verschlossenen Gegenden der Civilisation zugänglich gemacht werden. Man kann daher vom Standpunkte der Cultur das Gelingen dieses grossen Werkes nur wünschen.

Vorläufig handelt es sich allerdings noch um kleinere Projecte, von denen das weitaus wichtigste die Ausführung der sogenannten Senegal-Nigerbahn ist.

Einer grossen Zukunft würde in der That der nördliche Theil Senegambiens entgegengehen, wenn es den Franzosen gelingen könnte, ihre Projecte bezüglich der Verbindung des Niger mit dem Ocean vermittelst einer Bahn zu verwirklichen. Dieselbe soll bekanntlich einen Theil der projectirten Sahara-Nigerbahn, welche von Algier bis zum atlantischen Meere führen soll, bilden; ob indessen dieses letztere Project je verwirklicht werden kann, darüber sind die Ansichten getheilt. Es ist hier jedoch nicht der Ort, diese Frage zu besprechen; jedenfalls steht es fest und die Erfahrungen des letzten Jahres dürften es den Franzosen gezeigt haben, dass die Saharabahn kein so leichtes Unternehmen ist, wie die Herren Duponchel, Soleillet und Consorten sich einzubilden scheinen. Erfahrene Reisende haben die Rentabilität sowie auch die Durchführbarkeit der Bahn bezweifelt und wenn man auch vom civilisatorischen Standpunkte, eine solche Idee, den Sudan mit Europa in directeste Verbindung zu bringen, mit

Die Senegalbahn. 153

Jubel begrüssen muss, so kann man sich doch über die Schwierigkeiten ihrer Ausführung nicht täuschen. Andererseits müsste allerdings die ganze civilisirte Welt den Franzosen schon für den Versuch eines solchen Projectes, sicher eines der würdigsten, grossartigsten und segensreichsten unseres Jahrhunderts, unendlich dankbar sein.

Wenn nun schon die Saharabahn noch längere Zeit zu den frommen Wünschen gehören mag, so verhält es sich mit der Verbindungsbahn vom Ocean zum Niger ganz anders. Freilich haben kleinmüthige oder neidische Gemüther versucht, auch dieses Project als unausführbar hinzustellen, doch verhalten sich hier die Dinge ungleich günstiger als auf der Strecke Sahara-Niger. Die zu erbauende Bahnstrecke beträgt kaum zweihundert Meilen, ist also unbedeutend im Verhältniss selbst zu den europäischen Bahnen; sie durchläuft keine Wüsteneien, kein Flugsand kann den Bau bedecken, Wassermangel ist nicht zu fürchten, die Hitze ist nicht grösser als in Indien und Mittelamerika, wo ebenfalls Bahnen existiren und das Klima, wenngleich für den Europäer sehr ungünstig, ist nicht mörderischer als in mancher Tropengegend, wo bereits Eisenbahnen im Betrieb stehen. So bliebe denn noch als Schwierigkeit der Widerstand der Eingebornen und die Frage, ob die Bahn überhaupt einen Zweck habe, ob sie sich nutzbringend erweisen könne.

Betreffs des ersten Punktes dürfte sich bald herausstellen, dass die Befürchtungen allzugrosse waren.

Aus den bisher vorliegenden Projecten ergiebt sich, dass ausser der Linie St. Louis-Dakar (Gorée) zwei Stränge zuerst gegen Bakel am Senegal ziehen und von hier längs des Senegals die Bahn über Medine nach Bafulaba sich ausdehnen würde, von wo zwei Stränge nach Bamaka, Dina und Manabugu am Niger projectirt sind.

Was nun die erste Strecke bis Bakel anbelangt, so dürften die Djolofs, eine an und für sich ungemein friedfertige Nation, mit denen ja die Franzosen in guten Beziehungen stehen, keinerlei Schwierigkeiten machen, sondern erstere mit Freuden begrüssen. Ebenso stehen die Franzosen mit den Futah-Dugus am oberen Senegal auf gutem Fusse und bis zu dem Orte Kita dehnt sich heutzutage das Protektorat Frankreichs aus; von hier bis zum Niger sind nurmehr etwa zweihundert Kilometer. Erst hier betritt man das Gebiet der der grossen Nation der Mandingas angehörigen Malinkas, welche sich allerdings bisher den Franzosen feindlich erwiesen haben, was aber vielleicht nur daher rühren könnte, dass sie Feinde des Königs Amadu von Segu-Sikoro sind, welcher bekanntlich in letzter Zeit mit den Franzosen ein Freundschaftsbündniss geschlossen hat; da jedoch dieselben einem Stamme angehören, welcher culturfähig und für commerzielle Unternehmungen sehr zugänglich ist, so ist nicht zu zweifeln, dass in kurzer Zeit auf gütlichem Wege eine Verständigung möglich sein und dass auch diese Schwierigkeit schwinden wird. Das nördlich gelegene Königreich Segu aber ist der Construction der Bahn und den Handelsverbindungen sehr günstig und somit dürfte der Vereinigung des oberen Niger mit St. Louis durch einen Schienenstrang von Seite der Eingebornen keine Schwierigkeiten entgegengesetzt werden, und wenn man den letzten Zeitungsberichten Glauben schenken will, so würden ihre Häuptlinge durch Lieferung von Holz den Bahnbau sogar begünstigen.

Wie man sieht, sind die Völkerschaften, durch deren Gebiet die Bahn ihren Lauf nehmen soll, keine fanatischen Gegner der Cultur, und da es den Franzosen sogar gelungen ist, die Fullahs, gewiss die grössten Gegner der Europäer in Westafrika, für ihre Absichten zu gewinnen, so wird wohl jeder Kenner der westafrikanischen Verhältnisse zugeben müssen, dass es ihnen noch weit leichter sein wird, sich die viel weniger energischen Mandingastämme dienstbar zu machen. Die Misserfolge einzelner Missionen am oberen Senegal und Baffing dürften nicht massgebend sein, um ein endgiltiges Fehlschlagen des Projectes zu prognosticiren.

Was nun die commerzielle Seite des Unternehmens anbelangt, so scheint auch diese nicht ungünstiger zu stehen, als die so mancher europäischen Eisenbahn-Unternehmung. Freilich wird behauptet, dass die Landesproducte zwischen St. Louis und Bakel, die ohnehin geringen Werth haben, leicht auf dem Flusswege transportirt werden könnten und dieser Einwand ist nicht ohne Berechtigung; es würde sich daher empfehlen, den nördlichen Zweig der Bahn fallen zu lassen; aber gar so arm dürften denn doch diese Districte nicht sein. Auch das ungesunde Klima des Senegal spricht für den südlichen Schienenweg. Die oberen stark bevölkerten Gegenden am Senegal enthalten aber einen grossen Reichthum an Bauholz, Arrachiden, Baumwolle, Indigo, Harzen, Datteln etc. Ausserdem dürfte der Ex- und Import am oberen Niger bis Timbuktu sich so bedeutend gestalten, dass es keine Utopie ist, wenn man eine allerdings nicht allzu hohe Rentabilität mit Sicherheit zu erwarten glaubt. Ob es sich übrigens empfehlen möchte, die Bahn über Segu zu verlängern, oder ob es nicht besser wäre, den Fluss als Beförderungsmittel zu benutzen, lässt sich schwer sagen, wie denn überhaupt die Verwirklichung dieses Theiles der Bahn noch in weiter Ferne liegt.

Blicken wir zurück auf das eben Gesagte, so dürfte die finanzielle

Seite keine so ungünstige sein, um nicht das Project, für welches übrigens auch das politische und moralische Moment spricht, als möglich und günstig zu erachten und es ist zu wünschen, dass es mit der bereits im Bau befindlichen Strecke nicht abgethan sein möge, sondern dass in nicht allzuferner Zeit auch die weiteren Theile in Angriff genommen werden.*)

Gewiss wäre dieses ein so grosser Sieg nicht nur der europäischen, Cultur überhaupt, insbesondere des französischen Einflusses, dass sogar der übrigens keineswegs zu erwartende Verlust einiger Millionen, solchen Zwecken gegenüber kaum ins Gewicht fallen könnte; wie viele Millionen werden nicht alljährlich für weit unnützere und unedlere Zwecke vergeudet!

Ein von dem besprochenen gänzlich verschiedenes Project ist das, welches der mehrfach erwähnte Reisende Aimé Olivier befürwortet. Derselbe schlägt vor, weit südlicher den Rio Nuñez als Ausgangspunkt der Bahn zu wählen und von hier aus den Niger zu erreichen, was allerdings den Vortheil hätte, die so gefährlichen Ufer des Senegal zu vermeiden und ausserdem diese Route bedeutend abzukürzen, wobei jedoch andererseits die Nothwendigkeit eintreten würde, ein ziemlich hohes Gebirge zu passiren, was die Kosten naturgemäss bedeutend erhöhen müsste. Deshalb dürfte auch dieses Project vielleicht weniger günstig erscheinen als das erstgenannte; dazu kommt auch noch der Umstand, dass die Gegend jenseits Labé unbekannt und dass dort wahrscheinlich auch eine feindliche Bevölkerung sich finden dürfte, ferner auch die Thatsache, dass der Reichthum Futah-Djallons an Naturprodukten und namentlich an exportfähigen Artikeln doch sicherlich geringer sein dürfte, als der der nördlichen Gegenden.

Aimé Olivier hat indessen durch seinen Bevollmächtigten Gaboriaud einen Vertrag mit dem Herrscher von Timbo, Almami Amadu abgeschlossen, wodurch ihm der Bau einer Eisenbahn durch Futah-

---

*) Nach den neuesten Nachrichten ist dies auch bereits geschehen, indem der Ausbau der Bahn bis Bafullabe bereits beschlossen und die nöthigen Gelder votirt wurden und ist die Strecke zwischen Kayes und Bafullabe auch in Angriff genommen worden. Wie es scheint, bereitet indess das Klima ziemlich bedeutende Schwierigkeiten, während die technischen Hindernisse nach dem Berichte Derrieus durchaus keine grossen zu sein scheinen, denn nur der Uebergang über den Baffingfluss erfordert einen kostspieligeren Brückenbau; auch die weitere Fortsetzung der Bahn bis zum Niger ist durch die neuesten Erforschungen dieses Gebietes als eine verhältnissmässig leichte erkannt worden. Durch den in diesem Jahre erfolgten Vormarsch der Franzosen unter Colonel Desbordes ist auch der französische Einfluss in diesem Theil des Landes gefestigt worden und bereits weht die französische Tricolore zu Bamaku am Niger und europäische Civilisation fasst im Herzen Afrikas endgiltig festen Fuss.

Djallon bewilligt wird.*) Ob dieser Erlaubniss Folge geleistet werden wird, ist vorläufig noch nicht abzusehen.

Aus dem Vorhergehenden ergiebt sich wohl zur Genüge, dass sowohl das Senegalgebiet, als auch das ganze Land zwischen Niger und der Westküste in nicht allzuferner Zeit vollkommen von dem französischen Einfluss beherrscht sein wird; aber nicht nur in dieser Gegend, auch auf anderen Punkten Afrika's arbeiten die Franzosen rastlos an der Aufgabe weiter, Afrika ihrem Vaterlande zu sichern. Wenn ihre kühnen Projecte dahin gehen, einerseits ganz Nordwest-Afrika, vom Ocean bis zum mittelländischen Meere ihrer Herrschaft zu beugen, so vernachlässigen sie andererseits auch die südlicheren Gebiete nicht und jüngst erhielten wir die Kunde, dass sie auch den Congo [10], diese Hauptader Centralafrika's für sich in Anspruch zu nehmen gedenken. Am Ogove haben sie bereits festen Fuss gefasst und es scheint denn hier eine zweite französische Provinz geplant zu werden. Endlich scheint auch Madagaskar von ihnen ausersehen zu sein, ein drittes afrikanisches Reich zu bilden. Verwirklichen sich alle diese Pläne, so dürfte in wenigen Jahrzehnten ein grosser Theil Afrika's in den Händen der Franzosen sich befinden — und so scheint es, dass die drei Mächte: Frankreich, England und etwa Portugal ausersehen sind, diesen Continent zu beherrschen, da die übrigen europäischen Staaten, wie es den Anschein hat, nicht gesonnen sind, sich an dieser Erbschaft zu betheiligen.

Bei dem Umstande, dass Deutschland keine geringen Handelsbeziehungen in Afrika besitzt, und seine Interessen, namentlich im südlicheren Theile ziemlich bedeutend genannt werden können, liegt die Frage sehr nahe, ob denn diese Macht sich bei der Besitzergreifung Afrika's durch den Europäer vollkommen unbetheiligt verhalten soll, umsomehr, als die grosse Auswanderung die Colonialfrage immer mehr in den Vordergrund treten lässt und auch verschiedene Landstriche Afrika's als deutsche Colonien vorgeschlagen worden sind. Trotz des grossen Interesses, welches diese Frage in Deutschland erregt hat, scheint sie doch in massgebenden Kreisen wenig Erfolg gehabt zu haben; offenbar scheut man sich vor den Consequenzen einer solchen Action, welche, wenn sie nicht zu einem Fiasco führen soll, mit grosser Energie betrieben werden müsste und jedenfalls bedeutende Kosten mit sich bringen würde. Dagegen dürften die Vortheile wohl meistentheils gewürdigt werden, denn nicht nur der Strom der Auswanderung könnte sich dahin lenken, sondern es würde sicher-

---

*) Vergl. Petermann's Mitth. Bd. 27, 1882.

lich der deutsche Handel durch die Colonien gefördert und der deutschen Industrie ein grosses neues Absatzgebiet eröffnet werden; denn gewiss würde derselbe doch Schaden erleiden, wenn insbesondere die bisher neutralen Gebiete, welche hauptsächlich seinen Sitz bilden, in französische oder englische Hände geriethen. Unter solchen Verhältnissen ist es fraglich, ob die Kosten der Gründung von Colonien nicht durch die grossen Vortheile derselben aufgehoben und ob dieselben dem Mutterlande so ernstliche Verlegenheiten bereiten würden, wie dies vielfach behauptet wird.

Freilich wird niemand wünschen, Deutschland in solch grossartige Pläne verwickelt zu sehen, wie sie nothwendiger Weise die Gründung grösserer Colonien mit sich bringen dürfte; anders würde es sich aber verhalten, wenn man sich mit der Errichtung einzelner Posten und Stationen an jenen Punkten, wo der deutsche Handel bereits engagirt ist, oder an den Mündungen von Flüssen und Ausgangspunkten von Caravanenstrassen begnügen wollte; diese dürften wohl kaum grosse Opfer erfordern oder besondere Verwickelungen herbeiführen und es könnte dadurch wenigstens verhindert werden, dass andere Nationen sich ausschliesslich Afrika's bemächtigen würden. Sollte denn Deutschland, welches das grösste Contingent von Afrikaforschern stellt und welches den wesentlichen Antheil hat, an der wissenschaftlichen Erschliessung des räthselhaften Erdtheils, denselben gänzlich anderen Nationen überlassen müssen und sich nur mit dem rein theoretischen Vortheile begnügen dürfen?

Gerade die Westküste zwischen Senegambien und den südlichen portugiesischen Provinzen würde eine Reihe geeigneter Punkte*) zur Erreichung von Stationen darbieten, aber lange darf damit nicht mehr gezögert werden, denn in nicht allzuferner Zeit werden sonst Engländer und Franzosen sich derselben bemächtigt haben.

Möchte doch im Interesse der Zukunft ein momentan wenig verlockendes Project nicht fallen gelassen werden und die jetzt vielleicht gross erscheinenden Opfer die Erfüllung einer in so mancher Beziehung wichtigen und allgemein civilisatorischen Mission nicht verhindern.

---

*) Der Einwand des Klima's dürfte kaum stichhaltig sein; der Deutsche wird das Klima ebenso gut vertragen wie der Engländer oder der Nord-Franzose. Colonisten, welche nicht schon als kränkliche schwache Menschen ankommen, oder eine ungeregelte Lebensweise führen, vertragen das Klima gut. Die Gründe der scheinbar so grossen Mortalität der Europäer hat Dr. Falkenstein ganz richtig entwickelt. (Loango-Expedition, II, 169.)

CAPITEL XV.

Rothe und schwarze Fullahs. — Ihr Körperbau. — Ihre Abstammung. — Geographische Verbreitung. — Sitten und Gebräuche. — Reichthum Futah-Djallons.

Wenn die früheren Capitel mehr der Darstellung von Reiseerlebnissen und den subjectiven Anschauungen gewidmet waren, so möge nun im Nachfolgenden versucht werden, die wichtigeren Völkerschaften, soweit sie bisher noch nicht betrachtet wurden, die physikalische und politische Geographie des Landes und seinen geologischen Bau, seine Mineralprodukte, seine Thier- und Pflanzenwelt, soweit dies möglich ist, einer näheren Beleuchtung zu unterziehen. Dass bei einer solchen nicht nur die eigenen Beobachtungen, sondern mitunter auch die kritisch gesichteten Darlegungen anderer Reisenden Berücksichtigung fanden, wird ihr wohl nicht zum Nachtheil gereichen.

Da die Reihenfolge dieser Betrachtungen eine ziemlich willkürliche ist, so scheint es zweckmässig, im Anschlusse an das in früheren Capiteln Gesagte, mit der Schilderung der einzelnen Völker zu beginnen, und unter diesen möge die der Fullahs, als der mächtigsten und herrschenden Nation, den Vorrang geniessen.

Allerseits ist bisher mit Recht eine Trennung der Fullahs (auch Fulanis oder Peuls) in zwei Völkerschaften: in eigentliche oder rothe Fullahs, von den Portugiesen Futah-Fullahs genannt, und in schwarze Fullahs (auch unter dem Namen Nomaden-Peuls oder Toucouleur gut bekannt), durchgeführt worden. Obgleich zahllose Uebergänge existiren, so lässt sich diese Unterscheidung auch anthropologisch durchführen und sie ist auch politisch und social gerechtfertigt. Die in Futah-Djallon herrschende Nation ist die der rothen Fullahs, während die schwarzen Fullahs die beherrschten sind. Die fortwährende Kreuzung hat es aber mit sich gebracht, dass unter den Herrschenden ebenso schwarze Fullahs zu bemerken sind, wie auch andererseits unter den Nomadenpeuls ethnographisch den rothen Fullahs angehörende Individuen sich finden.*)

---

*) Die Literatur über Futah-Djallon und seine Bewohner hat Dr. Ph. Paulitschke in seinem trefflichen Werke: „Die geographische Erforschung des afrikanischen Continents von den ältesten Zeiten bis auf unsere Tage."(Wien 1880)zusammengestellt; neuerdings ist dazu gekommen: Aimé Olivier's Bericht über seine Reise nach Timbo (Paris 1882) und die kurzen Berichte über Dr. Bayol's, dann Gaboriaud's, Gouldsburys Reisen in Petermann's Mittheilungen 1882. Die ausführlicheren Reisebeschreibungen waren mir bisher nicht zugänglich.

Die schwarzen Fullahs sind zum grossen Theil echte Nigritier, wo sie nicht durch Kreuzung verändert wurden und haben manche Aehnlichkeit mit den Mandingas. Der hohe Wuchs (ihre Grösse schwankt zwischen 1,66 und 1,85 m, die meisten haben aber über 1,73), ihre Magerkeit und ihr schmächtiger Körperbau, die langen schmalen Hände, die ziemlich hässlichen Züge, der prognathe Gesichtstypus (Gesichtswinkel circa 70°), die an den Flügeln breite, theils stumpfe, theils gerade Nase, die wulstigen, fleischigen Lippen verrathen in der That eine nicht geringe Aehnlichkeit mit jenen: sie sind schwach-

Schwarze Fullahs. Nach einer Photographie.

wadig, zeigen öfters gebogene Beine, haben lange, platte Füsse und sehr dünne Armgelenke. Die Hautfarbe ist bald kaffee-, bald chocolade-, selten röthlich-braun. Das Haupthaar ist wollig, höchstens 3 Centimeter lang und wird meist in kleine Zöpfchen gedreht, das Barthaar ist spärlich und nur am Kinn entwickelt. [11]

Schon oberflächlich unterscheiden sich von diesen eben geschilderten Typen die rothen Fullahs. Im Allgemeinen von kleinem Wuchse, der sich aber schwer durch eine bestimmte Zahl ausdrücken lässt, da die Körperlängen sehr variiren und nur durch eine sehr grosse Anzahl von Messungen genau bestimmt werden können, zeigen sie eine schlanke, gut proportionirte Gestalt mit schmalen Schultern und nicht allzudünnen Armen und Beinen. Hände und Füsse sind zierlicher und wohlgestalteter, als bei den schwarzen Fullahs, die Gesichtszüge durchwegs intelligent zu nennen. Sie haben schöne Augen, eine grosse gebogene, oft auch gerade Nase, an den Flügeln weniger breit, als die der schwarzen Fullahs und nicht stumpf wie die der meisten Nigritier; fleischige Lippen, hohe Stirn, etwas gewölbt mit grossem Gesichtswinkel (über 72°) charakterisieren sie; ihr Schädel ist nicht so ausgesprochen dolichocephal, als bei den übrigen Negern. Das Profil ist meistens ein etwas prognathes, doch nicht so stark wie bei den Mandingas oder Papels (einzelne sind fast orthognath zu nennen), das Gesicht länglich, im Gegensatz zu dem der schwarzen Fullahs, die meist rundliche Gesichter zeigen; doch kommt auch bei ihnen die ovale Gesichtsform vor. Die Zähne sind oft spitz (wahrscheinlich in Folge absichtlichen Feilens) und weniger schön und ebenmässig als dies sonst bei den Nigritiern der Fall ist. Bei vielen rothen Fullahs beobachtete ich geradezu hervorstehende, sehr unregelmässige Zahnbildung.

Die rothen oder echten Fullahs haben nur schwachen und kurzen Bartwuchs, welcher jedoch fast allgemein ist. Ihr Haar ist ziemlich lang und wenig wollig. Sie flechten dasselbe ebenfalls wie die schwarzen Fullahs in kleine Zöpfchen; bei den Frauen fällt es lockenartig fast bis zu den Schultern, andere können dasselbe, ähnlich den Europäerinnen, nach rückwärts kämmen. Während die Frauen der schwarzen Fullahs durchwegs gross und mager erscheinen, sind die der rothen Fullahs klein, meistens dick und üppige Formen zeigend; namentlich sind die Brüste oft recht schön entwickelt und Schenkel und Waden ebenfalls voller, wie denn auch die dicken Weiber sich bei den Fullahs besonderer Beliebtheit erfreuen. Jedenfalls sind sie weit hübscher als die der schwarzen Fullahs oder gar die der Mandingas.

Ueber die Farbe der rothen Fullahs im Allgemeinen ist viel gestritten worden. Unter denjenigen Individuen, welche ich zu beobachten Gelegenheit hatte, war eine röthlich braune Hautfarbe vorherrschend, doch sah ich auch unter den Weibern solche, die eher eine lichtröthliche Färbung besassen; wieder andere waren mehr braun und vermittelten dadurch den Uebergang zu den schwarzen Fullahs. Nebenbei bemerkt, sind die die röthliche Farbe zeigenden Weiber der Fullahs bedeutend kleiner als die gleichfarbigen Männer, während die dunklen Weiber ihren Männern an Grösse ziemlich gleich kommen.

Aus dem vorher Gesagten erhellt deutlich, dass die echten unvermischten Fullahs einen seltsamen Gesichtstypus zeigen und Körperformen, wie andere Eigenthümlichkeiten, Farbe, Haar,

Affenbrotbaum oder Baobab (Adansonia digitata).

Zähne u. s. f. aufweisen, welche von denen der echten Nigritier dieses Gebiets bedeutend abweichen und, wenn nicht direct an Europäer, so doch sicher an Berber oder Abessinier erinnern.

Uebrigens hatte ich bei meinem kurzen Aufenthalte nur selten Gelegenheit, unvermischte Fullahs zu finden: auf zehn Fullahs, die ich sah, kam nur ein solcher. Dass die unechten sogenannten schwarzen Fullahs nichts anderes sind, als Mischlinge von echten Fullahs mit Mandingas, Biafaden u. s. f. ist mir vollkommen klar. Die sogenannten schwarzen Fullahs bilden keine einheitliche Rasse und haben unter einander nur einige Züge mit den echten Fullahs gemein. Man kann sehr gut die Uebergänge vom Mandinga zum Fullah verfolgen.

Wenn man bedenkt, dass die Fullahs ein sehr kriegerisches Volk sind, welches bei seinen Kriegszügen vielfach Sklaven, darunter auch weibliche, macht und dass es viele andere Stämme unterjocht, so erscheint diese Mischung mit anderen schwarzen Volksstämmen begreiflich. Die schwarzen Fullahs sind also bei der Frage nach dem Ursprunge der Fullahs nicht in Betracht zu ziehen. Auffallend ist jedoch, dass viele Mischlinge mehr den Fullahtypus als den echten Nigritiertypus bewahren, daher erklärt sich auch, dass verhältnissmässig noch so viel echte Fullahphysiognomien zu sehen sind, denn sonst würden diese vollkommen im Verschwinden begriffen sein.

Wie zu erwarten, sind auch die im Ost- und West-Sudan so verbreiteten Fullahs nicht von demselben Typus, da die Mischung, hier mit Mandingas oder mit den Nigritierstämmen der Westküste: Djollofs, Biafaden etc., dort mit Bambarras, Hausastämmen, Sondjags, dann mit Mauren und Berbern nicht dieselben Producte liefern kann, doch erhält sich ein bestimmter Gesichtstypus und nur die Farbe wird mehr dunkel oder licht sein, je nachdem sie sich mit den erstgenannten oder den letzteren Volksstämmen vermischt haben. Daher glaube ich auch, dass die lichten, mehr gelblichen Fullahs nicht unvermischt, sondern möglicherweise Producte der Verbindung mit Berbern sind. Die charakteristische Farbe der Fullahs dürfte die rothbraune sein.

Ihre Physiognomie hat nichts Europäisches, wohl aber wird der Reisende, welcher inmitten der echten Nigritier einen Fullah sieht, den Eindruck haben, als stehe der letztere ihm ethnologisch weit näher als jener, daher wohl die Angaben so mancher Reisenden über den angeblich europäischen Gesichtstypus der Fullahs; es werden ihm beispielsweise die hübschen Physiognomien der Weiber, welche von den hässlichen Gesichtern der übrigen Negerinnen vortheilhaft abstehen, leicht auf den Gedanken bringen können, als seien die Fullahs den Europäern anthropologisch verwandt. So erklärt sich jene Ansicht, deren Unrichtigkeit schon die sonst zu erwartende geringe Aehnlichkeit mit den Mulatten beweist.

Die meiste Aehnlichkeit wäre noch die mit Berbern und Abessiniern, obgleich letztere hübschere Physiognomien zeigen. Man hat auch einen anthropologischen Zusammenhang zwischen ihnen und den alten Aegyptern zu finden geglaubt; doch dürfte man ebenfalls hier zu weit gegangen sein. Dagegen scheint eine gewisse Beziehung zwischen den Fullahs und der altägyptischen Völkerbezeichnung: „Put" nicht so ganz aus der Luft gegriffen. In Prisse d'Avesnes: „L'art égyptien" findet sich ein Bild, die Gesandtschaft der Bewohner des Landes Put an eine Königin von Aegypten darstellend, worin erstere als rothe Männer mit abessinischem Typus, mit einem eigenthümlichen Kopfputz aus Federn erscheinen, die Weihrauch, Gold und Pantherfelle als Geschenke darbringen.*)

Man hat auch die Leuca-Aethiopes des Ptolemäus mit den Fullahs identificirt und zwar mit einiger Wahrscheinlichkeit. Gerhard Rohlfs**) welcher die Pullos (Fullahs) von Sokoto genau studirte, ist ebenfalls der Ansicht, dass die Fullahs europäische Gesichtsbildung zeigen, besonders die Weiber, welche in jener Gegend übrigens sehr klein sein sollen, und wäre dies nach Rohlfs dem Umstande zuzuschreiben, dass die Frauen dort eine untergeordnete Rolle spielen. Rohlfs bezeichnet die Hautfarbe der echten Fullahs als gelb, fast weiss; feine Lippen, kleiner Mund unterscheiden sie von den eigentlichen Negern. Mit dieser Beschreibung würden allerdings, wie ich übrigens, ohne dieselbe gelesen zu haben, schon vermuthete, der Typus der Fullahs von Futah-Djallon wenig übereinstimmen; übrigens machte Rohlfs auch die Bemerkung, dass es heutzutage sehr wenige solcher echten Fullahs gebe, wonach also auch in jenem Fullahreiche die ursprüngliche Rasse im Aussterben begriffen sei, was mir ebenso für Futah-Djallon der Fall zu sein scheint.

Nach den Schweinfurth'schen Abbildungen der Mombutus in Ost-Afrika finde ich keine grosse Aehnlichkeit letzterer mit den Fullahs heraus, namentlich sind die Fullahs durchgehends hübscher und weit weniger negerähnlich.

Schweinfurth***) nimmt eine Verwandtschaft der Fullahs mit den Mombutus, welche ebenfalls licht sind, an. Hochinteressant und wichtig ist allerdings die Beobachtung, dass viele Wörter der Fullahsprache der nubisch-libyschen Gruppe angehören.

---

*) Mündliche Mittheilung des Herrn Dr. A. Bauer in Graz.
**) Petermann, geogr. Mittheilungen, Ergänzungsheft 34.
***) Im Herzen von Afrika. II. Bd.

Auch R. Hartmann*) ist für die Verwandtschaft der Fullahs mit den Mombutus, Bejas, Somalis, Abessiniern; seine Ansicht, dass die Fullahs mit den genannten Völkerstämmen, sowie ferner mit den Tingurs, Hedjaz-Arabern u. s. w. ein einziges altes Volk darstellen, welches durch Berber einer-, Nigritier andererseits in alle Gegenden verstreut worden sei, hat viel Bestechendes. Ganz richtig ist jedenfalls, wenn derselbe die schwarzen Peuls, meine schwarzen Fullahs und auch einen Theil der Toucouleur für nichts anderes als für Mischlinge der Fullahs hält.

Was soll man dagegen von den Ansichten einiger Reisender sagen, welche, wie Eichthal, die Fullahs als ausserhalb Afrika's stammend hinstellen wollen, sie von dem malayischen Archipel herüberkommen lassen, sie mit Lascars und Zigeunern in eine Linie stellen? Obgleich manche berühmte Reisende, wie Duveyrier u. A., die Fullahs als ausserafrikanisch bezeichnen, so scheinen mir doch solche Betrachtungen vorläufig noch verfrüht zu sein, und es wäre vor Allem festzustellen, aus welchem Theile Afrika's sie in ihre jetzigen Wohnsitze eingewandert sind, bevor überhaupt ihr primitiver Ursprung discutirt werden kann.

Ich muss jenen Forschern zustimmen, welche in den Fullahs kein fremdartiges, sondern ein wirklich afrikanisches Volk sehen.

Doch kehren wir nach dieser Abschweifung über die so wichtige Fullahfrage, gewiss eine der für die Ethnographie Afrika's bedeutungsvollsten, zu den Bewohnern Futah-Djallon's zurück.

Es war zu Ende des vorigen Jahrhunderts**), als die Fullahs die Landschaft Futah-Djallon den Mandingas abnahmen. In den ersten Jahren dieses Säculums erweiterte ihr Führer und Prophet Dan-Fodio auf Kosten der Mandingas und Songhays die Grenzen seines Reiches und von Westen aus drangen sie gegen Osten bis Bornu, Wadaï, ja bis Dâr-Fûr hin, während sie sich andererseits bis Dahomey gegen Süden verbreiteten. Heutzutage sind die Fullahs die Herren des Sudans, obgleich sie nicht ein Reich bilden, sondern zahlreichen Herrschern unterworfen sind. Dass sie sich auch vor den Europäern nicht fürchten und deren Colonien ungenirt angreifen, geht aus der bisherigen Erzählung hervor.

In Futah-Djallon speciell ist ihre Herrschaft zwar unbeschränkt, ihre Ausdehnung im ethnographischen Sinne aber keine grosse; so haben sie sich nur wenig nördlich des Rio Grande und zwar am

---

*) Hartmann, Nigritier pag. 470.
**) Nach anderen Berichten aber schon vor 200 Jahren.

Oberlaufe desselben festgesetzt. Auch im Süden werden sie von den Mandingas im Zaume gehalten und sogar die kleine Nation der Biafaden leistet ihnen energischen Widerstand; bei Geba stehen ihnen die Mandingas entgegen. Uebrigens erkennen auch die schwarzen Fullahs nur gezwungen die Fürsten von Timbo an; freilich ist es ihnen nicht gelungen, denselben erfolgreichen Widerstand zu leisten, so dass die meisten sich unterwerfen mussten, während andere, wie jene, die wir am Rio Grand trafen, die Auswanderung der Unterjochung vorzogen.

Wie ihre Brüder im Osten, sind auch die Fullahs von Futah-Djallon eifrige Anhänger des Islam und namentlich die herrschenden Familien haben für die mehr oder minder gewaltsame Verbreitung desselben viel geleistet, was um so begreiflicher erscheint, als die Fürsten des Landes mehr geistliche als weltliche Herrscher sind und für eine Art von Propheten gelten. Die sogenannten Futah-Fullahs sind heutzutage sämmtlich Mohamedaner; auch unter den schwarzen haben sie sich Anhänger zu erzwingen gewusst. In allen grösseren Dörfern finden sich Moscheen und die Gesetze des Korans werden sehr streng gehalten. Die Fullahs entsenden zahlreiche „Marabuts" in die heidnischen Gegenden zur Bekehrung der Ungläubigen und zwar mit grossem Erfolge.

Die eifrige Beobachtung der mohamedanischen Satzungen bringt es auch mit sich, dass die Fullahs (ich spreche hier nur von den rothen oder Futah-Fullahs) nicht, wie die übrigen Einwohner dieser Gegenden, dem Tanze und der Musik huldigen; auch berauschen sie sich nie mit Palmwein oder ähnlichen Getränken, ja sie verschmähen sogar den Branntwein.

Die Ceremonien bei Beschneidung, Ehe, Begräbnissen, entsprechen so ziemlich denen der übrigen mohamedanischen Länder Afrika's, weshalb ich eine ausführliche Beschreibung derselben unterlasse. Frauen werden durch Geschenke an den Vater erkauft, doch geniessen dieselben weit mehr Rechte als bei den übrigen Nigritiern, ja ihr Einfluss auf alle öffentlichen Angelegenheiten ist kein geringer, doch müssen dieselben, ebenso wie bei nichtmohamedanischen Negern, die Feld- und Hausarbeit allein verrichten, wobei sie von den Sklaven, deren jeder bedeutendere Mann mehrere besitzt, unterstützt werden. Ehebruch ist bei ihnen selten und wird streng mit körperlichen Züchtigungen bestraft, Ehescheidungen sind jedoch ohne weitere Gründe üblich. Das Costüm der Frauen besteht aus einem langen Hemde, bei den Aermeren blos in einem Schurze; je nach Reichthum oder Rang bedecken sie ihre Arme mit Spangen von Gold oder Silber oder von Kupfer und Bronze; namentlich aber sind Bernsteinringe oder Halsketten in Gebrauch, ebenso flechten sie sich allerlei Schmuck in das Haar.

Die Sklaverei ist bei den Fullahs sehr verbreitet, da diese alljährlich zahlreiche Raubzüge unternehmen, deren Hauptzweck die Sklavenjagd ist.

Ihre Regierungsform ist keine rein monarchische, sondern mehr aristokratisch-republikanisch. Der König ist zugleich geistliches Oberhaupt und führt den Namen Almami, doch ist seine Macht durch den Rath der Aeltesten beschränkt, welche bei allen wichtigen Angelegenheiten befragt werden müssen. Die Regierungszeit dieser Chefs dauert 2—3 Jahre.

Die Fullahs leben hauptsächlich von Viehzucht und ihr Reichthum an Rindern ist oft ein sehr bedeutender. Einige unter ihnen sollen mitunter an die tausend Stück besitzen, was bei den dortigen Viehpreisen einem Vermögen von nicht viel weniger als hunderttausend Francs gleichkommt. Die Pferdezucht steht bei ihnen in hohen Ehren, da sie ausgezeichnete Reiter sind, doch wollen die Pferde aus klimatischen Gründen nicht recht gedeihen; dieselben sind unschön (namentlich sind Hals und Kopf disproportionirt), von kleiner gedrungener Statur; sie zeichnen sich durch grosse Ausdauer aus und vermögen bei sehr spärlicher Nahrung viel Strapazen auszuhalten, doch stelle ich sie in dieser Hinsicht hinter das auf steinigem Boden unübertreffliche capverdische Pferd.

Auch Ackerbau wird in Futah-Djallon, wenngleich nicht in so ausgedehntem Masse wie Viehzucht getrieben. Seine Hauptprodukte sind der afrikanische Reis und Mais, welche die wichtigsten Nahrungsmittel bilden, und die Erdnuss. Dieselben Fruchtbäume wie an der Küste, wachsen auch bei ihnen; die Cultur der Erdnuss ist zwar weniger verbreitet, wird aber immerhin noch betrieben. Es ist wahrscheinlich, dass Orangen, Citronen, Papaya-Bäume nach der Zeit der portugiesischen Entdeckungen angepflanzt wurden und dass die Eingeborenen sie zuerst von den Europäern erhielten; der Verkehr letzterer mit den Eingebornen bis zum Niger war vor 200 Jahren ein weit bedeutenderer und sollen sogar portugiesische Händler damals bis Timbuktu vorgedrungen sein.

Die Fullahs stehen überhaupt im Verhältniss zu den übrigen Bewohnern West-Afrika's auf einer sehr hohen Culturstufe. Die Vornehmeren unter ihnen können arabisch lesen und schreiben und kennen den Koran. Ihre Häuser sind geräumig, sauber und häufig mit Gärten umgeben; in den Städten sollen dieselben sogar förmliche

Strassen bilden; übrigens hat keine dieser sogenannten Städte mehr als zwei bis viertausend Einwohner, Timbo, die Residenz des Königs, nicht ausgenommen.*) Die Hauptbeschäftigung der Fullahs bleibt der Krieg. Die Geräthschaften und Waffen, Leder, Eisenarbeiten, Stickereien etc. werden durchgehends von fremden Sklaven oder eingewanderten Handwerkern, meist dem Stamme der Mandingas angehörig, verfertigt und nur irrthümlich haben manche Reisende diese Industrie den Fullahs zugeschrieben. Auch der Handel wird meist von Fremden besorgt, da die waffenfähige Mannschaft -allzusehr mit dem Kriegshandwerk beschäftigt ist. An Tapferkeit, Gewandtheit und Energie sind sie allen ihren Nachbarn überlegen und diese Eigenschaften haben sie zu der herrschenden Stellung erhoben, die sie noch heutzutage behaupten. Da die Kriegszüge meist mehrere Monate dauern, so ist es nicht selten, dass die Vornehmeren ihre Frauen mitnehmen; auch die Führer der Fullahs, welche Buba belagerten, hatten dies gethan. Lebensmittel werden nicht mitgeführt, sondern unterwegs geraubt; übrigens sind die Fullahs von Natur sehr mässig und begnügen sich mit Reis- oder Maisspeisen, die sie mit saurer Milch vermischen. Als weitere Charaktereigenschaft derselben wäre noch zu bemerken, dass sie sehr habgierig und wenig gastfreundlich sind.

In ihren Sitten und Gebräuchen unterscheiden sich die schwarzen Fullahs von den rothen ebenso wie in ihrem Typus, sie ähneln darin sogar mehr den echten Nigritiern als jenen. In elenden Hütten lebend, von Natur aus faul, sind sie Hirten, seltener Ackerbauer, viele wechseln ihre Wohnorte und Hecquard**) bezeichnet sie kurzweg als Nomaden-Peuls, welche Bezeichnung mir jedoch nicht ganz richtig scheint, da sie keine Nomaden im eigentlichen Sinne des Wortes sind, sondern nur durch die Noth gezwungen, ihre Wohnsitze verlassen, um andere aufzusuchen. Die schwarzen Fullahs sind am rechten Ufer des Rio Grande weit gegen Osten und Nordosten verbreitet, doch leben auch viele von ihnen im eigentlichen Gebiete der rothen Fullahs. Die Ausdehnung und Abgrenzung der schwarzen Fullahs, gegenüber den rothen Fullahs, lässt sich kartographisch sehr schwer herstellen, auch ist sie noch nicht genügend bekannt, denn nicht nur an den Grenzen Futah-Djallons, sondern auch im Innern finden sich, unregelmässig zerstreut, ihre Dörfer. Stark verbreitet scheinen sie in der Nähe von Buba, in dem Foreah genannten District zu sein, dann südlich davon bis zu den mittleren Theilen des Rio Nuñez. In nördlicher Richtung

---

*) Nach neueren Berichten soll allerdings die Stadt Tuba weit bedeutender sein.
**) Reise in das Innere von West-Afrika.

finden wir sie wieder östlich von Geba bis gegen den Gambia zu, während die östliche Verbreitung, wie überhaupt die Grenzen Futahs nicht nur wenig bekannt, sondern auch durch die fortwährenden Kriege von Jahr zu Jahr verändert sind. Ein Theil der schwarzen Fullah-Bevölkerung scheint mit den Futah-Fullahs innig verwachsen, staatlich vollkommen verbunden zu sein, während andere, die erst seit kürzerer Zeit ihrer Herrschaft einverleibt, dieselbe nur gezwungen dulden und sich vielfach gegen sie auflehnen, und wieder andere von ihnen, wie die vom Rio Grande, in der Auswanderung ihr Heil suchen.

Uebrigens scheinen manche der schwarzen Fullahs in einem directen Sklavenverhältnisse zu den Futah-Fullahs zu leben und gezwungen zu sein, die Felder der letzteren zu bearbeiten, wobei sie jedoch einer gewissen Freiheit nicht ganz entbehren, sich verheirathen können, sowie ihre eigenen Felder (soweit ihnen hierzu Zeit bleibt) bebauen dürfen und auch in besonderen Dörfern sogenannten Rundes, wohnen. Manche Reisende, wie Molien[*]) und Hecquard, sind dadurch auf die falsche Vermuthung gekommen, dass alle Sklaven der Futah-Fullahs, auch die bei den Kriegszügen erbeuteten, ihre besonderen Wohnsitze haben. Meiner Ansicht nach handelt es sich hier aber weniger um wirkliche Sklaven als um Reste der ursprünglichen, jetzt von den Futah-Fullahs unterjochten Bevölkerung.

Früher durchwegs Heiden (auch die rothen Fullahs sind ja erst seit verhältnissmässig kurzer Zeit Mohamedaner), wurden sie erst allmählich durch Ueberredung oder Gewalt zum Islam bekehrt.

Die schwarzen Fullahs betreiben ausser Viehzucht auch Ackerbau und sind weit weniger kriegerisch als die anderen. Sie sind der Lustbarkeit sehr zugeneigt und wenn die rothen Fullahs sich durch Sittenstrenge auszeichnen, und den Ehebruch schwer bestrafen, so ist bei den schwarzen das Gegentheil der Fall und diejenigen, welche in der Gegend der Faktoreien leben, bieten ungenirt ihre Weiber und Töchter den Weissen an. Die Kleidung besteht bei den Aermeren aus einer Schürze; doch sind manche auch fast ganz nackt. Unverheirathete Frauen tragen meist ihren ganzen Reichthum, Spangen aus Kupfer, Bronze und Bernsteinketten, oft ein Dutzend an jedem Arm, mit sich. Sie sind dem Tanze und der Musik sehr hold; auch dem Branntweine vermögen sie nicht zu widerstehen. Gewöhnlich hat jedes Dorf einen Chef, wie dies auch bei den anderen Fullahs der Fall ist. Ausser diesem Dorfältesten setzen die Herrscher in Timbo in allen grösseren Orten des unterjochten Gebiets Statthalter ein. Dieses Volk besitzt

---

[*]) Molien, Voyage dans l'intérieur de l'Afrique. Paris 1822.

nicht die Tapferkeit und den Muth der rothen Fullah's, ist dafür aber recht falsch und heimtückisch und steht deshalb culturell tief unter den letzteren. Die Bekleidung der rothen Fullahs ist bei den Reicheren der Bubu, bei den Aermeren wird dieser durch einen fast bis an das Knie reichenden Schurz ersetzt, der im Innern, wo der Calicot fehlt, aus Bast geflochten ist. Im Allgemeinen scheinen die Weiber züchtiger bekleidet als bei den Nomaden-Fullahs.

Die Waffen der Fullahs bestehen aus einheimischen, von Mandingasklaven oder von herumziehenden Arbeitern dieser Nation verfertigten Säbeln, Dolchen und Lanzen, seltener aus Pfeilen und Bogen und aus den von Europäern importirten Cavalleriesäbeln und Gewehren. Letztere sind meistens Steinschlossgewehre, oder auch bessere Vorderlader, zuweilen finden sich sogar Hinterlader darunter. Dass die Fullahs gute Schützen seien, wie verschiedene Reisende erzählt haben, kann ich nicht bestätigen und dafür sprechen auch die Kämpfe bei Buba wenig. Es ist dies übrigens begreiflich, da sie, beim Angriffe wenigstens, die Waffe nicht an die Wange legen, um zu zielen. Möglich, dass sie bei der Jagd im Hinterhalte mehr Geduld und Geschicklichkeit zeigen — Tapferkeit und Muth kann ihnen nicht abgesprochen werden.

Was den grossen Wohlstand Futah-Djallons anbelangt, so scheinen mir die Angaben theilweise übertrieben zu sein; gewiss ist er nicht vergleichbar mit dem der Senegal- oder Nigerländer. Die wirklich sehr fruchtbaren Gegenden sind die westlichen, am Meere gelegenen, nämlich die Gebiete zwischen Geba und Rio Nuñez, deren grossartige Waldungen einen immensen Reichthum an Wachs, Kautschuk, Palmöl, Gummi, Bauholz liefern könnten und wo auch Anpflanzungen von Cacao und Kaffee geeigneten Boden finden würden. Es scheint mir daher mehr im Interesse der Europäer zu liegen, auf Erweiterung ihres Einflusses in den unteren Theilen der Flüsse zu dringen, als auf Erwerbung der östlicheren Territorien, die, nach einstimmigen Berichten verschiedener Reisender, weit ärmer sind, als die ersteren und deren Eroberung viel weniger ergiebig wäre, ausserdem aber unvergleichlich mehr Schwierigkeiten haben dürfte, als die der unteren Theile, welche nicht von Fullahs, sondern nur von kleinen wenig mächtigen Volksstämmen bewohnt werden. Denn trotz aller Freundschafts- und Friedenstractate bleiben die Fullahs ein kriegerisches Volk, welches den Künsten des Friedens abhold, auf den Raub angewiesen ist. Alle, auch die geschriebenen Verträge, sind, meiner Ansicht nach, vollkommen werthlos und können höchstens diplomatisch zwischen einzelnen europäischen Nationen verwendet werden. Die thatsächliche Erschliessung Futah-Djallons muss und kann nur durch Krieg erfolgen und selbst, wenn, was ich bezweifle, jene Verträge von dem betreffenden Fürsten mit ehrlicher Absicht und nicht um der Geschenke willen, geschlossen wurden, so ist es sehr zweifelhaft, dass die anderen, beständig um die Herrschaft streitenden Häuplinge dieselben anerkennen, weil es eben nicht im Wesen eines solchen Kriegerstaates gelegen sein kann, eine europäische Herrschaft zu dulden, welche unfehlbar die Grundlagen seiner Existenz, nämlich die fortwährenden Kriegszüge gegen andere Nationen zu nichte machen müsste. Ein unerbittlicher Krieg müsste über kurz oder lang ausbrechen und ein solcher dürfte sich, bei der Tüchtigkeit der Nation, vielleicht viel langwieriger gestalten, als alle bisherigen Kriege Frankreichs gegen die Eingebornen Senegambiens, und, wenigstens in der nächsten Zeit, Opfer erfordern, welche nicht im Verhältnisse zu den aus der Occupation erwachsenden Vortheilen stehen könnten.

Das eigene Interesse müsste daher den Franzosen gebieten, sich vorläufig auf die westlichen Landestheile, welche ohnedies die reicheren sind, zu beschränken.

CAPITEL XVI.

Die Mandingas. — Der Islam in Westafrika und seine Fortschritte. — Sitten und Gebräuche der Mandingas. — Ihre Industrie. — Schmiede- und Goldarbeiten. — Lederwaaren.

Unter den Nigritiervölkern des nordwestlichen Afrika's wird wohl kaum eines mit mehr Recht den Namen einer Culturnation verdienen, als der weitverzweigte, einstmals so mächtige, jetzt so zersplitterte Stamm der Mandingas, deren Gebiet sich von dem Hinterlande der Goldküste bis an den Senegal und den obersten Lauf des Niger einerseits, bis zur Sierra Leoneküste und zum Gambiafluss andrerseits ausdehnt. Es ist dies demnach das verbreitetste Volk des westlichen Sudan; leider wurde seine frühere Macht jedoch gebrochen und das grosse Reich der Mandingas, so gefürchtet im Mittelalter, fiel der Zersetzung anheim, namentlich seitdem die Fullahs wie ein starker Keil sich in ihr Gebiet drängten und innere Streitigkeiten den früher einheitlichen Staat in zahlreiche kleine Territorien theilten.

Es wurde schon früher bemerkt, dass die Mandingas gegenüber

den übrigen Nigritiern, mit denen sie in anthropologischer Hinsicht nahe verwandt, weit voran sind, und kann die Thatsache dadurch einigermassen erklärt werden, dass sie, als Glieder eines frühzeitig entwickelten grossen Staatswesens, wohl eher eine gewisse Cultur annehmen konnten, welche den kleinen Nationen der Biafaden, Mandjags nothwendiger Weise fehlen musste, und darin ist wohl auch die Erklärung jener Erscheinung zu suchen, dass sie im Contact mit Europäern sich weit culturfähiger erweisen als jene. Nicht zu verkennen ist auch der Umstand, dass die Mandingas fast durchwegs Mohamedaner sind, deren Religion, gegenüber jenen Fetischanbetern und den alles göttlichen Glaubens baren heidnischen Völkerschaften, veredelnd wirken musste. Dass sie übrigens auch die streng islamitischen Fullahs in Bezug auf ihre Fähigkeiten für Handel und Industrie weit übertreffen und viel bildungsfähiger sind, als jene, mag in der Charakterverschiedenheit dieser beiden Stämme liegen, von denen der eine ausschliesslich ein Kriegervolk ist, während der andere die friedlichen Beschäftigungen des Handels und der Industrie vorzieht. Jene sind die Carthager, diese die Römer Westafrika's.

Wir müssen uns vorläufig mit solchen Andeutungen über die auffälligen culturellen Unterschiede der besprochenen Völkerschaften begnügen; es mögen jedoch noch einige weitere Bemerkungen über die so grossartigen und einschneidenden Wirkungen des Islam auf die Nigritiervölker des Sudan folgen, weil in ihnen die Erklärung mancher tiefgreifenden Veränderung im Leben der Völker Afrika's zu suchen ist.

Man ist in Europa gewohnt, von dem Niedergange des Islam als von etwas Selbstverständlichem und Unbestrittenem zu sprechen, weil man denselben gewöhnlich mit der Türkenherrschaft identificirt. Manche gehen allerdings noch weiter, und ich habe das Buch eines philanthropischen und pietistischen Engländers vor mir, welcher behauptet, dass eine Religion, welche die Sklaverei duldet, nothwendigerweise überall den christlichen Confessionen weichen müsste.

Nichts ist falscher als solche Darstellungen, welche wohl dort richtig sein können, wo Türken oder Araber den höchst entwickelten europäischen Nationen gegenüber stehen, wie dies in dem osmanischen Reiche der Fall ist, welche aber keine Anwendung auf die wenig civilisirten Länder Afrika's und Asien's finden.

Sämmtliche Reisende in diesen Gegenden dürften wohl darin übereinstimmen, dass der Islam seit Anfang des Jahrhunderts, namentlich aber in den letzten Jahrzehnten, in einer Weise im Aufblühen begriffen ist, von welcher viele unserer Gelehrten und antiislamitischen

Politiker keine Ahnung haben. Ueberall wo Heiden und Moslims im Contacte sind, zeigt sich dieser Fortschritt in auffallendster Weise. Den Islamiten ist jedes Mittel zur Bekehrung recht, die Einen suchen ihren Zweck durch Feuer und Schwert mit einer Energie zu erreichen, gegen welche die unserer Inquisitoren verblassen muss, während die Anderen weder List noch Ränke, noch Zeit scheuen. Für Beide Bekehrungsarten haben wir in Senegambien, und nur von diesem Lande soll hier die Rede sein, die glänzendsten Beispiele aufzuweisen.

Zu den ersteren gehören die Futah-Fullahs, welche wohl im ganzen West-Sudan die fanatischesten und wüthendsten Verbreiter der Lehre Mohameds sind; selbst seit Jahrhunderten Anhänger jener Religion, suchen sie dieselbe mit Gewalt all den Nigritierstämmen, welche sie unterjochen, beizubringen und bei den meisten sogenannten schwarzen Fullahs (Nomaden-Peuls), den Mandingas etc. ist es ihnen auch gelungen und die solchermassen bekehrten Völker nahmen in den meisten Fällen nicht nur rasch und gläubig die Lehre auf, sondern bildeten sich bald zu weiteren Stützen der Bekehrer heran. Die Mandingas, von denen früher nur die jenseits der Gambia-Niger-Wasserscheide, im alten Melinquereiche wohnenden, Muselmänner waren, sind jetzt fast ausnahmslos dem mohamedanischen Glauben ergeben und nicht minder als die Fullahs entsenden sie zahlreiche Glaubensapostel, sogenannte Marabuts, von denen viele in einer eigenen Schule im Hinterlande von Freetown gebildet werden; ihre Weisheit ist selbstverständlich nicht gross und das Recitiren und Lesen aus dem Koran in arabischer Sprache ist der Grundstock ihres Wissens, nichtsdestoweniger haben diese, den heidnischen Nigritiern an Bildung und Schlauheit weit überlegenen Apostel grossen Erfolg, um so mehr als sie, nicht wie unsere Missionäre, offen als solche auftreten, sondern den Handel zum Vorwand ihres Treibens nehmen, wobei sie nebenher recht gute Geschäfte machen, so dass die grosse Anzahl dieser wandernden Priester leicht erklärlich ist. Haben sie sich als Händler in einem Dorfe eingenistet, so suchen sie Proselyten zu machen, was ihnen bei den westafrikanischen Nigritiern, deren Religion, wenn sie überhaupt eine solche besitzen, im Ganzen recht lax ist, ohne jene Schwierigkeiten gelingt, welchen sie wahrscheinlich in anderen Gegenden bei fanatischen Fetischanbetern begegnen würden.

Ist es ihnen einmal gelungen, eine kleine Glaubensgemeinde zu gründen, so ziehen sie in das nächste Dorf, hier auf dieselbe Art vorgehend und immer im Contact mit den ersten Proselyten bleibend. Anfangs bescheiden und duldsam gegen die Ungläubigen, treten sie später, wenn sie eine genügende Anzahl von Anhängern gebildet haben, mit der grössten Arroganz und Unduldsamkeit auf und nicht selten wird dann mit Gewalt das so mild begonnene Glaubenswerk vollendet. Findet ihr Vorhaben unüberwindliche Schwierigkeiten, so ziehen sie weiter, ein günstigeres Feld für ihre Thätigkeit suchend. Bei den Fullahs hat übrigens der Bekehrungsversuch auch einen politischen Hintergrund, indem sie wenigstens die nächstliegenden Districte, wenn sie darin eine genügende Zahl von Jüngern der Lehre Mohameds geschaffen haben, zu annectiren suchen.

Ich selbst habe während meines kurzen Aufenthalts hinlänglich Gelegenheit gehabt, das Treiben dieser Marabuts zu beobachten und die Berichte älterer Reisender zeigen uns, dass ihre Arbeit nicht vergebens war, denn wenn Hecquard 1851 noch constatirte, dass die mohamedanischen Proselytenmacher noch nicht an die Küsten gedrungen seien, so kann ich jetzt das Gegentheil behaupten.

Verhehlen wir uns übrigens nicht, dass die muselmännische Religion veredelnd auf die Nigritier wirkt und dass wirklich mit den Glaubensverkündern Cultur, Moral und Sittlichkeit neben Industrie, Handel und besserer Regierungsform ihren Einzug halten. Wir sehen, wie Völkerschaften, die auf dem tiefsten Niveau der Cultur stehen, dadurch zu sittsamen, aufgeklärten und wohlhabenden Menschen werden. Der Aberglaube und die scheusslichen Gewohnheiten ihrer Tyrannen, welche nicht selten Hekatomben von Leichen der Laune eines Moments zum Opfer brachten, verschwinden, und mehr gesetzliche, gerechtere Gewohnheiten greifen Platz. Wie würdig stehen die Fullahs mit ihrer ernsten strengen Lebensanschauung den heidnischen vergnügungssüchtigen, halb thierischen Nigritiern gegenüber da!

Nur für uns Europäer, namentlich aber für die Erforscher Afrika's, wird dadurch die Situation eher verschlimmert, denn der mohamedanische Neger ist zweifelsohne ungleich misstrauischer, fanatischer gegen den eindringenden Christen als der, durch Geschenke immer leichter zu gewinnende heidnische, und nur ausnahmsweise werden Europäer in streng islamitischen Ländern gut aufgenommen werden.

Wie stellen sich nun die christlichen Missionäre den mohamedanischen gegenüber? Was sind ihre Erfolge im Vergleiche zu denen des Islam?

Es muss constatirt werden, dass das Christenthum an der Westküste trotz Jahrhunderte langer Berührung mit den Heiden keine Fortschritte gemacht hat; freilich sind nur wenig katholische Missionäre ins Innere gezogen, aber nicht nur haben diese keine Erfolge gehabt, sondern auch in der nächsten Umgebung der Colonien ist es den christlichen Nationen wenig gelungen, ihrer Religion Eingang zu verschaffen. Die Zahl der christlichen Convertiten in den portugiesischen Colonien z. B. ist eine minimale und selbst diese sind nur dem Namen nach Christen: Ja sogar auf den capverdischen Inseln haben die Schwarzen zwar die christliche Religion scheinbar angenommen, aber in Wirklichkeit sind sie eher Heiden als Christen. Auch die protestantischen Missionäre, welche die Engländer entsandten, haben kaum mehr Glück gehabt als die katholischen. Dass in St. Louis, der Capitale des französischen Senegambiens, eine Moschee existirt, ist nicht minder bezeichnend.

All' dies zeigt, dass das Christenthum gegenüber dem Islamismus bei den Nigritiern nicht den geringsten Erfolg hat, was übrigens nicht unbegreiflich erscheint, wenn man bedenkt, dass die rohen uncultivirten Naturen nur schwer Verständniss für die reinen erhabenen und so uneigennützigen Wahrheiten der christlichen Lehre haben können, während ihr sinnliches, rohes Wesen sie naturgemäss für den, weltliche Lustbarkeiten bietenden und himmlischen Genuss versprechenden, mohamedanischen Glauben prädestinirt. Deshalb werden auch alle Bemühungen der christlichen Missionäre, neben denen der Apostel des Islam, vorläufig immer einen nur mässigen Erfolg erzielen können. Vielleicht ist die Zeit nicht allzuferne, in welcher nicht nur Nord-Afrika, sondern auch der grösste Theil der südlichen Hälfte dieses Continents die Lehre Mohameds angenommen haben wird.

Vergessen wir indess nicht, dass der Islam bei den rohen, heidnischen Nigritiervölkern einen Fortschritt der Cultur und der Moral in der geistigen Entwickelung bedeutet, und dass wir von diesem Standpunkte aus seine Verbreitung nur wünschen können, wenn sie auch momentan den Europäern einige Schwierigkeiten verursachen dürfte und namentlich seinem Vordringen Hindernisse entgegensetzt.

Wenden wir uns nun nach dieser Abschweifung zur Betrachtung der Mandingas, dieses für Westafrika so bedeutungsvollen Volksstammes!

In anthropologischer Hinsicht sind die Mandingas*) echte Nigritier. Ihre Farbe ist schwarz-braun, ihre Grösse gegenüber den übrigen Negern bemerkenswerth, denn wenige unter ihnen, haben unter 1,70 m, oft aber noch weit mehr bis 1,80 m. Ihr Typus ist im Allgemeinen ein sehr hässlicher. Geschlitzte Augen, prognather Schädelbau, plattgedrückte Stumpfnase, breite Lippen, grosse abstehende

---

*) Es ist hier nur von den Mandingas des Kabu's, zwischen Casamança und Rio Grande die Rede, welche der Verfasser zu studiren Gelegenheit hatte.

Ohren, breiter Mund, gute grosse Zähne, die meist spitz zugefeilt werden, ovales Gesicht, charakterisiren ihre Physiognomie, während ihr Körper durch breiten länglichen Brustkasten, magere Schenkel, krumme, lange Säbelbeine, schwache Waden, grosse Plattfüsse und lange dünne Arme gekennzeichnet wird. Das Haar ist kurz und vollkommen wollig, der Bartwuchs ein miminaler; der Gesichtswinkel beträgt circa 69 Grad, der Schädel ist dolichocephal.

Man sieht aus dieser Schilderung, dass die Mandingas zu den hässlicheren Nigritiern gehören. Nichtsdestoweniger steht ihre Intelligenz in keinem Verhältniss zu ihrer Körperbeschaffenheit, denn sie sind vielleicht die begabtesten unter den Völkern des westlichen Afrika's, und können deshalb in Bezug auf ihre Talente nicht mit Unrecht

Säbel, Erzeugniss der Mandingas.

die Engländer Afrika's genannt werden. In der That haben sie für Handel und Industrie grosse Befähigung. Namentlich was letztere anbelangt, sind sie unter allen bekannten Völkern West-Afrika's die talentirtesten. Wir wollen hier auf diesen Gegenstand näher eingehen. Es herrscht für mich kein Zweifel, dass alle jene westafrikanischen Fabrikate: Waffen, Leder-, Tucharbeiten, Korbwaaren, Eisen-, Bronze-, Kupfererzeugnisse, Gold- und Silbergeschmeide, welche man bei Fullahs, Biafaden, Balanten, Nalus, Djoloffs, Serracolletts u. A. trifft, und die von manchen Reisenden als Produkte dieser Nationen dargestellt wurden, thatsächlich von den Mandingas herrühren und nur irrthümlich jenen zugeschrieben werden.

Die meisten der dazu nothwendigen Rohprodukte gewinnen sie selbst und nur weniges davon beziehen sie von den Europäern. Unter den Bergbauprodukten sind Eisensteine und Gold zu nennen. Dass das Kupfer, welches sie zur Herstellung der Bronze benöthigen, aus ihren eigenen Gruben kommt, ist nicht sicher, ich halte es sogar für

Industrie der Mandingas.   175

unwahrscheinlich und bin der Ansicht, dass sie es von Europäern erhalten, denn nirgends ist über Kupfererze etwas bekannt geworden. Da ich über obige Erze und ihre Gewinnung in einem eigenen Abschnitte berichte, so will ich mich hier nicht weiter darüber verbreiten.

Die Mandingas sind tüchtige Schmiede und aus dem selbst gewonnenen Eisen stellen sie eine grosse Anzahl von Geräthschaften und Waffen her. Ihr Handwerkszeug besteht aus einem kleinen eisernen oder steinernen Amboss, aus Zangen und Feilen, ebenfalls meist selbst verfertigt.

Wie ich hörte, sollen sie sich im Innern des Landes oft sogar nur eines harten Steines, z. B. Granit, als Hammer bedienen. Die Arbeit wird sitzend und gewöhnlich zu Zweien verrichtet; der sehr primitive

Armringe.

Blasebalg besteht aus zwei sackartig genähten Stücken Ziegenfell, die mit einer irdenen Röhre versehen sind. Mit diesen einfachen Werkzeugen stellen sie eine Menge sehr zierlich und hübsch gearbeiteter Gegenstände, wie Armringe aus Eisen, Kupfer, Messing, Blei her, welche gut abgerundet, meist mit Ciselirungen oder mit pyramidalen, stachelförmigen Erhöhungen verziert sind, wodurch sie zugleich zu Vertheidigungswaffen werden. Diese Ringe erinnern ungemein an die keltischen, wie sie z. B. bei Hallstadt in den vorrömischen Gräberstätten aufgefunden wurden. Die Verzierungen werden durch Ritzen mit einer Art Nadel oder einem ähnlichen spitzen Instrumente ausgeführt und sind meist einfacher Natur, wobei die Zickzacklinie am häufigsten zu beobachten ist, wie die Abbildungen es zeigen.

Das Gewicht dieser Armringe beträgt gewöhnlich 500—600 Gramm. Ihr Durchmesser ist auffallend klein und weist auf die besonders zarten Gelenke dieser Nigritier hin, der Längsdurchschnitt beträgt meist nur $6^1/_2$—7 Centimeter, der Querdurchmesser 5 Centimeter. Da ich selbst die Armbänder Erwachsener vom Arme gelöst, welche übrigens die grösste Mühe hatten, sich ihrer zu entledigen, so sind diese Masse zugleich die ihrer Armgelenke, die übrigens bei Papels, Biafaden etc. ebenso schmal sind. Die Verarbeitung der Bronze oder des Kupfers geschieht auf ganz ähnliche Weise, wie die des Eisens, doch wird dieses zuerst geschmolzen und in Stangen gegossen, wofür sie offenbar eine irdene Form benutzen, denn alle Männerarmringe sind von gleicher Stärke, ebenso die der Kinder und Frauen.

Was die Armringe der letzteren anbelangt, so sind sie selbstverständlich weit weniger schwer (400 Gramm), bedeutend enger und dünner. Für diese ist besonders die spiralförmige Form, wie sie die Abbildung zeigt, die häufigste. Manche dagegen sind mehr breit und flach, andere ähneln den Männerarmringen. Ausser ring- oder strichförmigen Verzierungen konnte ich an ihnen keine weiteren Dessins bemerken.

Ihr Preis ist sehr verschieden, da ja alles im Tauschhandel erworben wird und sich meist nach der augenblicklichen Laune des Käufers oder Verkäufers richtet. Um indess einen beiläufigen Anhaltspunkt zu bieten, bemerke ich, dass man hierfür meist Waaren im Werthe von 2—4 Schillingen giebt.

Gewöhnlich tragen Männer zwei Fuss- und zwei Armringe, Frauen aber, namentlich die unverheiratheten, Dutzende davon.

Unter den sonstigen Bronzearbeiten seien noch kleine hübschverzierte Löffelchen erwähnt, welche zum Tabakschnupfen dienen, denn, während ihre Besitzer es verschmähen, zum Essen andere Instrumente als die Hände zu gebrauchen, halten sie es für nöthig, den Tabak vermittelst dieses Löffelchens in die Nase zu bringen.

Einen wichtigen Zweig der Schmiedekunst bildet die Anfertigung von Dolchen, Waffen, Säbeln, Lanzen und Assagais. Manche dieser letzteren sind ganz aus Eisen gefertigt, wobei der Schaft hohl ist, die meisten aber werden auf Holzstöcke befestigt. Sehr oft sind sie recht hübsch verziert, meist mit Zickzacklinien, welche ein Palmenblatt darstellen sollen. Die Säbelgriffe sind ebenfalls durch Gravirungen verschönert, die Klingen selbst, welche sie aus ihrem Eisen verfertigen, sind sehr schlecht, weshalb sie zumeist europäischen Klingen den Vorzug geben, doch wird der Griff immer durch einen inländischen ersetzt. Meist sind nach Art der Cavalleriesäbel gebogene Klingen beliebt, doch habe ich auch gerade (inländische) gesehen, welche an unsere mittelalterlichen Schwerter erinnern. Die Säbel stehen natürlich hinter unseren Fabrikaten weit zurück, da das Eisen ziemlich spröde ist. Die Dolche haben eine eigenthümliche Form (s. Abbildung); selbst Flintenläufe stellen sie her, aber diese

Melonenbaum (Carica Papaya).

Erzeugnisse sind zu schlecht, als dass ihnen die europäischen, welche durch den Caravanenverkehr weit ins Innere gelangen, nicht vorgezogen werden sollten.

Die Schmiede besitzen ein grosses Nachbildungstalent, von dem sie jedoch selten Gebrauch machen, da alle Eingebornen (wenigstens die der gleichen Nation) sich an dasselbe Muster halten und ungern die europäischen Vorbilder annehmen.

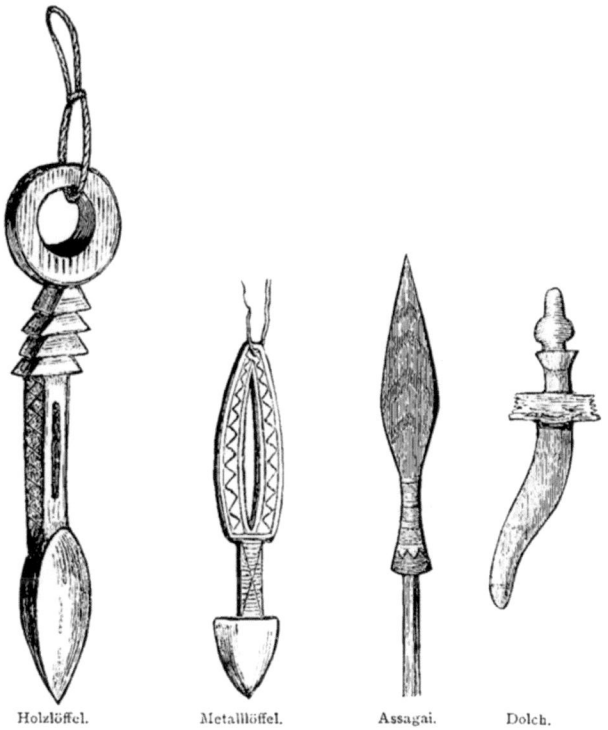

Holzlöffel.   Metalllöffel.   Assagai.   Dolch.

Mir selbst verfertigte ein Mandingaschmied, welcher allerdings unter Europäern gelebt hatte, einen für dortige Verhältnisse recht gut gearbeiteten Schlüssel.

Die meisten der genannten Geräthschaften und Waffen, die man in Westafrika bei den verschiedenen Völkerschaften findet, rühren von den Mandingas oder diesen verwandten Stämmen her. Zum geringeren Theile erlangen sie solche durch Tauschhandel und zwar dann meist direct von den Handwerkern, denn diese wandern nicht nur von einem Ort zum anderen, sondern lassen sich häufig auch bei anderen

Völkern nieder. Bei den Fullahs werden diese Arbeiten meist durch Mandinga-Sklaven verrichtet. Auch die Goldschmiedekunst wird namentlich von den Mandingaschmieden geübt. Das Schmelzen des Goldes oder Silbers geschieht gewöhnlich in einem thönernen Tiegel, welcher nach dem Hineinlegen des Goldsandes ganz mit Kohlen bedeckt wird. Die Schmelze wird dann in ein anderes irdenes Gefäss oder in ein Loch in der Erde gegossen und erst später durch neuerliches Erhitzen geformt.

Manche dieser Goldgegenstände bestehen aus reinem, natürlichem Gold, während bei anderen etwas Bronze beigegeben wird. Die Goldsorten haben eine etwas blasse Farbe, ungefähr so wie die der englischen Münzen ist. Die Form der Gold- und Silberringe ist in den meisten Fällen die spiralförmig gewundene, wie die der Armbänder, seltener sind flache Ringe mit eingravirten Verzierungen. Gold- und Silberarmbänder sind ganz ähnlich denen von Messing, nur dünner.

Von allen diesen Metallen werden ferner Halsbänder, sowie auch aus Golddraht hübsch gearbeitete Spangen gefertigt. Trotzdem das Gold häufig ist, ist doch der Preis dieser Gegenstände hoch, weil bei den rohen Manipulationen sehr viel Gold verloren geht. Uebrigens verwenden die Silberschmiede, wenn sich ihnen Gelegenheit bietet, auch Silbermünzen.

Im Schnitzen von Holz und Elfenbein haben die Mandingas ebenfalls eine grosse Gewandtheit, namentlich aus Holz stellen sie kunstreich verzierte Schemel, Holzlöffel (s. Abbildung), die allerdings meist nur zum Zierath dienen, dann Mörser zum Tabakreiben, Tabaksdosen Amulete, sogenannte Gri-Gri, originell geformte Stöcke mit den verschiedensten Verzierungen, dann Keulen, verschiedenartig geschnitzte Säbel- und Dolchgriffe her.

Aus Elfenbein verfertigen sie Amulete, welche oft die Kreuzesform haben, denn diese gilt bei manchen afrikanischen Völkerschaften, z. B. bei den Fullahs, Balanten, Papels etc. als besonders wirksam gegen Krankheiten, Zauber und Unglücksfälle, wie sie denn auch europäische Heiligenbilder sehr schätzen; andere haben wieder die eigenthümliche Form einer geschlossenen Faust.

Sehr hübsch sind aus der Schale der Kokosnuss geformte, kunstvoll gravirte, mit Elfenbein verzierte Schalen mit Deckel; auch Köpfe aus Elfenbein werden als Schmuckgegenstände benutzt, dagegen habe ich hier nie jene so schön geschnitzten und reich dekorirten ganzen Elephantenzähne gesehen, welche die Neger von Loango und der südafrikanischen Provinz Angola herstellen, von denen ich jedoch vermuthe, dass sie oft speciell für die Europäer gearbeitet werden. Ausserordentlich

Industrie der Mandingas.

interessant ist die Lederindustrie der Mandingas, deren Produkte indess nicht nur bei ihnen selbst, sondern bei den Fullahs, Biafaden und vielen andern Völkerschaften Absatz finden. Unter diesen sind besonders die schönen Säbelscheiden aus rothbraunem Leder mit prachtvollen Zeichnungen, welche auch unseren europäischen Lederfabrikanten alle Ehre machen würden, zu erwähnen, ferner die mit grossem Kunstsinn ausgeführten Patrontaschen, Pulverhörner, Amulete, Quasten, Halsbänder und die eigenartigen Brieftaschen, sowie die für Koransprüche und Gebete bestimmten Ledersäckchen, welche aus präparirtem Kalbs- oder Rindsleder gemacht, mit Ritzarbeit verziert sind und durch ihre schönen Dessins häufig die Bewunderung der Europäer erregen. Auch Sandalen aus Rindsleder, das sie mit dem Kerne einer Akazie gerben, verfertigen sie. Die Färbung der Häute geschieht mit verschiedenen Wurzeln. Ebenso werden Pferdezäume, Riemen

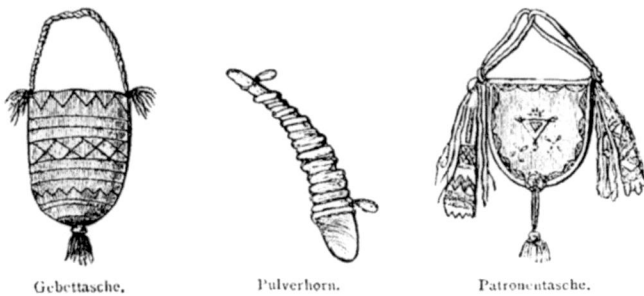

Gebettasche.   Pulverhorn.   Patronentasche.

und Sättel von ihnen aus Leder verfertigt, erstere auch aus Stricken, welche aus Agaven gewonnen werden.

Unter ihren Industrie-Erzeugnissen sind ferner geschmackvoll ausgeführte Gewebe, welche sie selbst mit eigenthümlichen Webestühlen herstellen und deren Dessins nicht unschön sind, zu nennen. Meist werden bunte, blau und rothweisse Streifen verfertigt, die durch Indigo und Krapp ihre Farbe erhalten.

Hervorzuheben sind noch die Strohgeflechte, welche als Verzierungen von Säbelscheiden etc. dienen, sowie ihre hübschgeformten Matten, die als Schlafstellen Verwendung finden. Desgleichen verfertigen sie eine Art Betten, die sehr häufig im Gebrauch sind. Dieselben bestehen aus einem auf vier niederen Füssen ruhenden Holzrahmen, auf welchem Bastgeflechte aus hell und dunkelgefärbtem Material gespannt sind. Diese Ruhebetten haben nicht nur den Vortheil leicht transportabel, sondern auch den, sehr bequem zu sein. Bemerkenswerth sind auch ihre Rohrgeflechte, aus welchen sie grosse viereckige Hütten bauen, die weit comfortabler sind als die sonst in Afrika allgemein üblichen, aus Lehm und Stroh bestehenden Behausungen in Zuckerhutform.

Originell sind ihre Hüte, welche man dort häufig Bambárahüte nennt, weil sie bei dieser den Mandingas verwandten Nation allgemein getragen werden; dieselben bilden ein steifes Geflecht, welches für die Sonnenstrahlen undurchdringlich, leider aber auch etwas schwer ist. Aehnlich sind die Körbchen, welche sowohl hier als auch in vielen anderen Gegenden Afrika's, z. B. in der Provinz Angola, verfertigt werden und die so dick und so gut geflochten sind, dass man darin Milch aufbewahren kann.

Gewebemuster.

Sogar die Seife, das Wahrzeichen der Cultur, ist ihnen nicht unbekannt. Sie fabriciren eine solche aus dem Oele der Erdnuss und der Asche verschiedener Sträucher. Stricke aus Pferdehaaren oder Aloëfasern sind recht oft im Gebrauche und zum Theil besser als unsere europäischen.

So sehen wir, dass die Mandingas aus den ihnen zu Gebote stehenden Naturprodukten eine Reihe von Gegenständen herstellen, welche ihnen in der That eine hervorragende Stellung in der Reihe der niederen Culturvölker anweist. Trotzdem sind die Mandingas eigentlich kein Industrie, sondern ein Ackerbau treibendes Volk. Die Cultur der Erdnuss, in anderen Gegenden der Oelpalme, bildet ihre Hauptbeschäftigung; auch halten sie den Handel mit Gold, Elfenbein, Wachs, Kautschuk u. s. f. aufrecht. Sie sind wenig kriegerisch, was namentlich auch davon herrührt, dass sie sich in unzählige kleine

Parteien zersplittern, deren jede ihren Herrscher hat. Eigentlich besitzt jedes Dorf seinen eigenen Häuptling und daher ist von einem Zusammenhalten keine Rede, derart erklärt es sich, dass sie von den Futah-Fullahs immer mehr unterjocht werden. Jedenfalls sind sie weit grössere Freunde der Weissen als die letzteren und würde eine europäische Colonisation in ihnen die grösste Stütze finden, was schon der Umstand beweist, dass in den verschiedenen europäischen Colonien viele Mandingas sich angesiedelt haben oder wenigstens zeitweilig darin sich aufhalten. Grosses Talent besitzen sie auch als Bauunternehmer und manche von ihnen haben sehr rasch die europäische Bauart in dem Masse erlernt, dass sie als Bauführer verwendbar sind. Daher dürfte auch, wenn es in der Gegend zu Eisenbahnbauten kommen sollte, zur Ausführung der einschlägigen Bauten, auf die Mandingas besonders gerechnet werden können, weil sie unter der so faulen, indolenten, jeder Arbeit abholden Negerbevölkerung entschieden die eifrigsten sind.

CAPITEL XVII.

Die Papels. — Handel und Industrie. — Regierungsform. — Volksgebräuche. — Religion. — Sprache. — Die Balanten und Flups.

Von den das südliche Senegambien bewohnenden Volksstämmen sind sicherlich die Papels (deren ethnographische und anthropologische Verhältnisse uns hier zunächst beschäftigen sollen) und die ihnen nahe verwandten Flups und Balanten diejenigen, welche auf der tiefsten Stufe der Cultur stehen und demnach von den eben betrachteten, doch einen gewissen Grad von Bildung besitzenden Nationen durch eine tiefe Kluft getrennt sind. In anthropologischer Beziehung gehören die Papels zu den echten schwarzbraunen Nigritiern mit kurzem, wolligem Haar, dolichocephalem Schädel mit sehr prognathem Gesichtstypus und breiten vorstehenden Backenknochen. Der hässliche, stupide Gesichtsausdruck, die stumpfe, ziemlich kleine Nase, die wulstigen, breiten Lippen geben ihnen ein prononcirt unschönes, oft abschreckendes Aussehen. Das Barthaar mangelt fast gänzlich, die Zähne sind regelmässig und blendend weiss, der Hals kurz; sie sind von mittlerer, gedrungener Statur, in den meisten Fällen eher mager als wohlbeleibt. Lange sehr dünne Arme und Finger sind charakteristisch, Säbelbeine nicht selten, der Brustkasten ist etwas stärker entwickelt, als bei den Mandingas. Die Schultern sind oft auffallend breit, der ganze Bau meist ein sehr eckiger, die Arm- und Fussgelenke auffallend zart. Die Männer sind oft schwachwadig, das Hintertheil ist bei beiden Geschlechtern nicht gar stark entwickelt. Hübsche Frauengestalten gehören zu den grössten Seltenheiten. Selbst jugendliche Weiber haben sehr unschöne, lange Brüste und es fehlt ihnen die die Schönheit hervorrufende Rundung und Weichheit der Formen.

Ich gebe hier die Resultate von Messungen eines Individiums, welche aber, da dieselben in unauffälliger Weise vorgenommen werden mussten, nicht sehr genau ausfallen konnten. In den Colonien könnten allerdings solche Messungen mit Musse durchgeführt werden, doch ist daselbst die Schwierigkeit vorhanden, dass man nicht immer in der Lage ist, constatiren zu können, ob wirklich ein für den betreffenden Volksstamm charakteristisches Individuum vorliegt und nicht etwa ein verschiedenen Nationen entsprossener Mischling. Die beigefügte Abbildung stellt ein auf photographischem Wege aufgenommenes junges Mädchen von circa sechzehn Jahren dar, welches auf meine Bitte der zufällig nach Bolama und Bissaō gekommene Photograph Beaumont hergestellt hat.

Messungen an einem weiblichen Papelindividuum.

Alter circa 15—18 Jahre.

Höhe . . . . 1,65 m.
Kopfdurchmesser an den Schläfen . . . . 0,15 m.
Von vorn nach rückwärts von der Stirne zu dem Halswirbel 0,19 m.
Breite der Brust . . . . 0,34 m.
Länge der Arme . . . . 0,73 m.
Länge der Beine . . . . 0,835 m.
Handlänge . . . . 0,198 m.

Von Interesse waren auch zwei Albinos, welche bei sonst vollkommen gleichem Körperbau wie die übrigen Schwarzen, eine graugelbe Hautfärbung, strohgelbes ganz wolliges Haar und röthliches Pigment der Iris aufwiesen. Ihr Aussehen war ein wirklich thierisch zu nennendes; beide schienen geistig sehr wenig entwickelt zu sein, was jedoch auch von der schlechten Behandlungsweise, der sie ausgesetzt waren, herrührte. Den einen von ihnen, einen vierzehnjährigen Knaben, sah ich in Bolama. Es war ein Balanta, der nur durch Zufall dem Tode entronnen war, dem ihn seine Stammesgenossen geweiht hatten, denn solche Albinos sollen bei den Balantas nicht allzuselten sein, aber von diesen abergläubischen Wilden als böse Geister und Zauberer betrachtet werden, die dem Tode verfallen sind.

Das Tätowiren ist bei den meisten westafrikanischen Völkerstämmen, welche unbekleidet gehen, namentlich aber bei den Papels, Balantas,

Biafaden, Bijagos und Mandjags, Sitte und man hat selten Gelegenheit, Männer oder Weiber zu sehen, die dieses Schmuckes entbehren. Die Tätowirung hat zum Mittelpunkt den Nabel, welcher das Centrum einer Figur ist, die aus drei oder vier parallel gezeichneten Rhomben besteht und sich einerseits gegen die Unterbauchgegend, andererseits gegen die Brust ausdehnt. Die Zeichnung wird nicht durch Farbe

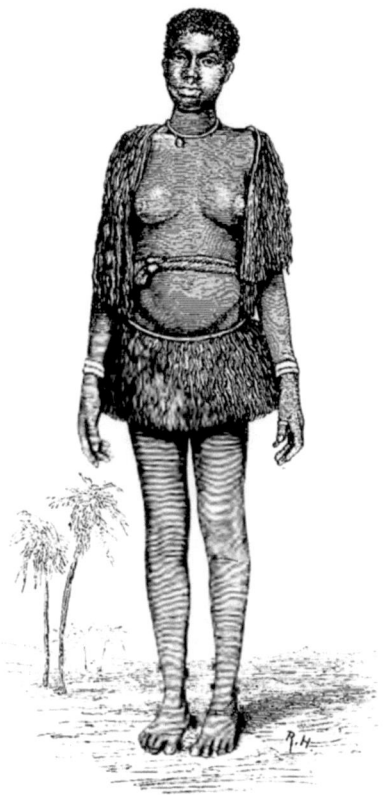

Papelmädchen.

ausgeführt, sondern ist eingebrannt. Tätowirung im Gesicht ist sehr selten und auch an den Armen und Beinen fehlt sie. Sie wird nicht vor der Pubertät vorgenommen, und scheint sie demnach nicht nur als Verschönerungsmittel zu dienen, sondern auch ein Zeichen der Kraft und Würde zu sein. Im Uebrigen verweise ich, was die Form der Zeichnung anbelangt, auf die Abbildungen der Papels. (S. 184.)

Auffallend sind die oft ungemein entwickelten Nabel, welche bisweilen die Grösse einer Kinderfaust erreichen und die man nicht nur bei den Papels, sondern auch bei den benachbarten Völkerschaften findet. Die Ursache dieser Erscheinung ist wahrscheinlich in der Art und Weise der Lösung der Nabelschnur zu suchen, welche ja bekanntlich bei den verschieden cultivirten Völkern in verschiedener Weise vorgenommen wird, und die eben bei diesen rohen Stämmen in der primitivsten Art mit einem stumpfen Messer practicirt wird, aber auch nicht selten dürften Nabelbrüche jene auffällige Erscheinung verursachen.

Die Wohnungen der Papels bestehen aus gewöhnlichen Lehmhütten, doch macht sich das Bedürfniss nach Kunst auch bei diesem rohen Volke bemerkbar und veranlasst verschiedene Verzierungen mit

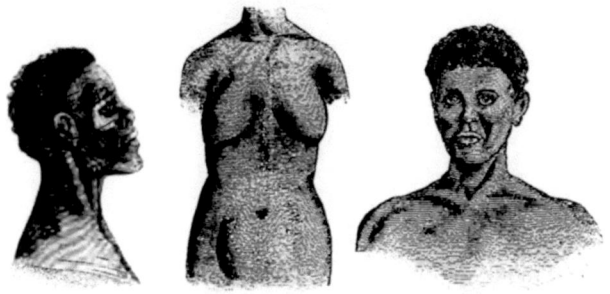

Typen und Tatowirung der Papels.

rother Farbe, welche sie aus einer eisenschüssigen Erde (Laterit) gewinnen und einer schwarzblauen, aus Indigo präparirten Farbe herstellen. Bei diesen Ausschmückungen spielt die primitivste Zickzacklinie die Hauptrolle. Von Einrichtungsgegenständen sind nur Schemel vorhanden, auf denen ebenfalls einfache Verzierungen angebracht sind; als Lagerstätten dienen bei den Vornehmeren selbstgearbeitete Bastmatten. Die Papels bewohnen nicht grössere Dörfer, sondern es besteht eine Ansiedlung meist aus den Gehöften einiger verwandter Familien, welche durch eine Palissade gemeinsam geschützt sind. Der primitive Kunstsinn der Papels zeigt sich auch in den verschiedenartigsten rohen Zeichnungen, mit denen sie die zum Essen und Trinken verwendeten Kürbisschalen schmücken und vermittelst welcher sie die diversen bei ihnen vorkommenden Bäume, wie Palmen, Affenbrotbäume, dann Thiere, Schlangen, Pelikane, Schakale darstellen. Wegen der Wichtigkeit solcher Sculpturen schien es zweckmässig,

einige davon abzubilden. Bei aller Rohheit der Zeichnungen und
Ornamente verrathen die Papels eine nicht zu verkennende glückliche
Auffassungsgabe und viel Talent zur Nachahmung.

Die Waffen sind mit Ausnahme der Dolche und Bogen nicht
einheimischen Ursprungs, ja sogar die eisernen Pfeilspitzen stammen
von den Mandingas, nur die Säbelscheiden aus Fischhaut oder Ziegenfell, welch erstere die Papels mit hübschem Strohgeflecht verzieren,
sind von ihnen selbst gearbeitet. Einheimische Kleidungsstücke, Webe-
reien etc. habe ich bei ihnen nicht gesehen, denn die mit Kettenstich ausgeführten schönen Stickereien, welche ich von den Balantas acquirirte,
sind meiner Ansicht nach fremden Ursprungs, und so zeigt dieses
Volk trotz gewisser kunstsinniger Anlagen gegen jede eigene Industrie eine ziemliche Abneigung, welche in der leichten Erwerbungs-
art derselben von den Nachbarvölkern und in ihrer natürlichen Faulheit und Bequemlichkeit begründet ist.

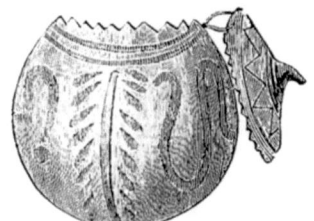

Kürbisschale.

Wie verhalten sie sich nun den europäischen Erzeugnissen gegenüber, welche sie sich leicht zu verschaffen vermögen? Im Allgemeinen
scheinen sie dieselben, da sie jeder Neuerung feind sind, wenig zu
goutiren, denn sie ziehen sogar ihre aus Schnüren verfertigten Gürtel
oder Schürzen dem Baumwollstoff vor, wovon vielleicht nur die Königs-
familie eine Ausnahme macht. Nirgends findet man etwa ein Trink-
glas oder einen jener primitivsten Teller, welche in den Colonien zu
wahren Spottpreisen verkauft werden. Auch in Bezug auf Schmuck,
dem sie sehr geneigt sind, ziehen sie die von ihnen selbst aus kleinen
Muscheln und Schneckenhäusern kunstvoll zusammengestellten, oder
aus mit grosser Geduld angereihten Gewürz-Nelken bestehenden Halsbänder, den Glasperlen entschieden vor. Ihre Armbänder, welche (wie
bei den Biafaden) bei den Vornehmeren aus Gold und Silber, bei den
Ärmeren aber aus Messing sind, stammen alle von den Mandingas
und unser europäischer Talmigoldschmuck findet bei ihnen keinen
Anklang.

Industrie der Papels.

Nur eine Industrie betreiben die Papels, nämlich die Töpferei. Aus einer ausgezeichneten Thonerde, welche sie mit Geschick zu finden wissen, stellen sie Urnen zu Aufbewahrung der Nahrungsmittel her, sowie grosse Krüge zum Wasserholen von plumper Form, ohne Glasur mit einfachen Verzierungen, welche sehr an unsere prähistorischen Vasen erinnern, wie es denn überhaupt auffallend ist, dass dieselben Typen sich in den verschiedensten Ländern wiederfinden, wofür auch die Industrie der Mandingas spricht, deren Produkte zum Theil mit Funden aus der Bronzezeit, zum Theil mit altägyptischen Gegenständen übereinstimmen, gewiss eine nicht zufällige und sehr beachtenswerthe Thatsache. Uebrigens sind es auch

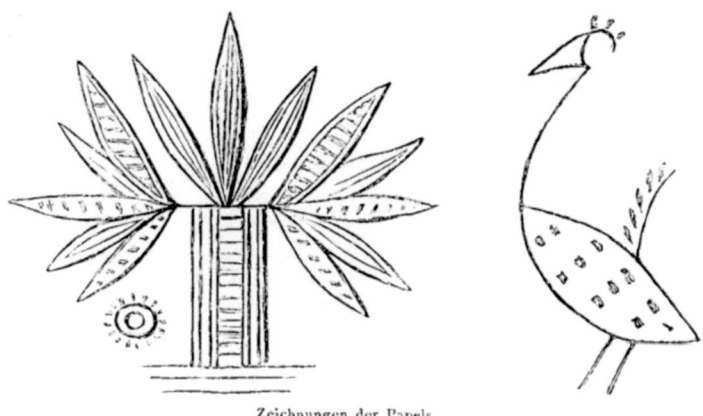

Zeichnungen der Papels.

bei den Papels die Weiber, welche die Anfertigung von Töpferwaaren betreiben.

Wenn die Papels wenig Talent für die Industrie besitzen, so ist ihnen dagegen ein gewisses Geschick für den Handel nicht abzusprechen. Auch Ackerbau und Viehzucht betreiben sie, soweit sie nicht ihre Faulheit daran hindert. Sie sind darin verschieden von den Flups, mit welchen sie sonst in jeder Beziehung sehr nahe verwandt sind, nur scheinen die Flups in industrieller Hinsicht etwas selbstständiger zu sein, denn sie beziehen nur sehr wenig Gegenstände aus der Fremde und fabriciren sie besonders eine eigenthümliche und bemerkenswerthe Kopfbedeckung aus Leopardenhaut mit Büffelhörnern, welche ich nur bei ihnen zu sehen Gelegenheit hatte. Im Gegensatze zu den Papels und Balantas wollen die Flups nichts von Handelsbeziehungen wissen — so zeigen stammverwandte Völker oft die erstaunlichsten Verschiedenheiten.

Die hauptsächlichsten Handelsartikel der Gegend bestehen aus Erdnuss, Palmöl, Flusspferdzähnen, Kautschuk, Gummi, Fellen, dann aus Bauhölzern, und aus Früchten verschiedener Bäume: Kolanüssen, Acajouäpfeln, Bananen, Kapuzinerpflaumen, Mangofrüchten etc.

Alle diese Völker treiben Ackerbau und Viehzucht, namentlich bilden die Rinder, übrigens meistens kleine, magere Thiere, einen Hauptbestandtheil ihres Reichthums.

Die Bewaffnung der Papels, Balantas und Flups ist die Assagai, zum Theil ganz aus Eisen, zum Theil aus Holz, nach den verschiedensten

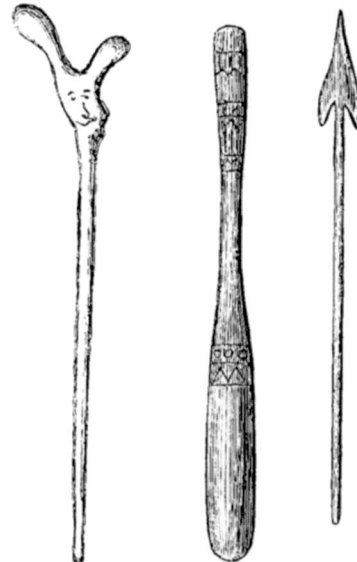

Stütze, Keule und Lanze der Papels.

Mustern gefertigt. Bogen und Pfeile kommen immer mehr ausser Gebrauch und werden durch Flinten, von denen die mit Steinschloss immer die beliebtesten bleiben, ersetzt. Keinem Krieger fehlt der Säbel, dessen Scheide je nach dem Reichthume des Trägers aus verschiedenstem Material mit mehr oder minder reichen Verzierungen besteht. Charakteristisch sind auch die reichgeschmückten Dolchscheiden der Papels und Flups, welche sie selbst erzeugen (s. Abb. p. 177).

Die Kampfesweise aller dieser Völkerschaften besteht aus einem wilden sturmähnlichen Hervorbrechen in meist grösseren Massen, wobei sie eine kolossale Pulververschwendung an den Tag legen. Dass sie dem Feinde auf das kräftigste Widerstand leisten, haben sie nicht nur in Bissaò, sondern auch in Cacheu beweisen, indem sie sich noch im letzten Jahrzehnt in verzweifelten Kämpfen gegen die Portugiesen schlugen, wobei sie, wenn sie auch, einer einigermassen geübten Truppe gegenüber, sich als machtlos erwiesen, dennoch den Eingriff des Feindes in ihr Gebiet erfolgreich zurückwiesen. Hier ist also merkwürdigerweise Tapferkeit mit Faulheit gepaart.

In religiöser Hinsicht stehen die Papels nicht ganz auf der niedersten Stufe, indem sie an höhere Wesen, sowie an die Unsterblichkeit der Seele glauben. Dass der Hexen- und Zauberglaube dabei die erste Rolle spielt, ist selbstverständlich — dagegen sind die Papels über die bei vielen südafrikanischen Völkerschaften verbreitete Sage, dass jeder Todte nicht auf natürliche Weise, sondern durch Zauberei umgekommen sei, erhaben. Auch die Fetischanbeterei, wie sie bei den Flups im Schwunge ist und der ja oft Menschen zum Opfer fallen, finden wir bei den Papels in weit geringerem Grade, wie sie denn überhaupt vom religiösen Cultus kaum die Anfänge kennen.

Wie in fast ganz Afrika ist die Vielweiberei auch hier sehr verbreitet, und je nach Reichthum und Stellung besitzt jeder Mann mehr oder weniger Frauen, was übrigens, da dieselben zum Feldbau verwendet werden, einen doppelten Vortheil bietet.

Auf Jungfräulichkeit wird bei Eheschliessungen geachtet, und Ausnahmen kommen nur selten vor, da die Mädchen in so jugendlichem Alter (mit circa 12—14 Jahren, denn das Alter lässt sich nicht so genau bestimmen) geheirathet werden, dass ein Fehltritt nicht leicht möglich ist. Während der Ehe scheint dagegen auf die Treue weniger Gewicht gelegt zu werden, sowohl von Seiten der Männer, als auch von Seiten der Frauen. Die Arbeit der Frauen ist in der Ehe keine geringe, denn ausser den häuslichen Beschäftigungen und der Wartung der Kinder wird auch die Feldarbeit, da es an Sklaven mangelt, hauptsächlich von den Frauen besorgt.

Es ist bemerkenswerth, dass in Afrika oft auf tiefster Culturstufe stehende Völkerschaften in Bezug auf die Keuschheit der Frauen viel strenger sind als höher entwickelte.

An Unterhaltungen und Vergnügungen sind die Papels, da sich wenig Gelegenheiten dazu ergeben, selbstverständlich arm; zu den beliebtesten Belustigungen zählt auch hier, ebenso wie in den meisten andern Gegenden, der Tanz. Bei jedem nur irgend denkbaren Anlasse, wie Begräbniss, Kriegsrath, Heirath, Tauschhandel, werden die mannigfaltigsten Tänze oft ganze Nächte hindurch ohne Unterlass aufgeführt. Die Papels haben verschiedenartige Tänze; sowohl Einzeltänze als auch Rundtänze in grossen Massen sind beliebt, und es werden dieselben jederzeit durch Gesang und primitive Musikinstrumente, wie Trommeln, Geigen, Guitarren, Castagnetten, Flöten begleitet. Um sich gegenseitig zu rufen sind ausser den Trommeln noch Kuhhörner in Verwendung.

Die Regierungsform ist eine monarchische, doch spielt der König weit eher die Rolle eines Aeltesten als die eines unbeschränkten Beherrschers, was ja auch für die Biafaden und andere dieser wilden Völkerschaften gilt. Bei allen wichtigen Gelegenheiten muss er die Aeltesten zu Rathe ziehen, und wenn Krieg beschlossen werden soll, versammeln sich die waffenfähigen Männer zur Berathung. Streitigkeiten werden von ihm geschlichtet, die Strafen gewöhnlich in Geldeswerth entrichtet, also in Feldfrüchten, Vieh, Baumwollstoff, Waffen etc. Uebrigens ist diese Nation nicht so sehr zum Diebstahle geneigt wie die benachbarten Volksstämme.

Wichtig in jeder Hinsicht für die Beurtheilung des Culturzustandes ist die Sprache; wenn es mir auch nicht gelungen, diejenige der Papels näher kennen zu lernen, so dürften meine spärlichen Anfzeichnungen über dieses nur wenig bekannte Idiom immerhin von Interesse sein. Constatiren wir vor Allem, dass eine Reihe von Begriffen diesem Idiom vollständig fehlt; unter diesen finden sich merkwürdigerweise die Banane und Papaya, welche doch in ihrem Lande sehr häufig vorkommen und von so grosser Wichtigkeit sind, dagegen erscheint es wohl begreiflich, wenn europäische Einrichtungsgegenstände, Kleidungsstücke etc. keinen Namen haben; und während dasselbe auch für das Canoe gilt, sind Ausdrücke für Meer, Branntwein, Flinte zu finden; von Zahlen scheinen nur diejenigen bis zu zehn Bezeichnungen zu haben. Wie in dieser rohen Sprache ein Satz gebildet wird, ist schwer zu sagen: einzelne Ausdrücke, seien es Hauptwörter, seien es einfache Sätze scheinen eine Art Stamm zu bilden, welcher durch Modificationen z. B. Vor- oder Nachsetzen von Silben, Aenderung der Anfangs- oder Endsilben, die verschiedenartigsten Bedeutungen erhält; verwandte Ausdrücke, wie z. B. Essen und Trinken werden nur durch Veränderung eines Vokals hervorgebracht und beispielsweise Wassertrinken wird durch das Vorsetzen einer Silbe zu dem Worte Trinken d. h. yara erzeugt, doch besitzen die meisten Substantiva ihre bestimmte Bezeichnung. Es mögen nun hier einige der gebräuchlichsten Ausdrücke folgen:

Vater, ba;
Mutter, nanu;
Frau, ujods;
Kind, unpods;
Nase, iesch;

Schakal, a'gnont;
Schlange, ma'gna;
Sonne, ouorr;
Feuer, ni'ror;
Meer (Salzwasser), man'dschupp;

Hand, kyjéne;
Fuss, tzima;
Mund, mentung;
Kopf, béné;
Hütte, kto;
Stuhl, pt'schori;
Matte, kompaschong;
Säbel, keljor;
Flinte, uingane;
Stock, bengol;
Messer, scheré;
Baum, brun'gwell;
Reis, omano;

Wasser auch Süsswasserfluss, un'dschupp;
Mond, odro;
Gott, bedet;
Welt, schak;
Milch, manta;
Sterben, akadé;
Trinken, yara;
Essen, yaré;
Schlafen (sich niederlegen), pensch;
Zaubern zugleich Medicinmann und Tempel, buluba.

Nicht unerwähnt will ich es lassen, dass allen den Nationen dieses Landstriches, welche auf so tiefer Culturstufe stehen, selbstverständlich eine grosse Masse von Ausdrücken fehlen, so z. B. sind ihre astronomischen Begriffe fast gleich Null, von Zeiteintheilung, Stunden etc. haben sie keinen Begriff, und nur Tag und Nacht wird von ihnen unterschieden, und grössere Zeitabschnitte werden durch den Mondwechsel, das heisst also durch die Zeit zwischen dem Vollmond und seiner Wiederkehr, bestimmt; das Alter, von Kindern beispielsweise, wird mit zehn oder zwölf solchen Monden bezeichnet, für grössere Zeiträume jedoch fehlen ihnen sowohl Begriff, als Ausdruck, wie sie denn auch für grössere Zahlen keine Worte besitzen und selbst das Alter eines zwölf- oder vierzehnjährigen Individuums nicht zu nennen vermögen.

Anders verhält sich dieses bei den Fullahs oder Mandingas, welche die Jahre nach den Regenzeiten berechnen und denen sogar einige der grösseren Sternbilder, wie z. B. der grosse Bär, dem sie einen eigenen Namen geben, bekannt sind, wie sie denn überhaupt alle diese Ausdrücke in ihrer Sprache wiedergeben können. Ob eine Sprachverwandtschaft zwischen Papels mit Bijagos und den Mandjags, welche für Laien keine sehr enge zu sein scheint, existirt, bleibe dahingestellt. Nicht uninteressant ist auch die Art und Weise, wie die christlichen Neger oder solche, welche mit den Weissen in Berührung kommen, eine durchgebildete europäische Sprache auffassen und wie sie in ihrer rohen, ungebildeten Ausdrucksweise dieselbe anzunehmen suchen. Daher hat auch das Studium der sogenannten creolischen Dialekte, d. h. des Kauderwälsches, dessen die Neger sich bedienen, wenn sie europäische Sprachen sprechen sollen, besonderes Interesse, namentlich, wenn es sich um die Dialekte handelt, welche von den, nicht aus ihrer Heimath transportirten Negern gesprochen werden. Dabei muss ich gleich bemerken, dass sie für die romanischen Sprachen mehr Talent zu haben scheinen, als z. B. für das Englische, obgleich sie die Aussprache des Englischen nicht schlecht nachzuahmen verstehen, während sie mit der französischen Aussprache schwer ins Reine kommen, wenn nicht etwa Generationen hindurch, wie dies bei manchem senegambischen Neger der Fall ist, ein solcher Verkehr mit den Weissen stattgefunden hat, dass die ersteren in der Lage sind, das Französische perfect zu sprechen.

Die portugiesisch-creolische Sprache ist im Munde der einzelnen Nationen verschieden, und so wird auf den capverdischen Inseln ein anderer Dialekt gesprochen, als in Bissaõ oder Cacheu, in Geba oder Bolama, da selbstverständlich die Aussprache und Betonung der Papels, Mandingas, Mandjags eine verschiedene ist, doch lässt sich eine gewisse Uebereinstimmung in der Satzbildung u. s. w. nicht verkennen.

Auf den Capverden scheint die Zahl afrikanischer Worte, die dem Portugiesischen beigemengt sind, nur eine äusserst geringe zu sein, was erklärlich erscheint, wenn man bedenkt, dass die als Sklaven importirten Neger aller möglichen Sprachen sich bedienten, und daher, um untereinander zu verkehren, bald zu einer gemeinschaftlichen fremden Sprache greifen mussten, welche eben aus portugiesischen Lauten sich zusammen setzte. Wenn der Reisende, sollte er auch der jetzt in Portugal herrschenden Sprache mächtig sein, das Creolische nicht zu verstehen im Stande ist, so rührt das, abgesehen von der merkwürdigen Satzbildung, davon her, dass die vor mehreren Jahrhunderten entstandene Sprache mehr dem alt-portugiesischen entspricht, und sich seither nicht, wie dies im Mutterlande der Fall war, mit verändert hat.

Soweit ich erfahren habe, ist die Sprache, welche in Bissaõ, Cacheu, Bolama von den christlichen Negern gesprochen wird, nur durch die Aufnahme einzelner Worte der entsprechenden afrikanischen Sprachen verschieden, doch ist auch hier der Reichthum an einheimischen Lauten ein sehr geringer.

Auffallend ist es, dass auf den einzelnen capverdischen Inseln sich so verschiedene creolische Dialekte*) ausbildeten, obgleich z. B. zwischen S. Antaő und S. Thiago oder Fogo in der importirten Negerbevölkerung keine so grossen Unterschiede bestehen konnten, da die heute zu beobachtenden Differenzen in der Bevölkerung der

---

*) Einige Ausdrücke und Erzählungen in der creolischen Sprache der Capverden, die Herr Joaquim Antonio Ribeiro vermittelte, sind jetzt in den Händen meines Collegen Prof. Dr. Schuchardt, welcher sich eingehend mit diesen Fragen beschäftigt.

Inseln nur durch den verschiedenen Grad der Mischung mit europäischen Ansiedlern entstanden ist. Nur der, in früheren Zeiten jedenfalls höchst unbedeutende Verkehr zwischen den einzelnen Inseln konnte es ermöglichen, dass solche Differenzen im Laufe der Zeiten nicht nur nicht ausgeglichen, sondern sogar vergrössert wurden.

Nicht minder bemerkenswerth ist auch der Umstand, dass sich die Weissen nicht nur im Verkehre mit der einheimischen Bevölkerung, sondern auch unter sich, der creolischen Sprache bedienen, und zwar nicht nur im mündlichen, sondern auch im schriftlichen Verkehr, ein Verhältniss, welches nicht wenig dazu beigetragen haben dürfte, die Verbreitung des Creolischen zu fördern.

Da es hier nicht meine Aufgabe sein kann, diesen mir fern liegenden und auch allzu specielles Interesse bietenden Gegenstand weiter zu entwickeln, so begnüge ich mich mit diesen allgemeinen Bemerkungen und kehre zur Betrachtung der den Papels nahestehenden Völkerschaften zurück.

Einige culturhistorische Bemerkungen über dieselben mögen hier Platz finden, namentlich im Hinblicke darauf, dass von verschiedenen Reisenden, welche das sehr ausgedehnte Balantenterritorium von anderen Punkten aus kennen lernten, Berichte über diese Nation verbreitet wurden, welche von meinen Erkundigungen und Anschauungen in vielen Punkten durchaus abweichen.

Papels, Balanten und Flups bilden zusammen eine Völkerfamilie, welche wohl in Bezug auf ihren Körper- und Schädelbau, ihre Physiognomik, Hautfarbe untereinander vielfach Aehnlichkeit zeigen, in den Sitten und Gebräuchen, sowie in ihrer Regierungsform jedoch differiren. Die Flups sind gewiss unter ihnen die energischsten, kriegerischsten und die dem Verkehr mit den Europäern am meisten abholden; kein Volk dieser Gegend ist so fanatisch in der Anbetung der Fetische und so abergläubisch wie dieses; auch Menschenleben fallen jener schändlichen Verirrung zum Opfer, und wenn an der Küste ein Fahrzeug verunglückt, so erheischt es, wie bereits erwähnt, der Gott, dass die unglücklichen Schiffbrüchigen dem Tode geweiht werden. Die Giftprobe, die sonst nur bei wenigen und selbstverständlich nur auf der tiefsten Stufe der Cultur stehenden Völkerschaften im Schwunge ist, wird hier häufig angewandt. Sie sind noch mehr als die Papels gegen jegliche Civilisationsversuche rebellisch geblieben. Ihr stupider Aberglaube, ihre scheussliche Trunksucht und ihr unverbesserlicher Hang zum Raub und zur Dieberei, stellen sie noch weit unter die bereits erwähnten Völkerschaften. Die Regierungsform der Flups ist mehr oligarchisch als monarchisch, indem die Aeltesten jedes Dorfes den Häuptling, welcher einem solchen vorsteht, in der Ausübung der Regierungsgewalt einschränken. Es ist eigentlich merkwürdig, dass diese, alle möglichen Laster vereinigende Nation, denn man kann ihr höchstens Muth und Tapferkeit nachrühmen, trotzdem von ihrem Gebiete, weder an die Franzosen, noch an die Portugiesen etwas verloren und keiner europäischen Nation irgend welche Rechte innerhalb ihres Territoriums eingeräumt hat.

Von den Flups werden allerlei Fabeln erzählt: so sollen die von Botté, welche auf den Inseln und am Unterlauf der Flüsse Casamança und Cacheu leben und sich von den anderen etwas unterscheiden, Anthropophagen sein und ihr Wasser aus Menschenschädeln trinken. Ein gewisser De Barros, welcher eine kleine Broschüre über die verschiedenen Völkerschaften an der Westküste geliefert, behauptet sogar, dass dies ihr Hauptvergnügen sei. —

Die Balantas, deren Gebiet sich an das der Flups anschliesst sind ebenfalls eine mächtige Nation, die jener an Tapferkeit nichts nachgiebt. Sie sind sogar der Schrecken der Mandingas und anderer benachbarter, weit höher stehender Völkerschaften, welche sie fortwährend bekriegen. Auch untereinander leben sie häufig im Unfrieden und es kommt vor, dass ein Dorf das andere angreift und ausplündert. Oft auch einigen sich mehrere Dörfer, um einen Raubzug auszuführen, kurz, die Balanten leben fortwährend auf dem Kriegsfusse.

Wie bei den Papels wohnt eine grosse Familie oder mehrere Verwandte in einem verbarrikadirten Gehöfte, ähnlich denen jenes Volkes, welches jedoch durch höhere und dichtere Palissaden weit besser befestigt wird und daher leichter zu vertheidigen ist, als das der Papels, da eine Balantafamilie eben häufig in der Lage ist, sich derart gegen die Feinde wehren zu müssen.

Ihre Bewaffnung ist dieselbe wie die der Papels und besteht aus den üblichen Flinten, Lanzen, seltener aus Bogen und Pfeilen. Industrie fehlt diesem Volke, ebenso wie den Flups und Papels, fast gänzlich, höchstens sind ihre Urnen, Krüge und insbesondere Strohgeflechte zu erwähnen, mit denen sie die langen, mit Fischhaut bezogenen Säbel schmücken.

An Aberglauben stehen sie den Flups kaum nach und die Giftprobe (über welche Sitte im nächsten Capitel einige Details mitgetheilt werden sollen) wird bei ihnen häufig geübt. Jede irgendwie unklare Thatsache wird den Zauberern zugeschrieben und jeder Balante hält den anderen für einen Zauberer.

Alle diese Nationen gehen, mit Ausnahme einer kleinen Schürze, ganz nackt einher, sind tätowirt und bemalen sich im Kriege den Körper.

Die Frauen spielen bei ihnen, wie bei den meisten Nigritiern, eine untergeordnete Rolle, doch ist die Vielweiberei bei ihnen weniger gebräuchlich, als bei den Papels, Scheidungen sind dagegen ungemein häufig. Jeder Mann kauft sich seine Frau durch Geschenke an ihre Eltern, ist er ihrer überdrüssig, so schickt er sie ihren Eltern zurück oder verkauft sie einem anderen Manne. Was der französische Reisende Marche von den eigenthümlichen Rechten des Königs über alle Jungfrauen seines Territoriums mitgetheilt hat[*], gehört, meiner Ansicht nach, in das Reich der Fabel.

Den Balantas ist es gelungen, nicht nur sich gegen die europäischen Uebergriffe zu wehren, sondern auch, auf Kosten anderer Völker, ihr Gebiet zu vergrössern. So haben sie namentlich die früheren Bewohner des Casamançaflusses, die Cassangen, verjagt und ihr Land an sich gezogen.

Die Seelenzahl dieses Volkes ist weit grösser als die der vorher erwähnten zwei stammverwandten Nationen, und da jeder Mann Krieger ist, so ist die Zahl der waffenfähigen Leute eine sehr bedeutende, wodurch sie auch im Stande sind, grösseren und mächtigeren Völkerschaften erfolgreichen Widerstand zu leisten.

Ueber ihre Sprache Aufzeichnungen zu machen, war mir leider unmöglich. Erwähnt sei noch, dass Papels und Balantas, meiner Ansicht nach, wirklich so heissen, das ist, dass diese Völker sich selbst diese Namen beilegen, während der Name Flup, der bei den Portugiesen gebräuchlich, eine Bezeichnung dieses Volksstammes ist, welche von den Bijagos herrührt; ob der Name Jola, der ihnen von einem französischen Reisenden gegeben wurde, mehr Berechtigung hat, will ich nicht entscheiden.

CAPITEL XVIII.

Tänze, Todtencultus und Begräbniss-Sitten. — Zauberei und Giftprobe. — Volksfeste. — Spiele.

Tanz und Feste bilden des Afrikaners beliebtesten Zeitvertreib, wenn nicht gerade ein Krieg die Monotonie seines öden Daseins unter-

---

[*] Marche: Trois voyages dans l'Afrique occidentale. Paris 1879.

bricht. In der That giebt es vielleicht keine vergnügungssüchtigere und zugleich arbeitsscheuere Rasse als die afrikanische. Diesen beiden Eigenschaften entspringt wohl auch das Bedürfniss, sich auf irgend eine Weise ohne Arbeit die Zeit zu vertreiben, daher auch die Stunden um Stunden andauernden Palaver und die tagelang fortgesetzten Tänze, Festlichkeiten und Ceremonien, bei welchen der sonst so faule Neger keine Ermüdung kennt, und die in dem Völkerleben Afrika's eine so bedeutende Rolle spielen.

Auch in Senegambien sind mit Ausnahme der Fullahs fast alle Völkerschaften ungemein dem Tanze ergeben, doch haben die Tänze, wie die Musik, bei allen Nationen, es seien nun Mandingas, Biafaden, Papels, Balanten, Mandjags etwas Gemeinsames, indem ja auch die Sänger und Musiker, die Griots, diese, den Zigeunern ähnliche internationale Musikantengilde, den Ton dafür angeben, wie auch ihre Musik ebenfalls eine ziemlich gleichmässige ist. Die Musikinstrumente bestehen aus Guitarren mit drei Saiten aus Rosshaar, dann Violinen, deren Boden eine mit Ziegenleder überspannte Kürbisschale bildet und welche mit einem sehr primitiven, aus Rosshaar hergestellten Bogen gestrichen wird. Die Trommeln haben gewöhnlich die Form eines Kegels, und wird das, an dem breiteren Ende desselben gespannte Ziegenfell mit einem Stück Holz, mit dem Finger oder mit irgend einem beliebigen Gegenstand geschlagen. Die Trommel spielt bei der Musik übrigens die Hauptrolle. Je nachdem es sich um ein Begräbniss, um Kriegsvorbereitungen oder um Tanz handelt, werden im Ton verschiedene Trommeln verwendet, und ist auch die Art und Weise des Schlagens eine andere. Bei Papels, Balanten sind ferner sehr primitive Flöten aus Rohr im Gebrauche. Hie und da wird bei diesen auch ein einfacher Dudelsack, bolafom genannt, geblasen, aber er scheint nur bei grossen Festen angewandt zu werden; ebenso hat man Castagnetten, die aus einer nussartigen Frucht geformt, und mit kleinen erbsengrossen Eisensteinen gefüllt sind, seltener findet man dagegen die aus Ost-Afrika bekannten Eisenglocken. Die Gesänge sind im Allgemeinen sehr monoton, namentlich diejenigen, welche den Tanz begleiten, dagegen habe ich von einzelnen jungen Leuten manche ganz niedliche wehmüthige Melodien singen gehört.

Die westafrikanischen Musiker, die Griots, huldigen nicht allein der Euterpe, sondern sind zugleich Dichter und Barden, welche die Thaten hervorragender Leute besingen, namentlich wenn von denselben Geschenke zu erwarten sind und das Lob erklingt um so voller, je freigebiger der Besungene sich zeigt. Die Tänze, denen sich alle nigritischen Völker widmen, sind zum Theil Solotänze, bei denen wilde

Sprünge und unzüchtige Geberden, welche von der umstehenden Menge mit grossem Beifall aufgenommen werden, die Hauptrolle spielen, zum Theil Massentänze, sei es von Weibern, sei es von Männern oder von beiden Geschlechtern, bei welch letzteren die Theilnehmer, in Colonnen geordnet, sich im Kreise bewegen.

Charakteristisch erschien mir ein Tanz der Papelsweiber, bei welchem sich die Ausübenden in eine Reihe stellten und, indem sie abwechselnd einen Schritt vor- und einen rückwärts machten, unter lebhaftem taktmässigem Aje-Aje-Aje-Geschrei sich auf die Hüften schlugen und dabei die Hintertheile hin- und herbewegten. Der am häufigsten vorkommende Tanz besteht darin, dass Weiber und Männer einen Kreis bilden, worauf aus demselben ein Paar heraustritt, unter dem Gesang der Uebrigen bald zusammen einen rasenden Kreislauf, bald getrennt von einander einigermassen an Cancan erinnernde Pantomimen ausführend. Sobald dieses Paar vor Erschöpfung niedersinkt, tritt ein neues heran und wiederholt dieselben Evolutionen. Die Dauer solcher Tanzunterhaltungen ist unbegrenzt.

Die Biafaden sollen, wie mir berichtet wurde, im März, wahrscheinlich ungefähr um die Zeit der Aequinoctien, bei einer alljährlich regelmässig wiederkehrenden Festlichkeit einen eigenthümlichen Tanz aufführen, wobei die Männer von den Weibern auf den Schultern getragen werden und diese dabei, so lange es ihre Kräfte erlauben, wie rasend herumtanzen.

Eigentliche Todtentänze, wie sie z. B. am oberen Nil von Baker und Anderen, geschildert werden, habe ich niemals beobachtet. Bei den Biafaden sah ich einen von Männern ausgeführten kriegerischen Rundtanz mit den Waffen in der Hand, der unter furchtbarem Geheul und Trommelgerassel erfolgte.

Doch haben die wenigsten senegambischen Völkerschaften charakteristische Volkstänze, es lässt sich vielmehr eine gewisse Uebereinstimmung bei allen beobachten, was daher kommen mag, dass die Barden es sind, welche die Musik und die Tänze verbreiten und denselben ihren bestimmten Charakter verleihen, wie denn auch bei uns die Zigeuner in Ungarn vielleicht ihre eigene Musik den einzelnen, so verschiedenen Nationalitäten wie Slaven, Magyaren etc. aufgedrungen haben. Ueberhaupt besteht eine gewisse Aehnlichkeit zwischen den Zigeunern und den Griots (den Barden); verachtet von dem übrigen Volke, sind sie dennoch beliebt und werden, nach dortigen Begriffen wenigstens, reich beschenkt. Andererseits hält man sie aber für so unrein, dass man ihnen nicht einmal eine Grabstätte im Erdboden gönnt, sondern sie in den hohlen Stämmen des Affenbrotbaums beerdigt.

Von grösstem Interesse sind für den Ethnologen die Ceremonien, welche bei den wichtigsten Akten des menschlichen Lebens: Geburten, Hochzeiten, Begräbnissen, von den verschiedenen Stämmen beobachtet werden. Die letztgenannten Ceremonien sind die wichtigsten, denn die bei der Geburt stattfindenden sind gewöhnlich ganz unbedeutend. Die afrikanischen Nigritier feiern durch grosses Gelage und Gepränge die Beschneidung, die gewöhnlich im vierzehnten oder fünfzehnten Lebensjahr vollzogen wird. Ebenso wird bei Heiden wie bei Islamiten die Hochzeit durch Tanz, Munitionsverschwendung und Schmausereien verherrlicht. Dagegen giebt sich bei den Begräbnissen der Genius der einzelnen Stämme durch die verschiedenartigsten Gebräuche kund, welche diese Ceremonie zu einer besonders wichtigen stempeln. Selbstverständlich werden diese Gebräuche je nach der Religion sehr verschieden sein. Bei den ungläubigen Biafaden beispielsweise, welche weder ein göttliches Wesen, noch ein Leben nach dem Tode zugeben wollen, werden begreiflicher Weise die Begräbnisse sehr einfach sein und man begnügt sich damit, den Verstorbenen ohne weitere Feierlichkeiten als dem Klagegeheul der nächsten Anverwandten beizusetzen. Auch kein Nahrungsmittel, kein Schmuck, kein werthvoller Gegenstand wird der Leiche in das Grab mitgegeben.

Dagegen herrschen bei den Fullahs natürlich die mohamedanischen Gebräuche, zunächst in der Moschee, wenn eine solche vorhanden, wobei die Einsegnung durch den Marabut die Hauptrolle spielt. Ein Grab im Kirchhof nimmt, wie bei uns, die Leiche auf, und das Gesicht nach Osten gewendet, wird dieselbe mit Erde bedeckt. Ein Liebesmahl und entsprechende Gaben an die Armen vervollständigen die Trauerfeierlichkeit.

Unter ganz ähnlichen Ceremonien vollziehen sich die Begräbnisse bei den Mandingas. Bei diesen wird die Leiche in ein, ungefähr einen Fuss tiefes Grab gesenkt und mit Asche und Erde zu einem ebenso hohen Grabhügel aufgeworfen.

Bei beiden Nationen versammeln sich bei dieser Gelegenheit sämmtliche Einwohner eines Dorfes, namentlich Frauen, und lassen bis zur Beerdigung der Leiche fortwährend Klagelieder ertönen; auch wird am Begräbnisstage ein Ochse geschlachtet, welchen man unter die Anwesenden vertheilt, während der Marabut für sich allein einen solchen erhält.

Viel complicirter gestaltet sich das Begräbnissceremoniell bei den heidnischen, dem Aberglauben ergebenen Papels, Balantas und Bijagos. Sobald ein Papel gestorben ist, versammeln sich die Anverwandten und Freunde und brechen in ein Stunden lang dauerndes, markerschütterndes Klagegeheul aus, dessen Unterhaltung namentlich den Frauen obliegt. Des Abends wird dieses Geheul von dem Lärme der rythmisch und langsam geschlagenen Tamtams begleitet und das Klagegetrommel wird, je nach dem Range der verstorbenen Persönlichkeit, vier, acht Tage, ja bei fürstlichen Persönlichkeiten oft Wochen lang fortgesetzt. Gewöhnlich wird der Todte erst am dritten Tage begraben und während der ganzen Zeit dauert das Klagegeheul, das Schiessen etc. fort. Man benützt diesen Zeitraum auch dazu, um an den Todten allerlei Fragen zu richten und ihm verschiedene Aufträge für sein künftiges Leben zu geben.

Der Leichnam selbst wird gewaschen, mit Oel geschmiert, bekleidet, wenn man eine circa 15 Cent. breite Schürze als Bekleidung ansehen kann. Die Gräber werden bei den Papels ausserhalb des Dorfes gegraben und immer so, dass alle Gräber eines solchen sich an einem Punkte vereinigt finden. Man gräbt 1—1$^1/_2$ Fuss tief die Erde aus, legt dann den Leichnam hinein und bedeckt ihn mit einem Tumulus, der circa 3 Fuss über dem Boden sich erhebt. An der Beerdigung und der Bildung des Tumulus betheiligen sich sämmtliche Einwohner des Dorfes und wenn ein bedeutender Mann gestorben, das ganze Volk weit und breit. Männer und Frauen rangiren sich getrennt zu beiden Seiten der Leiche und jeder der Anwesenden wirft eine Hand voll Erde auf den Todten. Hierauf wird ein grosses Feuer angezündet und die mit Erde gemischte Asche daraufgelegt. In den Tumulus werden grosse mit Wasser und Esswaaren gefüllte Urnen eingegraben, und zwar wird der Todte mit Lebensmitteln für acht Tage versehen, damit derselbe nicht Hunger leide. Häuptlingen gräbt man eine Waffe in den Grabhügel, damit sie ihre Würde auch im andern Leben beibehalten können, da die Papels eben von der Fortsetzung des Lebens nach dem Tode überzeugt sind. Eine solche Gräberstätte der Papels, welche dadurch interessant ist, dass sie an manche prähistorische erinnert, habe ich abgebildet (s. Titelbild).

Das Wehegeheul, Trommeln, Schiessen u. s. w. wird indess acht Tage lang fortgesetzt und am letzten Tage findet eine grosse Festlichkeit statt, worauf sämmtliche Anwesende sich an das Grab des Verstorbenen begeben, und der Medicinmann sodann seine Gebete spricht. Zu bemerken ist, dass der Cadaver nicht gerade ausgestreckt eingegraben wird, sondern in gekrümmter Stellung. Die Gräber befinden sich immer in der Nähe eines grossen Wollbaumes oder Baobabs, der als geheiligt gilt. Bei Frauen ist die Ceremonie etwas anders als sie eben beschrieben wurde. An ihrem Grabe wird beim Klange der Trommel (Bombolon) getanzt, oft auch unmittelbar nach dem Begräbnisse eine Kuh geschlachtet, auf der Stelle gebraten, unter die Anwesenden vertheilt und gespeist.

Ob das Gerücht, dass bei dem Tode eines Königs auch mehrere Jungfrauen getödtet und mit begraben werden, sich bewahrheitet, ist mir unbekannt.

Bei den Balanten sind die Todtenfeierlichkeiten ähnliche und sollen hier ebenfalls beim Tode eines Königs Menschenopfer gebracht werden. Bei den Flups spielt bei solchen Gelegenheiten der Medicinmann oder Priester, welcher die Gelegenheit benützt, um den Verwandten Geschenke zu erpressen, eine bedeutende Rolle. Todtenklagen, Beschwörungen, Gebete und Orgien sind auch da an der Tagesordnung. Bei dem erstgenannten Volke herrscht überdies vielfach die Sitte, dass sämmtliche Thiere des Verstorbenen am Begräbnisstage getödtet und dann verspeist werden; doch dürfte dies nur bei Reicheren der Fall sein. Bei einigen Stämmen dieser Nation werden die Todten nicht wie bei den Papels ausserhalb der Dörfer, sondern in ihrer Hütte selbst beerdigt und darf dieselbe dann von Niemanden mehr benützt, ja nicht einmal betreten werden.

Die Bijagos begraben ihre Todten ebenfalls unter grossem Ceremoniell, wobei Trommeln und Schiessen wiederum die Hauptrolle spielen, sowie den Fetischen und Medicinmännern reiche Geschenke gebracht werden müssen, denn auch dieses Volk glaubt an ein Leben nach dem Tode.

Alle diese Völkerschaften haben an gewissen Orten eine Art Tempel. Am Fusse eines geheiligten Baobabs erheben sich mehrere durch eine hohe Palissade streng abgeschlossene Hütten, welche nur von den Priestern betreten werden. Auf der Ostseite brennt ein fortwährend unterhaltenes Feuer. Vor oder in diesen Tempeln findet auch die Giftprobe statt, welche in dieser Gegend bei den auf der niedrigsten Culturstufe stehenden Völkerschaften häufig ausgeübt wird. Ein solches Gottesurtheil wird immer in grosser Volksversammlung und unter Einhaltung eines gewissen Ceremoniells abgehalten, wobei die Bereitung des Giftes durch die Priester stattfindet; in ihrer Hand liegt eigentlich auch die Entscheidung, indem in den meisten Fällen sie allein die Gegenmittel kennen, durch welche die Wirkungen dieser so äusserst wirksamen Pflanzengifte paralysirt werden können, wenn überhaupt bei allen jenen Giften Gegenmittel bekannt sind. Beide Gegner erhalten gleichzeitig die mit Gift gefüllte Kürbisschale;

wer dabei mit dem Leben davonkommt, hat gesiegt. Die Giftproben werden in gewissen Zeiträumen veranstaltet, wobei sich eine grössere Anzahl solcher Unglücklicher zusammenfindet, die sich diesem „Gottesurtheil" unterziehen, welches gewöhnlich für beide Theile zum Todesurtheile wird, da nur die wenigsten von den Medicinmännern Gegenmittel erhalten. Uebrigens dient das öffentliche Einnehmen des Giftes nicht nur dazu, um Streitigkeiten zwischen einzelnen Parteien zu schlichten, sondern häufig muss sich einer oder der andere dadurch von dem Verdachte irgend einer Missethat, namentlich aber von der Anklage der Zauberei reinigen.

Besonders bei den abergläubischen Stämmen der Balantas und Flups geschieht es oft, dass in einem Dorfe, wenn ein Unglücksfall vorgekommen ist, irgend ein Individuum von den übrigen angeklagt wird, denselben durch Zaubermittel verschuldet zu haben. Kann der Betreffende jenen Unglücksfall in nicht genügend klarer Weise auf natürliche Ursachen zurückführen, so wird er mit dem nöthigen Nachdruck aufgefordert, sich vermittelst der Giftprobe reinzuwaschen, und es bleibt einem solchen Unglücklichen nichts übrig, als sich in das ebenso grausame wie unvermeidliche Geschick zu fügen, welches sich allerdings in den meisten Fällen gleich bleibt, da die Entziehung vom Gottesurtheil mit ebenso grosser Wahrscheinlichkeit den Tod herbeiführen würde, als dieses selbst.

Dass diese furchtbare Unsitte, welche übrigens in diesem Theile Afrika's weit weniger verbreitet ist und seltener angewandt wird, als beispielsweise im Aequatorial- und südlichen Afrika, in sehr vielen Fällen dazu benützt wird, um sich missliebiger Persönlichkeiten zu entledigen, lässt sich leicht denken.

Das zu solchen Proben dienende Gift wird zum Theil aus der Rinde eines Baumes bereitet (bei den Flups wird er Tali genannt), welcher möglicher Weise mit dem aus Unter-Guinea bekannten, bei Gottesurtheilen verwendeten Gifte identisch ist; auch jene, von der Insel Bolama früher erwähnte rothe Schote dient diesem Zwecke. Uebrigens muss man nicht glauben, dass die Giftprobe allein zur Schlichtung von Streitigkeiten oder zur Bestrafung von Verbrechen gilt. Sie scheint mir eher auf diejenigen Fälle beschränkt, wo eben ein Verdacht, welcher aber nicht bewiesen werden kann, vorliegt, namentlich aber, wenn es sich um eine Verhexung handelt. Liegt die Sache klar vor, so ist es gewöhnlich der Häuptling oder der Rath der Aeltesten, welcher in grosser feierlicher Volksversammlung, nach Anhören der Parteien, das Urtheil fällt. Das gilt namentlich für geringere Verbrechen.

Bei solchen Volksversammlungen und anderen Festen gehen auch der Fetisch, sowie seine Priester, nicht leer aus, indem ersterem verschiedene Opfer-Hühner, -Schafe, -Ziegen etc. dargebracht werden, während letztere ebenfalls ähnliche Geschenke erhalten, alles aber mit Beobachtung grossen Ceremoniells. —

Die Beschneidung findet namentlich bei Muselmännern unter grösseren Feierlichkeiten statt. Es werden sowohl Knaben als Mädchen zwischen zwölf und fünfzehn Jahren beschnitten; bei letzteren werden nur Frauen zur Ceremonie, welche unter der Leitung einer dazu designirten älteren Frau stattfindet, zugelassen. Die Handlung wird gewöhnlich ausserhalb des Dorfes unter einem grossen Baume bei Sonnenaufgang vollzogen, worauf man den Tag über mit Schmausereien und Trinkgelagen zubringt.

Die Ehen werden mit viel weniger Feierlichkeiten abgeschlossen, da es sich hier mehr um ein einfaches Geschäft handelt. Bei den auf der tiefsten Stufe stehenden Völkerschaften dieses Districts wird das betreffende Mädchen gegen einige Geschenke vom Vater erhandelt. Nach achttägigem Brautstand wird die Braut, mit ihrem ganzen Schmuck behängt, unter Trommelschlag dem Bräutigam zugeführt. Dass die Frau sämmtliche Arbeiten zu verrichten hat, während sich der Mann dem dolce far niente hingiebt, ist bekannt.

Auch an Volksfesten fehlt es nicht und diese bieten dem Beobachter mitunter ein interessantes Schauspiel. So z. B. feiern die Biafaden zur Zeit der Aequinoctien ein grosses Fest, wobei jener früher erwähnte groteske Tanz aufgeführt wird. Anfangs Februar, zur Erntezeit, begehen die Papels grosse Festlichkeiten; da sieht man Processionen unter Voranschreiten des Königs sich zu den heiligen Poilaôs begeben, wo unter Gesang und verschiedenen Ceremonien die Priester und Aeltesten Gebete sprechen. Gar komisch nimmt sich dabei der mit rother Schärpe und allem möglichen Schmuck angethane König aus, in der Hand einen grossen geschnitzten Stock als Scepter schwingend, während die übrigen Kleinen und Grossen, mit ihren besten Schürzen geschmückt, ihre Säbel mit wilden Geberden handhaben. Auch der zur Giftprobe bestimmte Tag verläuft unter grossen Feierlichkeiten. Solche Erntefeste sind bei den meisten dieser Völkerschaften gebräuchlich. Als eine charakteristische Eigenthümlichkeit wäre noch zu bemerken, dass bei solchen Gelegenheiten grosse Unsittlichkeit herrscht, indem z. B. Ehebruch, welcher sonst streng geahndet wird, sehr milde Beurtheilung findet.

Bei den mohamedanischen Völkerschaften ist namentlich das Ende des Ramazans die Zeit der Feste.

Spiele.

Von Spielen wäre das, schon in dem Capitel über die Capverden ausführlich beschriebene Urispiel zu erwähnen, welches sowohl bei Mandingas, Fullahs, Mandjags, Biafaden, vielleicht auch Papels und Balanten und überhaupt in ganz West-Afrika ungemein beliebt ist und mit grosser Leidenschaft oft Tage lang gespielt wird.

Bei Papels und Bijagos scheint es nicht vorzukommen, eine Thatsache, die, wenn sie sich bestätigen würde, von grossem Interesse wäre, weil diese Nationen, wie ich im weiteren Verlaufe des Berichts auseinanderzusetzen Gelegenheit haben werde, namentlich gegenüber den eingewanderten Mandingas und Fullahs, als die Urbevölkerung zu betrachten sind. Da das erwähnte Spiel im Osten Afrika's sehr häufig ist und sich dasselbe auch an anderen Punkten von Osten nach Westen verbreitet zu haben scheint, so würde das Fehlen desselben bei den Ureinwohnern die Einführung desselben von Osten bestätigen und einen nicht unwichtigen Unterschied zwischen eingewanderten und eingeborenen Völkerschaften abgeben.

Wie sehr die Neger an diesem Spiele hängen und wie dasselbe von Generation zu Generation vererbt, zeigt der Umstand, dass auf S. Vincent, jener capverdischen Insel, welche ich als die am meisten civilisirte gefunden habe, auf welcher fast alle charakteristischen Negerbräuche durch europäische verdrängt wurden, dieses Spiel noch vielfach ausgeübt wird.

Das in West-Afrika gebräuchliche Spielbrett ist nicht so künstlich, wie das von Schweinfurth abgebildete der Nyam-Nyams, es besteht einfach aus einem länglichen Brett, in welches die Löcher eingegraben sind.

Die Bekleidung scheint mit der Religion einigermassen im Zusammenhange zu stehen, wenngleich in letzter Linie immer die Vermögensverhältnisse massgebend sind. Die mohamedanischen Völkerschaften der Fullahs und Mandingas zeigen am meisten das Bedürfniss nach Kleidung und werden alles thun, um eine solche zu erlangen, dieselbe aber nicht allein als Luxusgegenstand betrachten, sondern sie auch gebrauchen. Daher ist der Bubu bei ihnen sehr häufig zu sehen; aber auch die Armen werden eines Schurzes nicht entbehren. Bei heidnischen Völkerschaften bildet ebenfalls das Kleidungsstück einen ihrer Lieblingswünsche, aber dasselbe ist dann mehr ein Schmuckgegenstand, der nur bei festlichen Gelegenheiten gebraucht wird. Dies scheint mir bei allen den früher genannten Völkern der Fall zu sein, welche zu Hause fast ganz unbekleidet einhergehen. Selbst Häuptlinge, welche Gold- und Silberringe besitzen, begnügen sich zu Hause mit einem Schurze, der entweder aus europäischem Calicot, oder bei denjenigen, welche sich nicht in den Besitz eines solchen zu setzen wissen, aus einer Unzahl von aneinandergereihten, aus Bast oder Rosshaaren geflochtenen Schnüren besteht. Ein ähnlicher Schurz wird auch über die Schultern geworfen. Im Allgemeinen lässt sich in dieser Gegend die Beobachtung machen, dass es die Weiber sind, welche eine decentere Bekleidung besitzen, als die Männer, ein Verhältniss, welches nicht in allen Theilen Afrika's gleich ist, denn nach Schweinfurth ist dies bei den aequatorialen Völkern Ost-Afrika's umgekehrt. Manche der Männer tragen in der That nur einen zwei Finger breiten Lappen als Bekleidung, während man bei den Frauen immer einen, wenn auch kurzen Schurz findet. Nur in den Hütten der schwarzen Nomaden-Fullahs sah ich vollkommen nackte Weiber, welche meine Gegenwart absolut nicht genirte, doch ist zu bedenken, dass diese Völkerschaft durch Armuth und Unterdrückung sehr heruntergekommen ist. Der Schmuck besteht aus den schon früher erwähnten, von den Mandingas angefertigten Gegenständen.

Die Häuptlinge scheinen kein besonderes Zeichen ihrer Würde zu besitzen, nur haben sie mehr Schmuck und Kleidung als ihre Untergebenen. Eine Ausnahme davon dürften die Flups bilden, denn dort tragen die Häuptlinge auf Rücken und Hals ein Leopardenfell, welches an einer Mütze aus Antilopenfell, mit Hörnern verziert, befestigt ist. Schweinfurth beschreibt ebenfalls das Leopardenfell als charakteristisches Merkmal der Häuptlinge in Ost-Afrika.

Nicht unwichtig zur Beurtheilung des Culturgrades so tief stehender Rassen ist auch die Art und Weise der Bereitung der Lebensmittel, oder die Entwicklung der Kochkunst, indem ja bekanntermassen die am tiefsten stehenden Völkerschaften so ziemlich auch diejenigen sind, welche in Hinsicht hierauf die bescheidensten Ansprüche stellen. Wenn auch dieser Satz immerhin nicht allzu sehr generalisirt werden darf, so lässt sich doch constatiren, dass z. B. die Bijagos sich fast durchweg von rohen Früchten nähren, während schon Papels, obgleich sie ebenfalls hauptsächlich diese Kost wählen, doch auch den mit Sahne angemachten Reis sehr zu schätzen wissen, und endlich Mandingas und Fullahs, die ausschliessliche Obstnahrung durchwegs verschmähen und gekochten Reis und Mais vorziehen, ausserdem aber grosse Freunde der Fleischkost sind, wenn sie auch ihr Geiz einerseits, ihre Armuth andererseits, daran hindern, sich öfters diesen Leckerbissen verschaffen zu können. Dass alle diese Völker das Trinken von Rum oder vielmehr das sich Betrinken als den höchsten Genuss des menschlichen Lebens betrachten, braucht eigentlich nicht besonders erwähnt zu werden. Am meisten leisten in dieser Beziehung jedoch die in der Nähe europäischer Faktoreien angesiedelten Neger, für welche der Rum, oder, wie sie ihn nennen, Grog, das treibende Agens ihres ganzen Thuns, der Nervus rerum, von dem Alles abhängt, ist, daher auch jeder Dienst, jede Gefälligkeit in dieser Münze gezahlt wird. Nicht selten passirt es in den Colonien, dass Neger den Weissen für eingebildete oder geleistete Dienste anbetteln, indem sie sich des Ausdrucks: matar bicho (den Wurm tödten) bedienen, jedenfalls eine geistreiche Anspielung auf den furchtbaren Durst, der wie ein nagender Wurm in ihrem Innern wüthet, und ein Vergleich, dessen sich unsere Kneipliederdichter nicht zu schämen brauchten.

CAPITEL XIX.

Culturelle Verschiedenheit der südsenegambischen Völkerschaften. — Verschiedene Völkerbewegungen. — Verbreitung der einzelnen Nationen. — Ethnographische Karte.

Nur wenig Erdenwinkel wird es geben, wo innerhalb eines kleinen Flächenraumes, von nicht ganz neunhundert Quadratmeilen, nicht nur anthropologisch verschiedene, sondern namentlich auf einer so ungleichen Culturstufe stehende Völkerschaften dicht nebeneinander wohnen, wie der Landstrich zwischen dem unteren Rio Grande und dem Casamança. Neben dem elenden, ganz dem Müssiggange ergebenen Papel und Balanten wohnt der, durch seine Industrie, seinen rührigen Fleiss und sein Handelstalent hervorragende Mandinga und unweit den räuberischen, fast nackt einherschreitenden Bijagos und Flups, welche noch Lanze und Bogen führen, herrschen die, in kunstvoll gearbeitete Gewänder gekleideten Fullahs, mit ihrem hochentwickelten, an Europa erinnernden Staatswesen, deren König Armeen, mit Hinterladern bewaffnet und von einer glänzenden Cavallerie begleitet, auszurüsten vermag, dazu noch die Ackerbau treibenden, dem Weissen Knechtesdienste verrichtenden Mandjags und die stolzen, Sklaven haltenden Biafaden. So erhalten wir ein vollständiges Bild einer, wenn gleich anthropologisch theilweise verwandten, doch durch ihre culturelle Entwicklung weit verschiedenen Gruppe, welches die Aufmerksamkeit des Völkerpsychologen auf sich zu ziehen vermag.

Warum blieben von so nahe verwandten Nigritierstämmen (wenn wir von den lichteren, vielleicht doch Berberblut enthaltenden Fullahs absehen) wie die Mandingas, Biafaden, Papels, Flups, Mandjags, deren anatomischer Bau, wolliges Haar, doch verhältnissmässig eine gewisse Zusammengehörigkeit und gemeinsame Abstammung bekundet (denn alle haben die stumpfe Nase, die prognathe Schädelform mit ungefähr demselben Gesichtswinkel, und nur in kleinen Details des Gesichtes und der Höhe der Statur beruhen die Differenzen), die einen in der Cultur so zurück, wie die Papels oder die Balantas, welche kaum ihre Blösse bedecken, nicht das geringste Werkzeug zu fabriciren im Stande sind, trotz Jahrhunderte langen Contactes mit den Weissen, warum konnten sich von vielen Tausenden nicht einmal wenige Hundert im Laufe langer Jahre dazu entschliessen, europäische Cultur, deren unläugbare Vortheile sie fortwährend vor Augen hatten, auch nur halbwegs anzunehmen, während doch der Mandinga, oder auch der ursprünglich culturell kaum höher als der Papel stehende Mandjag an all' den Punkten, wo er mit dem Europäer in Berührung tritt, sich als bildungsfähiges, arbeitsames, die Civilisation förderndes Element erweist? — Das sind Fragen, welche zu lösen wir zwar nicht vollständig im Stande sein werden, deren Beleuchtung aber nicht nur für die Kenntniss West-Afrika's wichtig, sondern überhaupt von allgemeinem ethnologischem Interesse sein dürfte.

Die Unterschiede bestehen sowohl in der Hautfarbe, als auch in der Körpergrösse und im Bau des Schädels. Mit Ausnahme der Fullahs ist die schwarzbraune Färbung bei den verschiedenen Nationen ziemlich übereinstimmend, Mandingas und Biafaden sind vielleicht die dunkelsten; in Bezug auf die Grösse sind Mandjags, schwarze Fullahs und Mandingas durchwegs von bedeutender Körperlänge, über 1.70, während Biafaden, Papels und namentlich Bijagos klein zu nennen wären, und im Durchschnitt unter 1.65 messen. Zwischen ihnen stehen Balanten und Flups. Die Mandingas, Papels, Balanten, Mandjags sind meistentheils schmächtig gebaut, während dies für die Bijagos nicht gilt. Abgesehen von den Fullahs, deren Gesichtszüge und Schädel vollkommen verschieden sind, zeigen die übrigen Nationen insofern eine Uebereinstimmung, als sie durchwegs ziemlich prognathe, dolichocephale Schädel haben; am meisten ist dies bei den Balanten, Flups, Papels erkennbar, während die Mandingas häufig mehr orthognathe Gesichtsbildung besitzen. Auch die Bijagos nähern sich darin der letzterwähnten Völkerschaft. Sehr prognathe Formen mit dem Gesichtswinkel unter 69° sind übrigens selten.

Aus alledem geht hervor, dass die anthropologischen Verschiedenheiten keine besonders durchgreifenden sind und dass mit Ausnahme der Fullahs ein gewisser gemeinsamer Zug diese verschiedenen Stämme verbindet und dass daher die oben erwähnten, auffallend culturellen Unterschiede der besprochenen Völker nicht auf anthropologischen Differenzen beruhen können, sondern aus geschichtlichen Vorgängen herzuleiten sind. Wir haben es hier eben mit einem Landstriche zu thun, der in den letzten Jahrhunderten der Schauplatz zahlreicher Eroberungskriege gewesen ist, durch welche die ursprüngliche Nation von den aus Osten hervordringenden, mächtigeren Völkerschaften besiegt, verdrängt oder unterworfen wurde, um späterhin ihrerseits wieder durch weitere, aus derselben Himmelsrichtung eindringende Volksstämme unterjocht zu werden. Dadurch entstanden Mischvölker und durch diese Verhältnisse wurde es möglich, dass in einem verhältnissmässig kleinen Flächenraume anthropologisch so verschiedenartige Nationen sich zusammendrängen.

Wir können uns mit dem Hinweise begnügen, dass wir es mit dreierlei Classen von Völkern zu thun haben: mit der Urbevölkerung, den Mandingas, welche die ersten, von Osten kommenden Eroberer waren, und den zuletzt eingedrungenen Fullahs.

Wahrscheinlich hatten die Mandingas ihre ursprünglichen Wohnsitze in der Nigerfalte und verbreiteten sich von dort namentlich gegen Westen, aber auch in anderen Richtungen weithin gegen Norden und Osten. Im Anfange des 14. Jahrhunderts erreichten sie den Höhepunkt ihrer Macht und hatten sich bis an die Westküste ausgedehnt und das Reich Songay unterworfen. Erst zu Anfang des 15. Jahrhunderts nahm die Macht dieses Staates ab, doch kannte es Ca da Mosto immer noch als ein mächtiges und blühendes Reich. Kurze Zeit nachher fiel es jedoch gänzlich dem Verfalle anheim und heute sind die Nachkommen dieser so mächtigen Nation allenthalben zerstreut und bilden eine grosse Anzahl kleinerer, aber immerhin noch bedeutsamer Staaten, wie Korangho, Wassalla, Segu (letzterer von dem anverwandten Stamme der Bambaras bewohnt), während andere am Casamança, Rio Grande, Gambia und anderen Punkten zerstreut zwischen verschiedenen Nationen leben.

Zu Ende des letzten Jahrhunderts fallen die Eroberungen der Fullahs, welche einen grossen Theil der, von den Mandingas innegehabten Länder an sich rissen*) und heutzutage wohl die hoffnungsvollste Nation des westlichen Sudan sind. Ihr grosser Fürst Dan Fodio gründete das Reich Sokoto, während andere ihrer Fürsten Massinna, Bornu-Bagirmi überflutheten und sogar bis an die Gold- und Sklavenküsten drangen. So herrschen jetzt Fullahs, allerdings ohne staatliche Gemeinschaft, von der Westküste bis gegen Timbuktu.

---

*) Nach anderen Berichten wäre dies schon vor zweihundert Jahren geschehen.

In der hier zu besprechenden Gegend rücken sie von den Quellen des Baffing und Gambia immer näher an die Westküste, und Futah-Djallon erweitert sich fortwährend auf Kosten sowohl der Mandingas als auch der ursprünglichen Bevölkerung. Wenn sie, wie es leicht begreiflich erscheint, letzterer leicht Herr wurden, so hat dagegen der Kampf mit den weit höher stehenden Mandingas Jahrzehnte hindurch gedauert und ist auch heute noch nicht abgeschlossen, wenngleich die kleinen zerstreuten Staaten dieser Nation schwerlich lange und mit Erfolg dem mächtigen Einheitsreiche von Futah widerstehen können.

Diese politischen Vorgänge, sowie die aus denselben abzuleitende Mischung dieser drei Klassen von Völkern erklären zum Theil die grossen Differenzen der verschiedenen Stämme.

Was die Unterschiede in der Urbevölkerung selbst anbelangt, welche namentlich, wenn wir die Gruppe der Papels, Flups etc. den Bijagos und Biafaden, Nalus andererseits, dann der Serra-Collets, Djollofs u. A. entgegenstellen, nicht vernachlässigt werden können, so mögen sie zum Theil davon herrühren, dass vielleicht auch unter diesen sich in früherer Zeit von Osten eingewanderte Nationen befinden, wie dies wohl für die letztere Gruppe sicher der Fall gewesen ist, zum Theil aber aus dem Umstande sich erklären, dass schon in uralter Zeit durch langandauernde gegenseitige Abschliessung einzelne der kleinen, wenig zahlreichen Stämme sich derart differenzirten, dass heutzutage dieselben schon äusserlich grosse Verschiedenheiten erkennen lassen. Nicht wenig mag auch schon die Mischung einzelner dieser autochthonen Stämme mit den später eingewanderten, namentlich mit Mandingas beigetragen haben; z. B. sind Biafaden und vielleicht auch Balanten solche durch Kreuzung entstandene Rassen, während dies von den Bijagos schwerlich behauptet werden könnte, und dürfte sich derart wohl am leichtesten die auf den ersten Blick so auffallend und räthselhaft scheinende Thatsache erklären lassen.

Wir können demnach die hier erwähnten Völker eintheilen: in von der Einwanderung unberührte Autochthonen, zu denen ich namentlich die Bijagos und Papels zählen würde, und zu denen man auch die Flups rechnen dürfte, zweitens in Mischvölker dieser mit den Eroberern Mandingas, Serra-Collets und vielleicht noch anderen Völkern, (zu diesen zähle ich: die Biafaden, vielleicht auch die Nalus und Balanten); drittens in ältere Eroberer: Mandingas, und in neuere: Fullahs, welche letztere beide durch ihre Mischung die sogenannten schwarzen Fullahs erzeugt haben dürften.

Bei dieser Gelegenheit möchte ich auch dem in Europa noch sehr verbreiteten Irrthum entgegentreten, dass die Völker aus dem Innern Afrika's auf einer tieferen Culturstufe stehen, als die der Küste, indem ich in Uebereinstimmung mit anderen Forschern constatiren kann, dass nur die an der Küste lebende autochthone Bevölkerung, nämlich die wiederholt genannten Flups-, Papels- und Bijagosstämme auf der tiefsten Culturstufe stehen, während gerade die das Hinterland bewohnenden, aus Osten eingewanderten Fullahs und Mandingas es sind, welche sich einer weit höheren Cultur erfreuen.

Südlich vom Casamançafluss begegnen wir den bereits öfter erwähnten Flups, echten, auf der tiefsten Culturstufe stehenden Nigritiern. Die südliche Grenze derselben bildet ungefähr der S. Domingofluss, während sie im Osten nicht über Sedhiu hinausgehen. Farim am S. Domingo liegt bereits im Gebiete der Mandingas, welche vom Gebafluss bis zum oberen Casamança, in dem Kabu genannten Lande ihre äussersten Posten vorgeschoben haben, die sich gegen Nordosten bis zum Gambia und darüber in nördlicher Richtung erstrecken.

Das Gebiet der Mandingas reicht übrigens weit über Geba und dehnt sich gegen Osten bis zu dem grossen Tanguerücken aus. Einstmals an beiden Ufern des Rio Grande sesshaft, sind sie jetzt am linken Ufer vollkommen verdrängt. Sie zerfallen in zahlreiche kleinere Stämme, welche durch besondere Chefs regiert werden. Ihre unmittelbaren Nachbarn am Ufer des Rio Grande sind die schwarzen Fullahs, wie wir wissen ein Mischvolk der Mandingas mit den rothen Fullahs, und man findet längs der Ufer des Rio Grande diese zwei Völkerstämme dicht nebeneinander lebend, doch zieht sich das Gebiet der schwarzen Fullahs weiter gegen Süden bis zum Tomine, zum Combedia, wo schon die rothen Fullahs auftreten. Auch zwischen Rio Grande und Rio Geba leben schwarze Fullahs.

Südlich der Mandinga-Ansiedlungen am unteren Rio Geba kommen die Biafaden zum Vorschein und in der Nähe von Buba stossen die Gebiete der Biafaden, Mandingas, rothen und schwarzen Fullahs zusammen. Südlich von den Ländereien der Flups, die sich bis zum S. Domingofluss ausdehnen und in nördlicher Richtung bis in das Land von Fogni, jenseits des Casamança bis an den Gambia sich erstrecken, fängt das Land der Papels an, das im Osten an das Gebiet der Balantas grenzt, welche sich in nördlicher Richtung bis über den S. Domingofluss gegen den Casamança zu ausgedehnt haben.

Die Bijagos bewohnen ausser den gleichnamigen Inseln, auch noch einige Uferdistricte südöstlich dieses Archipels.

Die Mandjags haben die Inseln Bolama und Galinhas in ihrem Besitze, ferner bewohnen sie die Küste am Ausflusse des Rio Grande,

sowie die Ufer desselben bis fünfundzwanzig Kilometer unterhalb
Buba; auch an der durch einen grossen Canal abgetrennten westlichen
Küste, gegenüber von Bolama, finden sich einige ihrer Niederlassungen,
sonst wird der innere Theil des zwischen dem Rio Geba und Rio
Grande liegenden Gebiets von Biafaden bewohnt, an welche in nord-
östlicher Richtung die Mandingas, in östlicher Richtung die den
Herrschern von Timbu unterworfenen schwarzen Fullahs sich an-
schliessen.

Die Biafaden sind indessen in den letzten Jahrzehnten stark verdrängt worden. Denn zur Zeit Molien's scheinen sie, wenn man den
Berichten dieses Reisenden Glauben schenken kann, das ganze Kabu
bewohnt zu haben, während sie jetzt von den Mandingas am Geba-
fluss, von den Fullahs am Rio Grande zurückgejagt worden sind.

Doch bleibt auch heute noch ihr Gebiet keineswegs auf das rechte
Rio Grande-Ufer beschränkt, wie dies bisher auf den Karten angegeben war, denn hinter dem kleinen Uferstrich, den die Mandjags bewohnen und der äusserst schmal ist, fängt wiederum das Gebiet derselben an und dieser linksseitige Besitz scheint vielleicht noch bedeutender zu sein, als der am rechten Ufer, wo er im Süden an das Land
der verwandten Nalus stösst, während im Südosten die rothen Fullahs,
im Osten die schwarzen Fullahs ihre Nachbarn sind. Was die Ausdehnung des Biafadenlandes gegen Osten anbelangt, so scheint es
nach meinen Erkundigungen nicht viel weiter als über den Meridian
von Buba zu reichen, doch greifen in dieser Gegend Fullah- und Bia-
faden-Ansiedlungen vielfach ineinander ein.

Auch die Nalus, welche bis an den Rio Nuñez reichen, dürften
gegen Osten ihre Wohnsitze nicht weit über Kakandi ausgedehnt
haben. In allerneuester Zeit sind sie jedoch von den Futah-Fullahs
bekriegt und sehr zurückgedrängt worden, so dass sie die oberen
Theile der Flüsse Combedia und Nuñez zu verlassen gezwungen wurden.

Ich habe auf meiner ethnographischen Karte die Wohnsitze der
verschiedenen, hier genannten Völkerschaften zwischen Casamança
und Nuñez, soweit ich mir darüber Daten verschaffen konnte, ungefähr
eingezeichnet. Dass bei den in diesen Ländern so häufigen Kriegen
diese Grenzen im Laufe der Jahre sehr variabel sind, ist selbstverständlich und schon aus der Lecture der früheren Reisewerke er-
sichtlich. So haben die rothen Fullahs auf Kosten der Mandingas
ihr Gebiet erweitert und sind überall nach Norden, Westen, Süden
vorgedrungen. Die Mandingas vergrössern sich zum Schaden der
Biafaden und letztere dehnen sich wieder am linken Rio Grande-Ufer
gegen Süden aus. Eine ähnliche Verschiebung findet im Gebiete der

Balantas statt, die auf Kosten der Mandingas und ihrer nördlichen Nachbarn ihr Gebiet fortwährend verändern.

Ueber die Seelenzahl der hier angeführten Volksstämme irgend welche auch nur approximative Angaben zu erhalten, gehört kaum in das Bereich der Möglichkeit. Man könnte eine solche Schätzung nur aus der Anzahl der Dörfer oder etwa aus der der waffenfähigen Mannschaft erhalten, aber erstere wäre ganz unvollständig, letztere ist den einzelnen Häuptlingen entweder selbst nicht recht bekannt, oder sie wird absichtlich übertrieben. Ich will daher hier nur einige Angaben wiederholen, welche mir gemacht wurden, denen ich aber nach dem Vorhergesagten nur sehr geringen Werth beilegen kann.

Die Zahl der Fullahs wurde auf 300,000 geschätzt, doch dürften hierin nicht nur die Futah-Fullahs, sondern auch die ihnen unterworfenen schwarzen Fullahs, Mandingas etc. inbegriffen sein. Aber auch für diese Annahme scheint jene Zahl noch sehr übertrieben, denn trotz der grossen Ausdehnung des Futah-Reiches kann diese auffallend menschenleere Gegend keine solche Bevölkerungszahl aufweisen.

Die Zahl der Bijagos-Inseln beträgt neun, auf jeder dieser wohnen 5—900 Seelen, man hätte demnach eine Kopfzahl von 4000—8000.

Die Mandjags leben sehr zerstreut, und sind daher schwer zu schätzen, die Grenze der Kopfzahl könnte vielleicht mit 800-1400 für die Insel Bolama, und mit 1000—1500 für die Ufer des Rio Grande am richtigsten angegeben werden, aber im Maximum auf 3000.

Die Mandingas, welche am S. Domingoflusse hausen, lassen sich mit circa 3—6000 abschätzen.

Am Gebafluss mögen kaum mehr als 8000 Mandingas wohnen, rechnet man dazu 3 bis 4000 am Casamança, so ergiebt sich als Maximalzahl circa 18000. Die Kopfzahl der Biafaden auf dem linken Rio Grande-Ufer wird ungefähr 2000 erreichen, die der rechtsgelegenen etwa 5—7000. Die angrenzenden Nalus schätzt man auf 5—7000. Die Papels dürften die Zahl von 5—6000 keinesfalls überschreiten, denn ihre waffenfähige Mannschaft beträgt vielleicht höchstens 1000. Die Balanten am Geba und unteren S. Domingofluss zählen weit mehr und man könnte die Bevölkerungszahl wohl mit 6—9000 angeben; am oberen Casamança und am S. Domingo wohnen vielleicht ebensoviel, denn diese Districte sind stärker bevölkert, als jene zwei am Rio Geba und Rio Grande. Nicht minder zahlreich sind die Flups, deren Zahl ich auf circa zehntausend Seelen schätze.

CAPITEL XX.

Physikalische Geographie Süd-Senegambiens. — Ansichten über die Höhe der Gebirge von Futah-Djallon. — Ist der Combafluss mit dem Rio Grande identisch? — Configuration der Küste. — Geologischer Bau. — Laterit. — Eisenerze. — Goldreichthum.

Trotz mehrfacher Reisen ist die physikalische Geographie Futah-Djallons noch ziemlich wenig entwickelt, und namentlich sind über die Flüsse noch allzuwenig sichere Daten vorhanden, um den Lauf derselben mit Sicherheit angeben zu können. Wohl nicht wenig zu dieser Unklarheit mag der Umstand beigetragen haben, dass alle Reisenden, welchen es geglückt ist, ins Innere vorzudringen, nicht den Flüssen folgten, sondern von Norden oder Süden, vom Gambia oder Sierra Leone eindrangen und die Flussläufe nur in ihrem obersten Theile in der Nähe der Quellen überschritten, so dass der mittlere Theil dieser Flüsse: des Geba, Cassini, des Rio Grande und Rio Nuñez noch unbekannt blieben. Daher wird auch in physikalisch-geographischer Hinsicht die Hydrographie dieses Gebietes die Hauptschwierigkeiten bieten, jedenfalls weit mehr als die Orographie, welche eine viel grössere Einfachheit aufweist, weil wir es eben weit weniger mit Gebirgen als vielmehr mit allmählich gegen Osten ansteigenden Plateaus zu thun haben. Die Gegenden, welche an den Ausmündungen der grossen Flüsse liegen, sind ganz flach, und viele Meilen weit von der Küste entfernt beträgt die Erhebung nur einige hundert Fuss über dem Meeresspiegel. Erst weiter östlich wird das Land mehr hügelig, ohne jedoch dadurch den Charakter einer Ebene zu verlieren, und erst circa fünfundvierzig Meilen vom äussersten Punkte des Ausflusses des Rio Grande fängt das eigentliche Gebirgsland an, aber ein sehr hohes Gebirge ist, wie aus allen Berichten übereinstimmend hervorgeht, in dem ganzen Gebiete von den Nigerquellen bis zum oberen Gambia nirgends vorhanden.

Die Höhe des Gebirgskammes bei Labé und Timbo wird zwar nach den Berichten von Lambert als zwischen drei- und viertausend Meter hoch geschildert, trotzdem die Berge sich nicht mehr als achthundert bis tausend Meter über der Thalsohle erheben sollen. Ich halte diese Behauptung für eine colossale Uebertreibung, denn, wenn man bedenkt, dass achtzehn geographische Meilen westlich davon die Höhe, sogar an den höchsten Punkten dieses Plateaus, nicht mehr als dreihundert Meter beträgt, so würde die Erhebung von diesem

Punkte bis zum höchsten des Plateaus circa zweitausend fünfhundert Meter betragen, was eine sehr bedeutende und so auffällige Steigung ergäbe, dass sie keinem Reisenden entgangen sein könnte. Ein solches Plateau ist übrigens aus keiner anderen Gegend bekannt und würde geradezu ein geographisches Unicum darstellen.

Wenn Lambert in seinem Reisebericht versichert, dass die Eingebornen behaupten, die höchsten Berge von Futah-Djallon seien zur Regenzeit mit einem weissen Schleier bedeckt, so lässt sich daraus nicht schliessen, dass sie unter diesem Schnee verstehen, vielmehr können sie ebenso gut vom Nebel gesprochen haben.

Ein Berg, der in diesen Breiten die Grenze des ewigen Schnees überschreitet, könnte nicht unter 4000 Meter haben, denn der 9000 Fuss hohe Pic von Fogo zeigt niemals Schnee und sogar der fast jene Höhe aufweisende Pic von Teneriffa, welcher ausserhalb der Tropen liegt, hat nur kurze Zeit lang Schnee. Die Schneeberge des abessinischen Hochgebirges, welche unter gleicher Breite liegen, haben in der That jene Höhe. Wenn man bedenkt, dass selbst der Mont Blanc und die Riesen unserer Alpen diese Höhe nicht erreichen, so wäre es denn doch mehr als merkwürdig, wenn ein Gebirge von solcher Höhe einen plateauartigen Charakter hätte und aus einer Entfernung von 10—11 geogr. Meilen nicht sichtbar wäre, während der weit niedrigere Pic von Teneriffa schon aus viel grösserer Entfernung zu sehen ist. Es ist mir daher wahrscheinlich, dass Lambert sich in der Abschätzung der Höhen, denn Messungen scheint er keine vorgenommen zu haben, bedeutend geirrt hat, da ich nicht glaube, dass die Kammhöhe des Gebirges mehr als 2000 Meter beträgt, umsoweniger, als nach glaubwürdigen Berichten eines portugiesischen Kaufmannes in Buba, Senhor Simoes, welcher bis zu ungefähr einem Punkte vorgedrungen war, der kaum entfernter als zwanzig Meilen von dem Kamm des Futah-Gebirges entfernt ist, wo eine bedeutende Erhebung noch nicht bemerkbar, allerdings im Westen ein nicht unerhebliches Gebirge liegen soll, dasselbe soll aber, nach der Schätzung des genannten Herrn, welchem, da er seit langer Zeit in der Ebene wohnt, eher eine Ueberschätzung der Höhe eines Berges zuzutrauen ist, den Charakter eines Mittelgebirges haben; auch hatte dieser, von der Insel Fogo gebürtige Herr Simoes, Berge auf den Capverdischen Inseln gesehen und konnte mir eine ungefähre Schätzung der Futah-Berge im Verhältnisse zu dem Pic von Fogo liefern. Aber abgesehen davon unterstützen selbst Lamberts Berichte meine Ansicht, denn wenn der Nadekoba-Pass, welcher kaum mehr als achtzehn Meilen (Luftlinie) von Tulu entfernt ist, nur 250 Meter hoch liegt, so würde dies für das Land zwischen diesen Punkten eine Steigung von 2800 Metern ergeben, welche mit dem Charakter eines langsam ansteigenden Hochplateaus unvereinbar ist.

Hoffentlich dürften die Arbeiten der Franzosen am oberen Senegal sicheren Aufschluss über diese Angelegenheiten bringen.*)

Die unteren und mittleren Flussläufe des Gambia, Rio Geba, Rio Grande, Rio Nuñez sind, wie erwähnt, ungemein flach; namentlich gilt dies für das Gebiet zwischen dem erstgenannten Flusse und dem Rio Geba, während vom Rio Grande südlich das Land weit hügeliger ist, obgleich bedeutendere Erhebungen, wie über 300 Meter, auch hier fehlen.

Gehen wir nun über zur Betrachtung der hydrographischen Verhältnisse, so ergiebt sich uns als Knotenpunkt der Wasserscheiden der Pic von Tangue, nördlich von Labé, in dessen Nähe Senegal, Gambia und Rio Grande entspringen. Sehen wir hier von dem ersteren gänzlich ab, und begnügen wir uns mit der Besprechung der beiden letzteren. Beide fliessen anfänglich nach Norden; der Gambia östlich vom Tangue-Gebirge, der Rio Grande westlich. Der Lauf des Gambia dürfte so ziemlich festgestellt sein, nachdem ihn Mungo Park weit hinauf verfolgt hat und seine Quellen durch Molien, Hecquard, Lambert u. A. besucht wurden. Es dürfte denn auch im Ganzen und Grossen der Lauf des Gambia, so wie er auf den Karten gezeichnet ist, richtig sein, wenn sich immerhin noch einzelne Correcturen ergeben werden.

Anders verhält es sich bei dem Rio Grande. Von seinen drei Beobachtern hat bisher keiner den Lauf desselben in einer grösseren Ausdehnung erforscht, nur der Oberlauf bis zu der Mündung des Tominé wurde von Molien**) (1816) eine Strecke weit gegen die Quelle zu verfolgt, während Hecquard denselben nur in seinem mittleren Theile überschritten hat und Lambert blos in die Nähe der Quellen gelangte. Es ist daher begreiflich, wenn der Lauf dieses Flusses, sowie er heutzutage auf den Karten verzeichnet ist, ein mehr als problematischer ist, denn die Bestimmung des Laufes unterhalb der Einmündung des Tominé, gründet sich auf die zwei Punkte, bei welchen Molien und Hecquard den Fluss überschritten, Punkte, welche nicht einmal geographisch bestimmt und nur approximative sind.

Dazu kommt noch, dass diese beiden Autoren über den weiteren

---

*) Auch die neueren Berichte von Bayol, Dumbleton, geben keine solchen Höhen an. Olivier mass auf seiner Tour südlich von Labé die Höhe der Landschaft auf 1004 m, auf der Strecke bis Timbo 780—850 m.

**) Voyage dans l'intérieur de l'Afrique. Paris 1822.

Lauf des Flusses von den Orten, wo sie ihn überschritten, nicht nur vollkommen im Unklaren, sondern auch entgegengesetzter Meinung sind, denn, während Molien den Lauf des Rio Grande so vorzeichnet, wie er heutzutage auf den Karten zu finden ist, hat Hecquard, ohne eine eigene Meinung aufzustellen, die Angaben Molien's in Zweifel gezogen, indem er anführt, dass, nach Berichten vieler Eingeborner in der Nähe von Kade, dieser angebliche Rio Grande, der von den Fullahs Comba, von den Mandingas Bakaba genannt wird, nicht gegen Südwesten fliesse, sondern derselbe Fluss sei, welcher bis Geba sich erstrecke.

Molien führt ebenfalls an, dass an der Einmündung des Comba eine portugiesische Colonie gelegen sei, als welche er Bissão bezeichnet*). Nun liegt aber Bissão durchaus nicht an der Einmündung des Rio Grande, sondern weit eher an der des Rio Geba.

Am Rio Grande liegen nur die portugiesischen Colonien Buba und Bolama, die jedoch zur Zeit, da Molien und Hecquard ihre Berichte schrieben, nicht existirten und daher unmöglich in jenen Aussagen der Eingeborenen gemeint sein konnten.

An und für sich ist es daher sehr schwierig, aus den Daten von Molien und Hecquard etwas Sicheres über den Lauf dieser beiden Flüsse herauszubringen. Ich für meinen Theil würde aus den positiven Angaben Molien's eher schliessen, dass der Comba mit dem Rio Geba und nicht mit dem Rio Grande identisch ist, denn aus seiner Karte und Beschreibung geht hervor, dass er nördlich vom Comba keinen irgendwie nennenswerthen Fluss, sondern nur kleine, tiefeingeschnittene Wildbäche (Torrents) überschritt, um nach Geba an das rechte Ufer des gleichnamigen Flusses zu gelangen. Wie aber konnte er dies vollbringen, ohne unmittelbar oberhalb Geba den dort sehr breiten Fluss passirt zu haben. Viel wahrscheinlicher ist es daher in der That, dass dieser Reisende bei Kade den Rio da Geba und nicht den Rio Grande überschritten und dass er sich auf der rechten Seite des Comba bis Geba weiterbewegt habe, und somit der Comba mit dem Rio da Geba identisch sei. Wer daher den Bericht Molien's aufmerksam liest und mit der Karte vergleicht, muss zu letzterem Resultate kommen.

*) Der Koli oder Comba sei ein grosser Fluss, welcher in den Gebirgen bei Labé entspringe und dessen Lauf zwei Piroguenfahrten von Kade durch hohe Felsen gehemmt werde, und wenn man seiner Strömung folge, so gelange man zu einer Colonie: Bas-Geba, wo sich ein gewisser Adolf, Schwiegersohn Gaetano's niedergelassen habe." So weit die Gewährsmänner Hecquard's, welcher noch hinzufügt, dieser interessante Herr Adolf, auf dessen Wohnsitz es leider bei der Bestimmung des Laufes des Comba allein ankommt, treibe Handel auf dem Geba-Flusse.

Aber aus diesen Gründen allein möchte ich die eben geäusserte Ansicht nicht vertreten, wenn nicht meine eigenen Beobachtungen mit derselben übereinstimmen würden, welche ich hier kurz zusammenfasse.

Der Rio Grande entsendet in seinem untersten Theile zahlreiche Canäle nach Norden und Nord-Westen, sogenannte „marigots"; all diese sind Salzwasser. Der grösste Arm davon, welcher „das Flusspferd" genannt wird, findet sich ungefähr drei Meilen von Buba entfernt. Fährt man weiter aufwärts, so theilt sich zwei Meilen unterhalb Buba der Strom in zwei Theile, wovon der eine nach Buba, der andere ziemlich genau in östlicher Richtung verläuft. Ich bin diesen letzteren hinaufgedrungen, wurde aber, wie erwähnt, durch die Fullahs gezwungen, umzukehren. Dieser Arm zieht sich wenige Meilen als Brackwasser in's Land hinein. Sowohl die Fauna des Flusses, als auch die des Armes von Buba ist marin und es sind Haifische darin zu beobachten; nur in dem obersten Theile konnte ich eine Aenderung der Fauna wahrnehmen. Flusspferde jedoch, welche an den Ufern der Süsswasserflüsse nirgends fehlen, sind hier nicht zu bemerken. Bei Buba theilt sich der Fluss abermals in zwei Arme, wovon der eine, linke, in einiger Entfernung östlich von Buba aufhört und ein Salzwasserarm ist, während der andere noch mehrere Meilen von Buba landeinwärts ragt. Dort, wo ich denselben verlassen habe, ist derselbe, nach meiner Schätzung, dreihundert Meter breit und die Strömung kaum bemerkbar; es ist also nicht ganz wahrscheinlich, dass der Comba, welcher fünfzehn geogr. Meilen von hier bei Kade als ein reissender Strom von über fünfhundert Meter Breite beschrieben wird, mit diesem identisch sei. In den Faktoreien weiss merkwürdigerweise kein Mensch von einem grossen Süsswasserflusse etwas, es herrscht dort die Ansicht, dass der Rio Grande nur ein Meeresarm sei. Meine Meinung geht nun dahin, dass der Comba wohl nicht mit dem Rio Grande, sondern vielleicht mit dem Rio Geba identisch ist, welch letzterer schon unterhalb Geba Süsswasserfauna zeigt und ganz die Anzeichen eines grösseren Stromes besitzt, während ihn die Karten als kleines, unbedeutendes Flüsschen bezeichnen. Es dürfte möglicherweise der Rio Grande der kleinere, der Rio Geba der bedeutendere der beiden Ströme sein. Leider lässt sich heute keine Entscheidung treffen, denn auch der französische Reisende Aimé Olivier hat in Bezug auf diesen Punkt keine positiven Behauptungen erbringen können. Um sich Gewissheit darüber zu verschaffen, wäre es nothwendig, von Geba in südöstlicher Richtung vorzudringen, was bisher niemals geschehen ist. Nach den bisherigen Forschungen ist daher der Lauf des Rio Grande, sowie der des Rio Geba ein ganz problematischer, auch meine Ansicht, dass der Tominé möglicherweise in den Geba münde, ist also nur eine Vermuthung, die ich aber auch auf der Karte zum Ausdruck brachte, namentlich um anderen Forschern Veranlassung zu geben, dieser wichtigen hydrographischen Frage ihre Aufmerksamkeit zu schenken.*)

Alle Flüsse dieser Gegend, vom Casamança bis zum Pongo, bieten eine Eigenthümlichkeit, welche sonst nur selten beobachtet wird: während der Lauf derselben ein kurzer ist — der Rio Grande soll 600 k, der Casamança 250 k Länge haben — erweitern sich die nicht sehr tiefen und breiten Flüsse schon in beträchtlicher Entfernung von ihrer Mündung trichterförmig und erzeugen eine Brackwasserstrecke, welche gegenüber dem reinen Süsswassertheil ganz unverhältnissmässig gross ist. In Europa verhält sich ähnlich die Gironde, denn die übrigen, Aestuarien aufweisenden Flüsse haben einen unverhältnissmässig grösseren Lauf.

Die Wirkung der Gezeiten macht sich daher auf eine Entfernung fühlbar, die bei den meisten den vierten, ja sogar den dritten Theil ihres Gesammtlaufes austrägt; so sehen wir denn Ströme von geringerer Bedeutung, deren unterer Theil ganz unverhältnissmässig breit ist und deren Mündung sich allmählich zur Bucht erweitert. Während ihr oberster Theil sehr reissend und schmal ist, zeigt der untere eine kaum bemerkbare Strömung; langsam und träge fliessen zwischen den wenig erhöhten Ufern die Gewässer dem Meere zu, allmählich und unmerklich sich mit dessen Fluthen mengend.

Wer von Westen kommend gegen Bolama oder die Mündung des Rio Grande oder gegen Bissão zum Gebaausfluss fährt, wird schwer den Punkt bestimmen können, welcher die Grenze zwischen dem Meer und den mit Salzwasser gemengten Fluthen der Ströme bildet. Die schmalen Landstriche zwischen diesen Flüssen sind von Canälen förmlich durchschnitten, welche eine grosse Anzahl von Inseln, die nur wenige Meter über dem Meere sich erheben, erzeugten. Man hat es also nicht mit einem Delta zu thun, sondern mit einer eigenthümlichen Formation von Inseln und Halbinseln aus angeschwemmten Massen bestehend, welche durch die Wirkung der anschwemmenden Flüsse (die durch die Mangroveformation ganz besonders unterstützt wird) hervorgebracht wurde, andererseits durch die Gewalt der Meeresströmungen, ferner durch die Einwirkung der

---

*) In den übrigen neueren Reiseberichten ist diese Frage überhaupt nicht besprochen, sondern der Lauf des Rio Grande noch nach den Angaben Molien's eingetragen.

Brandung, Fluth und in Folge der durch dieselben erzeugten Verlegung der Flussmündung modificirt wurde.

Dem Festlande ist eine grosse Anzahl von flachen Inseln vorgelagert, die zum Theil wie Bissaõ, Jatte, Bolama und wie die südlichen am Cassinifluss vom Continente nur durch einen schmalen, sehr seichten Meeresarm getrennt werden, welche während der Ebbe fast trocken gelegt sind, so dass man manche dieser Bildungen kaum als Inseln betrachten kann. Auch zwischen den weiter entfernt vom Continente liegenden westlichen Bijagos-Inseln: Orango, Mayo, Corbelha etc. und dem Festlande finden wir durch zahlreiche unterseeische Eilande eine Verbindung. Die Seekarte zeigt nämlich zwischen der Ausmündung des Geba und des Cassini-Flusses eine grosse Anzahl von Bänken, welche bei der Ebbezeit nur $^1/_2 - 1\,^1/_2$ Faden unter dem Meeresspiegel bleiben. Solche Bildungen finden sich namentlich zwischen der Insel Formosa und der Insel d. Galinhas und westlich von Bolama zwischen Formosa und Corbelha, zwischen Ponta und Naoun, und auch zwischen Una und Corbelha.

Zahlreiche Bänke von länglicher Form, in der Richtung des Flusses ausgestreckt, finden sich auch am R. Cacheu.

Betrachtet man die Configuration der Küste, so erkennt man, dass die dem Gebirge vorgelagerte grosse, aus Alluvionen bestehende Ebene, welche aller Wahrscheinlichkeit nach durch den Absatz von Schwemmmaterial am Westabhang eines flach verlaufenden Strandes mit niederen Ufern während einer langsamen Hebung des Festlandes entstanden sein dürfte, in späterer Zeit durch andere Kräfte ausgebuchtet wurde. Man beobachtet nirgends Deltabildungen oder am Ausfluss der Ströme auftretende überseeische Aufschüttung und Anschwemmungsmassen, mit Ausnahme vielleicht des Casamança; im Gegentheil, die Flüsse erweitern sich an ihrem untern Theile trichterförmig und bilden Aestuarien, während andererseits die Küsten von zahlreichen, den Fluss mit dem Meere verbindenden Canälen durchschnitten werden. Diese Gestaltung ist das Resultat zahlreicher, zum Theil gegeneinander wirkender Kräfte. Brandung und Fluthwelle tragen nicht wenig dazu bei, dem Lande mitunter beträchtliche Massen zu entreissen und zahlreiche Einbuchtungen hervorzubringen, während sie, indem sie den Ausgang der Flüsse mitunter durch Strandbildungen hemmen, diese zwingen, sich einen neuen Ausfluss zu bahnen und neue Canäle zu schaffen. Die grosse Einbuchtung, in welcher die Bijagos-Inseln liegen, verdankt ihre Gestaltung offenbar dem Umstande, dass zwei grössere Flüsse, Geba und Rio Grande, dicht nebeneinander einmünden, sodass der schmale, aus lockerem Materiale bestehende Landstrich, welcher sie trennt, bald durch die Wirkung ihrer Fluthen verbunden, bald durch die früher erwähnten Einwirkungen des Meeres, zerrissen und zerschnitten wurde.

Während also einerseits auf diese Art aus festem Lande Inseln wurden, konnten andererseits durch die aufschüttende Thätigkeit andere wieder aufgebaut werden.

Heute scheinen übrigens keine sehr grossen Veränderungen an der Küste vorzugehen; die aufschüttende Wirkung, welche sich in dem Aufbau von Sandbänken, die an den Mündungen des Casamança, S. Domingoflusses, weit weniger an jenen des Gebaflusses und Rio Grande beobachtet werden, kund giebt, wird durch die entgegengesetzt wirkende Action des Meeres neutralisirt, die keine überseeische Vergrösserung des Landes gestattet. Welchen Einfluss eine etwaige Niveauveränderung der Küste auf die Abwesenheit der Deltabildungen gewonnen hat, ist nicht zu eruiren, da zuverlässige Beobachtungen über dieselbe fehlen. Da auch über die Veränderungen der Flussmündungen zu wenig Material vorliegt, so ist schwer zu erfahren, an welchen Stellen die Brandung aufbauend, Barren bildend, und wo sie Land zerstörend aufgetreten ist, aber letztere Thätigkeit scheint eine grössere zu sein, als die erstere.

Betrachten wir nun die geologische Beschaffenheit des eben erwähnten Landstriches, so erweist sich dieselbe als eine sehr einfache. Dieselbe besteht aus eisenschüssigem Sandstein, rohem Thon, goldführendem Thon, Thoneisenstein, sogenanntem Laterit und Lehm, lauter Bildungen der Neuzeit, welche im tropischen Afrika eine ganz erstaunliche Verbreitung besitzen. Aehnliche Gebilde fand Lenz von Timbuktu zur Westküste zu, und auch am Gabun und Ogowe beobachtete er dieselben. Nirgends fand ich, während meiner Excursionen, eine Spur älteren Gesteines, doch lässt sich, aus geologischen Gründen, die Anwesenheit von Schiefern als Unterlage derselben als sehr wahrscheinlich betrachten und dieselbe wird auch von Lambert und Hecquard, welche in den höheren Regionen solche schieferige Gesteine bemerkt haben wollen, bestätigt.

Dagegen dürfte das Vorkommen der von Molien, Hecquard und Olivier angeführten, angeblich granitischen und Diabasgesteine mit Vorsicht aufzufassen sein, denn es könnte hier die bei Laien so häufige Verwechslung mit Gneissen vorliegen.

In Bezug auf die Auffindung basaltischer und anderer vulkanischer Gesteine, welche Hecquard und auch Molien und Lambert aufgefunden haben wollen, sind diese Angaben keineswegs gar so erstaunlich, da gänzlich ungeübte Laien, wie diese Reisenden es waren, dunkle Steine für Lava hielten und offenbar auch die eisenschüssigen Sandsteine für solche genommen haben, denn unter den von jenen mitgebrachten Proben befand sich kein einziges nur irgend mit vulkanischen in Beziehung stehendes Gestein. Man ist demnach vollkommen berechtigt, das senegambische Gebirge für ein krystallinisches Schiefergebirge zu halten, auf welchem sich sehr junge, eisen- und goldführende Thone, Eisensteine, Laterit, Sandsteine abgelagert haben.

Interessant wäre es gewesen, die Anwesenheit von Kalksteinen zu constatiren; ich fand dieselben nirgends und auch die übrigen Berichte erwähnen ihrer nicht. Es scheint demnach, dass die Kalksteine am Westabhang fehlen, wie dies an der ganzen afrikanischen Westküste, von Marokko bis Liberia, der Fall ist.

Was nun die Reihenfolge und Verbreitung der einzelnen Schichten anbelangt, so dürfte auf einem Massiv von Gneiss, vielleicht auch von Granit, der die Gegend von Timbo und überhaupt die Hauptmasse der Gebirge bildet, Schiefer aufliegen. Es ist schwer zu sagen, ob hier Granit wirklich vorhanden ist, wie Olivier behauptet, aber da kein Belegstück vorliegt, und Gneiss und Granit von Laien ja leicht verwechselt werden, so dürfte Gneiss, dessen Verbreitung auch an anderen Punkten des westlichen Sudans wahrscheinlich ist, eher anzunehmen sein.

Auf diese folgen nun, nach übereinstimmenden Berichten, Schiefergesteine, wahrscheinlich Phyllit, darauf Thone und Sandsteine, diese letzteren bilden das ganze Vorland bis vielleicht zum Tominé. Es sind eisenschüssige Sandsteine, die nach meiner Untersuchung aus klastischem Quarz, sehr wenig Feldspath, einer Spur von Glimmer und einem allenthalben verbreiteten, aber nur in geringer Menge vorhandenen Cement von Eisenglanz bestehen (nicht Brauneisen). Man kann also wohl behaupten, dass das Material, welches diese klastischen Gesteine bildete, Gneiss und Phyllit war.

Auf der Lenz'schen Karte[*]) ist das Ganze als Gneiss, Laterit und Alluvialbildung bezeichnet, aber dieser Forscher hat in allen den Punkten, die er nicht selbst besucht hat, eine solche Reihenfolge der Formationen und dazu in einer Verbreitung angegeben, wie sie den thatsächlichen Verhältnissen nicht ganz entspricht. So löblich ein solches Unternehmen kartographischer Darstellungen an und für sich ist, so muss man es dennoch dort, wo in geologischer Hinsicht fast gar kein Material vorliegt, als verfrüht bezeichnen. Beispiels-

---

[*]) Petermann's Mitth. 1882.

weise ist in der Gegend, welche mir bekannt ist, die Lenz'sche Karte nicht zutreffend, denn dort, wo dieselbe Alluvium verzeichnet, kommt der Laterit vor, und wo letzterer sich finden soll, tritt Schiefer auf. Ob ein so grosses Gneissmassiv ohne Schieferhülle überhaupt daselbst zu finden ist, scheint mehr denn fraglich.

Es ist hier der Ort, auch etwas näher den Begriff des Laterites zu discutiren, welcher zuerst nur für eine Mineral- oder Gesteinsart gegeben, bei manchen Forschern bereits den Begriff einer Formation angenommen hat, und für die heterogensten und himmelweit verschiedenen Dinge angewandt wird. Will man aber sogar auf Karten den Laterit anführen, so muss doch zuerst erklärt werden, was man unter diesem Namen versteht. Ein Blick in die einschlägigen Lehrbücher lehrt aber, dass Brauneisenerze, Tuffe, Zersetzungsprodukte von Gneiss und Basalt und aller denkbaren Eruptivgesteine, eisenschüssige Sandsteine, Thone und Lehm bei verschiedenen Autoren unter dem Namen Laterit circuliren.

Noch weniger ist man über die Entstehungsweise dieser Gesteinsart, oder noch anderer gleicher Formation, klar. In Indien, wo der Laterit am besten untersucht ist, und wo er ungemein häufig erscheint, unterscheiden die englischen Geologen zweierlei Varietäten, die der Tiefebene und die der Hochebene, welche wesentlich von einander differiren. Der erste Typus ist ein Detritus-Gebilde, welches sich nur an den Küsten findet, Sand und Quarzkörner enthält, und hier und da Concretionen von Eisenoxyd führt. Der Hochland-Typus aber ist in situ gebildet, ein directes Zersetzungsprodukt von Basalt, Trapp, auch Gneiss, kein klastisches Gestein. Uebergänge von beiden sollen vorkommen. Nur aus dem Grunde, weil der Name Laterit für beide so verschiedene Produkte schon allenthalben angewandt worden, wollen die englischen Geologen denselben beibehalten.[*]

Von Richthofen[**] beobachtete den Laterit auf Ceylon und in China; auf jener Insel geht er deutlich in Gneiss über, auch an anderen Punkten ist dies der Fall. Dieser Forscher definirt den Laterit als schwammig-zelliges, den Eisengehalt concentrirendes Gewebe, dessen Höhlungen mit einer helleren, oft weisslichen Substanz angefüllt sind. Es ist das Residuum der Zersetzungs-Vorgänge.

Pechuel-Loesche[***] beobachtete den Laterit an der Loango-Küste, wo er direct aus dem Glimmerschiefer besteht.

---

[*] Geology of India, von Medlicott und Bradford 1879.
[**] China, 3. Bd. Berlin 1882.
[***] Loango-Expedition III.

Lenz beschrieb*) Laterit von Ogowe, ohne ihn jedoch besonders zu charakterisiren. Eisenoxyd-Concretionen aus einem solchen analysirte John.

Ich habe Laterit auf Bissaō, Bolama, an den Bijagos-Inseln, am Ausflusse des Rio Grande beobachtet, der offenbar aus Detritusmaterial, aber nicht in situ gebildet, bestand.

Aus allen diesen Daten geht hervor, dass man heute unter Laterit zum mindesten drei verschiedene Dinge versteht: Klastische Gesteine aus Glimmerschiefer und Gneiss gebildet, direkte Umwandlungsprodukte, und zwar mehr mechanische als chemische, aus quarzführenden Gesteinen, und Umwandlungsprodukte von Basalt, Melaphyr etc. Empfiehlt es sich, so heterogene Gegenstände unter einem Namen einzuführen? Gewiss nicht. Um die Confusion zu vermehren, wird aber der Laterit nun noch gar als Formation angeführt. Da scheint eine Trennung und genaue Classification unbedingt nothwendig, denn unter einem Namen Gesteine anzuführen, die weder der Zusammensetzung noch der Entstehung nach identisch, nur weil sie alle stark eisenschüssig sind, ist wohl dem Geologen oder Mineralogen kaum denkbar und kann auch dem Geographen nicht conveniren. Wenn es auch nicht meine Aufgabe sein kann, in einer für grössere Kreise bestimmten Schrift solche, nur den Fachmann interessirende Details zu betrachten, und diese daher einer speciellen Arbeit vorbehalten werden mögen, so will ich doch hier bemerken, dass es mir passend erschiene, wenn dort, wo die Bildung des Laterits aus einem bestimmten Gesteine erwiesen ist, dies hervorgehoben würde.

Denn „Laterit" ist eigentlich, so wie der Begriff bis jetzt aufgefasst wird (ob mit Recht oder mit Unrecht, will ich hier nicht discutiren), weder ein Gesteins- noch ein Formationsbegriff, sondern ein Ausdruck für eine eigenthümliche Oberflächenzersetzung. Da aber die Produkte derselben nothwendiger Weise verschieden sein müssen, wenn es sich um Basalt, Melaphyr, Diabas etc. einerseits, oder um Gneiss, Granit, Glimmerschiefer andererseits handelt, so kann es, um der oben erwähnten Verwirrung einigermassen zu steuern, nicht unerwünscht sein, wenn die verschiedengestalteten Massen auch im Namen einen Unterschied zeigen und so werde ich denn einen aus Basalt hervorgegangenen Laterit als Basalt-Laterit, einen aus Gneiss erzeugten, Gneiss-Laterit nennen. Von dem eigentlichen Laterit aber etwas verschieden sind namentlich jene klastischen, aus regenerirtem Material zusammengesetzten Sandsteine, die nur rothe Färbung, im Ganzen

---

*) Verhandlungen der geologischen Reichsanstalt in Wien 1877.

genommen aber wenig Eisenoxyd zeigen und die ich als lateritische Sandsteine bezeichne. Solche Gesteine haben mitunter nur einen sehr spärlichen Eisengehalt, während ihr Aussehen sie den wahren Lateriten nahe stellt.

Da manche Laterite (im allgemeinsten Sinne des Wortes, wie es heute üblich) nur sehr wenig Eisen enthalten, so ist es, um nicht noch eine grössere Verwirrung, als sie bisher existirt, zu verursachen, dringend geboten, nicht, wie dies hin und wieder geschehen, auch die in denselben vorkommenden eingeschlossenen Eisenerzconcretionen mit demselben Namen zu belegen; ihre Bildung scheint sich so zu erklären, dass durch Auslaugung der eisenhaltigen Massen, an manchen Punkten reinere Eisenerze sich absetzen konnten.

Eine Frage wäre noch zu lösen: warum kommen lateritähnliche Gebilde in gemässigten Zonen nicht vor? Von Richthofen hat in seinem epochemachenden Werke die zutreffende Bemerkung gemacht, dass in letzteren die Zersetzungsprodukte lehmiger Natur sind und ihnen der hohe Eisengehalt abgeht. Dieser Forscher ist geneigt, die Bildung des Laterits namentlich noch der Verwesung von Pflanzen und dem Einflusse der hohen Temperatur zuzuschreiben.

Was in der That die charakteristische Färbung der Laterite anbelangt, so lässt sie sich durch die grosse anhaltende Einwirkung der Hitze erklären und in dieser Hinsicht gleichen auch die einer künstlichen Erwärmung ausgesetzten Eisenverbindungen, in welchen das Eisen in den Oxydzustand versetzt wird, jenen natürlichen; was also bei starker Hitze innerhalb ganz kurzer Zeit bewirkt wird, kann andererseits die schon lange wirkende, weit geringere Temperatur erzeugen. In wie fern die Pflanzenwelt zu der Concentrirung des Eisengehaltes beigetragen hat, ist zwar heute schwer zu ermessen, aber einen Einfluss scheint sie wirklich zu besitzen.

Bei dieser Gelegenheit muss ich nämlich auch eine in Indien gemachte Beobachtung bestätigen: der echte Laterit, mit seiner schlackigen Rinde, findet sich nur dort, wo eine spärliche Grasvegetation, oder, wie an den Uferabhängen, gar keine vorkommt. Die indischen Geologen erklären diesen Zusammenhang, indem sie annehmen, dass das Regenwasser, durch den Laterit hindurchfliessend, den Pflanzen entzogen wird und dadurch letztere absterben.

Der Laterit unserer Gegend ist zum Theil wirklicher, ganz dem von Richthofen und den indischen Geologen gleich kommender, und besteht aus einer braunen, sehr eisenreichen, dichten, an der Luft vollkommen harten Masse, mit eingestreuten Quarzkörnchen, welche abgerollt sind, und eingeschlossener weisser, mehr lehmiger Substanz theils ist er mehr ein Pseudo-Laterit, der thatsächlich nur Sandstein ist; der erstere enthält häufig Concretionen von Eisenoxyd (Hämatit) und auch Brauneisen, sowie auch viel mikroskopische Feldspathkörner; daher sein Ursprung aus Glimmerschiefer oder Gneiss kaum zweifelhaft ist, doch dürfte dieser Laterit nicht in loco gebildet, sondern zu den Detritus-Lateriten zu rechnen sein. Solche Gebilde beobachtete ich in der Mächtigkeit von einigen Metern auf den Bijagos-Inseln, wenigstens den östlicheren, ferner auf Bissaö, am Ausflusse des Rio Geba und Rio Grande. Ueber ihm liegen lehmige, lichte, ganz recente Bildungen, von sehr geringer Dicke, die in den Laterit übergehen. Der weiche, noch nicht verhärtete Laterit findet seine Anwendung bei den Völkern dieses Districtes zum Bemalen des Körpers, häufiger aber zur Verzierung der Hütten, während der, namentlich an den Ufern auftretende, wenn er fest geworden ist, als Baustein gebraucht wird; namentlich der von Bissaö, der wohl quarzreicher und daselbst sogar bei dem Aufbau der Befestigungen verwandt worden ist.

Weiter gegen das Innere zu, an den Ufern des Rio Grande und Geba, treffen wir die eisenschüssigen Quarz-Sandsteine, in denen der Quarz den Hauptbestandtheil bildet, wozu etwas orthoklastischer Feldspath und Eisenoxyd (Hämatit) tritt, die aber dem Auge des weniger Geübten eher den Eindruck des Laterites machen, obgleich das Eisenoxyd ganz untergeordnet darin auftritt.

Auch diese sehr weit verbreiteten (und nach den Berichten verschiedener Reisender sich überall im Innern von Futah-Djallon vorfindenden) Sandsteine, die von bedeutender Mächtigkeit sind (10 Meter und darüber), muss ich nach eingehender Untersuchung für klastische, nicht an Ort und Stelle gebildete Massen erklären; es ist wohl mehr als wahrscheinlich, dass derartige Bildungen aus den, die Gebirge dieser Gegend zusammensetzenden krystallinischen Schiefern entstanden sind.

Wenden wir uns nun zur Betrachtung der Lagerstätten nutzbarer Mineralien. Bereits von älteren Reisenden in Westafrika wurde der grosse Reichthum an Eisenerzen und Gold erwähnt, der schon deshalb so überraschend ist, weil die Lagerstätten der Erze nicht auf irgend einen Punkt beschränkt, sondern fast allenthalben zerstreut sind und somit eine Eigenthümlichkeit bieten, welche bisher wohl nur selten bekannt geworden ist. In der That sind es keine Erzlagerstätten im eigentlichen Sinne dieses Wortes, keine reinen, in anderen Gesteinsarten an einer Stelle angehäuften Erze, wie wir dies bei Eisenerzen sonst zu treffen gewohnt sind, sondern geradezu eine eisenführende Formation, welche über das ganze Land, von dem grossen westafrikanischen Randgebirge bis zur Küste ziemlich gleichmässig vertheilt ist. Freilich ist die Vertheilung des Eisenerzes insofern keine gleichmässige, als der Eisengehalt, wie zu erwarten, an den verschiedenen Orten verschieden, und auch nicht überall ein so hoher ist, als dass man von Eisenerzen sprechen könnte, denn meistens handelt es sich ja mehr um Laterit, in dem hin und wieder grosse Partien von reinem Eisenerz erscheinen.

Alle Erze finden sich auf secundärer oberflächlicher Lagerstätte, weshalb auch von einem eigentlichen Bergbaue hier schon deshalb nicht die Rede sein kann, weil ein solcher gar keinen Sinn hätte, denn es steht keineswegs zu erwarten, dass in den tieferen Schichten der Eisenreichthum ein grösserer wäre, und somit erklären sich die übereinstimmenden Nachrichten, dass alles von den Eingebornen gewonnene Eisen von der Oberfläche stammt, auf einfache Weise, nicht nur durch die Unkenntniss solcher Baue seitens der Eingebornen überhaupt, sondern auch durch die Nutzlosigkeit dieses Verfahrens, welches ja unter den gegebenen Verhältnissen ziemlich überflüssig wäre.

Da die meisten Eisenerze zum Laterit gehören, so ist ihr Eisengehalt ein geringer, oft aber finden sich darin kleinere oder grössere Partien, in denen das Erz, Brauneisen, oder auch Rotheisen concentrirt ist, und die bis 60 % Eisenoxyd führen, daher besonders zur Eisengewinnung geeignet sind.

Ausser Eisen enthalten sie auch noch Thonerde, Kieselsäure, wenig Phosporsäure. Ob jene reineren Eisenerze eine grössere Ausdehnung besitzen, ist nach den bisherigen Forschungen ziemlich zweifelhaft.

Was nun die Bearbeitung der Eisenerze: Laterit, reines Brauneisen oder Rotheisen anbelangt, so scheint die Methode sich am meisten der sogenannten catalonischen zu nähern, was an und für sich merkwürdig ist, da man sonst nur reichere Erze auf diese Art behandelt. Es ist wahrscheinlich, dass vor der Operation eine Sonderung der Erze ausgeführt wird, denn die unreineren dürften kaum Verwendung finden. Als Zusatz dient der quarzreiche Thon oder die Gerölle von Jaspis und Quarz, die man hier häufig findet.

Die Hochöfen haben ungefähr die Form einer umgestürzten Glocke. Auf ihrer Vorderseite ist die zum Füllen des Ofens bestimmte Thüre, während auf der anderen eine kleine Oeffnung dem flüssigen Metall den Ausgang erlaubt; rings um den Hochofen sind Löcher angebracht, in welche irdene Röhren münden, die den Luftzutritt befördern sollen; als Heizmaterial dient Holzkohle.

Das Eisen, welches auf diese Art gewonnen wird, ist, wie man aus dem vorher Erwähnten entnehmen kann, von sehr verschiedener Qualität, zum Theil dehnbar, zum Theil spröder. Dass darunter jedoch auch sehr gutes und brauchbares sich findet, wurde in einem früheren Capitel bereits erwähnt. Eine Analyse solchen Eisens habe ich nicht angestellt, da schon früher an einem von Molien mitgebrachten Stücke eine Untersuchung ausgeführt worden ist, nach welcher das analysirte Eisen weder Schwefel, noch Phosphor, noch Chrom und Mangan enthielt und als ein vorzügliches befunden wurde. Was das Vorkommen des Goldes anbelangt, so findet sich dasselbe in den tieferen Partien des Landes, nur in Flüssen und in einzelnen Sanden vor und könnte hier durch Waschung gewonnen werden, was jedoch bisher nicht geschehen ist. Jenseits der Wasserscheide gegen den Niger zu, scheint dagegen der rothe Thon, wenigstens oberflächlich, abgebaut zu werden und wird aus demselben durch weitere Waschung Gold gewonnen. Im Westen der Wasserscheide ist der Goldreichthum ein weit geringerer, denn diejenigen Orte, Buré und Wassala, welche als Golddistricte berühmt sind, liegen alle östlich davon; ob, namentlich bei Wassala, das Gold nicht aus älteren Schichten gewonnen wird, ist möglich, doch nicht wahrscheinlich. Ueber die Art und Weise der Gewinnung in den nördlichen Ländern, vermag ich weiter nichts Positives zu berichten.

CAPITEL XXI.
Die Pflanzen- und Thierwelt. — Klima und Krankheiten.

Es liegt kaum im Bereiche der Möglichkeit eines, flüchtig ein Gebiet durchziehenden Reisenden, selbst wenn derselbe Fachmann ist, Fauna und Flora des Landes einer gründlichen Untersuchung zu unterwerfen, und um so weniger wird dies der Fall sein, wenn derselbe, wie ich, hauptsächlich andere Zwecke und Studien verfolgt. Aber der Charakter der Thier- und Pflanzenwelt ist so unbedingt nothwendig zur Kenntniss einer Landschaft, dass es selbst bei einer populären Darstellung wünschenswerth erscheint, auf denselben einzugehen und wenigstens diejenigen Typen zu schildern, welche derselben ihr eigenthümliches Gepräge verleihen, also mindestens den Wald und die wichtigeren der denselben belebenden Thiere zu beschreiben. Dies und nicht mehr soll hier in den folgenden Zeilen versucht werden.

Es ist eine hinlänglich bekannte Thatsache, dass in den Tropen nicht allerorts jene üppigreiche Vegetation sich findet, welche für dieselbe bezeichnend ist; man kann ohne Uebertreibung behaupten, dass oft die Extreme sich berühren, nämlich öde, vegetationslose, kahle Wüste neben dem reichsten Pflanzenwuchs. Dazwischen tritt vermittelnd die Savane auf, das Reich der Gräser und Rohre. Wenn wir auf den Capverdischen Inseln, z. B. auf Mayo und S. Vincent, die nackte tropische Felswüste kennen gelernt, so tritt uns südlich vom Casamança der Tropenwald in seiner ganzen Pracht entgegen, und namentlich in einiger Entfernung von der Küste so schön entwickelt, so majestätisch, dass sogar die kühnste Phantasie des ankommenden Europäers wenn auch vielleicht nicht übertroffen, so doch befriedigt wird. Wer am Rio Grande in der Abenddämmerung oder in einer mondhellen Nacht den Fluss entlang zieht oder an seinen Ufern landwärts schreitet, dem zeigen sich Landschaftsbilder, deren zauberische Schönheit auch auf den nüchternsten, für Naturschönheiten wenig zugänglichen Menschen eine ergreifende Wirkung ausüben werden.

Es ist erklärlich, dass das so ausgedehnte Gebiet zwischen Rio Cassini und Rio Casamança an den verschiedenen Stellen nicht einen einheitlichen landschaftlichen Charakter zeigen kann und dass namentlich dieser am Meeresufer nicht derselbe sein wird, wie im Innern des Landes, wenn auch ein gewisser gemeinsamer Zug erhalten bleibt; ich möchte daher die hier zu betrachtende Gegend in drei, durch die Vegetation sich unterscheidende Gebiete theilen.

Für die von der Brandung berührte Küste vom Cabo Roxo gegen Süden, und auch für die westlicheren Bijagosinseln ist mehr der Savanencharakter — Gräser, Schilf, von einzelnen Palmenhainen sowie auch öfters von jenen westafrikanischen Riesenbäumen unterbrochen — massgebend, neben welchem aber auch der Buschwald sehr häufig auftritt. Dem von Westen ankommenden Reisenden bietet die Küste daher keinen gar erhebenden Eindruck, — niedere Ufer, bewachsen mit undurchdringlichem Schilf und Buschwald. Erst wenn man im Gebiete der Bijagosinseln angekommen, aufwärts fährt, ändert sich die Scenerie des Strandes: hier herrscht die Mangrove unumschränkt, während das Innere den Charakter des Buschwaldes beibehält, oder auch der, durch das Auftreten des Affenbrotbaums, des Wollbaums, des Käsebaums, des Brotbaums, dann der Palmen (Fächerpalme und auch Oelpalme) charakterisirten Savane, oder wie die Portugiesen sagen, Campine. So sind die östlichen Bijagosinseln, die Insel Bissaõ und die Gegend bis zum Saõ Domingofluss gekennzeichnet, — mannichfaltige Veränderungen werden innerhalb derselben, wenigstens in ihren reicher bevölkerten Theilen durch die Culturen bewirkt: durch die Anpflan-

Die Pflanzenwelt.

zungen der Cocospalmen, Orangenbäume und Papayen, Musen, sowie durch die Cultur des Mais, der Erdnuss u. a.

Ein schon verändertes Bild bieten die Ufer und die nächste Umgebung der grossen von Ost nach West hinziehenden Flüsse, so lange das Salz- oder Brackwasser reicht. Die oft schon etwas höheren Ufer bleiben in den meisten Fällen noch immer durch die Mangrove in ihren verschiedensten Ausbildungen gekennzeichnet, und ihre durch unzählige Schlingpflanzen verbundenen Aeste und Wurzeln bieten beim Befahren der Ufer, besonders beim Landen ein sehr unangenehmes Hinderniss.

Oft schon in unmittelbarer Nähe des Flusses beginnt an manchen Stellen der galerieartige Hochwald, an anderen Stellen jedoch, z. B. zwischen Rio Cassini und Rio Grande ist es mehr der Palmenwald, dicht gedrängt und oft abwechselnd mit grasbedeckten campinenartigen Lichtungen, in denen der Affenbrotbaum und der Wollbaum auftreten, oder auch mit Buschwald, welcher der Landschaft sein Gepräge aufdrückt; da sind es denn Oelpalmen (Elaïs guineensis), Fächerpalmen (Borassus guineensis) oder auch die schlanke Phönix spinosa, die ihre zarten grünen Wipfel in den Azur des Himmels erhebend, durch ihre entzückenden schlanken Formen das Auge des Reisenden erfreuen und ihn oft die Mühseligkeiten und Gefahren vergessen lassen, welche, wie nicht mit Unrecht das Sprichwort sagt, „demjenigen nicht erspart bleiben, der unter Palmen wandelt."

Dies ist auch die Region des Buschwaldes, welche eine Art Uebergang zwischen der Campine, an Sträuchern reichen Savane und dem eigentlichen Hochwalde bildet. Da fangen bereits dornige Mimosen, häufigere Wollbäume und Ficus an, dem Bilde einen weniger einförmigen, mehr majestätischen Charakter zu geben, während das Vorherrschen von Unterholz das ganze mehr als Busch, denn als Wald bezeichnen lässt. Dazu sind auch die namentlich im Innern so massenhaft auftretenden grossen, von Bambus bedeckten Strecken zu rechnen. —

Wenn also auch die verschiedenen Regionen durch das Vorherrschen der einen oder der anderen Vegetationsform gekennzeichnet sind, so sind doch fast überall die hier wie an anderen Gegenden auftretenden drei Vegetationsformen*), nämlich Campine, Busch und Hochwald räumlich nicht vollständig getrennt und wer sich beispielsweise am Rio Grande nur wenige Kilometer vom Ufer entfernt, kann

---

*) Vgl. namentlich die Schilderungen der Vegetation der Loango-Küste durch Pechuel-Lösche in dem III. Theile der Loango-Expedition.

unmittelbar neben der durch Rhizophoren charakteristischen Sumpfvegetation, Busch und Savane, sowie Hochwald, oft scharf abgegrenzt, häufig aber durch Uebergänge verbunden, zu Gesicht bekommen. Die dritte Waldregion endlich ist die des durch Akazien und buchenähnliche Bäume mit wenig Unterholz charakterisirten Hochwaldes, wie er sich in den oberen Theilen der genannten Flüsse oft meilenweit ununterbrochen ausdehnt, auch hier, neben den dornigen Akazien, oft Sträucher, wie Hibiscus, Gardenia, Jasmin aufweisend, zwischen denen aber dann einzelne Urwaldriesen, wie Spondias, Wollbaum, Baobab sich erheben. Oft unterbrechen Savanen oder Buschwald den Hochwald und erzeugen dann auch Uebergänge der Vegetationsbilder. Ganz unvermittelt treten oft Mimosenwälder, niedere, gras- und buschreiche Gehölze neben dem Palmenhain oder der, durch Baobab und Wollbaum charakterisirten Lichtung auf.

Nach den Eingangs dieses Capitels verzeichneten Beobachtungen wird der Leser hier wohl kaum eine Schilderung der einzelnen Pflanzen erwarten können, wohl aber mögen noch einige Bemerkungen über die massgebenden Formen der Pflanzenwelt folgen.

Die Campine, welche bald eine reine, bald eine mehr durch Sträucher unterbrochene Grasflur ist, wird durch Vorherrschen von 1—3 Meter hohen Gramineen und Paniceen charakterisirt, während unter den Sträuchern häufig die Anona senegalensis dominirt.

Wenn im Busch die höheren Bäume häufiger werden, wenn zu den genannten noch die Mimosen und andere Laubhölzer treten, so wird aus dem Busch der Buschwald, der durch allmähliches Aussterben des Unterholzes und der Sträucher den schönen Hochwald bildet, in dem hohe dornige Akazien, buchenähnliche Laubhölzer neben Woll- und Affenbrotbäumen vorherrschen.

Palmen treten namentlich mitten in der Savane sowie auch im Busch auf; bald einzeln sich erhebend, bald zu kleineren, oft auch ziemlich grossen Hainen sich sammelnd, tauchen sie manchmal (namentlich die Phoenix spinosa), dicht hinter den Mangrovenbeständen, noch in der Sumpfregion auf.

Auf Bissaò und in der nördlichen Savanenregion ist das Vorkommen der Palmen, (hier Oel- und Djelebpalme), ein sporadisches, und sind es mehr einzelne Stöcke mit geraden Stämmen, welche zwischen den Feldern und Grasfluren auftauchen, während an den Ufern der Flüsse Palmen, zu Hainen gruppirt, den Busch und Buschwald unterbrechen, und in einiger Entfernung von den Ufern grössere Bestände bilden. Es scheinen besonders drei Arten dieser Familie vorzukommen: die mehr im Bereich der menschlichen Woh-

Die Pflanzenwelt. 229

nungen sich haltende Elaïs, eine wohl als Borassus zu bezeichnende, durch sehr geraden Stamm charakterisirte Fächerpalme, und die wilde Dattelpalme (Phoenix spinosa); indessen fehlt auch Calamus nicht, während die manchmal zu beobachtende Cocospalme eine importirte Culturpflanze ist.

Von den Sträuchern des Busches, die zum Theil durch ihren penetranten Geruch dem Wanderer auffallen, nenne ich: Jasmin, Gardenia, Hibiscus, Myrten, Fenchel (phoeniculum), Anona, den Balsamstrauch (Hendelotea africana), der Capernstrauch (cappares), cratoeva orotolaria, die giftige carapa, Rhynchosia.

Ferner wären aus dem Buschwald zu erwähnen: die Terminalia macroptera, der Catappabaum, der Tamarindenbaum, der ägyptische Zahnbaum (Balanites aegypt.), welcher oft 25' hoch ist, dann Bambus, Pandanus.

Von Bäumen, die sowohl den Hochwald als auch den Buschwald schmücken, nenne ich noch folgende: Akazien, baumartige Euphorbien, ägyptische Weiden, und Seifenbäume (sapindus senegal.).

Sowohl Savane als Busch- und Hochwald führen mehr oder weniger häufig jene öfters genannten Bäume, welche durch ihre colossale Höhe und namentlich durch die ungeheure Entwickelung ihres Laubdaches das Staunen jedes Europäers hervorrufen müssen. Unter diesen spielt der Wollbaum (Eriodendron anafractuosum) durch Häufigkeit, sowie durch sein gewaltiges Laubdach und durch seine Höhe die Hauptrolle; an diesen reiht sich die Adansonia an, fast immer aus niederem Buschwerk sich erhebend, und nicht minder durch die colossale Verzweigung der Aeste imponirend. Weit verbreitet ist auch der, eine angenehme pflaumenartige Frucht tragende Spondias, sowie der vornehmlich auf den Bijagos-Inseln und am Geba-Fluss auftretende, mächtige Brotbaum (Artocarpus incisa). Sowohl durch ihre schönen Blüthen, als auch durch ihre bedeutende Höhe imponirt auch die prächtige Parkia africana, ein sehr verbreiteter Waldbaum, dem der durch ungeheures Laubdach ausgezeichneten Ficus sycomorus, welcher besonders im Innern vorkommt, nicht nachsteht; zahlreiche Perlhühner beherbergt die laubige Grewia.

Insbesondere als Bauhölzer sind wichtig: der Sichelfruchtbaum (Pterocarpus crinaceus), der afrikanische Mahagonibaum (Khaya senegalensis), dessen Rinde ein geschätztes Fiebermittel abgiebt, der Acajubaum (calicedra), dann Bauhinia (Stinkbaum), ferner das Parinarium excelsum, der Mangobaum, der Schumakbaum (Rhus), der zwar nicht allzuhäufige, aber sowohl auf Bissaõ, Bolama, als an den Ufern des Gebaflusses vorkommende Kolanussbaum (Sterculia acuminata), dessen Frucht bekanntlich wegen seines hohen Caféingehaltes, als kräftiges Reizmittel, von den Eingebornen sehr geschätzt wird, und die exquisiteste Delicatesse bildet, an die sich der Europäer wohl allerdings erst gewöhnen muss, wenigstens habe ich ihrem zusammenziehenden bittern, röthlich gefärbten Fleische keinen Geschmack abgewinnen können; da sie jedoch besonders geeignet ist, in diesem Klima die sinkenden Kräfte des Organismus aufrecht zu erhalten, so ist ihre Beliebtheit, nicht nur bei den Eingebornen, sondern auch bei den weissen Ansiedlern wohl erklärlich.

Unter den Culturpflanzen spielt die grösste Rolle die Erdnuss, deren Verbreitung im Innern und an der Küste sehr ausgiebig ist. Die Mais-Cultur (Sorghum) liefert einen Hauptbestandtheil der Nahrung, welcher sich zunächst die Reis-Cultur anreiht. Fruchtbäume werden allenthalben, sowohl von Fullahs als Balantas etc. angepflanzt, doch ist es nicht uninteressant zu bemerken, dass diese Bäume fast sämmtlich erst von den Portugiesen aus ihrem Vaterlande oder aus Brasilien importirt und von den, ihre Vortheile rasch erkennenden Schwarzen cultivirt wurden. Orangen werden von Bijagos und Fullahs gepflanzt, Bananen finden sich allenthalben, ebenso Papayabäume; auch der Maniok gewinnt an Verbreitung, die süsse Patate wird von Negern, welche mit den Faktoreien in Verbindung stehen, gepflanzt, die Bohne dagegen und andere europäische Produkte nur in Faktoreien gehegt. In den Colonien werden auch Kaffee, Zucker, Cacao cultivirt.

Wenn schon das Studium der Pflanzenwelt dem Reisenden gar manche Schwierigkeiten bietet, so lässt sich die Fauna noch ungleich schwerer einer genaueren Untersuchung unterwerfen. Ich kann wohl voraussetzen, dass der Leser die, in Kinderbüchern und in einigen auf derselben Stufe stehenden Reisebeschreibungen verbreitete Ansicht, als wäre der Tropenwald Afrika's von wilden Thieren: Büffeln, Schlangen, Antilopen und Affen so erfüllt, wie bei uns etwa ein zoologischer Garten, schon längst als Fabel betrachtet, aber trotzdem wird auch der keine derartigen Ansprüche stellende Reisende von der Armuth, wenigstens der relativen, der tropischen Landschaft bitter enttäuscht werden. Es ist keine Uebertreibung, wenn ich behaupte, dass der beispielsweise im aequatorialen Westafrika landende Europäer, wenn er nicht gerade auf Jagd ausgeht, wochenlang, und zwar nicht nur in der Nähe der Ansiedlungen, herumstreifen kann, ohne eines der Thiere, welche für den Wald charakteristisch sind, zu Gesicht zu bekommen. Wer nur des Tages ausgeht, wird sicherlich, ausser einigen Vögeln, Affen, Reptilien und Käfern, selten ein Thier erblicken, und nur auf den Flüssen Flusspferde und Krokodile, von denen es allerdings stellenweise wimmelt, zu sehen bekommen.

Aber selbst der Jäger wird seine grossen Schwierigkeiten haben, und wenn er auch hin und wieder ein Exemplar der ersehnten Büffel, Antilopen, Leoparden und Hyänen entdeckt haben wird, so hat er noch allerlei Umstände zu bekämpfen, um dasselbe zu erlegen. Es ist daher reine Illusion, wenn man glaubt, durch die Jagd grosser Thiere sich ernähren zu können; der Reisende muss sich gänzlich auf die Vögel beschränken, wenn er nicht etwa in der Lage ist, einen ganzen Volksstamm zu einer Treibjagd zu engagiren.

Man kann deshalb Monate lang in Afrika existiren, ohne irgend welche wilde Thiere, etwa, wie erwähnt, das Krokodil ausgenommen, anders als aus der Entfernung zu sehen. Von einer Gefährdung des Menschen durch sie kann also keine Rede sein, umsomehr, da selbst der Leopard oder gar die Hyäne und auch die Schlangen, wenn sie einen Menschen sehen, sich höchstens abwehrend verhalten, meistens aber schleunigst die Flucht ergreifen. Daher gelingt es den Eingebornen, die sich übrigens, sowie sie auch nur mit der Lanze bewaffnet sind, keineswegs vor ihnen fürchten, nur selten einen Leoparden zu erlegen, weshalb Felle von demselben nicht häufig zu erhalten und theuer sind. Allerdings sind auch die wenigsten Neger passionirte Waidmänner, denn sie rühren sich meistens erst dann, wenn ihnen das Raubthier Schaden verursacht hat. Andere wilde Thiere sowie Schlangen, von denen, wie mir beispielsweise auf den Capverden noch erzählt wurde, die Wälder überfüllt sein sollten, können nur durch Zufall oder beharrliches längeres Auflauern entdeckt werden, mit Ausnahme vielleicht der Schakale.

Mir war es während meines kurzen Aufenthaltes vergönnt, wenigstens aus einer gewissen Entfernung einen Leoparden zu sehen, aber manche Ansiedler vom Rio Grande und viele Eingeborne hatten einen solchen niemals erblickt, obgleich seine Nähe durch Raub an Thieren bemerkbar geworden war; niemals war es ihnen jedoch gelungen, sich ihm zu nähern. Daraus geht hervor, dass die Leoparden durchaus nicht ausgestorben sind, denn ihre Spuren sind auch in der Nähe der Ansiedlungen häufig zu sehen. Da sie sich jedoch meist in ihren Schlupfwinkeln aufhalten, sind sie schwer zu erlegen, in keinem Falle werden sie dem Menschen irgendwie gefährlich. Die Papels, Biafaden und andere Wilde greifen den Leoparden, wenn er eine Kuh oder eine Ziege geraubt hat und sie rechtzeitig auf seine Fährte kommen, in grösseren Abtheilungen an, suchen ihn zu umzingeln und alsdann, ja sogar ohne Schiesswaffe, mit Lanzen, zu erlegen. Das

Raubthier erreicht eine geringe Grösse und ist auch nicht so blutgierig, wie erzählt wird. In Bissaō ist es in sieben Jahren nur ein einziges Mal vorgekommen, dass ein Mensch von einem Leoparden getödtet wurde; auch geht er nur selten agressiv vor.

Die gefleckte Hyäne ist nur stellenweise verbreitet, namentlich kommt sie auf Bissaō vor, wo es, wenigstens in früherer Zeit, sich häufig ereignete, dass sie den Kirchhof devastirte.

Der „Lobo" (Wolf) der portugiesischen Ansiedler, ein Schakal, ist dagegen allenthalben zu Hause, ohne jedoch besonderes Unheil anzurichten.

Der Elephant, früher zwischen Geba und Rio Grande so ungemein häufig, wird immer seltener, so dass es sogar an den Ufern dieser Flüsse Eingeborne giebt, welche nie einen solchen gesehen haben; indess glaube ich nicht, dass er schon gänzlich verdrängt ist; im Kabu dürfte er wohl noch existiren, während er in Futah-Djallon ausgestorben ist. Dagegen gehört der wilde Ochse (bos brachyceros) noch zu den, in den Wäldern häufig anzutreffenden Thieren. Auch Gazellen und Antilopen sind keine Seltenheit, Zebra und Giraffe aber sind Bewohner des Hochlandes und diesen Gegenden fremd.

Das Flusspferd wird von den Eingebornen wegen der Zähne verfolgt, doch verhindert Feigheit, wie auch schlechte Bewaffnung, eine ausgiebige Jagd, so dass es zu den Seltenheiten gehört, wenn eines dieser Thiere erbeutet wird. Zu erwähnen sind noch das Wasserschwein und das afrikanische Wildschwein.

Affen sind constante Bewohner der Wälder und tragen nicht wenig zur Belebung derselben bei; am häufigsten unter ihnen sind die Meerkatzen, welche sowohl der Zahl, als auch der Anzahl der Species nach, die charakteristischen Vertreter dieser Thiere sind. Es giebt ihrer eine grosse Anzahl von Arten (vom Senegal bis Guinea zählt man siebzehn verschiedene Species), von denen der Cercopithecus sabeus, der Dianaaffe, und der Husarenaffe, letzterer aber mehr in den östlichen Regionen, die häufigeren sind.

Der Mandrill (Cynocephalus) bewohnt mehr die oberen Regionen und nur selten verliert sich einer in die Nähe der Küste, wohl aber scheinen sie in Futah-Djallon häufiger zu sein. Wo der Schimpanse, dessen Anwesenheit auch mir berichtet wurde, hausen soll, konnte ich nicht genau in Erfahrung bringen. Sein Aufenthaltsort scheint in der waldreichen, fast unbewohnten Wildniss zwischen Rio Geba und Rio Grande zu sein. Von anderen Affengattungen will ich noch den Colobus erwähnen. Alle diese Affen treiben sich sowohl in Wäldern, häufig aber auch in der Nähe menschlicher Ansiedelungen, insbesondere aber der Culturen in grosser Menge herum und fügen dem Ackerbau empfindlichen Schaden zu.

Von sonstigen Säugethieren mögen hier noch die Eichhörnchen, verschiedene hamsterähnliche Thiere, Ameisenscharrer, Ratten genannt werden; auch Hasen finden sich zuweilen in den Wäldern bei Buba und an manchen Punkten des Rio Grande und des Gebaflusses.

Der Natur der Sache gemäss muss die Vogelwelt unter der Fauna die bekannteste sein, denn neben den Insecten sind es die Vögel allein, welche von Autochthonen und Reisenden am leichtesten erbracht werden können. Ein halbwegs guter Schütze kann zur Zeit des Sonnenuntergangs in jedem Gebüsch oder Walde eine Anzahl solcher erlegen, daher ist auch die Ornithologie Westafrika's das am besten bekannte Capitel der afrikanischen Thierkunde, was sich wohl schon auch daraus erkennen lässt, dass dasselbe in mehreren Büchern*) und Brochüren eingehendst behandelt wurde.

Trotzdem ist von der ganzen westafrikanischen Küste gerade unsere Gegend in dieser, wie auch in anderer Hinsicht, am allerwenigsten bekannt. Da ich selbst mich keineswegs auf das Sammeln zu verlegen in der Lage war und in diesem Falle genaue Untersuchungen nur dadurch hätten bewerkstelligt werden können, so muss ich mich darauf beschränken, in grossen Zügen ein Bild der gefiederten Waldbewohner zu entwerfen und dann anhangsweise das aus früheren Beobachtungen, namentlich am Casamança und von der Insel Bolama Resultirende wiederzugeben. Die Ornithologie des Rio Grande und des Rio Geba zu studiren, muss ich jedoch Fachmännern überlassen, wobei ich aber nicht umhin kann, ihnen den Rath zu geben, sich dabei nur auf selbstgesammeltes, oder von verlässlichen Reisenden mitgebrachtes Material zu stützen, denn das von Schiffscapitänen und Händlern eingehende ist bezüglich des Fundorts ungemein unzuverlässig, namentlich wenn die Verkäufer eine grössere Küstenstrecke besucht haben.

Unter den Raubvögeln nenne ich den Jugudi (Neophron pileatus), dann den weissen Geier-Seeadler (Gypohierax senegalensis) in Bissaõ, Bolama und den Bijagosinseln, wahrscheinlich auch an dem unteren Theile der genannten Flüsse vorkommend, ferner einen grauen, zur Familie der Adler gehörenden Raubvogel (dem Schreiadler nahe verwandt), mit schwarzem Schnabel und Krallen (Aquila desmurii) und den Falco occipitalis, alle ungefähr fünfundzwanzig Zoll lang; zu erwähnen unter den Weihen der Schmarotzermilan. Der auf den Capverden

---

*) Hartlaub, Ornithologie Westafrika's, Bremen 1857, Du Bocage, Abhandlungen der naturwissenschaftlichen Gesellschaft Lissabon.

so häufige Schmutz-Geier (Neophron perchopterus) fehlt in dieser Gegend oder ist jedenfalls sehr selten.

Eulen sind auch hier zu Hause, doch ist die Art bisher noch nicht näher bestimmt; nur eine Zwerg-Ohreule — Scops senegalensis — ist bekannt; die Käuze lassen sich, wenn auch nicht sehen, so doch hören; der Schleierkauz, Stryx, ist sowohl auf den Capverden, wie auch hier häufig constatirt worden.

Der Wespenbussard (Pernis apivorus) soll auch vorkommen. Von Leichtschnäblern erwähne ich vor allem den Baumlist (Picapeixe der Portugiesen) ein liebliches trauliches, menschenfreundliches Geschöpfchen, welches sich allenthalben wie auf den Capverden auch in Süd-Senegambien findet. Von dieser Sippe scheint Halcyon rufiventris der häufigste zu sein, welcher durchgehends kleiner ist, als der auf den Capverden vorkommende, der ersterem gegenüber eine unverhältnissmässige Grösse erreicht; ausser ihm kommt noch eine zweite Species vor H. semicerulia, ferner möchte ich den Alcedo, und den Cerile oder Graufischer, den Merops, sowie die Blauracke nennen.

Auch der in Westafrika so oft vorkommende, und auch den Laien sehr leicht kenntliche Nashornvogel mit seinem eigenthümlichen gekrümmten Schnabel (Buceros) fehlt hier nicht, obgleich er nicht die Verbreitung hat, wie dies in anderen, mehr südlichen Gegenden Afrikas, am Gambia und am Congo der Fall ist. Man sieht ihn übrigens seltener, hört ihn aber dafür um so häufiger, besonders Abends; sein Geschrei, seine merkwürdigen, weil durch die Nase gezogenen dem Taubenruf ähnlichen Klagetöne, fallen nach wenigen Tagen auf; er gehört aber nicht der grössten Art Buceros adlatus, sondern einer kleineren mit kürzerem Schnabel an, wohl Buceros fistulator. Ein anderes Glied dieser Sippe ist der Tok (Rh. erithrorynchus). Auch der Hornrabe (methoceras) wäre noch zu nennen.

Der Pisangfresser ist bekanntlich ein in Westafrika heimisches Thier und fehlt auch unserer Gegend nicht. Dieser Vogel von prächtiger Farbe ist an seinem rothen sammetartigen Gefieder zu erkennen; auch der Mäusevogel kommt vor.

Nicht wenig tragen zur Belebung des Waldes die Kukuksvögel bei und ist denn vor allem unser alter Bekannter der gemeine Kukuk, Cucullus canorus oder vulgaris, dann aber auch der Honiganzeiger, Indicator, sowie Cucullus senegalensis zu erwähnen. Zu sehen bekommt man die Kukuke nur sehr selten, da sie gewöhnlich im Dickicht verborgen bleiben, nur das auf die Dauer unangenehme Geschrei verräth allenthalben ihre Anwesenheit. Die Papageien sind der Zahl nach durchaus nicht so reich vertreten, als der Laie vermuthen könnte. Dass der nordwestafrikanische Markt so äusserst wenig Papageien liefert, hat seine Gründe darin, dass namentlich in unserer, hier erörterten Gegend die Industrie des Vogelfanges absolut unentwickelt ist, wohl aber auch in dem verhältnissmässig weit selteneren Vorkommen dieser Familie, die z. Z. in dem südlichen Westafrika zu den häufigsten zählt. Der Graupapagei kommt gewiss nur selten vor, während er aus Angola massenhaft nach Europa importirt und an Ort und Stelle zu Spottpreisen verkauft wird; der am Rio Grande vorkommende dürfte der Psitacus ripelli oder ein ähnlicher sein. Unter den Bucconiden (Pogonias) ist der Barbatulo, unter den Spechten der Deutropicus zu erwähnen.

Wenn die Kukuke und Hornvögel durch Geschrei ihre Anwesenheit verrathen, so thun dies die Webervögel durch ihre zur Genüge bekannten Nester. Da ist der Alectoweber, textor alecto, der nirgends an der Westküste fehlt, dann der seltenere Hippanthorius, zur Sippe der Edelweber gehörig. Auch die Vidua, der Witwenvogel, namentlich die Paradiesvidua bevölkert die Wälder der Papels. Unter den Staaren ist der Glanzstaar (Erzglanzstaar), Lamprotornis, dann der Pracht-Glanzstaar — Merle vert d'Angola (Lamprocolius splendidus), schon von Buffon beschrieben, ferner der Madenhacker oder Buphaga, von den Würgern der Lanius nubicus oder Maskenwürger, endlich die Musicapen zu nennen.

Das Geschlecht der Raben liefert nicht wenige Vertreter, namentlich was die Zahl der Individuen anbelangt, darunter sind namentlich der schwarze 17—18 Zoll lange Ptilostomus senegalensis, dann C. curvi rostris zu nennen.

Finken, worunter der Blutfink charakteristisch und an seiner rothen Farbe kenntlich ist, sind nicht selten. Spatzen treiben dort wie bei uns allenthalben ihr tolles Spiel. Nicht wenig Lärm verursachen die Tauben, namentlich die Turteltauben, mit ihrem auf die Dauer widerwärtig wirkenden Gegirre (Columba guinea, Turtur, Traru).

Von Hühnern ist das Perlhuhn (Numida meleagris), welches auf den Capverden vorkommt und in Schwärmen auftritt, in erster Linie zu nennen, in manchen Gegenden findet es sich massenhaft und wird sehr leicht erlegt. Wenn es sowohl am Festlande wie auf den Inseln absolut nicht scheu ist, so ist dies wohl dem Umstande zuzuschreiben, dass es selten gejagt wird. Mir ist es oft auf den Capverdischen Inseln, wo es noch häufiger zu sein scheint, passirt, dass ganze Schwärme mich auf wenige Meter Distanz herankommen liessen und erst dann aufflogen.

Die Wachtel (coturnix) kommt auf den Inseln weit häufiger vor als auf dem Festlande, das Francolinhuhn ist nicht gar selten, auch das Rohrhuhn soll vorkommen.

Die Wasser- und Sumpfvögel stellen kein geringes Contingent der gefiederten Bewohner des Waldes, und treten in der Nähe der Flüsse oft in nicht unbeträchtlicher Menge auf, so die Pelicane (P. rufescens), Ibis, der Schattenvogel (Scopus), Flamingos (Phoenicupterus rubr.), der Schlangenhalsvogel, dann Wasserenten, Trappen (Otis); in der Nähe der Küste tritt die Seeschwalbe (Sterna) auf. Endlich sind zu erwähnen die allenthalben zu findenden Störche, die Scheerenschnäbler (Rhynchops), die Reiher, Marabuts etc. etc.

In Südsenegambien Giftschlangen zu sehen, hat oft seine Schwierigkeiten; ich traf eine einzige lebende, doch auch die Eingebornen stossen selten darauf, wenn sie sich eben nicht durch einen Urwald Bahn brechen wollen und kommen daher Schlangenbisse wenig vor. Unter den wenig bekannt gewordenen findet sich die Naja oder Aspisschlange, von den Portugiesen dort cobra-vidrio genannt, welche wohl die häufigste und auch eine der gefährlichsten sein dürfte. Eine andere Giftschlange ist die cobra-negra, eine Art Puffotter. Auch eine „linguana" genannte grünliche Baumschlange kommt im Bereich der durchwanderten Gegenden allenthalben vor. Nach den mir gegebenen Beschreibungen scheint wohl auch der Python nicht zu fehlen. Dass das Krokodil ein ungemein häufiger Bewohner der Flüsse ist, dürfte hinlänglich bekannt sein. Eidechsen, Geckos, Chamaeleons sind nicht minder häufig. Von Scorpionen, Tausendfüssen wimmelt es oft.

West-Afrika wird bekanntlich das Reich der Termiten genannt und in der That fehlen diese nirgends. Ihre colossale Anzahl übersteigt alle Begriffe und ihre Bauten, denen man fast geologische Bedeutung zuschreiben könnte, erheben sich sowohl an Bäumen, wie in der Ebene unter den Gräsern; die Kegelform ist ziemlich verbreitet, oft bilden sich um kleinere Bäume grössere, an der Basis mehrere Meter im Durchmesser haltende Kegel, nicht selten sind die pilzförmigen, an Bäumen sich aufbauenden, die jedoch niemals bedeutende Dimensionen zeigen. Am häufigsten sind wohl freistehende, bizarrgeformte Bildungen, welche von manchen mit gothischen Kathedralen verglichen wurden, mich aber eher noch an die phantastischen Formen der Stalaktiten und Stalagmiten in Kalksteinhöhlen erinnern. Wären sie höher, so würden sie wahrhaftig einen bedeutenden Schmuck der ebenen Gras- oder Rohrlandschaft bilden. Die Termitenbauten werden so hart, dass sie wie Steine benützt werden können. Menschen und Hausthiere belästigen die Termiten nicht, wohl aber werden sie allen Geräthschaften etc. verderblich. In ersterer

Beziehung sind dagegen die Ameisen sehr gefährlich, indem sie Thiere, oft auch Menschen, welche unvorsichtigerweise in ihr Gehege kommen, sehr zu peinigen vermögen. Die allenthalben gegenwärtigen Ameisen zerstören mit einer colossalen Schnelligkeit alle möglichen Lebensmittel und Rettung giebt es vor ihnen nicht. Um letztere möglichst vor ihnen zu schützen, habe ich sehr häufig Salicylsäure angewendet; etwas Pulver davon genügt, um ein Gefäss mit Zucker, oder eine angebrochene Büchse Conservenfleisch, das bereits von Ameisen ganz schwarz war, in kürzester Zeit von ihnen zu befreien; aber auch gegen Stiche hat sich mir eine aus Fett oder Oel mit Salicylsäure gemischte Pomade gut bewährt. Ich kann daher eine solche, namentlich deshalb empfehlen, weil Oel oder Fett überall zu haben ist und man mit einer grossen Büchse Salicylsäure lange Zeit auskommt und dieselbe auch als Medicament gegen Fieber u. s. w. zu verwerthen ist. Dass die Treiber-Ameisen auch Thiere anfallen und tödten, scheint mir keine Fabel, denn ich fand selbst eine noch lebende, circa 1 Meter lange Schlange von einer Colonne dieser Ameisen angefallen; wahrscheinlich mag das Thier vollgefressen geschlafen haben oder vielleicht verwundet gewesen und so rasch angegriffen worden sein, dass es sich der ungeheuren Masse nicht erwehren konnte.

Ein Thier, welches namentlich als Nahrungsmittel oder vielmehr als Leckerbissen Beachtung verdient, ist eine kleine Auster, welche allenthalben, wo steilere Küsten im Gebiete der vom Meere noch beeinflussten Gewässer sind, vorkommt, so besonders am unteren Rio Grande, an der Einmündung des Gebaflusses, an einzelnen Punkten von Bissaõ. Wenn sie auch weder an Geschmack noch an Grösse mit unseren europäischen, nicht einmal mit den Mittelmeeraustern vergleichbar ist, da sie ja nicht mehr in ganz reinem Salzwasser lebt, so bietet sie doch bei der dort zu Gebote stehenden, einförmigen Kost, eine hochwillkommene Abwechslung, umsomehr, als der Fischfang, der ziemlich ergiebig wäre, nur selten und lässig geübt wird.

Selbstverständlich ist auch die Insectenwelt eine reiche, aber es ist mir nicht möglich, hier darauf näher einzugehen, bemerken will ich jedoch, dass unter den nützlichen Insecten die namentlich im Parinarium excelsum hausenden Bienen von grossem Werthe sind, während unter den schädlichen die Mosquitos besonders unangenehm werden.

Bekanntlich gehört Senegambien zu den ungesundesten Gegenden der Welt. Es gilt dies nicht nur von den Küsten, sondern von auch dem etwas höher gelegenen Innern. Die zahllosen breiten Flüsse wälzen langsam und träge ihre Fluthen und an ihren mit halb aus dem

Wasser hervorragendem Mangelholz besetzten Ufern erzeugen die Dschungeln jene todbringenden Miasmen, welche namentlich an der Küste die Keime des gelben Fiebers und anderer vernichtender Krankheiten abgeben.

Dazu kommt der fast das ganze Jahr wehende Nordost, der einen unangenehmen und ungesunden Contrast zwischen der stechenden, glühenden Sonnenhitze und der schneidig kalt wehenden Luft hervorbringt. Europäer, die nie in den Tropen waren, glauben, dass man am 11. Breitegrad beständig unter der glühendsten Hitze zu leiden habe, und sie würden es kaum für möglich erachten, dass man daselbst mitunter einer für dortige Verhältnisse geradezu furchtbaren Kälte begegnet. In der That sinkt des Nachts oft die Kälte auf 12° Cels. und dies an Orten, welche keine hundert Meter über dem Meeresspiegel gelegen sind. In höheren Regionen aber kommt es sogar, wenn auch nur selten, vor, dass die Minimaltemperatur nicht mehr als 6° Cels. beträgt. Mit dieser Temperaturerniedrigung ist auch eine grosse Steigerung des Niederschlags verbunden und vor Sonnenaufgang ist die Erde so nass wie nach einem gelinden Regen.

Tagsüber ist die Hitze, selbst in den sogenannten Wintermonaten eine excessive. Die heissesten Wintermonate sind April, Mai, dann folgen in dieser Hinsicht October, Februar, März. Die kältesten in der trockenen Jahreszeit sind December, November und Jänner. In diesen sinkt in Bolama die Temperatur eine Stunde vor Sonnenaufgang bis 10 oder 12°, während sie zur Mittagszeit im Schatten zwischen 23—44 schwankt.

Im Jänner beobachtete ich am Rio Grande Mittags am häufigsten 28—38°, Abends gegen Sonnenuntergang 23—28°. Das von mir beobachtete Minimum Nachts betrug 15° Cels.

Im Februar habe ich in Bolama Mittags meistens 35—42° beobachtet, welches die höchste Temperatur in dieser Zeit war. Im Mai soll die Temperatur von 45° häufig überschritten werden.

Jedenfalls sind die Schwankungen der Temperatur sehr bedeutende; so beobachtete ich auf Bissaō im Februar Mittags 36°, um 5 Uhr früh 15°, und in Buba Mittags 34°, vor Sonnenaufgang 17°.

Dagegen sind wenigstens in der trockenen Jahreszeit die Temperaturschwankungen verhältnissmässig sehr geringe. Hygrometrische Messungen dürften in Süd-Senegambien bisher noch nicht angestellt worden sein.

Beobachtungen über das südsenegambische Klima (Temperatur) sind in Sedhiu und Bissaō angestellt worden. Die mittleren Temperaturen für das Jahr 1869 sind:

	Dec.	Jan.	Febr.	März	April	Mai	Juni	Juli	Aug.	Sept.	Oct.	Nov.
Sedhiu	24.0	22.0	24.0	26.8	28.2	27.4	26.9	26.1	25.3	26.1	26.5	26.0
Bissaō	24.7	24.1	25.1	26.6	25.8	27.9	27.2	26.2	25.8	26.4	27.1	26.8

Meine eigenen Beobachtung sind leider während zu kurzer Zeit angestellt, um Werth zu besitzen, um so mehr als sie ja überdies nicht an einem und demselben Orte gemacht wurden. Mir scheint, dass überhaupt Beobachtungen während der Reise, also täglich an einer anderen Stelle, angestellt, im allgemeinen so ziemlich werthlos sind, und nur solche massgebend sein können, welche von einem stabilen Beobachter ausgeführt werden, was namentlich für Barometerbeobachtungen gilt.

Die Regenzeit fängt in diesen Regionen Mitte Mai an und endet im September, dauert also fast fünf Monate. In dieser Jahreszeit sind die Gewitter an der Tagesordnung und die Regenmenge ist eine sehr bedeutende, wovon zum Theil auch die grosse Fruchtbarkeit des Landes herrührt.

Es erscheint begreiflich, dass ein Land, welches so beträchtliche tägliche Temperaturschwankungen aufzuweisen hat, kein sehr gesundes Klima besitzen kann. Wenn dazu noch der Einfluss der so häufigen Sümpfe und in der Nähe der Ausmündungen der Flüsse jener weitreichenden von Brackwasser inundirten Ufer kommt, namentlich, wenn, wie dies hier der Fall ist, diese Ufer mit dichtverschlungenen Mangrovedschungeln besetzt sind, so müssen alle diese Faktoren dazu beitragen, um eines der denkbar schlechtesten und ungesundesten Klimate zu erzeugen. Und in der That steht der Landstrich zwischen Casamança und Rio Grande in Bezug auf sein schlechtes Klima nicht viel hinter der berüchtigten Küste des grünen Vorgebirges zurück.

In den höheren Regionen, dort wo das Brackwasser gänzlich aufhört und die Strömung der Flüsse eine kräftigere ist, sind die Bedingungen, welche die sanitären Verhältnisse der Gegend zu so ungünstigen gestalten, nicht mehr in dem Masse vorhanden wie an der Küste, es herrscht daselbst auch ein weit gesünderes Klima.

Merkwürdigerweise ist die erwähnte südsenegambische Küste vom gelben Fieber, welches, wie ja manche Autoren annehmen, an der afrikanischen Westküste seinen ursprünglichen Sitz hat, weit weniger heimgesucht worden, als die französischen nördlicheren Colonien St. Louis und Dakar oder auch Freetown (Sierra Leone). Einer Einschleppung von aussen stehen allerdings die drakonischen Absperrungsmassregeln in den portugiesischen Colonien entgegen, trotzdem ist es aber zu verwundern, dass in letzteren das gelbe Fieber fast niemals grössere Verheerungen angerichtet hat, wie dies in den französischen oder englischen so häufig der Fall war.

Dagegen fordert das biliöse Fieber, welches, wie manche Aerzte behaupten, die endemische Form des gelben Fiebers sein soll, namentlich unter den Weissen, aber auch unter den Mulatten und, in allerdings seltenen Fällen, unter den Schwarzen fortwährende Opfer, zu denen auch gar Mancher von der Bemannung der auswärtigen Schiffe gehört. Es ist dies wohl auch diejenige Krankheit, welcher die Europäer am häufigsten unterliegen. Ebenso raffen die (nicht näher definirten) sogenannten perniciösen Fieber gar manchen dahin.

Dem gewöhnlichen intermittenten Fieber verschiedenen Grades sind ausser den Weissen viele Eingeborene, wenn auch nur in weit geringerem Grade unterworfen; als Gegenmittel dienen bei letzteren, verschiedene vegetabilische Purgirmittel, so Tamarinden und diverse aus Wurzeln, Baumsäften, Blättern etc. bereitete Decocte, welche zum Theil medicinische Wirkung besitzen, zum Theil unsern sogenannten Sympathiemitteln gleich kommen.

Die früher erwähnten starken Temperaturwechsel befördern nicht nur die Wechselfieber, sondern rufen auch bei den Eingeborenen vielfach Rheumatismen, Lungenkatarrhe, Pneumonie und andere Brustkrankheiten hervor. Letztere scheinen auch unter den Todesursachen eine bedeutende Rolle zu spielen. Gegen alle diese Uebel wendet keines dieser Völker (nicht einmal die Fullahs oder Mandingas) irgend wie geeignete Mittel an, sondern sie begnügen sich mit Amuleten, Zauberformeln, oder, wenn sie Mohamedaner sind, mit Koransprüchen, daher auch alle einigermassen schweren Fälle tödtlich verlaufen; selbst die bei ihnen im Rufe eines Arztes stehenden Männer oder Weiber, greifen ebenfalls weit mehr zu diesen Mitteln als zu Pflanzensäften.

Die chronischen Krankheiten der Leber und Milz, die bei den Europäern ja nicht selten sind, kommen bei den Eingeborenen fast niemals vor, und scheint hierbei vielleicht auch die einfache Ernährungsweise zur Verhinderung derselben beizutragen.

Bei den häufigen Kriegen der Eingebornen sind, wie begreiflich, zunächst Verwundungen die Todesursache, umsomehr als in dieser Hinsicht eine Behandlung niemals versucht wird.

Diese Inselgruppe ist übrigens ungleich gesunder als die benachbarte Westküste, was wohl der Anwesenheit hoher Gebirge zuzuschreiben ist, denn an der Küste ist, wenigstens auf den südlicheren Inseln, das Klima ein weit weniger gesundes, namentlich weist Praya keine günstigen sanitären Verhältnisse auf und biliöse, perniciöse und gewöhnliche Wechselfieber sind dort ungemein häufig, ebenso herrschen hier chronische Leber- und Magenkrankheiten, dagegen haben S. Antaō und S. Vincent ein ausgezeichnetes Klima, denn die spe-

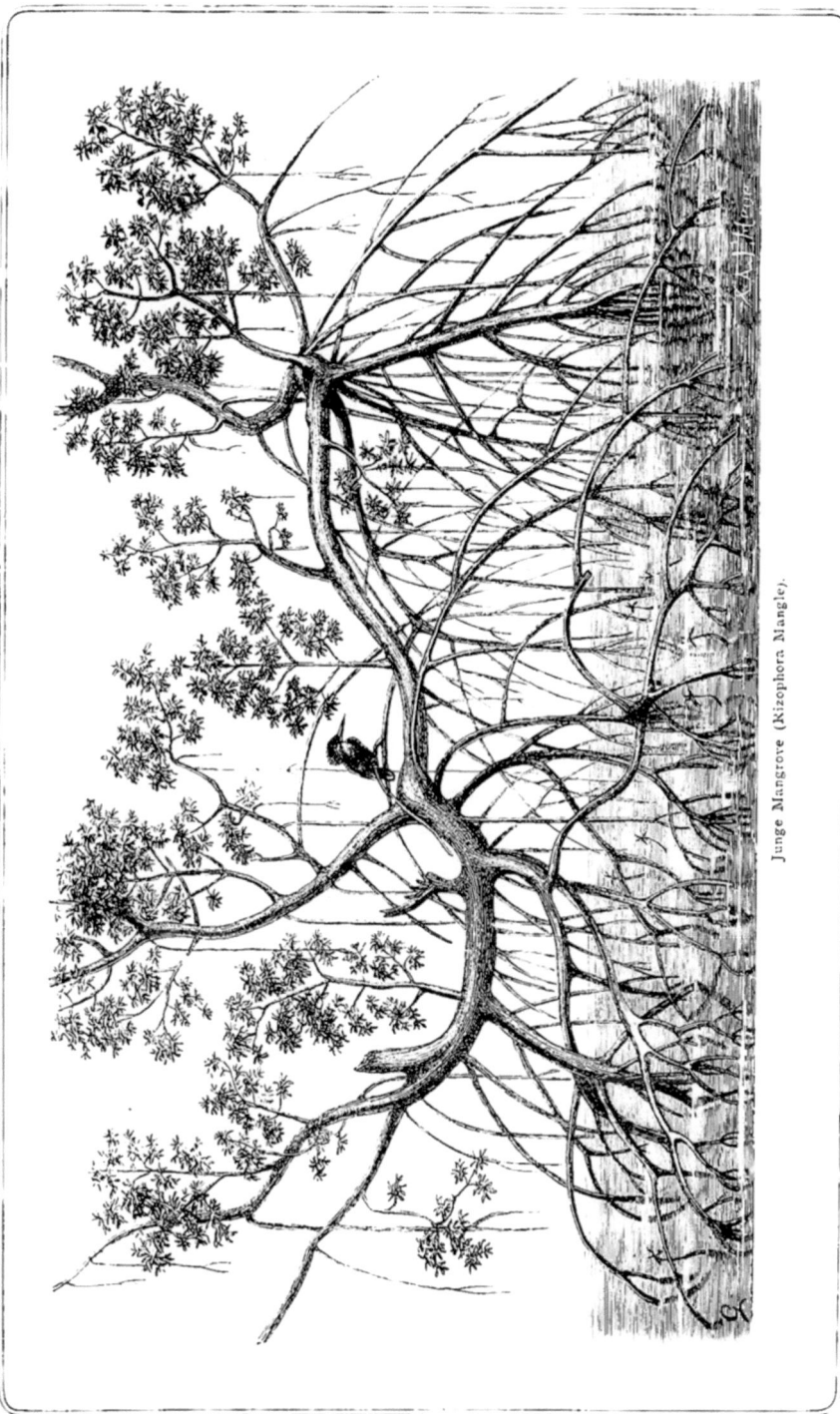

Junge Mangrove (Rizophora Mangle).

cifisch afrikanischen tropischen Krankheiten fehlen gänzlich, ebenso wie die in Europa häufigen Affectionen und auch unsere epidemischen Krankheiten wie Typhus, Scharlach, sogar Blattern, kommen daselbst fast niemals vor.*)

Noch einige Worte über die Meteorologie der Capverden. Temperatur und Barometerstand zeigen auf den verschiedenen Inseln grosse Unterschiede und es sind deshalb auch die von der Station Praya gelieferten meteorologischen Daten ungenügend, um ein Gesammtbild für den ganzen Archipel zu ermitteln, leider wurden auf den übrigen Inseln bisher nur sehr wenig Beobachtungen gemacht.

Auffallend im Verhältniss zu der gegenüberliegenden Westküste ist die kurze Dauer der Regenzeit, welche hier hauptsächlich in die Monate August bis November fällt, in S. Vincent, Mayo, Boa Vista, diesen vegetationslosen Inseln, nur zwei Monate (15. August bis 15. October) währt. Auch die Regenmengen sind im Gegentheil zu den übrigen Inseln auf diesen weit geringere. Die in dieser Beziehung am meisten bevorzugte Insel ist S. Antaŏ, wo es sogar ausserhalb der Regenzeit nicht selten, namentlich schon im Frühling und Sommer regnet, während auf den übrigen ausserhalb der Regenzeit fast niemals ein Niederschlag erfolgt.

Damit hängt auch das mildere Klima von Antaŏ zusammen und in der That sind die Differenzen der Temperatur, sowohl in Bezug auf die täglichen, als auch auf die jährlichen Schwankungen verhältnissmässig geringe. Die Monate April, Mai und October erscheinen auch hier als die wärmsten; die mittlere Tagestemperatur schwankt zwischen 16—20° C. Im März beobachtete ich auf einer Höhe von 6000 Fuss als Maximum der Temperatur überhaupt (im Schatten) 28° C. und als Minimum Nachts, zwei Stunden vor Sonnenaufgang 12°, während die Temperatur in den Regionen unter 2000 Fuss im Maximum 30°, im Minimum 15° war.

In S. Vincent sank in den Monaten December, Januar, Februar, März die Temperatur oft am Morgen unter dem Einflusse des kalten Nordostwindes auf 18°, um dann wieder Mittags oft bis zu 35° zu steigen. Die mittlere Tagestemperatur schwankt auf dieser Insel nur sehr wenig und steigt von November bis Juli kaum mehr als 4°, selten übersteigt das Maximum der beobachteten Temperatur daselbst 39°.

Viel heisser und auch ungesunder ist das Klima von S. Thiago,

---

*) Auch Lungenkrankheiten fehlen daselbst. Sollte vielleicht das Vorkommen am Festlande mit dem Genusse der Milch im Zusammenhang stehen, während die Insulaner derselben entbehren?

Mayo, Fogo. Auf S. Thiago und Fogo regnet es in den Monaten August bis October ausgiebig, auf Mayo weit weniger; ausserhalb dieser Zeit gehören Regengüsse zu den grössten Seltenheiten. Dagegen ist der nächtliche Niederschlag auf S. Thiago fast so bedeutend, wie an der Westküste und die Temperaturdifferenzen sind sehr grosse; in Praya selbst sind die Temperaturschwankungen ziemlich bedeutend, die Hitze ist überhaupt eine hohe und das Tagesmaximum schwankt meistens zwischen 28—40°, während die Temperatur in der Nacht auf 15—18° sinkt; die grosse Feuchtigkeit und die Gegenwart von Sümpfen bringt in Praya und der benachbarten Küste vielfach Fieber hervor und dieser Landstrich ist mit der Insel Mayo, welche ein ebenso heisses Klima hat, der ungesundeste des Archipels. Sehr gesund sind dagegen die oberen Regionen S. Thiago's und Fogo's; auf 3000 Fuss Höhe übersteigt das Temperaturmaximum selten 33°, gewöhnlich aber beträgt es 26—30, das Minimum aber 12—17°; Fieber ist in diesen höheren Regionen fast gänzlich unbekannt, dagegen scheinen catarrhalische Krankheiten häufiger zu sein.

In Praya auf S. Thiago befindet sich, wie schon früher erwähnt, ein meteorologisches Observatorium, in welchem schon seit einer Reihe von Jahren Beobachtungen gemacht wurden, die auch bereits zum Theil veröffentlicht worden sind, z. B. in dem Boletim der sociedade da Geografia von Lissabon, in der österreichischen Zeitschrift für Meteorologie 1881 und in einem Aufsatze Professor Greeff's im Globus, doch muss hervorgehoben werden, dass diese Beobachtungen für die ganze Gruppe keine Geltung besitzen, indem nicht nur die anderen Inseln theilweise recht verschiedene klimatische Verhältnisse besitzen, sondern auch die Stadt Praya ganz exceptionelle, von den übrigen Punkten der Insel S. Thiago selbst abweichende Temperaturverhältnisse zeigt; dies möge denn bei der Beurtheilung dieser Fragen nicht vergessen werden. Ich will hier die mittleren Temperaturschwankungen wiedergeben. Diese Daten sind im Boletim oficial do cabo verde veröffentlicht worden und Professor Hann hat in der österreichischen Zeitschrift für Meteorologie, diese Tabelle, welche die fünfjährigen Mittelwerthe enthält, zusammengestellt:

	Jan.	Febr.	März	April	Mai	Juni	Juli	Aug.	Sept.	Oct.	Nov.	Dec.
Mittel	22.2	22.2	22.7	23.3	24	28	25.5	26.5	26.6	26.3	25.5	24
Maximum	26.7	27.3	27.8	29.6	21.8	29.2	29.4	30.1	30.9	30	29.6	28.4
Minimum	18	17.9	18.5	18.9	20.1	21	22	23.2	23.4	29.7	21.1	19.1

Das Klima von Praya zeigt sich als ein ziemlich constantes. Auffallend gering ist die Zahl der Regentage, indem im Durchschnitt nur 23.4 Regentage pro Jahr entfallen, wovon $^2/_3$ auf August und September kommen. Die Regenmenge beträgt 323 mm, auch muss hervorgehoben werden, dass Praya sowie S. Vincent ganz auffallend regenarm sind, während es auf S. Antaõ, S. Nicolaõ und auch im nördlichen Theile von S. Thiago weit häufiger regnet; wenn z. B. die fünfjährigen Durchschnittszahlen für Praya für die Monate November bis Juni nur 2 Regentage aufweisen, waren nach verlässlichen Angaben auf S. Antaõ, von November 1880 bis April 1881 also in nur vier Monaten sieben Regentage zu beobachten; in derselben Zeit regnete es in Praya nur ein einziges Mal.

Wenn auch die Temperatur- und Barometerbeobachtungen in Praya nicht für den ganzen Archipel massgebend sind, so gilt dies nicht für die Windrose, welche wenig Veränderungen zeigt: in den Monaten Januar bis Juli weht fast ausnahmslos der Nordost, im August und September an einigen Tagen Südwestwind, sonst aber ebenfalls Nordost, welcher auch in den letzten Monaten des Jahres dominirt.

CAPITEL XXII.

Krankheit und gezwungene Rückkehr nach Bolama. — Schwierigkeiten beim Einschiffen. — An Bord des „Bengo". — In S. Vincent. — Die Insel S. Antaö. — Unangenehme Fahrt. — Ein rebellischer Diener. — Im Krater.

Bei meiner Rückkehr nach Bolama, wo ich mich wiederum beim Administrador, der mich neuerdings mit Freuden aufnahm, einquartierte, war ich noch unentschlossen über meine weiteren Bewegungen. Nach den Capverden wollte ich abermals zurück, um die in geologischer Hinsicht so wichtigen Vulkane von Fogo und Antaõ zu studiren, andrerseits drängte es mich, doch noch am Festlande weitere Untersuchungen anzustellen und gerne hätte ich den Rio Nuñez aufgesucht.

Mein schlechter Gesundheitszustand jedoch und das Herannahen eines Schiffes, welches nach S. Thiago fuhr, bestimmten meinen Reiseplan. Es konnte lange dauern, bevor sich wieder ein solche bequeme Gelegenheit zur Rückreise fand und beim Zurückbleiben riskirte ich, sehr wenig zu sehen und beständig an dem furchtbaren Fieber zu leiden, das schon meinem weiteren Vordringen am Festlande ein Ziel gesetzt hatte.

In der That war die an und für sich beschränkte Zeit zum Theil schon verflossen und ich hätte denselben Weg wie bei meiner ersten Ankunft nochmals zurückzulegen gehabt.

Jetzt waren aber die Verhältnisse bei weitem ungünstiger geworden: bis zum Eintritte der Regenzeit fehlten nicht einmal drei Monate und bis zu dieser Zeit hätte ich, da mir meine Verhältnisse ein Ausbleiben bis zum nächsten Winter nicht möglich machten, unbedingt zurück sein müssen. Nun war es aber kaum möglich, in so kurzer Zeit Timbu oder gar die Goldminen zu besuchen und ich hätte höchstens einige den Rio Geba betreffende Fragen lösen können, von denen ich damals jedoch annehmen konnte, dass sie der französische Reisende Olivier bereits ins Reine gebracht haben würde.

Für die mich speciell interessirenden wissenschaftlichen Studien, welche einst die Veranlassung zu meiner Reise gewesen, war aber unter sothanen ungünstigen Umständen am Festlande viel weniger zu finden als auf den Inseln.

Die wiederholten Fieberanfälle bewogen mich schliesslich zur Rückkehr. Das Schiff, welches mich nach Praya bringen sollte, war der „Bengo", ein grosses, über neunhundert Tonnen fassendes Fahrzeug, welches von St. Paul de Loanda über San Thomé hierher gekommen war, um über S. Thiago und Madeira nach Lissabon zurückzukehren. Ich kaufte einen Platz bei dem Geschäftsfreunde der Gesellschaft, einem Herrn Gaetano de Medina, mit welchem ich schon früher zusammengekommen war. Als ich ihn frug, ob er mir ein Boot zur Fahrt an Bord verschaffen könnte, verneinte er dies, da er, wie er richtig bemerkte, hierzu nicht verpflichtet sei. In höhnischem Tone fügte er hinzu, ich möge mich nur an die Regierung wenden, der ich ja empfohlen sei, und damit wandte er mir den Rücken und ging. Was diesen Mann, der mir früher freundlich begegnet war, veranlasste, mich so unverschämt zu behandeln, ist mir unklar geblieben; wahrscheinlich war es irgend ein Streit mit einem der Regierungsbeamten, den er nun merkwürdigerweise auf mich zu übertragen für nöthig hielt. Das Schwerste war jetzt, an Bord des hundert Meter weit von mir liegenden Schiffes zu gelangen, eine Fatalität, an die weder ich, noch ein anderer Mensch früher gedacht haben würde, wenn ich nicht die Umständlichkeiten, die die Erlangung eines Bootes bietet, schon früher genügend kennen zu lernen Gelegenheit gehabt hätte. Ich glaube kaum, dass es irgend einen anderen Hafen mit europäischen Niederlassungen giebt, welcher bei der Einschiffung so grosse Schwierigkeiten bietet, wie Bolama. Ich musste wirklich die grösste Energie und Rührigkeit entfalten, um nicht Angesichts des Dampfers auf dem Lande zurückbleiben zu müssen, denn vergeblich frug ich bei den verschiedenen mir befreundeten Kaufleuten an. Der eine war über den Fluss, der andere nach Bissaö gefahren, der dritte hatte sein Boot in Reparatur und der vierte selbst Frachten hinüberzubringen. Auch mein Wirth, der wackere Administrador, gab sich, unter Entfaltung seiner Würde als Oberhaupt der Stadt, Mühe, mir zu helfen, doch ohne Erfolg. Es blieb mir daher nichts übrig als zum Gouverneur zu gehen, wo ich den Generalsecretär traf. Ich erklärte ihm meine Lage und bat ihn, Abhilfe zu schaffen; der Mann schaute mich verblüfft an, da ihm ein solches Ansinnen noch nicht vorgekommen war, aber es half ihm nichts: nach längeren Hin- und Herreden erklärte er, dass er die Barke der Douane für mich verwenden würde. Nicht geringere Schwierigkeiten hatte ich nun noch, um mein Gepäck an das Gestade zu bringen und erst nach längerem Umherrennen gelang es mir endlich, einige Kerle zusammenzutreiben, von denen sich jeder eines meiner Gepäckstücke auf den Kopf lud und langsam dem Bestimmungsorte zuschritt. Nachdem ich mich vom Administrador verabschiedet, langte ich gegen Abend todtmüde an Bord an; es hatte nicht weniger als acht Stunden stetigen Umhereilens bedurft, um endlich zum Ziele zu kommen. Ich erwähne diese an und für sich geringfügigen Details, um zu zeigen, mit welchen Widerwärtigkeiten ein Reisender bei jeder, noch so kleinen Leistung zu kämpfen hat. Einigen Trost gewährte mir das opulente Mittagsmahl an Bord, denn schon seit langer Zeit hatte ich keine, nach europäischer Art bereitete Mahlzeit mit dem langentbehrten frischen Fleische und guten Weinen genossen. Leider währte meine Freude nicht lange, denn schon am nächsten Tage brach das Fieber mit erneuter Heftigkeit bei mir aus und nahm in der Folge einen ziemlich bösartigen Charakter an, wozu auch der heftige Nordwind, der uns auf offener See erwartete und eine für dortige Verhältnisse sehr bedeutende Erniedrigung der Temperatur hervorbrachte, beitrug. Das Schiff hatte einen anderen Kurs genommen, indem es nicht der Küste entlang gegen das Cabo Roxo steuerte, sondern genau in westlicher Richtung südlich der Insel Carachi vorüberdampfte, um erst, nachdem die letzte Bijagosinsel dem Auge entschwunden war, den nordwestlichen Kurs zu ergreifen; es geschah dies offenbar, um den günstigen Nordnordostwind benützen zu können.

In derselben Cajüte mit mir war ein anderer Afrikareisender untergebracht, ein belgischer Major, welchen Se. Majestät der König der Belgier nach dem Congo gesendet, um die dort von Stanley projectirten belgischen Niederlassungen zu inspiciren. Herrn Van den Bogaert war es übrigens recht gut ergangen und nur auf der Rückreise hatte er in S. Thomé, dieser mörderischen, für Europäer so verhängnissvollen Insel das Fieber bekommen. Mit den übrigen Passagieren, unter denen Plantagenbesitzer von S. Thomé und Loanda die Hauptrolle spielten, zum Theil Farbige, zum Theil Weisse, kam ich wenig in Berührung, da mein Zustand mich ununterbrochen an das Bett fesselte.

Schon mancher Afrikareisende hat den Bengo zur Ueberfahrt nach Afrika oder umgekehrt benutzt, auch der unglückliche Hermann v. Barth und O. Mohr, welche beide ihrem Leben ein frühzeitiges Ende bereitet. Letzterer erschoss sich bekanntlich während eines heftigen Deliriums, während H. v. Barth sich nicht, wie in Europa behauptet wird, in einem starken Fieberanfall, sondern bei vollem Bewusstsein eine Kugel durch den Kopf jagte. Da ich mit vielen Personen, die den letzteren gekannt, und mit ihm in letzter Zeit zusammen waren, verkehrt habe, so vermag ich über sein Ende Auskunft zu geben, was ich für um so nothwendiger halte, als in den Colonien allerlei Gerüchte über seinen Tod und die Motive, welche ihn zum Selbstmord trieben, cursiren.

Während der Reise nach Loanda schon litt der Unglückliche an nervösen Zuständen und beklagte sich vielfach über heftige Kopf- und Zahnschmerzen, welche ihm manche schlaflose Nächte verursachten. Diese Nervosität steigerte sich durch die vielen Schwierigkeiten, welchen er während seiner Reise begegnete und namentlich durch die Ueberzeugung, dass es ihm, der einzig und allein seiner Aufgabe, der Erforschung des südwestlichen Afrika's lebte, unmöglich sei, mit den geringen, ihm zu Gebote stehenden Mitteln Bedeutendes zu leisten. Und so mag er denn in einem Momente der Muthlosigkeit, unüberlegt seinem Leben ein allzufrühes Ende bereitet haben. Noch wenige Stunden vor seinem Tode war er mit dem damaligen Generalsecretär des Gouverneurs Albuquerque, dem jetzigen Arzte von S. Vincent, Custodio Duarte, in ruhigem Gespräche beisammen gewesen.

Nach nur zweitägiger Fahrt legte unser Schiff auf seiner Rückfahrt in Praya an und ich musste mich, trotz des heftigen Fiebers ans Land schleppen lassen, da ich dort noch einen Theil meiner Gesteinssammlung zurückgelassen hatte. Zum Glück enthob mich mein lieber Gastfreund, Ribeiro, dieser Arbeit, indem er mit der grössten Bereitwilligkeit Alles selbst besorgte. Es war nun eigentlich meine Absicht, zugleich nach Fogo zu gehen und der Zufall wollte es, dass in wenigen Stunden ein Schiffchen zur Reise dahin bereit stand, doch war die Ausführung dieses Planes mir in meinem jetzigen Zustande nicht möglich, denn einen abermaligen Aufenthalt von sechsunddreissig Stunden auf einer der früher beschriebenen schändlichen Barken zu unternehmen, um auf der Insel nicht einmal eine sichere Unterkunft zu finden, war nicht thunlich, und so entschloss ich mich schweren Herzens, den Dampfer bis nach S. Vincent zu benutzen und dort in einem besseren Klima meine Genesung abzuwarten. So fuhr ich denn an demselben Abende noch an Fogo und den felsigen Eilanden Ilheu Razo und Branco vorüber, leider immer an das Bett gefesselt, S. Vincent zu. Hier sollte uns noch ein kleines Missgeschick treffen, welches glücklicherweise keine weiteren Folgen hatte, uns aber, wenn es auf hoher See passirt wäre, den grössten Gefahren ausgesetzt haben würde. Das bisher so günstige Wetter hatte plötzlich umgeschlagen und im Canal zwischen S. Antaō und S. Vincent war die See so heftig, dass es der grössten Anstrengungen bedurfte um das Schiff zu verhindern, an die Felsklippen S. Vincents geworfen zu werden. Aber die Schraube des Dampfers war gebrochen und wir konnten uns glücklich preisen, dass dieses Unglück uns nur wenige Klafter von der westlichen Spitze des Hafens erreichte, wo wir vom Orkan geschützt, noch den Hafen zu erreichen vermochten, an dessen äusserstem Ende wir Anker warfen.

Hätte uns dieses Malheur einige Minuten früher ereilt, so wäre das seiner Triebkraft beraubte Fahrzeug von dem rasenden Sturm unfehlbar an die steilen Felswände geschleudert worden. Für den Capitän und die Gesellschaft war allerdings der Schaden gross genug, denn es bedurfte eines zweimonatlichen Aufenthalts in S. Vincent um das Schiff wieder in Stand zu setzen.

Endlich war ich im Hause, oder vielmehr in den prächtigen Räumen des Hotels Luso Brasileiro untergebracht, dessen von Insecten und Spinnen bedeckte Wände mich diesmal nicht schreckten, denn den Behausungen gegenüber, die ich unterwegs hatte benutzen müssen, war diese Wohnung doch nicht gar so schlecht.

Acht Tage währte noch das Fieber, welches mir arg mitspielte, jedoch konnte ich mich wenigstens guter Pflege und guter Kost erfreuen, denn in S. Vincent bekommt man für theures Geld nicht nur Hühner, frisches Fleisch und Fische, sondern auch Wein und andere Stärkungsmittel.

In der Nacht, welche meiner Ankunft folgte, wurde meine Ruhe in der unerquicklichsten Weise gestört; — durch Fieber und den starken Chinin-Genuss fast betäubt, wurde ich durch den Klang wirr durcheinander rufender Stimmen, durch Geheul und Pfeifen geweckt. Mühsam kleidete ich mich an und schlich zur Thüre. Das Nachbarhaus stand in hellen Flammen und der Wind trieb die Funken auch zu uns herüber. Es war ein heilloses Durcheinander, bei welchem eine Bewältigung des Feuers nicht möglich war. Daher begnügte sich auch die Polizei, welcher das Löschen anvertraut war, durch unbändigen Lärm mit ihren Signalpfeifen die Bevölkerung aufzuwecken, und wenn nicht der Wind ein Einsehen gehabt und die Funken nach der anderen unbebauten Seite hingeweht hätte, so hätte auch das fleissige Bespülen der Dächer von Seiten der Bewohner nichts genützt. Nichtsdestoweniger musste ich trotz meiner Schwäche mein transportables Gepäck mit Hilfe eines kleinen Negerjungen zusammenraffen und hinaustragen, um es vor gänzlichem Untergang zu retten. Nach einigen Stunden war die Gefahr vorüber und ich konnte mich nun ungestört der mir so nothwendigen Ruhe hingeben. Leider hatte ich mich aber bei dieser unangenehmen Expedition durch den nächtlichen Aufenthalt im Freien erkältet, so dass das Fieber mit erneuter Kraft ausbrach.

Während meiner Krankheit bezeigten mir die Einwohner von S. Vincent ungemein viel Theilnahme, und viele Kaufleute, sowie auch die Beamten der englischen Submarintelegraphenstation (das Kabel geht bekanntlich über Madeira und S. Vincent) besuchten mich. Unter ersteren befand sich auch Herr Zagury aus Casange in Angola, dessen Faktoreien weit ins Innere Afrika's hineingehen, ein sehr gebildeter und belesener Mann, der sich für die Erforschung Afrika's ungemein interessirt, den deutschen Reisenden in jener Gegend von grösstem Nutzen gewesen ist und dessen liebenswürdige Gesellschaft mir ausserordentlich willkommen war.

Kaum halbwegs vom Fieber genesen, war mein ganzes Bestreben dahin gerichtet, die Insel Antaõ zu besuchen, welche gleichsam instinctiv ein grosses Interesse in mir erweckt hatte, das sie späterhin auch rechtfertigen sollte. Selbstverständlich war, wie immer, die Schwierigkeit der Transportmittel, an welcher schon so mancher Plan gescheitert, das Haupthinderniss, welches mir eine zwar heilsame, doch nicht erwünschte Ruhezeit auferlegte, die ich dazu benutzte um das Eiland genauer zu studiren und seine vulkanischen Bildungen kennen zu lernen. Endlich gelang es den vereinten Bemühungen meines Freundes Custodio Duarte und den meinen, ein Boot zu freten d. h. zu miethen; es war zwar eines der gefährlichsten Sorte und vielfach wurde ich gewarnt mich einem so unzuverlässigen Fahrzeuge, welches nur einen Fuss über dem Wasser hervorragte und aussah, als wenn es von einer einzigen mächtigen Welle zerdrückt werden könnte, anzuvertrauen, aber meine Sehnsucht von St. Vincent fortzukommen, war so gross, mein Streben nach zwölftägiger unfreiwilliger Musse endlich einmal wieder etwas zu unternehmen, war ein so mächtiges, dass ich noch einen viel schlechteren Kahn benutzt hätte, als den mir zu Gebote stehenden. So ergriff ich denn bereitwilligst die Gelegenheit, um St. Vincent den Rücken zu kehren und bald war ich mit dem Padraõ, einem braunschwarzen gutmüthigen Schiffer, handelseins geworden und fand mich zur bestimmten Stunde — 6 Uhr früh — am Landungsplatze ein.

Dass der Kapitän und die Bootsleute erst eine Stunde nach mir und der festgesetzten Zeit erschienen, war begreiflich; an solche Verspätungen gewöhnt, war ich immerhin froh, endlich gegen 8 Uhr den geräumigen schönen Hafen von St. Vincent mit dem buntbewegten Bilde zahlreicher abgehender und ankommender Dampfer und Segelschiffe verlassen zu können.

So lange wir noch das krystalline blaue Wasser, welches einem Spiegel gleich den Hafen erfüllt, durchschnitten, konnte ich mich an dem imposanten Anblicke der steilen vulkanischen Felsen S. Vincents, mit den im Hintergrunde freundlich herüberblinkenden kleinen Steinhäuschen erfreuen; aber nachdem wir dem Schutze der Uferbarren entronnen, änderte sich die Situation in der unerfreulichsten Weise. Kaum hatte ich Zeit, in meinen Regenmantel zu schlüpfen und eine Kautschukdecke umzulegen, als auch schon eine mächtige Welle uns überfluthete und einem unfreiwilligen Bade preisgab — so ging's zwei Stunden lang, wobei wir fortwährend die Gefahr vor uns sahen, von einer Woge umgeworfen und ins Meer geschleudert zu werden.

Als wir endlich unser Ziel erreicht hatten, erklomm ich ganz durchnässt die steilen, von der Brandung gepeitschten Ufer, auf deren Höhe eine aus circa fünf Hütten bestehende Ansiedlung sich erhebt. In der Nähe derselben begrüsste mich alsbald ein halbgekleideter prächtig schwarzer Neger, ein Vorposten der Civilisation, der unvermeidliche Fiscal oder Zollbeamte. — Wo nur immer im tiefsten Afrika das Banner des Vaterlandes Vasco de Gama's weht, erscheint mit ihm zugleich der Beamte, welcher beauftragt ist, den Pass zu vidiren. Livingstone erzählt, dass, als er, vom indischen Ocean kommend, nach der Durchquerung Afrika's auf die erste portugiesische Colonie traf, deren Anblick ihn unsäglich erfreute, ihm alsbald ein Individuum entgegentrat, welches ihn sehr höflich um seinen Pass bat, mit welchem der erschöpfte Reisende zu dienen allerdings nicht in der Lage war. Jetzt werden diese strengen und vexatorischen Vorschriften, die namentlich der zahlreichen Deportirten wegen, welche ihren Wohnsitz nicht verlassen dürfen, erlassen wurden, glücklicherweise nicht mehr so stricte gehandhabt.

Der gute Schwarze war so freundlich, nachdem er erfahren, mit wem er zu thun habe, von jeder weiteren indiscreten Frage abzustehen, und mir sofort seine einfache Hütte zum Schutze gegen die Sonne anzubieten. Ich erfuhr zu meinem grössten Vergnügen, dass man auf der Insel bereits von meiner Ankunft benachrichtigt und auch schon ein Reitpferd für mich eingetroffen sei, welches mich nach der Povaçaõ oder dem Städtchen bringen sollte. Dies war wiederum ein Beweis von Zuvorkommenheit (meine bevorstehende Ankunft war schon von meinem Freunde Custodio Duarte angekündigt worden), wie ich ihn thatsächlich nur bei Portugiesen erlebte. Die Bewohner des kleinen Dörfchens waren mir in allen Stücken behilflich, und mit ihrem Beistand gelang es mir, in der kürzesten Zeit Esel aufzutreiben, welche mein Gepäck zu tragen bestimmt waren und schon um zwei Uhr, in der glühendsten Mittagssonne, setzte sich die kleine Caravane in Bewegung. Es war keine kurze Strecke, die wir zu machen beabsichtigten, denn S. Antaõ ist nichts als ein hoher, langer, aus vulkanischen Bildungen bestehender Bergrücken, den wir zu überschreiten hatten, um zu der am jenseitigen Ufer gelegenen Povaçaõ zu gelangen, wir mussten daher nahezu 7000' steigen und wieder herabklimmen.

Der steile Abhang, den wir hinanritten, hatte einen ausgeprägten Wüstencharakter, — kein Gras, kein Strauch, nicht das geringste Grün war sichtbar, nur schwarzer Fels und rother Sand, hie und da auch weisser Bimsstein ermüdeten durch ihre Monotonie das Auge. Ein beschwerlicher und erschöpfender Ritt von vier Stunden durch diese Einöde führte uns auf den Kamm, von wo ein wunderbarer Ausblick uns belohnte. — Jetzt, nachdem wir den Nordabhang betreten, ändert sich das Bild, schwindet der Wüstencharakter, reiche Vegetation beginnt, wir wandeln zwischen kleinen Hügeln und Kuppen von rothem Bimsstein, zwischen welchem viel Gesträuch, meist Compositengestrüpp, und kleine Euphorbien. Alles ist grün, Alles bewachsen. Noch schöner wird der Anblick nachdem wir 2000' tiefer angelangt sind: Kaffeepflanzungen, unterbrochen von Cocospalmen und Bananen verbreiten eine angenehme Kühle. Unterdessen ist die Nacht hereingebrochen und glücklicherweise beleuchtet der Vollmond den entsetzlich steilen und gefährlichen Pfad, der sich endlos an der Thalwand hinzieht. Neben uns gähnt der 1000 Meter tiefe jähe Abgrund, und ein Fehltritt des Pferdes kann uns hinunterschleudern in die grause Schlucht, doch fest und sicher schreitet das Thier, das den Weg nicht zum ersten Male macht und die Gefahren kennt. Nur die Lastthiere können hier nicht mehr folgen, und da zum Uebernachten keine geeignete Stelle vorhanden, bleibt nichts übrig, als die ohnehin schon todtmüden Thiere des Gepäckes zu entledigen und sie weiden zu lassen, während ich und mein Führer, der allerdings anfänglich gegen die Fortsetzung des Marsches, aber ohne Erfolg, protestirt hatte, den beschwerlichen Weg fortsetzen. Endlich gegen elf Uhr, nach neunstündigem, fast ununterbrochenem Ritt, gelangen wir an unser Ziel, in das gastliche Haus des Senhor Vieira, eines in S. Antaõ ansässigen Portugiesen, welchen wir dem Schlummer entreissen müssen, und nach den obligaten Begrüssungen können auch wir uns der so wohlverdienten Ruhe hingeben. Die nächsten Tage wurden dazu verwandt, die sehr interessanten und landschaftlich reizenden nähergelegenen Theile der Insel kennen zu lernen, wobei wir überall in den kleinen Plantagen gut aufgenommen und verpflegt wurden. Am fünften Tage nach unserer Ankunft brachen wir zu einer längeren Tour auf, um, gefolgt von einer stattlichen Caravane, den unwirthlichen Theil der Insel zu besuchen. Doch vorher noch einige Worte über das Städtchen und die Insel.

S. Antaõ, welches einen Flächeninhalt von circa siebzehn Quadratmeilen hat, besitzt nur ein einziges Städtchen, das keinen eigenen Namen führt, sondern nur unter der Bezeichnung: Povaçaõ (d. h. das Dorf) bekannt ist und nahezu zweitausend Einwohner zählen dürfte. Der Ort zeigt einige mit Lavasteinen gut gepflasterte Strassen, eine Kirche und mehrere nach europäischer Bauart construirte Häuser, der Rest besteht aus den landesüblichen luftigen, aus nicht zusammengefügten Steinen aufgeführten Hütten, die einigermassen prähistorischen Bauten gleichen. Anpflanzungen von Bananen und Cocospalmen, sowie eines durch schöne rothe Blüthen ausgezeichneten aus Guinea stammenden Baumes geben dem Bilde einen ungemein freundlichen Ausdruck, welcher in gewisser Beziehung an die Landschaften Siciliens oder Andalusiens erinnert, während von der anderen Seite das Meer dröhnend und brausend hereinstürmend, nicht wenig zur Belebung der sonst so friedlichen Scenerie beiträgt.

Nach kurzem Aufenthalt war die kleine Caravane, die mich während der Durchforschung der Insel begleiten sollte, zusammengestellt. Leider hatte mir mein sonst so umsichtiger und liebenswürdiger Gastfreund ein zu lebenslänglicher Deportation verurtheiltes Individuum als Dolmetsch und Reisemarschall aufgezwungen, welches mir späterhin sehr unangenehm werden sollte.

Ausser diesem nahm ich einige Träger, ein Reitpferd, drei Maulesel und drei Esel mit mir. Sehr angenehm berührte es mich, dass der Schullehrer des Ortes, ein freundlicher und einigermassen gebildeter Farbiger sich mir zur Mitreise anbot, was ich auch ungeachtet der Intriguen, welche die andern gegen ihn vorbrachten, dankbarst annahm, nachdem er mit Erlaubniss des Administradors seine Schule geschlossen hatte. Mein Ausmarsch aus S. Antaõ bot ein stattliches Bild, denn ausser mir und Fileno de Lima (dem Schullehrer), meinem Reisemarschall Silvero, dessen Galgenphysiognomie gegenüber den anderen harmlosen Gesichtern eigenthümlich abstach, waren noch zwei berittene Diener und die Esel mit ihren Treibern bei der Cavalcade. Ausserdem aber gaben mir über ein Dutzend Berittene, worunter der Administrador, welcher mich sogar mehrere Stunden weit begleiten wollte, das Geleite.

Ich war tief gerührt von der Theilnahme, welche ich auf dieser verlassenen Insel gefunden, denn wenn mir auch anderweitig die beste Aufnahme zu Theil geworden, so war mir eine solche Herzlichkeit, verbunden mit respectvollster Behandlung, doch nirgends vorgekommen, und so schied ich denn voll Dankbarkeit von den biederen Leuten.

Die Nacht verbrachten wir in dem wildromantischen Kesselthale der Garça, dessen vulkanischer Charakter mich aufs Höchste interessirte und wo ich reiche Ausbeute sammelte, bei einem sehr civilisirten Schwarzen, einem Freunde des Administradors, der uns ein, für dortige Verhältnisse, lucullisches Mahl, bestehend aus Ziegen- und Hühnerfleisch mit Reis und Mandioca, diesem hier am meisten verbreiteten Nahrungsmittel, auftischte. Nach dem Diner wurde Kaffee servirt wie ich ihn früher nie getrunken habe und wahrscheinlich nie mehr trinken werde. Der Kaffee von den Capverdischen Inseln ist vielleicht der beste der Welt und kann sogar mit dem Mokka in die Schranken treten. Doch wird nur eine geringe Menge davon producirt, welche gänzlich in Lissabon consumirt, aber leider vorher meist mit Brasil gemischt wird und sehr hoch im Preise steht.

In dem an Tafelfreuden so armen Antaõ bildet das Kaffeetrinken den höchsten der erreichbaren Genüsse. Mein Freund Fileno konnte leider nicht an der, für afrikanische Verhältnisse üppigen Mahlzeit theilnehmen, da ihn die leidigen Parteiverhältnisse daran hinderten, bei unserem freundlichen Wirthe zu wohnen, und er daher auf einer im Garçathale gelegenen, eigenen kleinen Hütte, welche nebst einigen Kaffeepflanzungen sein ganzes Vermögen bildete, zu wohnen gezwungen war. Der wundervolle Abend, welchen ich in diesem, am jähen Felsabhange gelegenen Thale, inmitten zauberisch schöner Haine, mit dem Anblicke auf das hohe, wildzerklüftete Felsgebirge verlebte, dessen schroffer und romantischer Charakter mich an die heimatlichen Gebirge mahnte, wird mir als eine meiner schönsten Reiseerinnerungen im Gedächtniss bleiben.

Am nächsten Tage hatten wir einen beschwerlichen Marsch, welcher erst spät Abends seinen Abschluss fand, zu machen, da wir nicht weniger als drei tiefe Schluchten auf engen, an jähen Felsabhängen dahingehenden Fusspfaden zu passiren hatten. Ich übernachtete im Zelte und meine Leute im Freien, zum grössten Aerger meines Führers Silvero, welcher schon anfing, sich äusserst renitent zu benehmen, trotzdem er allein die Hälfte der vorhandenen Essvorräthe verzehrt hatte. Bald auch erhob sich zwischen ihm und meinem Freund Fileno ein Streit, da ersterer uns absolut an einen Punkt führen wollte, wo angeblich ein Haus stand, den zu besichtigen jedoch nicht in meinem Interesse lag. Ich erklärte ihm daher kurz und bündig, dass ich und nicht er die Reiseroute anzugeben habe; dafür rächte er sich auch als echter Bandit, indem er, als wir des Morgens unseren Wasservorrath in grossen Kürbisflaschen einnehmen wollten, scheinbar wieder beruhigt, die Behauptung aufstellte, er kenne oben eine Quelle mit ausgezeichnetem Wasser und es sei daher nicht nothwendig, sich schon hier mit demselben zu beladen. Leichtgläubig genug unterliessen wir es denn auch und waren nicht wenig enttäuscht, als der Elende oben angelangt, die Nachricht brachte, die Quelle sei verschüttet und daher kein Wasser aufzufinden. Was halfen alle Vorwürfe und Verwünschungen, welche die übrigen gegen ihn ausstiessen, und welche er mit stoischer Ruhe entgegennahm. Wir hatten nur eine einzige Kürbisflasche mit Wasser für zwei Tage und für sieben Personen! —

Doch all diese kleine Leiden, alle diese unangenehmen Aussichten sind vergessen, sobald wir aus dem tief eingeschnittenen Felsthale der „Ribeira Alta" aufsteigend, auf der Kammhöhe angelangt, den wunderschönen Anblick des Topo da Corôa, des „Kronengipfels" und seiner Umgebung geniessen. Fürwahr, ein herrliches Schauspiel für einen Geologen und ganz dazu angethan, jedes körperliche Leiden vergessen zu machen! —

Vor uns lag eine weite Hochebene, welche sich über den südwestlichen Theil der Insel erstreckt, an deren äusserstem Ende der Kegel des Topo sich erhebt, hinter ihm der endlose, einem Spiegel gleiche, blauschimmernde Ocean, vor uns aber, eine Reihe der schönsten, regelmässigsten Krater und Kegel, welche unvermittelt aus der, mit rothbraunem Sande erfüllten Ebene in das tiefe Blau des Himmels hineinragen. Nichts ist geeigneter die von körperlichen Mühen ermatteten Lebensgeister neu zu beleben, neue Hoffnungen zu erwecken, als der Anblick eines wissenschaftlich so hoch interessanten Objectes: er vermag den Forscher, allen Gefahren zum Trotz, vorwärts zu jagen, um den unermüdlichen, dem Menschengeiste eigenen Wissensdrang zu stillen. — Hier war allerdings von Gefahren weniger die Rede. Es konnte sich ja bei der Fortsetzung meiner Reise nur um eine Anzahl von Unbequemlichkeiten und Beschwerden handeln, trotzdem wirkte der Anblick erfrischend auf mich, war er mir doch eine Genugthuung für so manche erlebte Pein, so manche Enttäuschung und so manchen Moment drohender Gefahr. Hätte mir in Futah-Djallon an den Ufern des Rio Grande ein solches Bild gewinkt, kein tückischer Fullah, kein schleichendes Fieber würde mich zur Rückkehr zu veranlassen vermocht haben, — ob allerdings mit Erfolg, wage ich nicht zu behaupten.

Das günstige Terrain benützend, sprengte ich in vollem Galopp meinen Begleitern vor, um ungestört mich meinen Studien hingeben zu können. Laut- und leblos lag die Ebene vor mir, überall herrschte Todtenstille, kein Vogel, kein Reptil, kein summender Käfer störte meine Beobachtungen, nicht einmal der Aasgeier breitete seine Schwingen über der kahlen, unwirthlichen Wüstengegend, aus deren rothem Sande nur hin und wieder ein schwarzes Lavastück, ein blendend weisser Bimsstein oder ein glitzernder Augitkrystall hervorschimmerte. Nichts störte die majestätische Ruhe, in welcher die erloschenen Vulkane, diese Zeugen der mächtigsten Kräfte der anorganischen Welt versunken waren — hier war alles kalt und todt.

Noch vor Sonnenaufgang brach ich mit Fileno und einem Diener auf, um den Topo da Corôa, den nahezu achttausend Fuss hohen, höchsten Berg der Insel zu besteigen. Reiche Ausbeute lohnte mein unablässiges Umherirren; es war mir gelungen, eine Karte des südlichen Theiles der Insel zu entwerfen und ein Sack voll der schönsten und interessantesten Mineralien war die Errungenschaft des Tages. Auch hatten sich unterdessen unsere materiellen Verhältnisse gebessert, denn zwei entsendeten Männern war es gelungen, dem einen eine wilde Ziege, dem andern einen Krug Wasser, aus weiter Entfernung herbeizubringen, und so konnten wir denn unseren Heisshunger wenigstens einigermassen stillen. Leider waren die Pferde und Esel seit achtundvierzig Stunden ohne Wasser, und ohne Gefahr für ihre weitere Leistungsfähigkeit konnten wir diesen Zustand nicht noch verlängern. Trotzdem ich noch gern die herrliche Kratergruppe näher untersucht hätte, musste ich, um nicht die ganze fernere Reise in Frage zu stellen, mich entschliessen, dem Südabhange entlang an das Meer hinabzusteigen, was mir in einer Hinsicht, nämlich um den Barometerstand am Fusse des Meeres beobachten zu können, damit meine Höhenmessungen nicht allzu unrichtig ausfielen, ganz angenehm war. Nach beschwerlichem Marsche nahm uns das wunderbare, jäh eingeschnittene Tarrafalthal auf, in dessen Tiefe wir einen kleinen, klaren, rauschenden Wildbach fanden, dessen Wasser Menschen und Thiere erlabte. An seinem Ausgang gegen das Meer zu liegt ein einsames halbverfallenes Haus, nur dürftig von einigen krüppelhaften Bananen und Cocospalmen beschattet, dort fanden wir eine gastliche Aufnahme. Die kleine Behausung selbst gehört einem Bewohner von S. Vincent, Herrn Martinz, welcher das auf diesen Eilanden so seltene Vorkommen von trinkbarem Wasser benutzt hat, um sich ein gutes Einkommen zu verschaffen. Allwöchentlich verlässt eine kleine Barke mit frischem, klarem Trinkwasser beladen, die Tarrafalbucht und segelt gegen S. Vincent, wo, bei dem bereits erwähnten Wassermangel, das Fässchen Wasser, welches überhaupt das einzige dort habhafte trinkbare ist, für nahezu ein Pfund Sterling verkauft wird; bei dem wachsenden Verkehr in diesem Hafen und den vielen Schiffen die fortwährend hier verweilen, ist auch der Wasserconsum ein bedeutender geworden.

Im Tarrafalthal mussten wir nothgedrungen den erschöpften Tragthieren einen Ruhetag gönnen, welchen wir auch zur Verproviantirung benutzten. Wir acquirirten mehrere Hühner; ein riesiger Vorrath der so beliebten Mandioca und Mil war für die Diener bestimmt, und ein Dutzend Branntweinflaschen, welche wir von dem Majordomo des Herrn Martinz kauften, sollte zur Aufheiterung und Aufrechterhaltung der guten Stimmung der Caravane dienen. Ich benutzte auch die Gelegenheit der Anwesenheit jener kleinen Barke, welche gerade, mit Wasserfässern beladen nach S. Vincent absegeln sollte, um eine Sendung von Mineralien dahin zu befördern, und am nächsten Tage (es war der 20. März) brachen wir in aller Frühe auf, um womöglich im Schatten den sechstausend Fuss hohen Abhang zu erklimmen. Unser Weg führte uns wieder in die Nähe des hohen Topo. Ich durchforschte dabei noch den letzten, mir unbekannt gebliebenen Theil dieses Berges, und es gelang mir eine kleine detaillirte Karte dieses Theiles der Insel zu entwerfen; die Höhe des Topo da Corõa mass ich mit 2280 Meter. Leider mussten wir an diesem Tage drei Hunde, die meiner Dienerschaft gehörig, uns fortwährend begleitet hatten, zurücklassen, da sie sich auf den brennend heissen Steinen die Pfoten derart verletzt hatten, dass sie nicht zum Weitermarsche zu bewegen waren: ihr Schicksal in dieser öden Wildniss war besiegelt! Die weiteren Tage meines Aufenthalts in S. Antaõ liessen mich manche wissenschaftlich werthvolle Entdeckung machen und auch materiell war unser Loos kein gar so schlechtes. Sehr angenehm berührte mich die Auffindung zahlreicher Natron-Säuerlinge, deren erfrischendes Wasser bei der peinlichen Hitze neubelebend wirkte. Am vorletzten Tage hatte ich noch ein ernstes Rencontre mit dem unverbesserlichen Silvero, welcher sich wieder einmal der Branntweinflaschen bemächtigt hatte. — Wir hatten uns durch sein Verschulden gänzlich verirrt, da er den Angaben des neu aufgenommenen Führers entgegen, absolut einen andern Weg hatte gehen wollen und nun erklärte er mit der grössten Unverschämtheit, dass wir unmöglich weiter könnten und gezwungen wären, am Platze die Nacht zu verbringen, welch letzterer aber durchaus nicht dazu geeignet war, da weder Futter für die Thiere, noch ein Platz zum Uebernachten vorhanden war und ausserdem (wir waren siebentausend Fuss hoch) ein eisiger Nordwind unsere Glieder erstarren machte, und ein längeres Verweilen mir, der ich kaum vom Fieber genesen, sicher neue Krankheit bringen musste. Ich sprach mich daher lebhaft gegen dieses Ansinnen aus, wobei mir Fileno secundirte und mein Zorn stieg auf's höchste, da der freche Bursche erklärte, nicht weiter gehen zu wollen. Als er nun gar die Uebrigen zu haranguiren und dieselben zu bewegen versuchte, mich zu verlassen, stürzte ich mit erhobenem Revolver auf ihn zu, ihm erklärend, dass ich gesonnen sei, mir unter jeder Bedingung Gehorsam zu verschaffen. Das änderte die Situation! Während die Uebrigen bisher geneigt waren, Silvero Gehör zu geben, brachen sie jetzt in laute Verwünschungen gegen ihn aus und beschuldigten ihn, die für sie bestimmten Ess- und Branntweinvorräthe veruntreut zu haben. Ich liess ihnen durch Fileno, welcher des Idioms jedenfalls besser mächtig war, verkünden, dass jener Elende seines Dienstes entsetzt sei, dass ich ihn nur bis zur nächsten Ansiedlung noch mitnähme und bei dem ersten weiteren Fehltritte die Prügelstrafe über ihn verhängen würde.

Diese kleine Ansprache hob die gesunkene Stimmung und Alle traten lachend und scherzend und Silvero nunmehr verspottend, den Rückzug an, denn wir mussten eine halbe Meile den gemachten Weg zurückgehen, um die richtige Route wiederzufinden. Es gelang uns noch, an demselben Abend gegen Mitternacht eine ganz isolirte Ansiedlung, die einzige auf solcher Höhe, zu erreichen, da die helle schöne Mondnacht das Fortkommen sehr erleichterte. Der schmale, an tiefen Abgründen sich dahin schlängelnde, oft geradezu gefahrvolle Pfad führte uns eine Reihe der schönsten Bilder vor, deren Scenerie durch das helle Mondlicht in imposanter Weise hervortrat. Kleine regelmässige Bimsstein-Krater erheben sich überall, an dem durch zahlreiche Schluchten durchsetzten Bergabhang, deren Passirung unseren

Oelpalme (Elaïs guineensis).

Pferden nicht wenig Mühe kostete. Die grösste Vorsicht war nothwendig, denn ein Fehltritt hätte leicht die schwersten Folgen gehabt. Voran ging, auf einen langen Stock gestützt, Kanana, unser Führer, und an gefährlichen Stellen liess sich sein lautes A-ho vernehmen, um uns zu grösserer Aufmerksamkeit anzuspornen, eventuell auch zum Absitzen zu bewegen. Nach langem Umherirren gelangten wir an den Rand eines grossen kreisförmigen Kraters, dessen Wände an die tausend Fuss tief, senkrecht hinabstürzten. Der circa 600 m

Haus im Krater.

im Durchmesser führende Kraterboden war ganz flach und in seiner Tiefe erhob sich eine Hütte, ein bewohntes Haus inmitten dieser wilden Einöde, am Fusse steiler schwarzer Felswände! — Ein Gefühl des Staunens erfüllte mich beim Anblicke des prächtigen Bildes und verwundert frug ich meine Begleiter, wie es denn möglich sei, da hinab zu gelangen, denn vor mir, unter mir, sah ich nichts als wildzerklüftete Felsen, nirgends konnte man die Spuren eines Pfades entdecken und trotzdem gelangten wir hinunter, ja sogar ohne von den Pferden steigen zu müssen. Die Zügel kurz haltend, mich an dem hinteren Sattelriemen anklammernd, oft die Augen schliessend, um nicht vom Schwindel befallen zu werden und nur dem sicheren Fusse meines treuen Thieres vertrauend, ritt ich langsam, dicht an der Felswand, an überhängenden Felsen, welche mich oft zum Bücken zwangen, vorüber, einem kleinen Fusspfad folgend, dessen Existenz ich von oben nimmer vermuthet hätte, bis wir endlich nach manch gefahrvollem Momente unten ankamen, wo auch schon der Besitzer der Hütte, der durch das Geschrei meiner Leute geweckt, uns auf das Gastlichste empfing und seine schwachen Kräfte, wie er sagte, zu unserer Verfügung stellte. Bald auch loderten die Feuer und tief in die Nacht hinein wurde Reis, Mil und Mandioca von meinen Leuten gekocht, die wacker der ihnen von unserem Gastfreunde angebotenen Schnapsflasche zusprachen.

Unter diesen Umständen war es selbstverständlich, dass am nächsten Morgen der Aufbruch erst ziemlich spät vor sich gehen konnte; wir hatten noch den nordöstlichsten (nach meinen Messungen) circa zweitausend Meter hohen Gipfel zu erklimmen, von welchem aus wir wieder eine, an malerischen Effecten reiche Aussicht, sowohl auf die Insel selbst, als auch auf die übrigen, aus der blauen Fluth sich erhebenden capverdischen Eilande genossen, die denn auch nicht wenig dazu beitrug, das Verständniss des Baues und die Gliederung der Vulkaninsel zu erleichtern.

Dann gings in der glühenden Sonnenhitze über kahle Lavafelder, den Abhang hinunter bis zum kleinen Dorfe, bei welchem zum ersten Male mein Fuss die Insel betreten hatte: Hier trat der gute Fileno, welcher sehr bewegt von mir Abschied nahm und meine Diener, nachdem ich sie, sowie auch den Schurken Silvero, den ich früher nicht hatte loswerden können, ausgezahlt hatte, die Rückreise an, und ich blieb allein. Der Aufenthalt in dem Orte war, da buchstäblich sämmtliche Einwohner betrunken waren, ein recht unangenehmer und ich suchte so bald als möglich fortzukommen, — fast sollte ich meine Ungeduld bereuen.

CAPITEL XXIII.

Abfahrt von S. Antaō. — Der Schiffbruch. — Verlust meines Gepäckes. — Rückkehr nach Europa.

Am frühen Morgen hatte ich einer eben abgehenden Barke einen kleinen Theil meines Gepäckes und eine Kiste mit Sammlungsgegenständen übergeben, mit der Weisung, in S. Vincent den nächsten besten Kutter oder Schooner herüberzusenden, um mich abzuholen. Schon Abends hatte ich der Verabredung gemäss eine sogenannte Fougueira (ein grosses Strohfeuer) angezündet, welches meinem Freunde Custodio in S. Vincent das Signal zur Entsendung eines solchen Schiffes geben sollte. Merkwürdiger Weise aber war, trotz allen Spähens, nichts von einem Schiffe zu entdecken und ich war, wie begreiflich, schon einigermassen ungeduldig. Lange schwankte ich auch, ob ich mich jener ersterwähnten kleinen Barke anvertrauen sollte, und schon war ich dazu bereit, aber die unangenehmen Erfahrungen, welche ich auf der Hinreise gemacht, verhinderten schliesslich die Ausführung dieser Idee, welche mich wahrscheinlich das Leben gekostet hätte. Kaum war dieses Boot in See gestochen, als auch schon der langersehnte von S. Vincent gesandte Kutter am Horizonte erschien und vom günstigsten Winde getragen, war er auch in einer halben Stunde am Ufer. Ich stand mit meinen sechs Gepäckträgern bereit, welche leider alle derart betrunken waren, dass einer davon mit meinem Feldbette in eine kleine Schlucht fiel, und ich die grösste Mühe hatte, ersteres wieder zu bekommen.

Wir waren kaum ausser dem Bereich der Küste, als die bisher scheinbar ruhige See durch einen heftigen Windstoss in Bewegung gesetzt, zu toben anfing und wir einen einigermassen schweren Stand hatten. Doch langten wir glücklich im Hafen an, wo mich jedoch eine sehr unangenehme Nachricht erwartete. Die Barke, der ich einen Theil meines Gepäcks und leider auch meine Kiste mit Sammlungsobjecten anvertraut hatte, war mit Mann und Maus zu Grunde gegangen, ebenso war Tags zuvor ein ähnliches Boot gescheitert und neunzehn Menschen hatten in den Wellen den Tod gefunden!

Ein gütiges Geschick hatte mich verhindert, selbst die verhängnissvolle Barke zu besteigen, und glücklich war ich dem Hades entronnen; aber dieses Unglück machte immerhin auf mich einen deprimirenden Eindruck und trug nicht wenig dazu bei, meine Abreise zu beschleunigen.

Die Aussichten für den Besuch der Insel Fogo waren, wie meine sofort gepflogenen Erkundigungen ergaben, schlecht, ich hätte circa 14 Tage bis drei Wochen zu warten gehabt, bis ich ein Schiff nach Praya gefunden und dort eine eben so lange Zeit zubringen müssen, um endlich nach Fogo zu gelangen. Ich hätte demnach um vierzehn Tage auf der Insel selbst verweilen zu können, drei Monate opfern müssen. Das ging denn doch nicht an und ich suchte daher eine Gelegenheit zu finden, um direct nach Fogo zu kommen; aber für den elendesten Schooner wurden Summen verlangt, welche die mir zur Verfügung stehenden Mittel weit überstiegen und so musste ich denn auch dieses Project fallen lassen. Noch bot sich mir Gelegenheit die Insel S. Nicolaõ untersuchen zu können, indem derselbe Kutter, welcher mich von Antaõ nach S. Vincent gebracht, schon am nächsten Tage nach jener Insel fahren sollte. Solche Schiffe brauchen gewöhnlich sechsunddreissig bis achtundvierzig Stunden, um den Weg zurückzulegen, und die Perspective war demnach keine heitere.

Einige Zeit lang schwankte ich, ob ich nicht noch einen Monat dem Besuche dieser Insel opfern sollte, aber der Umstand, dass bei dem erwähnten Unglück mehrere, mir bei meinen Forschungen nothwendige Instrumente, sowie auch der mir unentbehrliche Feldstecher verloren gegangen waren, sowie die Erwägung, dass die Untersuchung jener kleinen Insel nicht so lohnenswerth sein dürfte, und der Unmuth endlich über den Verlust jenes Theiles meiner Sammlungen, sowie die Furcht, das unter solchen Mühseligkeiten acquirirte Material am Ende ganz zu verlieren, veranlassten mich, die definitive Rückkehr in ernstliche Erwägung zu ziehen.

Mein Entschluss war noch kein endgiltiger, als die Nachricht von dem Eintreffen eines Schiffes, welches direct nach Genua segelte, den Ausschlag gab. Ich muss nämlich hier bemerken, dass alle Schiffe, welche, von Brasilien oder Südamerika kommend, in Portugal oder Spanien anlegen, in den Sommermonaten eine mindestens achttägige Quarantaine durchmachen müssen, der mich zu unterwerfen ich nicht die geringste Lust hatte. Um diese zu vermeiden, war ich daher gezwungen, entweder direct nach England, Italien oder Frankreich zu fahren, wo dem Reisenden diese unangenehme Procedur erspart bleibt. Eine solche Gelegenheit war mir nun geboten; da aber alle jene Schiffe nicht regelmässig den Hafen von S. Vincent anlaufen, sondern nur dann, wenn sie Kohlen einzunehmen haben, so konnte längere Zeit vergehen, ehe wieder ein solches Schiff landete.

Das waren nebst einigen anderen, hier nicht weiter zu erwähnenden, die Gründe, welche mich bewogen, meine Rückreise anzutreten.

Da der Dampfer in vierundzwanzig Stunden abfahren sollte, so galt es, rasch zu handeln. Ich hatte vor Allem die Einpackung meiner Sammlungsgegenstände vorzunehmen; glücklicherweise hatte ich die Vorsicht gebraucht, schon vor meiner Abreise nach S. Antaõ für Kisten zu sorgen, und so ging mit Hilfe eines einigermassen gewandten Negers die Verpackung recht schnell vor sich, so dass auch diese Schwierigkeit noch am selben Tage behoben ward.

Den Abend benutzte ich, um mich von meinen verschiedenen

Freunden zu verabschieden, und am nächsten Morgen traf ich Anstalten zu meiner Uebersiedlung nach dem Schiffe.

Mit leichtem Herzen sah ich Tag's darauf, auf dem Verdecke des Dampfers sitzend, die düsteren Basalt-Felsen S. Vincents schwinden und als die Abendsonne ihre letzten goldenen Strahlen entsandte, waren in weiter nebelblauer Ferne, von einem leichten Dunstschleier bedeckt, nur noch die nördlichen Spitzen der Pics von Antaö mit ihren zackigen titanenhaften Formen am Horizonte sichtbar. Bald auch entzogen sich diese letzten imposanten Felsklippen gänzlich unsern Augen und wir befanden uns auf dem weiten Ocean.

Unseren Kurs nahmen wir diesmal mehr der afrikanischen Küste entlang, da wir zwischen den canarischen Inseln und dem Festlande hindurchsteuern sollten. Der Anblick der langgestreckten, nicht allzu hohen Rücken von Lancerote und Fuertaventura, die wir am dritten Tage erreichten, mit ihren kahlen vegetationslosen Flächen, die uns vielfach an die Capverden erinnerten, wirkte wenig anmuthend und liess uns die rasche Vorüberfahrt nicht bereuen.

Vierundzwanzig Stunden später sahen wir am fernen Horizonte die marokkanischen Berge, und am nächsten Tage durchfuhren wir die Meerenge von Gibraltar, wo wir auf der Rhede auch Anker warfen.

Die wenigen Stunden Aufenthalt, welche das Schiff daselbst nahm, benutzten wir, um das Felsennest zu besuchen. Besonders angenehm berührte mich dabei sowohl die milde Luft und die, zwar nicht üppige, aber demjenigen der von den Capverden kommt, lieblich und freundlich erscheinende Vegetation, als auch der seit langem entbehrte Anblick, der wenn auch engen, doch immerhin hübschen und belebten Strassen der Stadt, in denen die stolzen, mehr komisch als würdig uniformirten Highländer gravitätisch umherspazierten.

Drei Tage darauf war die anmuthsvolle Küste der Riviera in Sicht, und bald eilte ich der Heimath zu.

Anmerkungen.

1. Die Bevölkerungszahl der Capverden betrug 1877: 90704. (Petermanns Mittheilungen 1878 p. 61.)

2. Die Gesteine Antaōs sind: Phonolith, Tephrit, Basanit, Feldspathbasalt, Leucit, Nephelinit, Nephelinbasalt, Limburgit, Pyroxenit und Tuffe (vergl. meine Vulkane der Capverden und ihre Produkte).

3. Die Fauna der Capverden ist keine rein afrikanische, obgleich sie zahlreiche Anklänge an die des benachbarten Festlandes zeigt, doch kommen Arten vor, welche auf letzterem ganz fehlen oder sehr selten sind. So z. B. kommt der so häufige Geier (Neophron percnopterus) am Festlande nicht vor. Papageien fehlen auf den Capverden gänzlich, Schlangen und Chamälions dürften ebenfalls fehlen.

4. Es ist noch nicht festgestellt, wer der Entdecker der Capverden ist, gewöhnlich wird Cada Mosto dafür angesehen, während auf den Inseln selbst allgemein Nola, welcher thatsächlich von ihnen Besitz nahm, dafür gilt. Herr Dr. Ph. Paulitschke theilt mir darüber Folgendes mit: Die erste der Ilhas do Cabo Verde wurde 1456 ganz zufällig entdeckt und musste den Portugiesen nach dreitägigem Sturme begreiflicherweise sehr schön erscheinen, da sie Wasser und Lebensmittel gab; daher Boa vista. Von den drei Fahrzeugen, welche 1456 ausgelaufen waren, hatten zwei der Genuese Antoniotto Usodimare und der Venetianer Luigi Cada Mosto ausgerüstet und angeführt. Beide Seefahrer waren 1455 bereits in Senegambien gewesen. Diesmal hatten sich die Schiffer vom weissen Gebirge auf hohe See begeben, als ein Sturm aus Süden sie zwang, nordwestlich zu segeln. Nach drei Tagen betraten sie Boa Vista, wo die Vögel noch so zahm waren, dass man sie mit Händen greifen konnte. Am 5. Mai 1456 fand man im Norden von Boa vista, Sal und die anderen Inseln und betrat S. Thiago. — Erst 1461 wurden die westlichen Capverden von dem Genuesen Antonio di Noli und dem Portugiesen Diego Gomez entdeckt (V. Ramusio: Viaggi I. 117.) Benannt wurden die Inseln nach den Heiligen des Kalenders. S. Nicolaō, das am 6. December entdeckt wurde, bekam den Namen dieses Heiligen, S. Lucia (13. Dec.) ebenfalls den auf diesen Tag fallenden. Unter Alfonso V. wurden (1448—1481) leider keine Aufzeichnungen über diese Fahrten gemacht; daher setzte Barros die Entdeckung 1461, Gomez Azurara 1462. — Antonio di Noli fand auch das Mayaes (Mayo) und nach ihm wurde die Gruppe auch eine Zeit lang genannt Ilhas d'Antaō (vide: Galvaō Descobrius p. 74. Im Indice Chronol. dos Navegaçoes p. 48 soll sich eine Schenkungsurkunde Alfonso V. vom 3. December 1460 finden, welche nur die Inseln: Jacobus, Filippus, das Mayaes und S. Cristovaō (Boavista?) erwähnt. Barros behandelt die Sache in Daitsia I,1. Vgl. Thuengut, Ramensig, Barros, Galvaōs.

5. Die Lenz'sche Karte umfasst ganz West-Afrika von Marokko bis Angola, selbstverständlich ist der Werth der einzelnen Angaben sehr verschieden, während die Daten

Anmerkungen.

für diejenigen Districte, welche dieser Forscher selbst besucht, oder welche von anderen geologisch gebildeten Reisenden durchforscht wurden, recht werthvoll sind, sind andere Gegenden, welche auf derselben Karte colorirt sind, vollkommen unbekannt, und wäre es viel erspriesslicher gewesen, wenn dieselben (so z. B. Süd-Senegambien, Sierra Leone und ein Theil von Guinea) fortgelassen worden wären.

6. Mayo besteht aus einem älteren Schiefergebirge mit daraufgelagerten ziemlich mächtigen Kalksteinen und alten Eruptivgesteinen (Foyait, Diorit), sowie aus einem vulkanischen Theile, welcher keine grossen Erhebungen zeigt, und der einen kleinen Krater aufzuweisen hatte, der basaltische und phonolithische Laven, sowie auch Tuffmassen geliefert hat. Auch auf S. Thiago, S. Vincent finden sich Schollen von alten Eruptiv- und Schicht-Gesteinen.

7. Die Insel Brava wird öfter von Erdbeben heimgesucht, welche allerdings keine bedeutenden Verheerungen anrichten, während merkwürdigerweise die übrigen Inseln und auch Fogo, welches ja noch vor Jahrzehnten Eruptionen aufwies, von Erdbeben völlig verschont bleiben.

8. Ausserdem sind auch bei der Giftprobe Gifte in Verwendung, welche aus der Rinde einer Mimose gewonnen werden, und die vielleicht mit den in Niederguinea, der Loangoküste etc. gebräuchlichen und auch schon öfters beschriebenen Harzgiften übereinstimmen dürften.

9. Wiederholt wurde in Reiseberichten von Sklaverei in den portugiesischen Colonien gesprochen; meine Erfahrungen widersprechen dem absolut, niemals habe ich Eingeborene in sklavischem Verhältniss zu den Colonisten angetroffen.

10. Die letzten Zeitungsnachrichten brachten Berichte über den Conflict Stanley's mit der französischen Expedition Brazza's; während erstere rein friedlicher Natur war, und den Zweck verfolgte das Congoland den Europäern zugänglich zu machen, beabsichtigt die andere directe Besitzergreifung. Eine Berufung auf etwaige geschriebene Verträge und Concessionen von Seiten der eingeborenen Häuptlinge dürfte kaum stichhaltig sein, wenn man bedenkt, dass die letzteren gegen Geschenke, alles Mögliche bewilligen, selbstverständlich mit dem Hintergedanken den Vertrag niemals auszuführen. Demnach dürften die Franzosen wohl nur mit Gewalt in den Besitz der Congoländer gelangen.

11. Die hier dargestellte Gruppe, welche von dem Photographen Beaumont in einer Faktorei aufgenommen wurde, zeigt Nomaden-Fullah's, die sich in die portugiesischen Colonien geflüchtet und daselbst den Europäern Dienste verrichten. Es ist die Möglichkeit nicht ausgeschlossen, dass unter den Abgebildeten auch Mandjags oder Mischlinge verschiedener Nationen sich befinden, daher ich auch die Photographie nicht als unbedingt typisch für die Nomaden-Fullah's betrachten kann.

Berichtigungen.

pag. 59 Zeile 9 von unten statt „von" lies „aus".
pag. 124 Zeile 2 von oben statt „Mandingas" lies „Papels".
pag. 124 Zeile 4 von oben statt „471" lies „47".

Druck von Bär & Hermann in Leipzig.

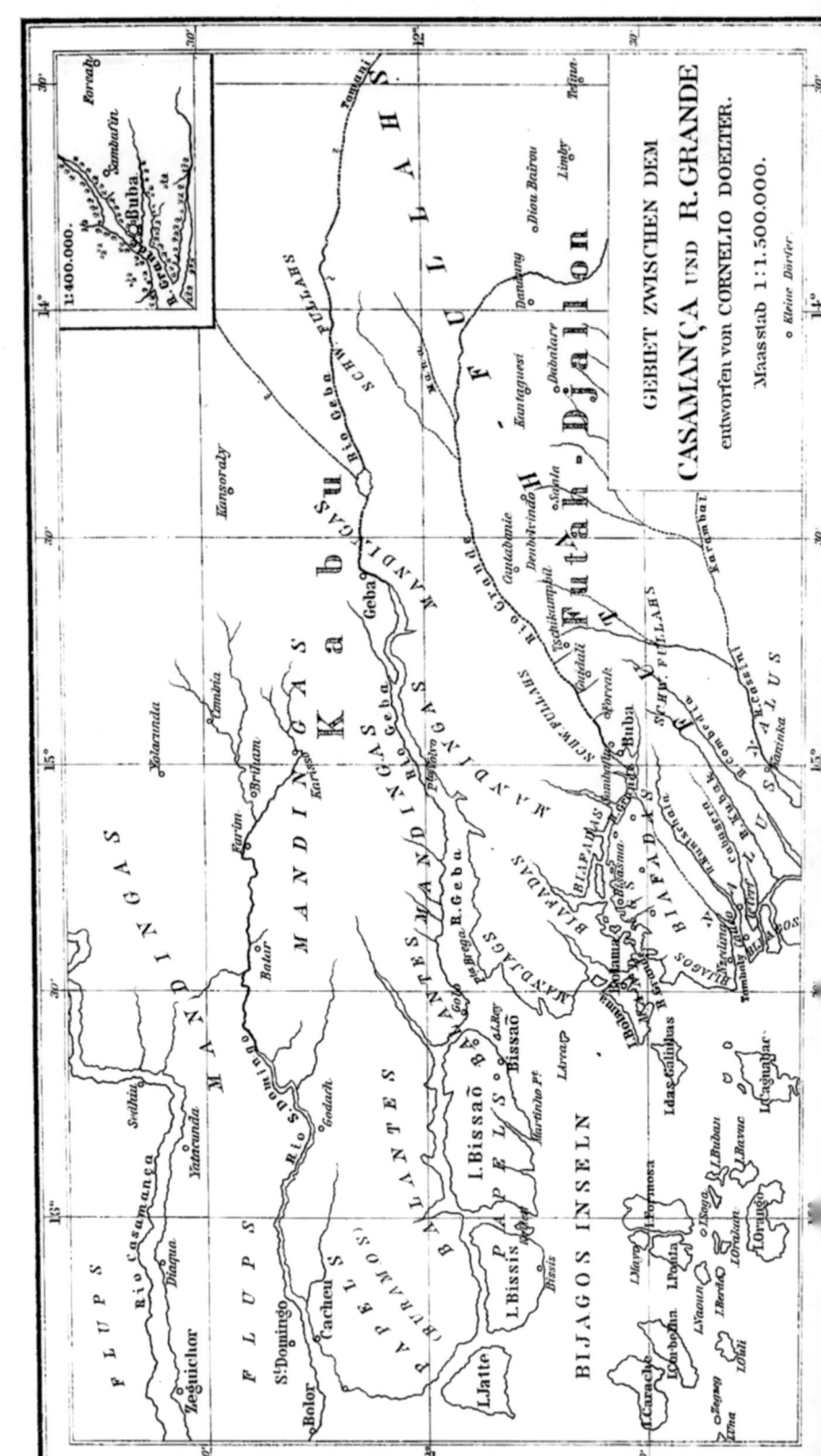